2015年
福建省1%人口抽样调查资料

福建省统计局 编

中国统计出版社
China Statistics Press

图书在版编目（CIP）数据

2015 年福建省 1%人口抽样调查资料 / 福建省统计局编. -- 北京 : 中国统计出版社, 2017.5
ISBN 978-7-5037-8100-1

Ⅰ. ①2… Ⅱ. ①福… Ⅲ. ①人口调查－抽样调查统计－统计资料－福建－2015 Ⅳ. ①C924.255.7

中国版本图书馆 CIP 数据核字(2017)第 021070 号

2015 年福建省 1%人口抽样调查资料

编　　者/福建省统计局　编
责任编辑/郭　栋
封面设计/李　静
出版发行/中国统计出版社
通信地址/北京市丰台区西三环南路甲 6 号　邮政编码/100073
电　　话/邮购（010）63376909　书店（010）68783171
网　　址/http://www.zgtjcbs.com
印　　刷/河北鑫宏源印刷包装有限责任公司
经　　销/新华书店
开　　本/880×1230mm　1/16
字　　数/1050 千字
印　　张/33
版　　别/2017 年 5 月第 1 版
版　　次/2017 年 5 月第 1 次印刷
定　　价/380.00 元

本书附同版本 CD-ROM 一张，光盘内容以书面文字为准。
如有印装错误，本社发行部负责调换。

《2015年福建省1%人口抽样调查资料》

编辑委员会和编辑工作人员

编辑说明

根据《全国人口普查条例》和《国务院办公厅关于开展2015年全国1%人口抽样调查的通知》以及《福建省人民政府办公厅关于认真做好我省2015年全国1%人口抽样调查的通知》，我省以2015年11月1日零时为标准时点进行了全国1%人口抽样调查。在省委省政府的正确领导下，在地方各级人民政府的精心组织和调查对象的支持配合下，经过广大调查工作人员的艰苦努力，调查取得了圆满成功，获得了丰富翔实的资料。为了满足社会各界的需要，现将计算机详细汇总的数据资料编辑出版。资料的有关情况说明如下:

一、我省这次调查以全省为总体，设区市为子总体，采取分层、二阶段、概率比例、整群抽样方法，样本覆盖9个设区市、84个县（市、区），涉及864个乡（镇、街道）、抽取了2072个调查小区，共登记常住人口44.01万人，占全省常住人口的1.14%。

二、本资料设有概要、民族、年龄、教育、就业、婚姻、家庭、生育、老年人口、死亡、住房、迁移和户口登记地共十二卷，反映了我省当前人口和住房的各种结构情况。同时，为帮助读者更好地使用本资料，我们将《2015年全国1%人口抽样调查方案》、调查表、填表说明等技术文件作为附录一并刊印。

三、本资料中各卷数据均为抽样调查的样本数据，未作总体推算，请读者使用数据时注意。

四、这次调查采取了不等比例的抽样方法，但经过加权处理后，本资料中各地区的数据已经按全省统一的抽样比换算，可以直接对比。

五、城市、镇和乡村是按照2008年国家统计局《统计上划分城乡的规定》划分的。

六、这次调查对部分特殊人群（如全户外出人口、全户户口寄挂人口等）仅登记了姓名、性别、年龄、民族、受教育程度等个人基本信息，因此，有关住房结构、就业、婚姻、生育和老年人口健康状况等方面的数据并不是全口径数据，请读者在使用时予以注意。

七、由于加权运算后对数字采取四舍五入处理，汇总表分项数据之和与合计数存在很小差别，并不影响数据的使用。

八、本资料中部分相对数由于单位取舍问题而产生的计算误差，均未做机械调整。

九、本资料中空项表示无数字或数字很小。

目 录

第一卷 概要

第二卷 民族

第三卷 年龄

第四卷 受教育程度

第五卷 就业

第六卷 婚姻

第七卷 家庭

第八卷　生育

第九卷　老年人口

第十卷 死亡

第十一卷 住房

1 概要

1-1 各地区户数、人口数和性别比

单位：户、人

地　　区	户　数			人口数			
	合计	家庭户	集体户	合计	男	女	性别比（女=100）
全　省	**139430**	**128090**	**11340**	**440082**	**226150**	**213932**	**105.71**
福州市	27169	24912	2257	85266	43424	41842	103.78
福州市(不含平潭)	25681	23431	2250	80658	41174	39484	104.28
平潭	1488	1481	6	4607	2249	2358	95.40
厦门市	16723	14231	2492	46641	24759	21882	113.15
莆田市	9014	8435	578	32647	16464	16183	101.73
三明市	8736	8556	179	27712	14047	13665	102.79
泉州市	31094	27944	3150	100218	51792	48426	106.95
漳州市	17217	15787	1430	57061	29356	27705	105.96
南平市	9467	9262	205	29017	14699	14318	102.66
龙岩市	9742	9302	440	29254	14707	14546	101.11
宁德市	10269	9660	609	32267	16902	15364	110.01

1-1 续表

单位：户、人

地　　区	家庭户人口				集体户人口				平均家庭户规模（人/户）
	合计	男	女	性别比（女=100）	合计	男	女	性别比（女=100）	
全　省	**396932**	**199924**	**197008**	**101.48**	**43150**	**26226**	**16924**	**154.96**	**3.10**
福州市	77609	38962	38647	100.81	7657	4462	3194	139.69	3.12
福州市(不含平潭)	73014	36717	36297	101.16	7644	4458	3187	139.88	3.12
平潭	4595	2245	2350	95.52	12	5	8	59.86	3.10
厦门市	37880	19175	18706	102.51	8761	5584	3177	175.79	2.66
莆田市	29992	14868	15124	98.31	2655	1596	1059	150.66	3.56
三明市	27029	13608	13421	101.40	683	439	244	179.60	3.16
泉州市	86146	43608	42538	102.52	14072	8184	5889	138.97	3.08
漳州市	52091	26249	25842	101.57	4970	3107	1863	166.82	3.30
南平市	28235	14133	14102	100.22	782	566	216	261.75	3.05
龙岩市	27762	13898	13863	100.25	1492	809	683	118.47	2.98
宁德市	30188	15423	14765	104.46	2079	1479	600	246.70	3.13

1-1a 各地区户数、人口数和性别比(城市)

单位：户、人

地区	户数			人口数			
	合计	家庭户	集体户	合计	男	女	性别比(女=100)
全省	**54332**	**46802**	**7530**	**159746**	**82973**	**76773**	**108.08**
福州市	13372	11670	1702	40305	20410	19895	102.58
厦门市	14429	12137	2291	39749	21251	18498	114.88
莆田市	3374	2862	511	12081	6256	5824	107.42
三明市	1881	1825	56	5307	2625	2682	97.89
泉州市	11091	9274	1817	31660	16801	14858	113.08
漳州市	2974	2418	556	9536	4769	4766	100.07
南平市	2913	2832	82	8097	4033	4064	99.26
龙岩市	1993	1855	138	5616	2948	2668	110.48
宁德市	2305	1928	377	7395	3879	3516	110.31

1-1a 续表

单位：户、人

地区	家庭户人口				集体户人口				平均家庭户规模(人/户)
	合计	男	女	性别比(女=100)	合计	男	女	性别比(女=100)	
全省	**133343**	**67262**	**66081**	**101.79**	**26403**	**15711**	**10692**	**146.94**	**2.85**
福州市	34848	17382	17466	99.52	5457	3028	2429	124.64	2.99
厦门市	31571	15998	15573	102.73	8178	5253	2925	179.62	2.60
莆田市	9751	4848	4904	98.86	2329	1409	921	152.95	3.41
三明市	5166	2557	2610	97.97	140	68	72	94.94	2.83
泉州市	25293	13112	12181	107.64	6367	3690	2677	137.81	2.73
漳州市	7369	3664	3705	98.91	2167	1105	1062	104.12	3.05
南平市	7892	3894	3998	97.39	205	140	65	213.43	2.79
龙岩市	5214	2676	2538	105.43	402	272	130	209.05	2.81
宁德市	6238	3132	3106	100.86	1158	747	411	181.72	3.24

1-1b 各地区户数、人口数和性别比(镇)

单位：户、人

地 区	户数			人口数			
	合计	家庭户	集体户	合计	男	女	性别比(女=100)
全 省	**35232**	**32643**	**2589**	**113892**	**58387**	**55505**	**105.19**
福州市	5293	4844	448	16970	8532	8437	101.13
福州市(不含平潭)	4706	4264	442	15073	7618	7455	102.18
平潭	586	580	6	1896	914	982	93.09
厦门市	817	649	169	2038	1082	955	113.30
莆田市	1782	1763	20	6127	3047	3080	98.91
三明市	3063	2977	86	9727	4920	4807	102.34
泉州市	9398	8727	671	31266	16086	15180	105.96
漳州市	6650	5898	752	21578	11504	10074	114.19
南平市	2307	2234	73	7097	3549	3548	100.04
龙岩市	3033	2812	221	9436	4599	4837	95.08
宁德市	2889	2740	150	9654	5069	4585	110.54

1-1b 续表

单位：户、人

地 区	家庭户人口				集体户人口				平均家庭户规模(人/户)
	合计	男	女	性别比(女=100)	合计	男	女	性别比(女=100)	
全 省	**104389**	**52483**	**51906**	**101.11**	**9503**	**5905**	**3598**	**164.10**	**3.20**
福州市	15598	7793	7804	99.86	1372	739	633	116.73	3.22
福州市(不含平潭)	13713	6884	6830	100.79	1360	734	625	117.43	3.22
平潭	1884	910	974	93.35	12	5	8	59.86	3.25
厦门市	1614	861	753	114.31	424	222	202	109.53	2.49
莆田市	6011	2969	3042	97.62	116	77	38	201.39	3.41
三明市	9374	4704	4670	100.72	353	216	137	157.15	3.15
泉州市	28167	14212	13955	101.84	3099	1874	1225	152.97	3.23
漳州市	19137	9725	9412	103.33	2441	1779	662	268.56	3.24
南平市	6764	3311	3454	95.87	332	238	94	252.60	3.03
龙岩市	8627	4294	4333	99.11	809	305	504	60.48	3.07
宁德市	9097	4613	4483	102.89	557	456	102	448.00	3.32

1-1c 各地区户数、人口数和性别比(乡村)

单位：户、人

地 区	户数			人口数			
	合计	家庭户	集体户	合计	男	女	性别比(女=100)
全 省	**49866**	**48645**	**1222**	**166445**	**84790**	**81655**	**103.84**
福州市	8504	8398	107	27991	14482	13509	107.20
福州市(不含平潭)	7603	7496	107	25280	13147	12133	108.35
平潭	901	901		2711	1335	1376	97.06
厦门市	1477	1445	32	4854	2425	2429	99.85
莆田市	3857	3810	47	14439	7161	7279	98.38
三明市	3792	3755	38	12679	6503	6176	105.28
泉州市	10604	9943	661	37293	18905	18388	102.81
漳州市	7593	7471	122	25947	13083	12864	101.70
南平市	4247	4196	51	13823	7117	6707	106.11
龙岩市	4717	4635	82	14201	7160	7041	101.70
宁德市	5074	4992	82	15218	7955	7263	109.53

1-1c 续表

单位：户、人

地 区	家庭户人口				集体户人口				平均家庭户规模(人/户)
	合计	男	女	性别比(女=100)	合计	男	女	性别比(女=100)	
全 省	**159200**	**80180**	**79020**	**101.47**	**7244**	**4610**	**2634**	**175.00**	**3.27**
福州市	27163	13786	13377	103.06	828	696	132	526.62	3.23
福州市(不含平潭)	24453	12451	12001	103.75	828	696	132	526.62	3.26
平潭	2711	1335	1376	97.06					3.01
厦门市	4695	2316	2379	97.34	159	109	50	219.54	3.25
莆田市	14230	7051	7179	98.22	209	110	100	110.02	3.73
三明市	12489	6348	6141	103.37	190	155	35	440.51	3.33
泉州市	32686	16285	16401	99.29	4607	2620	1987	131.89	3.29
漳州市	25585	12859	12726	101.05	362	223	139	160.92	3.42
南平市	13579	6929	6650	104.19	244	188	56	333.24	3.24
龙岩市	13920	6928	6992	99.09	281	232	49	476.97	3.00
宁德市	14854	7678	7176	107.00	364	277	87	318.35	2.98

1-2 各地区分性别、户口登记状况的人口

单位：人

地 区	人口数			居住本乡、镇、街道，户口在本乡、镇、街道		
	合计	男	女	小计	男	女
全 省	**440082**	**226150**	**213932**	**292489**	**146554**	**145935**
福州市	85266	43424	41842	53756	26850	26907
福州市(不含平潭)	80658	41174	39484	50216	25119	25097
平潭	4607	2249	2358	3541	1731	1810
厦门市	46641	24759	21882	19103	9430	9673
莆田市	32647	16464	16183	24896	12209	12688
三明市	27712	14047	13665	20887	10544	10343
泉州市	100218	51792	48426	62312	30915	31397
漳州市	57061	29356	27705	44794	22673	22121
南平市	29017	14699	14318	22109	11127	10982
龙岩市	29254	14707	14546	21551	10812	10739
宁德市	32267	16902	15364	23078	11993	11085

1-2 续表

单位：人

地 区	居住本乡、镇、街道，户口在外乡、镇、街道，离开户口登记地半年以上			居住本乡、镇、街道，户口待定			原住本乡、镇、街道，现在国外工作学习		
	小计	男	女	小计	男	女	小计	男	女
全 省	**139041**	**75221**	**63821**	**4621**	**2192**	**2429**	**3931**	**2183**	**1748**
福州市	27811	14584	13227	885	423	463	2813	1568	1245
福州市(不含平潭)	26873	14136	12737	813	392	421	2757	1528	1229
平潭	938	448	490	73	31	42	56	40	16
厦门市	27136	15121	12016	273	139	135	128	69	59
莆田市	7008	3868	3140	367	181	186	376	206	169
三明市	6398	3294	3104	297	141	156	129	68	62
泉州市	36512	20166	16346	1161	568	593	233	142	91
漳州市	11504	6322	5182	729	338	391	35	23	11
南平市	6589	3434	3155	216	88	128	103	51	52
龙岩市	7349	3733	3616	313	141	172	40	21	19
宁德市	8734	4700	4034	380	174	206	75	35	39

1-2a　各地区分性别、户口登记状况的人口(城市)

单位：人

地　区	人口数			居住本乡、镇、街道，户口在本乡、镇、街道		
	合计	男	女	小计	男	女
全　省	**159746**	**82973**	**76773**	**68003**	**33784**	**34219**
福州市	40305	20410	19895	19011	9446	9565
厦门市	39749	21251	18498	13607	6715	6892
莆田市	12081	6256	5824	6508	3191	3317
三明市	5307	2625	2682	2980	1461	1520
泉州市	31660	16801	14858	11730	5898	5833
漳州市	9536	4769	4766	4870	2416	2454
南平市	8097	4033	4064	4242	2102	2140
龙岩市	5616	2948	2668	2219	1109	1110
宁德市	7395	3879	3516	2835	1447	1388

1-2a　续表

单位：人

地　区	居住本乡、镇、街道，户口在外乡、镇、街道，离开户口登记地半年以上			居住本乡、镇、街道，户口待定			原住本乡、镇、街道，现在国外工作学习		
	小计	男	女	小计	男	女	小计	男	女
全　省	**89470**	**48027**	**41443**	**1340**	**683**	**656**	**933**	**479**	**454**
福州市	20402	10530	9872	387	184	203	505	249	255
厦门市	25762	14339	11423	258	131	127	122	65	56
莆田市	5269	2896	2373	112	68	44	192	103	90
三明市	2260	1133	1127	37	17	21	28	14	14
泉州市	19605	10721	8883	291	163	128	34	20	14
漳州市	4594	2322	2272	68	28	40	4	4	
南平市	3786	1900	1886	48	22	26	21	10	12
龙岩市	3336	1812	1525	49	21	28	12	6	6
宁德市	4456	2374	2082	90	50	40	15	8	7

1-2b 各地区分性别、户口登记状况的人口(镇)

单位：人

地 区	人口数			居住本乡、镇、街道，户口在本乡、镇、街道		
	合计	男	女	小计	男	女
全 省	**113892**	**58387**	**55505**	**78736**	**39410**	**39326**
福州市	16970	8532	8437	11296	5599	5697
福州市(不含平潭)	15073	7618	7455	10335	5127	5208
平潭	1896	914	982	961	472	489
厦门市	2038	1082	955	1111	556	555
莆田市	6127	3047	3080	4959	2418	2541
三明市	9727	4920	4807	6520	3279	3241
泉州市	31266	16086	15180	20822	10353	10469
漳州市	21578	11504	10074	15584	7935	7650
南平市	7097	3549	3548	5192	2518	2675
龙岩市	9436	4599	4837	6547	3308	3239
宁德市	9654	5069	4585	6704	3445	3260

1-2b 续表

单位：人

地 区	居住本乡、镇、街道，户口在外乡、镇、街道，离开户口登记地半年以上			居住本乡、镇、街道，户口待定			原住本乡、镇、街道，现在国外工作学习		
	小计	男	女	小计	男	女	小计	男	女
全 省	**32869**	**17824**	**15045**	**1429**	**676**	**753**	**857**	**476**	**381**
福州市	4766	2437	2329	214	110	103	694	386	308
福州市(不含平潭)	3896	2033	1862	172	92	80	671	366	305
平潭	870	404	466	42	18	24	23	20	3
厦门市	919	523	396	7	3	3	1		1
莆田市	1081	594	487	80	32	48	7	3	4
三明市	3055	1565	1490	132	66	67	20	10	10
泉州市	9978	5501	4478	377	175	203	88	57	31
漳州市	5680	3418	2262	309	147	161	5	4	1
南平市	1818	992	826	69	33	36	18	7	11
龙岩市	2756	1231	1525	123	56	67	10	4	6
宁德市	2816	1564	1252	119	54	65	15	6	9

1-2c 各地区分性别、户口登记状况的人口(乡村)

单位：人

地　区	人口数			居住本乡、镇、街道，户口在本乡、镇、街道		
	合计	男	女	小计	男	女
全　省	**166445**	**84790**	**81655**	**145750**	**73360**	**72390**
福州市	27991	14482	13509	23449	11804	11644
福州市(不含平潭)	25280	13147	12133	20869	10546	10323
平潭	2711	1335	1376	2579	1258	1321
厦门市	4854	2425	2429	4385	2159	2226
莆田市	14439	7161	7279	13429	6600	6829
三明市	12679	6503	6176	11387	5805	5582
泉州市	37293	18905	18388	29760	14664	15096
漳州市	25947	13083	12864	24340	12323	12017
南平市	13823	7117	6707	12675	6507	6168
龙岩市	14201	7160	7041	12786	6396	6390
宁德市	15218	7955	7263	13539	7101	6437

1-2c 续表

单位：人

地　区	居住本乡、镇、街道，户口在外乡、镇、街道，离开户口登记地半年以上			居住本乡、镇、街道，户口待定			原住本乡、镇、街道，现在国外工作学习		
	小计	男	女	小计	男	女	小计	男	女
全　省	**16703**	**9370**	**7333**	**1852**	**833**	**1020**	**2140**	**1228**	**912**
福州市	2644	1617	1027	284	128	156	1614	933	682
福州市(不含平潭)	2576	1572	1004	253	115	138	1582	913	669
平潭	68	44	24	31	13	18	33	20	13
厦门市	455	259	196	9	4	5	6	4	2
莆田市	658	379	280	175	81	94	176	101	76
三明市	1083	596	487	127	58	69	81	43	38
泉州市	6929	3944	2985	493	231	262	111	66	45
漳州市	1230	582	648	352	163	189	25	15	10
南平市	985	542	443	99	33	66	64	35	29
龙岩市	1257	691	566	141	64	77	18	10	7
宁德市	1462	761	700	172	70	101	45	22	24

1-3 各地区分性别、年龄的人口

单位：人

地　区	人口数			0岁			1-4岁		
	合计	男	女	小计	男	女	小计	男	女
全　省	**440082**	**226150**	**213932**	**6191**	**3215**	**2976**	**26012**	**14366**	**11646**
福州市	85266	43424	41842	1062	552	510	4491	2413	2078
福州市(不含平潭)	80658	41174	39484	988	514	474	4237	2285	1953
平潭	4607	2249	2358	73	37	36	253	128	125
厦门市	46641	24759	21882	623	335	288	2762	1567	1195
莆田市	32647	16464	16183	479	241	238	1985	1115	870
三明市	27712	14047	13665	379	182	197	1777	982	795
泉州市	100218	51792	48426	1344	717	628	5860	3376	2484
漳州市	57061	29356	27705	915	492	423	3381	1860	1522
南平市	29017	14699	14318	376	184	192	1545	790	755
龙岩市	29254	14707	14546	502	237	265	2244	1243	1001
宁德市	32267	16902	15364	509	275	235	1967	1021	946

1-3 续表 1

单位：人

地　区	5-9岁			10-14岁			15-19岁			20-24岁		
	小计	男	女	小计	男	女	小计	男	女	小计	男	女
全　省	**24402**	**13240**	**11162**	**20726**	**11096**	**9630**	**22118**	**12366**	**9752**	**30948**	**16847**	**14101**
福州市	4405	2418	1988	3947	2105	1842	3447	2021	1427	6235	3298	2937
福州市(不含平潭)	4133	2265	1868	3672	1946	1726	3237	1897	1341	5822	3097	2725
平潭	273	153	120	275	159	116	210	124	86	413	201	212
厦门市	2058	1092	965	1521	821	700	2187	1355	832	6015	3743	2272
莆田市	2078	1137	941	1723	962	762	2087	1158	929	1899	1000	899
三明市	1741	952	789	1491	787	704	882	484	398	1183	614	569
泉州市	5544	3089	2456	4585	2495	2091	6329	3313	3015	7506	3891	3616
漳州市	3166	1681	1485	2987	1541	1446	3584	2156	1427	3894	2068	1826
南平市	1905	977	929	1596	832	763	886	464	422	1150	684	466
龙岩市	1668	934	734	1400	750	650	1072	434	638	1222	583	638
宁德市	1836	961	875	1475	804	671	1645	982	663	1843	965	878

1-3 续表 2 单位：人

地 区	25-29岁			30-34岁			35-39岁			40-44岁		
	小计	男	女	小计	男	女	小计	男	女	小计	男	女
全 省	**45702**	**22645**	**23057**	**37153**	**18477**	**18675**	**34373**	**17334**	**17039**	**40206**	**20506**	**19700**
福州市	9209	4570	4638	7833	3908	3925	6867	3464	3403	7350	3647	3704
福州市(不含平潭)	8758	4378	4380	7540	3771	3770	6582	3328	3254	7036	3504	3532
平潭	451	192	258	293	137	156	285	135	149	314	142	172
厦门市	6581	3333	3248	5123	2554	2570	4045	2109	1935	3985	2061	1923
莆田市	3476	1660	1816	2559	1255	1304	2345	1182	1163	2638	1329	1310
三明市	2389	1103	1286	1756	823	932	1981	946	1034	2854	1429	1425
泉州市	11600	5948	5652	9211	4682	4529	8400	4345	4055	9720	5036	4684
漳州市	5120	2504	2617	4158	2021	2136	4149	2015	2134	5192	2701	2491
南平市	1906	874	1032	1833	900	934	2092	1007	1085	2869	1437	1432
龙岩市	2567	1203	1364	2297	1085	1212	2146	1067	1079	2813	1473	1340
宁德市	2854	1451	1403	2383	1250	1133	2349	1199	1150	2786	1393	1392

1-3 续表 3 单位：人

地 区	45-49岁			50-54岁			55-59岁			60-64岁		
	小计	男	女	小计	男	女	小计	男	女	小计	男	女
全 省	**37660**	**19093**	**18567**	**30451**	**15473**	**14978**	**23177**	**11775**	**11402**	**21331**	**10597**	**10734**
福州市	6623	3308	3315	5728	2809	2919	4753	2341	2412	4688	2280	2408
福州市(不含平潭)	6259	3140	3119	5407	2664	2743	4493	2220	2273	4436	2138	2297
平潭	364	168	196	321	145	176	261	122	139	252	142	111
厦门市	3269	1703	1566	2550	1324	1226	1743	821	922	1529	752	778
莆田市	2412	1163	1249	2207	1080	1127	1983	968	1015	1889	954	935
三明市	2850	1466	1384	2267	1142	1126	1627	864	763	1359	681	677
泉州市	8615	4331	4283	6478	3337	3140	4344	2214	2129	3861	1893	1968
漳州市	5099	2667	2433	4058	2087	1971	3217	1682	1535	2853	1408	1445
南平市	3214	1615	1599	2562	1320	1242	1892	983	910	1752	883	869
龙岩市	2811	1422	1389	2297	1188	1109	1520	815	705	1530	792	738
宁德市	2767	1417	1351	2305	1185	1119	2098	1087	1011	1870	955	916

1-3 续表 4

单位：人

地 区	65-69岁			70-74岁			75-79岁			80-84岁		
	小计	男	女	小计	男	女	小计	男	女	小计	男	女
全 省	**14305**	**7357**	**6947**	**9326**	**4780**	**4546**	**7596**	**3616**	**3979**	**4886**	**2151**	**2734**
福州市	3319	1774	1545	1930	1031	899	1446	717	729	1068	471	596
福州市(不含平潭)	3096	1657	1439	1799	973	826	1361	678	683	988	441	547
平潭	223	117	106	131	58	73	85	39	46	79	31	49
厦门市	1012	455	556	610	296	313	500	237	263	321	132	189
莆田市	1041	537	505	677	303	375	509	200	309	367	145	222
三明市	997	514	483	814	414	400	694	348	346	421	201	220
泉州市	2550	1281	1268	1570	754	816	1286	557	729	827	344	483
漳州市	1814	895	919	1308	661	647	1043	489	554	668	294	374
南平市	1262	638	624	825	446	379	720	369	351	381	189	192
龙岩市	1048	567	482	753	380	373	719	317	403	370	140	230
宁德市	1261	695	566	839	495	345	679	384	295	464	236	228

1-3 续表 5

单位：人

地 区	85-89岁			90-94岁			95-99岁			100岁及以上		
	小计	男	女	小计	男	女	小计	男	女	小计	男	女
全 省	**2542**	**934**	**1608**	**822**	**247**	**575**	**144**	**31**	**113**	**12**	**1**	**11**
福州市	617	219	398	216	74	143	29	6	23	3		3
福州市(不含平潭)	580	205	375	204	69	136	29	6	23	3		3
平潭	38	14	23	12	5	7						
厦门市	148	49	98	49	15	34	11	1	10			
莆田市	212	63	148	65	10	55	14	5	9	1		1
三明市	186	93	93	51	18	33	13	4	10	1		1
泉州市	417	152	265	143	34	110	28	3	24	1		1
漳州市	343	105	238	95	28	67	15	1	14	2		2
南平市	192	87	105	43	15	28	15	5	10			
龙岩市	182	55	127	82	18	64	10	4	6	1	1	1
宁德市	246	110	135	77	35	42	9	2	6	3		3

1-3a 各地区分性别、年龄的人口(城市)

单位：人

地　区	人口数			0岁			1-4岁		
	合计	男	女	小计	男	女	小计	男	女
全　省	**159746**	**82973**	**76773**	**1914**	**1013**	**901**	**8640**	**4797**	**3843**
福州市	40305	20410	19895	464	232	231	2047	1087	960
厦门市	39749	21251	18498	512	284	229	2334	1332	1002
莆田市	12081	6256	5824	162	89	73	652	353	299
三明市	5307	2625	2682	65	34	31	260	141	119
泉州市	31660	16801	14858	326	177	150	1579	924	656
漳州市	9536	4769	4766	124	57	66	487	266	221
南平市	8097	4033	4064	85	42	43	386	200	185
龙岩市	5616	2948	2668	81	39	42	404	231	172
宁德市	7395	3879	3516	95	58	36	491	262	229

1-3a 续表 1

单位：人

地　区	5-9岁			10-14岁			15-19岁			20-24岁		
	小计	男	女	小计	男	女	小计	男	女	小计	男	女
全　省	**7385**	**4052**	**3333**	**6436**	**3467**	**2968**	**7651**	**4187**	**3465**	**15329**	**8465**	**6865**
福州市	1877	1041	836	1680	894	786	1582	914	668	3261	1587	1674
厦门市	1709	915	794	1280	696	585	1888	1189	699	5514	3449	2065
莆田市	580	332	247	493	272	221	1117	585	532	674	363	311
三明市	268	137	131	305	159	146	174	101	73	233	117	116
泉州市	1359	768	592	1220	655	565	1476	709	767	2942	1525	1418
漳州市	381	205	176	354	173	181	416	182	234	1639	857	782
南平市	479	259	220	456	245	210	210	110	101	308	171	138
龙岩市	314	183	131	307	168	139	179	114	65	284	135	149
宁德市	418	211	207	341	205	136	609	283	327	474	261	213

1-3a 续表 2 单位：人

地区	25-29岁			30-34岁			35-39岁			40-44岁		
	小计	男	女	小计	男	女	小计	男	女	小计	男	女
全 省	**21059**	**10825**	**10234**	**16053**	**8022**	**8032**	**14465**	**7388**	**7077**	**15143**	**7859**	**7285**
福州市	5079	2587	2492	4124	1989	2135	3625	1821	1804	3675	1862	1813
厦门市	5824	2948	2876	4402	2201	2200	3531	1835	1696	3426	1784	1642
莆田市	1546	782	764	1089	561	528	978	518	460	1090	572	518
三明市	478	235	243	354	157	198	472	210	262	624	312	312
泉州市	4603	2442	2161	3500	1863	1638	3195	1740	1455	3430	1871	1559
漳州市	1366	678	689	782	362	420	685	325	360	700	351	349
南平市	638	312	326	587	270	317	734	334	400	878	424	454
龙岩市	588	294	294	555	267	287	606	291	315	670	361	310
宁德市	936	546	390	660	351	310	638	313	325	650	323	327

1-3a 续表 3 单位：人

地区	45-49岁			50-54岁			55-59岁			60-64岁		
	小计	男	女	小计	男	女	小计	男	女	小计	男	女
全 省	**12682**	**6471**	**6211**	**9834**	**5126**	**4708**	**6753**	**3354**	**3399**	**5989**	**2930**	**3059**
福州市	3031	1545	1486	2500	1253	1247	2016	960	1056	1913	918	994
厦门市	2740	1422	1318	2072	1083	989	1354	635	718	1180	581	599
莆田市	844	431	414	761	391	370	599	303	295	623	303	320
三明市	631	312	320	438	236	202	236	126	110	193	88	105
泉州市	2748	1393	1355	1921	1028	893	1081	585	496	854	435	420
漳州市	733	375	357	563	298	265	405	203	202	347	175	173
南平市	893	432	462	742	394	348	490	248	242	414	197	216
龙岩市	489	263	226	380	212	168	212	115	98	187	98	88
宁德市	572	298	274	457	232	225	361	179	181	278	134	144

1-3a 续表 4 单位：人

地 区	65-69岁			70-74岁			75-79岁			80-84岁		
	小计	男	女	小计	男	女	小计	男	女	小计	男	女
全 省	**4092**	**2042**	**2050**	**2400**	**1202**	**1198**	**1906**	**910**	**997**	**1230**	**565**	**665**
福州市	1401	715	686	778	416	362	602	305	297	399	181	219
厦门市	763	349	414	456	213	243	383	185	199	229	94	135
莆田市	359	185	174	204	97	106	132	53	79	98	40	59
三明市	164	77	87	159	62	97	137	58	79	72	43	29
泉州市	591	308	283	286	151	136	256	105	151	181	80	102
漳州市	236	112	124	127	67	60	85	39	47	64	33	31
南平市	276	146	131	201	91	110	169	95	74	90	43	48
龙岩市	143	69	74	82	45	37	68	32	37	43	20	23
宁德市	158	81	77	108	60	48	73	38	35	52	32	20

1-3a 续表 5 单位：人

地 区	85-89岁			90-94岁			95-99岁			100岁及以上		
	小计	男	女	小计	男	女	小计	男	女	小计	男	女
全 省	**569**	**233**	**336**	**173**	**61**	**113**	**38**	**8**	**30**	**4**		**4**
福州市	185	77	107	59	22	36	8	1	7			
厦门市	109	41	68	33	12	21	7	1	6			
莆田市	50	19	31	23	4	19	5	2	3	1		1
三明市	34	18	16	5	1	4	2		2	1		1
泉州市	81	38	43	24	8	16	5	1	4	1		1
漳州市	33	9	24	7	4	3	2		2			
南平市	43	14	30	12	5	7	6	3	3			
龙岩市	16	9	7	6	1	5	2		2			
宁德市	18	8	10	4	3	2	1		1	1		1

1-3b 各地区分性别、年龄的人口(镇)

单位：人

地 区	人口数			0岁			1-4岁		
	合计	男	女	小计	男	女	小计	男	女
全 省	**113892**	**58387**	**55505**	**1709**	**891**	**818**	**7602**	**4143**	**3459**
福州市	16970	8532	8437	231	117	114	1034	575	459
福州市(不含平潭)	15073	7618	7455	195	103	93	908	518	390
平潭	1896	914	982	36	15	21	126	57	70
厦门市	2038	1082	955	27	12	14	117	59	57
莆田市	6127	3047	3080	84	37	46	444	243	201
三明市	9727	4920	4807	128	66	61	678	386	293
泉州市	31266	16086	15180	459	248	211	2130	1189	940
漳州市	21578	11504	10074	350	191	159	1286	704	582
南平市	7097	3549	3548	101	46	55	438	217	221
龙岩市	9436	4599	4837	162	78	84	795	417	378
宁德市	9654	5069	4585	167	94	73	679	352	326

1-3b 续表 1

单位：人

地 区	5-9岁			10-14岁			15-19岁			20-24岁		
	小计	男	女	小计	男	女	小计	男	女	小计	男	女
全 省	**6419**	**3528**	**2891**	**5835**	**3128**	**2707**	**5085**	**3050**	**2035**	**6517**	**3441**	**3076**
福州市	886	478	408	839	448	391	506	297	209	1046	582	464
福州市(不含平潭)	774	413	361	701	361	340	430	253	177	879	499	380
平潭	113	65	47	138	86	51	75	43	32	167	82	84
厦门市	71	39	32	57	31	25	127	61	66	227	135	92
莆田市	378	215	163	344	198	146	181	107	74	396	203	194
三明市	634	365	269	575	303	272	262	150	112	417	226	191
泉州市	1815	1039	776	1535	840	695	786	435	351	2159	1057	1102
漳州市	1095	575	520	1092	564	528	2007	1345	662	1062	590	472
南平市	463	220	242	432	228	204	174	104	70	337	228	109
龙岩市	495	284	210	459	247	213	484	112	372	373	162	212
宁德市	582	312	269	501	269	232	558	440	118	501	261	240

1-3b 续表 2

单位：人

地 区	25-29岁			30-34岁			35-39岁			40-44岁		
	小计	男	女	小计	男	女	小计	男	女	小计	男	女
全 省	**11588**	**5669**	**5919**	**9281**	**4538**	**4743**	**9151**	**4519**	**4632**	**11303**	**5719**	**5583**
福州市	1840	880	959	1407	729	678	1308	655	653	1523	729	793
福州市(不含平潭)	1623	790	833	1289	678	612	1165	591	574	1350	652	697
平潭	216	90	126	118	52	66	142	64	79	173	77	96
厦门市	338	183	155	252	133	120	163	96	67	148	80	68
莆田市	682	320	362	486	220	266	484	234	250	506	256	250
三明市	940	424	515	687	302	385	780	353	427	1067	531	537
泉州市	3611	1844	1768	2874	1435	1439	2695	1354	1341	3340	1729	1611
漳州市	1921	991	930	1659	837	822	1700	844	856	2204	1152	1053
南平市	455	190	265	430	189	241	526	246	280	728	351	377
龙岩市	974	445	529	745	331	414	743	365	378	927	483	444
宁德市	828	392	436	740	362	378	751	372	379	860	409	451

1-3b 续表 3

单位：人

地 区	45-49岁			50-54岁			55-59岁			60-64岁		
	小计	男	女	小计	男	女	小计	男	女	小计	男	女
全 省	**10615**	**5419**	**5196**	**8213**	**4189**	**4024**	**5840**	**3069**	**2771**	**5087**	**2534**	**2552**
福州市	1428	700	728	1268	611	657	897	458	438	921	449	473
福州市(不含平潭)	1238	605	633	1135	552	583	814	415	398	858	416	442
平潭	190	94	96	133	59	74	83	43	40	63	32	31
厦门市	135	74	62	130	59	70	80	46	34	67	31	35
莆田市	514	229	284	427	218	209	374	181	193	304	158	146
三明市	994	503	490	730	374	357	507	266	241	408	210	199
泉州市	2929	1491	1438	2203	1140	1063	1464	774	691	1182	583	599
漳州市	2013	1088	924	1490	785	705	1098	585	512	913	448	465
南平市	805	406	399	629	327	302	438	233	206	390	194	195
龙岩市	934	494	441	630	319	311	416	225	192	428	213	214
宁德市	864	434	429	706	357	349	566	302	265	474	248	226

1-3b 续表 4 单位：人

地 区	65-69岁			70-74岁			75-79岁			80-84岁		
	小计	男	女	小计	男	女	小计	男	女	小计	男	女
全 省	**3379**	**1741**	**1638**	**2213**	**1110**	**1103**	**1861**	**859**	**1002**	**1197**	**516**	**681**
福州市	624	339	285	344	175	169	294	131	163	263	99	163
福州市(不含平潭)	579	315	264	319	165	154	276	126	151	239	89	150
平潭	45	25	20	25	10	15	18	5	12	23	10	13
厦门市	35	17	18	21	11	10	13	4	9	21	8	14
莆田市	195	100	96	117	46	71	93	36	57	67	34	33
三明市	283	144	139	243	124	120	198	94	104	118	60	57
泉州市	772	390	382	477	213	264	396	171	226	229	90	138
漳州市	585	296	290	425	211	214	336	162	174	208	95	113
南平市	287	139	148	167	95	73	167	78	88	76	34	42
龙岩市	279	149	130	219	118	101	194	96	99	96	35	60
宁德市	319	167	152	199	118	81	170	88	82	119	60	60

1-3b 续表 5 单位：人

地 区	85-89岁			90-94岁			95-99岁			100岁及以上		
	小计	男	女	小计	男	女	小计	男	女	小计	男	女
全 省	**694**	**243**	**451**	**249**	**68**	**182**	**52**	**13**	**39**	**3**		**2**
福州市	212	55	156	84	21	63	16	5	12			
福州市(不含平潭)	202	52	150	82	21	62	16	5	12			
平潭	10	4	6	2		2						
厦门市	8	1	7	3	2							
莆田市	36	10	26	13	2	11	1	1				
三明市	53	29	24	18	6	12	6	3	3			
泉州市	143	51	93	49	11	38	16	3	14			
漳州市	93	32	62	35	10	25	5		5	1		1
南平市	41	21	20	10	3	7	3		3			
龙岩市	56	20	36	22	5	17	3	1	2	1		1
宁德市	52	23	28	15	8	8	1		1	1		1

1-3c　各地区分性别、年龄的人口(乡村)

单位：人

地　区	人口数			0岁			1-4岁		
	合计	男	女	小计	男	女	小计	男	女
全　省	**166445**	**84790**	**81655**	**2568**	**1312**	**1256**	**9770**	**5427**	**4344**
福州市	27991	14482	13509	367	202	165	1409	751	658
福州市(不含平潭)	25280	13147	12133	330	179	150	1282	680	603
平潭	2711	1335	1376	38	22	15	127	71	56
厦门市	4854	2425	2429	84	39	45	311	175	136
莆田市	14439	7161	7279	233	115	118	889	519	370
三明市	12679	6503	6176	187	82	105	838	455	383
泉州市	37293	18905	18388	559	292	267	2151	1263	888
漳州市	25947	13083	12864	441	244	197	1608	890	718
南平市	13823	7117	6707	190	96	94	722	372	349
龙岩市	14201	7160	7041	259	120	140	1045	594	450
宁德市	15218	7955	7263	247	123	125	798	407	391

1-3c　续表 1

单位：人

地　区	5-9岁			10-14岁			15-19岁			20-24岁		
	小计	男	女	小计	男	女	小计	男	女	小计	男	女
全　省	**10598**	**5661**	**4937**	**8455**	**4501**	**3954**	**9382**	**5129**	**4253**	**9101**	**4941**	**4160**
福州市	1642	898	743	1428	763	665	1360	810	550	1929	1129	799
福州市(不含平潭)	1482	811	671	1291	690	600	1225	729	496	1682	1011	672
平潭	160	88	72	138	73	65	135	80	54	246	118	128
厦门市	277	139	139	184	94	90	171	105	66	274	159	115
莆田市	1120	590	530	887	492	395	789	466	324	829	435	394
三明市	839	450	390	611	325	287	446	233	213	532	271	262
泉州市	2370	1282	1087	1830	999	831	4067	2169	1897	2405	1310	1095
漳州市	1690	901	789	1540	804	737	1160	629	532	1194	622	572
南平市	964	497	467	707	359	349	502	251	251	506	286	219
龙岩市	859	466	393	634	336	298	409	208	201	564	287	277
宁德市	836	437	399	633	330	303	478	259	219	868	443	425

1-3c 续表 2

单位：人

地 区	25-29岁			30-34岁			35-39岁			40-44岁		
	小计	男	女	小计	男	女	小计	男	女	小计	男	女
全 省	**13056**	**6152**	**6904**	**11818**	**5917**	**5901**	**10758**	**5428**	**5330**	**13760**	**6928**	**6832**
福州市	2290	1103	1188	2302	1189	1113	1934	988	946	2153	1056	1097
福州市(不含平潭)	2056	1000	1056	2127	1104	1023	1791	916	875	2012	991	1021
平潭	234	103	132	175	85	90	142	72	71	141	65	76
厦门市	419	202	217	469	220	250	351	178	172	411	197	213
莆田市	1248	558	690	984	473	510	882	430	453	1042	500	541
三明市	971	444	528	714	365	349	728	383	345	1163	587	576
泉州市	3386	1662	1724	2836	1384	1452	2510	1251	1259	2951	1436	1514
漳州市	1833	835	998	1716	822	894	1765	846	918	2287	1198	1089
南平市	814	372	442	817	440	377	832	428	404	1262	662	600
龙岩市	1005	464	541	997	486	510	797	411	386	1215	629	586
宁德市	1090	513	577	983	537	446	960	513	446	1275	661	614

1-3c 续表 3

单位：人

地 区	45-49岁			50-54岁			55-59岁			60-64岁		
	小计	男	女	小计	男	女	小计	男	女	小计	男	女
全 省	**14364**	**7203**	**7161**	**12405**	**6158**	**6247**	**10583**	**5352**	**5231**	**10256**	**5133**	**5122**
福州市	2165	1064	1101	1960	945	1015	1840	923	917	1854	913	941
福州市(不含平潭)	1990	990	1000	1772	859	914	1663	844	818	1665	803	861
平潭	174	74	101	188	86	102	177	78	99	189	109	80
厦门市	394	207	186	349	182	166	309	140	170	282	139	143
莆田市	1054	503	551	1019	471	548	1011	484	527	962	492	470
三明市	1225	651	574	1099	532	567	884	471	412	757	384	373
泉州市	2938	1447	1491	2354	1169	1184	1799	856	943	1824	875	949
漳州市	2354	1203	1151	2005	1005	1001	1714	894	820	1593	786	807
南平市	1516	778	738	1190	600	591	964	502	462	949	491	458
龙岩市	1387	665	722	1287	658	630	891	476	415	916	481	435
宁德市	1332	684	647	1142	596	545	1171	606	565	1118	573	545

1-3c 续表 4

单位：人

地 区	65-69岁			70-74岁			75-79岁			80-84岁		
	小计	男	女	小计	男	女	小计	男	女	小计	男	女
全 省	**6834**	**3574**	**3260**	**4713**	**2468**	**2245**	**3828**	**1848**	**1980**	**2459**	**1071**	**1388**
福州市	1294	720	574	807	440	367	550	281	269	406	192	214
福州市(不含平潭)	1116	628	489	701	392	310	483	247	235	350	171	178
平潭	178	92	86	106	49	57	68	33	34	56	20	36
厦门市	214	90	124	133	72	61	104	48	55	71	30	40
莆田市	487	252	235	357	159	197	284	111	173	202	72	130
三明市	550	293	257	412	229	184	359	196	163	230	97	133
泉州市	1187	584	604	807	391	416	634	281	352	417	174	243
漳州市	993	487	505	757	383	373	622	289	333	395	166	230
南平市	699	353	345	457	261	196	384	195	189	214	112	103
龙岩市	626	348	278	452	217	235	457	190	267	231	85	147
宁德市	785	448	337	532	317	216	436	257	178	293	144	149

1-3c 续表 5

单位：人

地 区	85-89岁			90-94岁			95-99岁			100岁及以上		
	小计	男	女	小计	男	女	小计	男	女	小计	男	女
全 省	**1279**	**458**	**821**	**399**	**118**	**281**	**54**	**11**	**43**	**6**	**1**	**5**
福州市	221	87	134	74	31	43	4		4	3		3
福州市(不含平潭)	193	76	117	63	26	38	4		4	3		3
平潭	28	10	17	10	5	5						
厦门市	31	7	24	13	1	12	4		4			
莆田市	126	35	91	29	4	25	7	1	6			
三明市	99	46	53	28	11	17	5	1	4			
泉州市	193	64	129	71	16	55	7		7			
漳州市	217	64	153	53	14	39	8	1	7	1		1
南平市	107	52	55	22	7	15	6	2	4			
龙岩市	110	25	84	53	11	42	5	3	3	1	1	
宁德市	176	78	97	58	24	33	7	2	5	1		1

1-4 各地区分性别、受教育程度的6岁及以上人口

单位：人

地 区	6岁及以上人口			未上过学			小 学		
	合计	男	女	小计	男	女	小计	男	女
全 省	**403012**	**205935**	**197076**	**28156**	**6024**	**22131**	**118672**	**55116**	**63556**
福州市	78849	39983	38866	4118	897	3221	20805	9768	11037
福州市(不含平潭)	74623	37925	36698	3791	821	2970	19242	9045	10196
平潭	4226	2058	2168	328	76	252	1563	723	841
厦门市	42805	22627	20178	1909	350	1559	7844	3672	4172
莆田市	29803	14901	14901	2440	355	2085	8482	3713	4770
三明市	25195	12688	12507	1953	448	1506	8672	4072	4599
泉州市	91840	47052	44787	5855	1098	4757	27729	12665	15064
漳州市	52157	26672	25485	4770	879	3891	16935	7586	9348
南平市	26751	13554	13198	1722	498	1224	9746	4744	5001
龙岩市	26150	13023	13127	1922	317	1605	7805	3322	4483
宁德市	29461	15434	14026	3466	1182	2284	10655	5573	5082

1-4 续表 1

单位：人

地 区	初 中			普通高中			中 职		
	小计	男	女	小计	男	女	小计	男	女
全 省	**140236**	**79562**	**60674**	**44336**	**27015**	**17322**	**19212**	**9788**	**9423**
福州市	26334	14437	11897	10167	5693	4474	4345	2192	2153
福州市(不含平潭)	24816	13614	11202	9755	5452	4303	4213	2131	2082
平潭	1518	823	695	411	241	170	132	61	71
厦门市	11641	6482	5159	4747	2870	1876	3176	1695	1481
莆田市	11652	6542	5110	4036	2701	1335	983	378	605
三明市	8566	4767	3799	2414	1442	972	1226	644	582
泉州市	36342	21015	15327	10777	6532	4245	3039	1538	1500
漳州市	18105	10978	7127	4089	2815	1274	2653	1479	1174
南平市	9463	5122	4341	2349	1327	1023	1076	545	531
龙岩市	9531	5471	4061	2451	1652	799	1724	767	957
宁德市	8602	4748	3854	3307	1983	1324	989	550	439

1-4 续表 2

单位：人

地　区	大学专科			大学本科			研究生		
	小计	男	女	小计	男	女	小计	男	女
全　省	**24393**	**12318**	**12075**	**26295**	**15147**	**11148**	**1712**	**965**	**747**
福州市	5990	2947	3043	6502	3714	2788	589	336	253
福州市(不含平潭)	5849	2876	2974	6371	3652	2719	587	335	252
平潭	140	71	69	131	62	69	2	1	1
厦门市	4926	2488	2438	7918	4724	3195	643	346	297
莆田市	1210	656	554	975	541	434	25	15	10
三明市	1297	695	602	1036	602	434	30	19	12
泉州市	4127	2084	2042	3813	2015	1798	160	105	55
漳州市	2737	1231	1506	2741	1639	1102	127	64	63
南平市	1227	626	601	1125	668	457	43	24	20
龙岩市	1564	841	723	1121	634	487	33	19	14
宁德市	1315	749	566	1063	611	452	62	38	25

1-4a 各地区分性别、受教育程度的6岁及以上人口(城市)

单位：人

地　区	6岁及以上人口			未上过学			小　学		
	合计	男	女	小计	男	女	小计	男	女
全　省	**147757**	**76385**	**71373**	**5025**	**1039**	**3986**	**29229**	**13501**	**15728**
福州市	37455	18895	18559	960	224	737	6385	2894	3491
厦门市	36536	19440	17096	1197	211	986	5991	2777	3214
莆田市	11158	5754	5404	515	70	444	2270	963	1307
三明市	4938	2430	2508	156	27	129	1127	479	648
泉州市	29460	15543	13917	1188	282	906	7412	3592	3819
漳州市	8864	4412	4451	265	53	211	1757	781	976
南平市	7542	3745	3797	243	48	195	1746	811	935
龙岩市	5066	2637	2429	150	25	125	935	427	508
宁德市	6738	3528	3210	351	99	253	1607	777	830

1-4a 续表 1

单位：人

地 区	初 中			普通高中			中 职		
	小计	男	女	小计	男	女	小计	男	女
全 省	**46764**	**25801**	**20962**	**20213**	**11493**	**8720**	**10023**	**4947**	**5075**
福州市	10735	5732	5003	6095	3239	2856	3001	1495	1506
厦门市	9610	5271	4339	4306	2595	1711	2647	1393	1254
莆田市	4476	2491	1985	2122	1390	732	574	165	409
三明市	1611	821	790	773	427	346	405	212	193
泉州市	12045	7074	4970	3213	1813	1401	1326	625	701
漳州市	2412	1321	1091	735	413	322	487	229	258
南平市	2471	1252	1220	1055	571	484	565	289	276
龙岩市	1710	946	765	623	366	256	572	270	302
宁德市	1693	894	799	1291	678	613	447	271	177

1-4a 续表 2

单位：人

地 区	大学专科			大学本科			研究生		
	小计	男	女	小计	男	女	小计	男	女
全 省	**15652**	**7612**	**8040**	**19292**	**11110**	**8182**	**1560**	**881**	**679**
福州市	4691	2264	2428	5039	2732	2307	549	316	232
厦门市	4484	2266	2218	7672	4588	3084	630	339	291
莆田市	598	337	261	585	326	259	19	13	6
三明市	449	229	220	403	227	176	13	8	5
泉州市	2163	997	1166	1982	1076	907	131	84	47
漳州市	1214	381	833	1881	1180	701	113	54	59
南平市	756	397	359	669	356	312	38	21	17
龙岩市	604	331	273	455	259	196	18	13	4
宁德市	692	411	281	606	367	239	50	32	18

1-4b 各地区分性别、受教育程度的6岁及以上人口(镇)

单位：人

地　区	6岁及以上人口			未上过学			小　学		
	合计	男	女	小计	男	女	小计	男	女
全　省	**103339**	**52659**	**50680**	**7094**	**1464**	**5630**	**31948**	**14554**	**17394**
福州市	15533	7746	7787	993	192	802	4972	2306	2665
福州市(不含平潭)	13821	6914	6907	936	180	756	4446	2076	2370
平潭	1711	831	880	57	12	45	526	230	296
厦门市	1879	1000	879	108	15	93	412	190	222
莆田市	5528	2726	2803	477	76	402	1603	696	907
三明市	8794	4395	4399	472	108	364	2737	1244	1492
泉州市	28296	14434	13863	1859	305	1554	9062	4138	4923
漳州市	19747	10496	9251	1548	302	1246	5788	2593	3195
南平市	6480	3252	3228	380	113	267	2115	992	1122
龙岩市	8381	4047	4334	517	108	409	2283	934	1349
宁德市	8702	4564	4137	740	246	494	2977	1459	1519

1-4b　续表 1

单位：人

地　区	初　中			普通高中			中　职		
	小计	男	女	小计	男	女	小计	男	女
全　省	**38548**	**21515**	**17033**	**10560**	**6940**	**3619**	**5526**	**2850**	**2675**
福州市	5747	3100	2647	1610	943	667	655	338	317
福州市(不含平潭)	5079	2755	2323	1405	821	584	577	302	275
平潭	669	345	324	204	121	83	79	36	43
厦门市	721	436	285	152	102	50	231	115	116
莆田市	2250	1228	1022	613	412	202	124	69	55
三明市	3064	1610	1454	895	520	375	509	254	255
泉州市	11480	6501	4978	2608	1768	840	1039	551	488
漳州市	7208	4285	2923	1990	1463	527	1634	965	669
南平市	2418	1251	1168	668	378	290	255	122	133
龙岩市	2923	1622	1301	810	537	273	744	257	487
宁德市	2737	1481	1256	1212	817	395	334	179	155

1-4b 续表 2

单位：人

地 区	大学专科			大学本科			研究生		
	小计	男	女	小计	男	女	小计	男	女
全 省	**5225**	**2832**	**2393**	**4341**	**2450**	**1891**	**98**	**54**	**44**
福州市	804	435	369	728	422	306	23	10	13
福州市(不含平潭)	717	392	325	640	378	262	22	10	12
平潭	88	43	44	88	44	44	1		1
厦门市	161	87	73	84	51	34	9	4	5
莆田市	264	133	130	195	111	84	2	1	1
三明市	600	337	262	503	312	191	14	9	5
泉州市	1106	623	482	1121	531	590	21	15	7
漳州市	968	537	431	599	342	257	12	8	3
南平市	291	135	156	349	259	90	4	2	3
龙岩市	632	328	304	462	255	207	8	4	4
宁德市	400	214	186	298	167	131	4	2	3

1-4c 各地区分性别、受教育程度的6岁及以上人口(乡村)

单位：人

地 区	6岁及以上人口			未上过学			小 学		
	合计	男	女	小计	男	女	小计	男	女
全 省	**151915**	**76892**	**75024**	**16037**	**3522**	**12515**	**57495**	**27061**	**30434**
福州市	25862	13343	12519	2165	482	1683	9449	4568	4881
福州市(不含平潭)	23347	12115	11231	1894	417	1477	8411	4076	4336
平潭	2515	1227	1288	271	64	206	1037	492	545
厦门市	4390	2187	2203	605	125	480	1441	704	737
莆田市	13116	6421	6695	1448	209	1239	4610	2054	2556
三明市	11463	5863	5600	1325	313	1012	4807	2348	2459
泉州市	34084	17076	17008	2808	511	2297	11256	4934	6321
漳州市	23547	11764	11783	2957	524	2433	9389	4212	5178
南平市	12729	6556	6173	1099	336	763	5885	2942	2944
龙岩市	12704	6340	6364	1255	184	1071	4586	1961	2626
宁德市	14021	7342	6679	2375	838	1537	6071	3338	2733

1-4c 续表 1 单位：人

地　区	初　中			普通高中			中　职		
	小计	男	女	小计	男	女	小计	男	女
全　省	**54925**	**32246**	**22679**	**13564**	**8582**	**4982**	**3663**	**1991**	**1673**
福州市	9851	5605	4246	2462	1512	951	689	359	330
福州市(不含平潭)	9002	5127	3875	2256	1392	863	635	334	302
平潭	849	478	371	207	120	87	54	25	28
厦门市	1310	775	535	288	173	115	298	187	112
莆田市	4926	2823	2104	1300	899	401	285	145	140
三明市	3891	2336	1555	746	495	251	311	178	134
泉州市	12817	7439	5378	4955	2951	2004	674	363	312
漳州市	8485	5372	3113	1363	939	424	532	285	248
南平市	4574	2620	1953	626	377	249	257	135	122
龙岩市	4898	2903	1995	1018	748	269	408	240	168
宁德市	4172	2373	1799	805	488	317	208	101	107

1-4c 续表 2 单位：人

地　区	大学专科			大学本科			研究生		
	小计	男	女	小计	男	女	小计	男	女
全　省	**3516**	**1874**	**1642**	**2663**	**1587**	**1075**	**54**	**30**	**24**
福州市	494	248	246	735	560	175	17	9	8
福州市(不含平潭)	441	220	221	692	542	150	16	8	8
平潭	53	28	24	43	18	25	1	1	
厦门市	282	135	147	162	85	77	4	3	1
莆田市	349	186	163	195	104	91	4	2	2
三明市	249	129	120	130	63	67	3	1	2
泉州市	858	464	393	710	408	301	7	6	1
漳州市	556	314	242	261	117	144	3	2	1
南平市	179	93	86	108	52	55	1	1	
龙岩市	328	182	146	203	120	83	7	2	5
宁德市	223	124	99	160	77	82	8	4	4

1-5　各地区分性别的15岁及以上文盲人口

单位：人、%

地　区	15岁及以上人口			文盲人口			文盲人口占15岁及以上人口比重		
	合计	男	女	合计	男	女	合计	男	女
全　省	**362751**	**184232**	**178519**	**24131**	**4600**	**19531**	**6.65**	**2.50**	**10.94**
福州市	71361	35937	35424	3563	692	2871	4.99	1.93	8.11
福州市(不含平潭)	67629	34165	33464	3267	627	2640	4.83	1.84	7.89
平潭	3732	1772	1960	296	65	231	7.93	3.67	11.79
厦门市	39677	20943	18734	1604	260	1344	4.04	1.24	7.17
莆田市	26381	13009	13372	2140	275	1865	8.11	2.11	13.95
三明市	22323	11144	11179	1589	341	1248	7.12	3.06	11.17
泉州市	82884	42115	40768	5044	793	4251	6.09	1.88	10.43
漳州市	46612	23783	22829	4237	694	3544	9.09	2.92	15.52
南平市	23595	11916	11678	1384	346	1038	5.86	2.90	8.89
龙岩市	23439	11544	11896	1674	251	1422	7.14	2.18	11.96
宁德市	26479	13841	12638	2896	948	1948	10.94	6.85	15.41

1-5a　各地区分性别的15岁及以上文盲人口(城市)

单位：人、%

地　区	15岁及以上人口			文盲人口			文盲人口占15岁及以上人口比重		
	合计	男	女	合计	男	女	合计	男	女
全　省	**135371**	**69645**	**65726**	**4288**	**774**	**3515**	**3.17**	**1.11**	**5.35**
福州市	34237	17155	17082	823	169	654	2.40	0.98	3.83
厦门市	33913	18025	15888	962	143	819	2.84	0.79	5.16
莆田市	10194	5210	4984	461	52	409	4.52	0.99	8.21
三明市	4408	2153	2255	134	20	115	3.05	0.91	5.09
泉州市	27175	14279	12897	1032	211	821	3.80	1.48	6.37
漳州市	8190	4068	4122	232	39	193	2.83	0.95	4.69
南平市	6692	3287	3405	198	33	165	2.96	1.01	4.85
龙岩市	4511	2326	2185	136	25	111	3.01	1.05	5.10
宁德市	6050	3142	2908	310	83	227	5.12	2.64	7.80

1-5b 各地区分性别的15岁及以上文盲人口(镇)

单位：人、%

地 区	15岁及以上人口			文盲人口			文盲人口占15岁及以上人口比重		
	合计	男	女	合计	男	女	合计	男	女
全 省	**92328**	**46698**	**45630**	**6047**	**1071**	**4976**	**6.55**	**2.29**	**10.91**
福州市	13979	6914	7065	855	148	708	6.12	2.14	10.02
福州市(不含平潭)	12495	6223	6272	806	139	667	6.45	2.23	10.64
平潭	1484	691	793	49	9	40	3.33	1.32	5.08
厦门市	1767	940	826	94	11	84	5.34	1.13	10.13
莆田市	4877	2354	2523	427	58	369	8.76	2.47	14.64
三明市	7712	3799	3913	370	79	291	4.80	2.08	7.44
泉州市	25326	12769	12557	1650	212	1438	6.51	1.66	11.45
漳州市	17754	9470	8284	1316	214	1101	7.41	2.26	13.30
南平市	5663	2837	2826	303	78	225	5.34	2.74	7.96
龙岩市	7525	3573	3951	420	79	341	5.59	2.22	8.63
宁德市	7725	4041	3684	612	192	419	7.92	4.75	11.39

1-5c 各地区分性别的15岁及以上文盲人口(乡村)

单位：人、%

地 区	15岁及以上人口			文盲人口			文盲人口占15岁及以上人口比重		
	合计	男	女	合计	男	女	合计	男	女
全 省	**135053**	**67889**	**67163**	**13796**	**2755**	**11040**	**10.21**	**4.06**	**16.44**
福州市	23144	11868	11277	1885	375	1509	8.14	3.16	13.38
福州市(不含平潭)	20896	10787	10109	1638	320	1318	7.84	2.96	13.04
平潭	2249	1081	1168	247	56	191	10.97	5.17	16.34
厦门市	3997	1978	2020	547	107	441	13.69	5.40	21.82
莆田市	11310	5445	5865	1252	165	1087	11.07	3.04	18.53
三明市	10203	5192	5011	1085	242	842	10.63	4.67	16.81
泉州市	30382	15068	15314	2362	370	1992	7.77	2.46	13.01
漳州市	20668	10245	10423	2690	441	2249	13.02	4.30	21.58
南平市	11240	5793	5448	883	235	648	7.86	4.05	11.90
龙岩市	11403	5644	5759	1117	147	970	9.80	2.61	16.84
宁德市	12704	6658	6046	1974	673	1302	15.54	10.10	21.53

1-6 各地区分性别、婚姻状况的人口

单位：人

地　区	合　计			未　婚		
	合计	男	女	小计	男	女
全　省	**359884**	**182766**	**177119**	**70328**	**42731**	**27597**
福州市	69770	35110	34660	13671	8124	5547
福州市(不含平潭)	66109	33371	32738	12968	7720	5248
平潭	3662	1739	1922	704	404	299
厦门市	39386	20811	18575	11427	7065	4362
莆田市	26255	12945	13310	4680	2748	1932
三明市	22254	11117	11137	2880	1795	1084
泉州市	82746	42038	40708	17472	10245	7227
漳州市	46511	23731	22780	9155	5778	3377
南平市	23348	11787	11561	2783	1834	949
龙岩市	23336	11490	11847	3165	1790	1375
宁德市	26277	13737	12540	5094	3351	1742

1-6 续表

单位：人

地　区	有配偶			离　婚			丧　偶		
	小计	男	女	小计	男	女	小计	男	女
全　省	**265397**	**132685**	**132713**	**4888**	**2746**	**2142**	**19272**	**4605**	**14667**
福州市	51379	25564	25815	1046	579	467	3674	843	2831
福州市(不含平潭)	48701	24306	24395	1003	551	452	3437	795	2642
平潭	2678	1259	1419	43	27	15	237	48	189
厦门市	26053	13261	12792	613	255	358	1293	231	1062
莆田市	19725	9673	10052	306	168	138	1544	356	1188
三明市	17503	8614	8889	400	237	162	1473	471	1002
泉州市	60389	30424	29965	854	513	341	4031	856	3175
漳州市	34265	17077	17188	455	254	202	2635	622	2013
南平市	18648	9261	9387	447	262	184	1470	429	1041
龙岩市	18249	9150	9099	351	202	149	1572	348	1224
宁德市	19186	9660	9526	416	276	140	1581	450	1131

1-6a 各地区分性别、婚姻状况的人口(城市)

单位：人

地　区	合　计			未　婚		
	合计	男	女	小计	男	女
全　省	**134563**	**69265**	**65298**	**32829**	**19167**	**13662**
福州市	33888	16984	16903	7478	4160	3318
厦门市	33626	17897	15729	10361	6398	3963
莆田市	10140	5183	4957	2085	1198	887
三明市	4391	2147	2244	614	359	255
泉州市	27154	14267	12887	6345	3692	2653
漳州市	8183	4065	4118	2805	1470	1335
南平市	6666	3274	3391	791	488	303
龙岩市	4494	2317	2178	740	445	294
宁德市	6021	3130	2891	1610	956	653

1-6a 续表

单位：人

地　区	有配偶			离　婚			丧　偶		
	小计	男	女	小计	男	女	小计	男	女
全　省	**95316**	**48325**	**46991**	**2064**	**913**	**1152**	**4353**	**860**	**3493**
福州市	24694	12372	12322	526	205	322	1190	249	941
厦门市	21799	11116	10683	557	229	328	909	154	755
莆田市	7542	3832	3709	106	59	48	407	94	313
三明市	3397	1672	1725	146	68	79	234	48	186
泉州市	19849	10313	9536	256	130	126	704	131	572
漳州市	5004	2502	2502	107	42	65	267	52	215
南平市	5402	2643	2759	158	73	86	314	71	244
龙岩市	3520	1803	1717	92	46	46	143	23	120
宁德市	4110	2072	2037	115	63	53	186	39	147

1-6b 各地区分性别、婚姻状况的人口(镇)

单位: 人

地 区	合 计			未 婚		
	合计	男	女	小计	男	女
全 省	**91726**	**46392**	**45334**	**15247**	**9545**	**5702**
福州市	13565	6701	6864	2188	1350	838
福州市(不含平潭)	12085	6011	6074	1911	1196	715
平潭	1479	689	790	277	155	122
厦门市	1767	940	826	494	302	192
莆田市	4873	2352	2521	741	430	312
三明市	7703	3796	3908	1027	636	390
泉州市	25270	12737	12533	3910	2324	1585
漳州市	17715	9450	8264	3640	2529	1111
南平市	5619	2816	2803	644	448	196
龙岩市	7505	3565	3940	1149	493	656
宁德市	7710	4035	3675	1455	1032	423

1-6b 续表

单位: 人

地 区	有配偶			离 婚			丧 偶		
	小计	男	女	小计	男	女	小计	男	女
全 省	**70215**	**35033**	**35182**	**1161**	**669**	**492**	**5103**	**1145**	**3958**
福州市	10157	4993	5164	178	124	54	1041	233	808
福州市(不含平潭)	9045	4480	4565	166	118	49	963	218	744
平潭	1112	513	598	12	6	6	79	14	64
厦门市	1188	615	573	15	8	7	69	15	55
莆田市	3792	1832	1960	71	30	41	269	60	209
三明市	6090	2956	3135	126	69	56	461	134	326
泉州市	19788	9979	9809	278	174	104	1294	260	1034
漳州市	13089	6677	6413	161	79	82	825	166	659
南平市	4539	2229	2310	112	60	52	324	80	245
龙岩市	5810	2910	2900	121	63	58	426	99	327
宁德市	5761	2842	2919	100	62	37	394	98	296

1-6c 各地区分性别、婚姻状况的人口(乡村)

单位：人

地区	合计			未婚		
	合计	男	女	小计	男	女
全省	**133596**	**67109**	**66487**	**22251**	**14019**	**8233**
福州市	22318	11425	10893	4005	2614	1392
福州市(不含平潭)	20136	10375	9760	3579	2364	1215
平潭	2182	1050	1132	426	250	177
厦门市	3993	1974	2020	572	364	207
莆田市	11242	5410	5833	1854	1120	734
三明市	10160	5175	4986	1239	800	439
泉州市	30322	15034	15288	7217	4228	2989
漳州市	20614	10215	10398	2710	1779	931
南平市	11064	5696	5367	1348	898	450
龙岩市	11337	5607	5729	1277	852	425
宁德市	12546	6572	5974	2029	1364	666

1-6c 续表

单位：人

地区	有配偶			离婚			丧偶		
	小计	男	女	小计	男	女	小计	男	女
全省	**99866**	**49327**	**50540**	**1662**	**1164**	**498**	**9816**	**2599**	**7216**
福州市	16528	8200	8328	341	250	91	1443	362	1081
福州市(不含平潭)	14962	7454	7508	311	229	81	1284	328	957
平潭	1566	745	821	31	21	10	159	34	125
厦门市	3067	1530	1537	41	18	23	314	62	253
莆田市	8391	4009	4382	129	79	50	869	202	666
三明市	8016	3986	4030	128	100	27	778	288	490
泉州市	20752	10133	10619	320	209	111	2033	464	1569
漳州市	16172	7899	8273	188	134	54	1544	404	1139
南平市	8707	4389	4318	177	130	47	832	279	553
龙岩市	8919	4437	4482	138	93	45	1003	226	777
宁德市	9315	4746	4570	201	151	50	1001	312	688

1-7 各地区分性别、月份的出生人口
(2014.11.1-2015.10.31)

单位：人

地　区	出生人口			2014年11月			2014年12月		
	合计	男	女	合计	男	女	合计	男	女
全　省	**6200**	**3220**	**2980**	**658**	**340**	**319**	**645**	**332**	**313**
福州市	1062	552	510	96	48	48	100	62	37
福州市(不含平潭)	988	514	474	93	47	46	95	59	36
平潭	73	37	36	4	1	2	5	3	1
厦门市	623	335	288	76	37	39	72	35	36
莆田市	480	241	239	69	30	38	51	28	23
三明市	381	182	198	40	22	18	38	14	24
泉州市	1349	721	628	156	86	71	172	92	81
漳州市	916	492	424	86	52	34	95	45	50
南平市	376	184	192	44	22	21	29	13	15
龙岩市	502	237	265	46	15	30	34	13	22
宁德市	510	276	235	45	26	19	55	30	24

1-7 续表 1

单位：人

地　区	2015年01月			2015年02月			2015年03月		
	合计	男	女	合计	男	女	合计	男	女
全　省	**576**	**326**	**251**	**543**	**269**	**274**	**514**	**255**	**259**
福州市	106	59	47	92	37	55	85	41	43
福州市(不含平潭)	97	56	41	89	36	53	81	38	43
平潭	10	3	6	3	1	2	4	4	
厦门市	65	40	25	54	32	22	58	32	26
莆田市	48	21	27	42	23	20	45	25	20
三明市	30	11	20	36	15	21	38	19	19
泉州市	137	87	49	97	55	42	99	59	40
漳州市	74	46	28	96	45	51	71	23	48
南平市	37	20	17	40	22	19	26	16	10
龙岩市	45	24	21	44	19	25	33	12	21
宁德市	34	18	16	41	22	19	60	27	33

1-7　续表 2　　单位：人

地　区	2015年04月			2015年05月			2015年06月		
	合计	男	女	合计	男	女	合计	男	女
全　省	**462**	**266**	**195**	**484**	**268**	**216**	**464**	**235**	**230**
福州市	65	31	34	83	51	32	92	42	50
福州市(不含平潭)	59	28	31	75	46	29	84	36	48
平潭	6	4	2	8	5	3	8	5	3
厦门市	49	30	20	45	25	20	32	23	9
莆田市	27	16	11	39	21	18	31	17	15
三明市	34	21	13	29	16	13	31	20	11
泉州市	110	66	44	99	41	58	92	38	54
漳州市	65	39	25	69	48	21	64	40	23
南平市	34	18	16	32	16	15	27	9	18
龙岩市	33	17	16	48	27	21	53	25	28
宁德市	45	29	16	41	23	18	41	21	20

1-7　续表 3　　单位：人

地　区	2015年07月			2015年08月			2015年09月			2015年10月		
	合计	男	女	合计	男	女	合计	男	女	合计	男	女
全　省	**493**	**255**	**238**	**467**	**227**	**239**	**505**	**248**	**257**	**389**	**199**	**190**
福州市	81	43	37	101	56	45	90	50	40	71	31	40
福州市(不含平潭)	74	40	34	93	53	40	86	50	36	63	27	36
平潭	7	4	3	8	3	5	4		4	8	4	4
厦门市	42	21	21	40	18	22	51	24	27	39	17	21
莆田市	39	17	22	33	17	16	41	17	23	16	9	7
三明市	28	9	20	33	17	16	24	10	13	21	9	12
泉州市	95	56	39	81	41	40	115	49	66	96	51	45
漳州市	87	45	42	71	33	38	74	38	36	65	38	27
南平市	32	17	15	28	6	22	24	13	11	24	12	12
龙岩市	52	26	25	45	20	25	41	24	17	27	14	13
宁德市	38	21	17	34	19	15	45	23	23	31	18	13

1-7a 各地区分性别、月份的出生人口 (2014.11.1-2015.10.31)(城市)

单位：人

地 区	出生人口			2014年11月			2014年12月		
	合计	男	女	合计	男	女	合计	男	女
全 省	**1914**	**1013**	**901**	**205**	**105**	**100**	**248**	**135**	**114**
福州市	464	232	231	45	23	21	64	40	24
厦门市	512	284	229	70	36	34	61	30	31
莆田市	162	89	73	23	10	13	24	14	9
三明市	65	34	31	8	5	3	5	3	2
泉州市	326	177	150	32	20	12	54	28	25
漳州市	124	57	66	6	2	4	9	1	8
南平市	85	42	43	7	5	2	8	3	5
龙岩市	81	39	42	6	2	5	9	5	3
宁德市	95	58	36	9	2	7	15	9	6

1-7a 续表 1

单位：人

地 区	2015年01月			2015年02月			2015年03月		
	合计	男	女	合计	男	女	合计	男	女
全 省	**213**	**128**	**85**	**163**	**81**	**83**	**157**	**82**	**75**
福州市	49	30	19	37	15	22	27	14	14
厦门市	54	33	20	45	29	16	47	26	21
莆田市	16	7	10	14	7	7	15	9	6
三明市	6	1	5	5	2	3	6	2	4
泉州市	46	30	16	22	8	14	25	16	9
漳州市	15	9	6	15	7	9	17	5	12
南平市	10	5	5	8	5	3	3	1	2
龙岩市	9	9		10	2	8	8	4	4
宁德市	8	4	3	7	5	2	10	5	5

1-7a 续表 2 单位：人

地 区	2015年04月			2015年05月			2015年06月		
	合计	男	女	合计	男	女	合计	男	女
全 省	**141**	**77**	**65**	**130**	**80**	**51**	**121**	**62**	**59**
福州市	26	14	13	28	17	11	45	15	29
厦门市	36	21	15	38	22	16	22	16	6
莆田市	13	6	7	7	4	3	7	5	2
三明市	5	5		4	3	2	4	2	2
泉州市	29	15	14	20	13	8	18	10	8
漳州市	9	5	3	10	5	5	8	4	4
南平市	9	2	7	10	7	3	4	2	2
龙岩市	5		5	8	5	3	8	4	3
宁德市	9	9		5	4	1	6	3	3

1-7a 续表 3 单位：人

地 区	2015年07月			2015年08月			2015年09月			2015年10月		
	合计	男	女	合计	男	女	合计	男	女	合计	男	女
全 省	**126**	**68**	**58**	**154**	**77**	**77**	**136**	**69**	**67**	**118**	**50**	**68**
福州市	31	16	16	46	23	24	37	18	19	28	9	19
厦门市	36	20	16	33	16	17	40	19	21	31	14	17
莆田市	13	7	5	15	9	6	10	7	3	7	5	2
三明市	3	1	2	11	9	2	3	1	3	4		4
泉州市	16	8	7	20	7	13	16	10	6	30	12	18
漳州市	11	6	5	7	4	3	13	5	7	5	4	2
南平市	8	4	4	8	2	6	5	4	1	4	2	2
龙岩市	4	3	1	7	1	5	1	1		5	3	2
宁德市	5	4	2	7	6	1	10	4	5	5	3	2

1-7b　各地区分性别、月份的出生人口 (2014.11.1-2015.10.31)(镇)

单位：人

地　区	出生人口			2014年11月			2014年12月		
	合计	男	女	合计	男	女	合计	男	女
全　省	**1711**	**891**	**819**	**174**	**82**	**92**	**156**	**71**	**85**
福州市	231	117	114	15	6	10	12	7	5
福州市(不含平潭)	195	103	93	15	6	9	10	5	5
平潭	36	15	21	1		1	2	2	
厦门市	27	12	14	1		1	3	1	2
莆田市	84	37	46	12	3	9	5	4	1
三明市	128	66	61	13	6	7	17	7	10
泉州市	460	248	212	50	26	25	44	16	28
漳州市	350	191	159	40	20	20	41	24	17
南平市	101	46	55	14	7	7	9	3	6
龙岩市	162	78	84	13	5	9	13	3	10
宁德市	168	95	73	15	11	4	13	7	6

1-7b　续表 1

单位：人

地　区	2015年01月			2015年02月			2015年03月		
	合计	男	女	合计	男	女	合计	男	女
全　省	**157**	**84**	**73**	**168**	**86**	**82**	**162**	**84**	**78**
福州市	26	11	15	27	7	19	26	13	13
福州市(不含平潭)	20	9	11	25	6	18	25	12	13
平潭	5	2	4	2	1	1	1	1	
厦门市	1	1		4	1	3	4	3	1
莆田市	10	2	8	5	4	1	11	6	5
三明市	9	5	4	14	9	5	18	8	10
泉州市	55	35	19	38	24	14	41	25	16
漳州市	25	13	12	40	19	21	26	12	14
南平市	4	3	2	12	7	5	5	2	3
龙岩市	16	8	9	16	7	9	10	3	7
宁德市	11	6	5	12	7	5	22	12	10

1-7b 续表 2

单位：人

地 区	2015年04月			2015年05月			2015年06月		
	合计	男	女	合计	男	女	合计	男	女
全 省	**130**	**79**	**51**	**133**	**69**	**64**	**128**	**73**	**56**
福州市	14	4	10	17	11	6	19	12	6
福州市(不含平潭)	12	3	9	13	7	6	15	11	3
平潭	2	1	1	4	4		4	1	3
厦门市	1	1	1	1	1	1	2	1	1
莆田市	5	2	2	9	5	4	4	1	4
三明市	8	5	3	8	5	4	9	7	2
泉州市	43	29	13	40	13	27	29	13	16
漳州市	18	11	7	24	17	7	25	17	7
南平市	10	6	4	8	3	5	8	3	6
龙岩市	13	10	3	11	8	4	17	9	7
宁德市	17	9	8	15	8	8	16	10	6

1-7b 续表 3

单位：人

地 区	2015年07月			2015年08月			2015年09月			2015年10月		
	合计	男	女	合计	男	女	合计	男	女	合计	男	女
全 省	**136**	**66**	**70**	**111**	**60**	**51**	**144**	**75**	**69**	**109**	**61**	**48**
福州市	16	9	7	27	16	10	18	11	7	15	9	6
福州市(不含平潭)	14	8	5	23	16	7	15	11	4	9	7	2
平潭	3	1	2	4		4	3		3	6	3	4
厦门市	2	1	2	2	1	1	2		2	3	2	1
莆田市	7	2	5	6	4	2	9	4	5			
三明市	10	4	7	8	3	5	7	5	3	5	4	1
泉州市	26	12	14	20	13	6	48	25	23	28	16	11
漳州市	36	19	17	22	11	11	24	13	11	30	15	15
南平市	10	5	4	4	1	4	6	3	3	10	3	6
龙岩市	17	7	10	9	5	4	17	8	8	10	5	5
宁德市	11	7	4	14	7	7	14	7	7	8	5	3

1-7c 各地区分性别、月份的出生人口 (2014.11.1-2015.10.31)(乡村)

单位：人

地　区	出生人口			2014年11月			2014年12月		
	合计	男	女	合计	男	女	合计	男	女
全　省	**2576**	**1316**	**1260**	**279**	**153**	**127**	**240**	**126**	**114**
福州市	367	202	165	36	19	17	24	15	9
福州市(不含平潭)	330	179	150	33	18	15	21	14	7
平潭	38	22	15	3	1	1	3	1	1
厦门市	84	39	45	6	1	4	8	4	4
莆田市	234	115	119	34	17	17	23	10	13
三明市	188	82	106	18	10	7	15	4	12
泉州市	563	297	267	75	41	34	75	47	27
漳州市	442	244	199	41	31	10	46	20	25
南平市	190	96	94	23	11	12	11	7	4
龙岩市	259	120	140	26	9	17	13	4	9
宁德市	247	123	125	21	13	8	26	14	12

1-7c 续表 1

单位：人

地　区	2015年01月			2015年02月			2015年03月		
	合计	男	女	合计	男	女	合计	男	女
全　省	**206**	**114**	**93**	**212**	**103**	**109**	**195**	**88**	**106**
福州市	32	18	13	29	14	14	32	15	17
福州市(不含平潭)	27	17	10	27	14	13	29	12	17
平潭	4	1	3	1		1	3	3	
厦门市	10	5	4	6	2	4	8	3	5
莆田市	22	12	10	23	11	11	19	10	9
三明市	15	5	10	18	5	13	14	9	5
泉州市	36	22	14	37	23	15	33	18	16
漳州市	34	24	10	40	19	21	28	6	22
南平市	22	12	11	19	9	10	18	12	5
龙岩市	19	7	12	18	10	8	15	6	9
宁德市	16	8	8	22	10	13	28	10	18

1-7c 续表 2 单位：人

地 区	2015年04月			2015年05月			2015年06月		
	合计	男	女	合计	男	女	合计	男	女
全 省	**190**	**111**	**79**	**220**	**119**	**101**	**215**	**100**	**115**
福州市	25	13	11	38	23	15	29	14	15
福州市(不含平潭)	21	11	10	34	22	12	25	10	15
平潭	4	3	1	4	1	3	4	4	
厦门市	12	8	4	6	2	4	8	6	2
莆田市	9	8	1	22	12	11	20	11	9
三明市	21	11	10	16	9	7	18	11	7
泉州市	38	21	17	39	15	23	46	15	31
漳州市	38	23	15	35	26	10	31	19	12
南平市	14	10	5	14	6	8	15	4	10
龙岩市	14	6	8	29	15	14	29	12	18
宁德市	19	11	8	21	11	9	20	9	11

1-7c 续表 3 单位：人

地 区	2015年07月			2015年08月			2015年09月			2015年10月		
	合计	男	女	合计	男	女	合计	男	女	合计	男	女
全 省	**230**	**120**	**110**	**202**	**90**	**112**	**224**	**104**	**121**	**161**	**87**	**74**
福州市	33	18	15	28	17	11	35	21	14	28	13	15
福州市(不含平潭)	29	16	13	24	14	10	33	21	13	26	12	15
平潭	4	3	1	4	3	1	1		1	1	1	
厦门市	4	1	4	5	1	3	8	5	4	5	1	4
莆田市	19	7	11	13	5	8	22	7	15	9	5	5
三明市	15	4	11	14	5	9	13	5	8	12	5	7
泉州市	53	36	18	42	20	22	51	15	36	38	23	15
漳州市	39	19	20	42	18	24	37	19	18	30	19	11
南平市	15	9	6	16	4	12	12	6	7	10	6	4
龙岩市	31	16	14	29	14	16	24	15	9	12	6	6
宁德市	21	10	11	14	6	7	22	12	10	18	10	8

1-8 各地区分性别、月份的死亡人口
(2014.11.1-2015.10.31)

单位：人

地 区	死亡人口			2014年11月			2014年12月		
	合计	男	女	合计	男	女	合计	男	女
全 省	**2063**	**1233**	**831**	**158**	**102**	**56**	**179**	**106**	**74**
福州市	378	223	156	29	16	13	36	29	6
福州市(不含平潭)	353	212	141	28	14	13	33	27	6
平潭	25	10	15	1	1		2	2	
厦门市	102	60	42	14	6	8	3	1	2
莆田市	169	98	72	10	8	3	14	7	7
三明市	152	81	71	12	5	7	12	4	8
泉州市	407	238	170	35	23	11	36	13	23
漳州市	279	170	109	24	19	4	30	15	15
南平市	195	125	69	13	10	2	19	14	5
龙岩市	196	109	87	8	5	3	17	14	3
宁德市	185	130	55	13	9	3	12	9	4

1-8 续表 1

单位：人

地 区	2015年01月			2015年02月			2015年03月		
	合计	男	女	合计	男	女	合计	男	女
全 省	**175**	**114**	**61**	**160**	**95**	**66**	**183**	**109**	**74**
福州市	38	24	14	30	17	12	28	17	11
福州市(不含平潭)	37	23	14	27	16	11	24	14	10
平潭	1	1		3	1	2	4	2	1
厦门市	17	12	5	8	5	2	6	3	3
莆田市	9	7	2	17	6	11	19	8	11
三明市	9	8	1	14	7	7	20	11	9
泉州市	34	24	10	23	18	5	34	22	11
漳州市	20	13	7	22	16	6	27	17	10
南平市	20	10	10	9	5	3	16	10	6
龙岩市	14	8	6	18	5	13	18	8	9
宁德市	14	8	6	20	16	5	15	13	2

1-8 续表 2 单位：人

地区	2015年04月			2015年05月			2015年06月		
	合计	男	女	合计	男	女	合计	男	女
全 省	**164**	**88**	**75**	**151**	**94**	**56**	**169**	**90**	**79**
福州市	26	14	13	27	19	8	34	18	16
福州市(不含平潭)	26	14	13	27	19	8	31	17	14
平潭							3	1	1
厦门市	10	6	4	10	7	3	1	1	1
莆田市	13	7	7	12	7	5	18	13	5
三明市	13	3	9	10	6	4	13	6	7
泉州市	32	18	15	27	15	11	41	18	22
漳州市	22	12	10	19	11	8	20	9	11
南平市	14	10	3	17	10	7	12	7	6
龙岩市	18	13	5	18	10	9	20	13	7
宁德市	15	6	8	11	10	1	10	5	4

1-8 续表 3 单位：人

地区	2015年07月			2015年08月			2015年09月			2015年10月		
	合计	男	女	合计	男	女	合计	男	女	合计	男	女
全 省	**178**	**111**	**66**	**161**	**94**	**66**	**178**	**109**	**70**	**208**	**120**	**88**
福州市	30	14	15	24	12	11	40	25	15	37	17	20
福州市(不含平潭)	26	14	12	21	12	9	37	25	12	35	17	19
平潭	4		4	2		2	3		3	1		1
厦门市	9	5	4	6	3	4	7	4	2	11	7	4
莆田市	14	10	4	14	10	4	13	8	4	17	9	8
三明市	7	4	3	11	6	5	11	7	4	19	13	6
泉州市	35	23	12	31	21	10	40	20	20	39	22	17
漳州市	32	20	12	17	9	8	17	12	5	30	17	13
南平市	23	18	5	18	10	8	19	12	6	16	9	7
龙岩市	11	6	4	21	11	10	14	8	6	19	7	12
宁德市	18	12	6	18	12	7	19	12	6	19	18	2

1-8a 各地区分性别、月份的死亡人口(2014.11.1-2015.10.31)(城市)

单位：人

地 区	死亡人口			2014年11月			2014年12月		
	合计	男	女	合计	男	女	合计	男	女
全 省	**409**	**238**	**171**	**30**	**14**	**16**	**26**	**18**	**9**
福州市	121	69	52	8	5	3	8	6	2
厦门市	66	41	25	8	3	5	2	1	1
莆田市	35	21	14	1	1		5	3	2
三明市	21	12	9	1	1				
泉州市	58	34	24	6	1	5	4	2	2
漳州市	34	20	14	1	1		4	3	1
南平市	41	23	18	4	2	1	3	2	1
龙岩市	16	7	9	1		1			
宁德市	17	11	6	1		1	1	1	

1-8a 续表 1

单位：人

地 区	2015年01月			2015年02月			2015年03月		
	合计	男	女	合计	男	女	合计	男	女
全 省	**40**	**24**	**17**	**34**	**20**	**14**	**29**	**14**	**16**
福州市	11	6	5	6	5	1	9	4	5
厦门市	12	8	4	7	4	2	2	1	1
莆田市	1	1	1	3	1	2	3	1	3
三明市	2	2		4	2	2	5	1	4
泉州市	4	4		6	6		4	3	1
漳州市	3	2	1	5	1	3	3	2	1
南平市	5	2	3	2	1	1	2	1	1
龙岩市	1		1	2		2	1		1
宁德市	2		2						

1-8a 续表 2 单位：人

地 区	2015年04月			2015年05月			2015年06月		
	合计	男	女	合计	男	女	合计	男	女
全 省	**36**	**16**	**20**	**30**	**17**	**13**	**30**	**15**	**15**
福州市	9	2	7	11	6	4	12	6	6
厦门市	6	5	1	6	5	2			
莆田市	2	1	1	3	2	1	3	3	1
三明市	1		1	2	1	1			
泉州市	6	3	3	2	1	2	5	1	4
漳州市	6	2	3	1	1		1	1	
南平市	3	2	1	3	1	2	4	2	2
龙岩市	2	1	1	2	1	1	1	1	
宁德市							2		2

1-8a 续表 3 单位：人

地 区	2015年07月			2015年08月			2015年09月			2015年10月		
	合计	男	女	合计	男	女	合计	男	女	合计	男	女
全 省	**42**	**27**	**15**	**33**	**22**	**11**	**40**	**28**	**12**	**38**	**24**	**14**
福州市	13	8	5	7	6	1	16	9	7	13	6	7
厦门市	7	5	2	5	2	2	4	2	1	7	4	3
莆田市	4	2	2	5	3	1	1	1	1	3	3	1
三明市	3	2	1	1	1		1	1	1	1	1	
泉州市	5	2	2	5	3	2	7	5	2	6	4	2
漳州市	2	1	1	3	1	2	1	1		2	2	
南平市	2	2	1	3	1	2	6	5	1	4	2	1
龙岩市	1	1		1	1		1	1				
宁德市	4	3	1	3	3		3	3		2	2	

1-8b 各地区分性别、月份的死亡人口 (2014.11.1-2015.10.31)(镇)

单位：人

地 区	死亡人口			2014年11月			2014年12月		
	合计	男	女	合计	男	女	合计	男	女
全 省	**458**	**279**	**179**	**41**	**24**	**17**	**35**	**20**	**16**
福州市	78	50	28	8	4	5	4	4	
福州市(不含平潭)	73	49	25	8	4	5	4	4	
平潭	5	2	3				1	1	
厦门市	9	4	5	1	1	1			
莆田市	24	14	10	1	1				
三明市	40	19	21	6		6	4	1	4
泉州市	130	78	51	10	5	5	12	8	5
漳州市	70	42	28	6	6		7	2	5
南平市	35	25	11	3	3		4	2	2
龙岩市	41	25	16	2	1	1	3	3	
宁德市	31	20	11	3	3		1	1	

1-8b 续表 1

单位：人

地 区	2015年01月			2015年02月			2015年03月		
	合计	男	女	合计	男	女	合计	男	女
全 省	**44**	**31**	**13**	**36**	**22**	**15**	**47**	**33**	**14**
福州市	5	4	2	5	2	3	8	6	2
福州市(不含平潭)	5	4	2	3	2	1	7	5	2
平潭				2		2	1	1	
厦门市	1	1					1		1
莆田市	4	4		5	1	4	3	3	
三明市	2	2		5	4	1	4	2	2
泉州市	12	7	5	4	1	3	10	8	3
漳州市	8	6	2	6	4	1	8	6	2
南平市	5	4	1	1	1		5	4	2
龙岩市	3	1	2	6	4	2	3	2	1
宁德市	5	3	2	5	5	1	5	3	2

1-8b 续表 2　　　　单位：人

地 区	2015年04月			2015年05月			2015年06月		
	合计	男	女	合计	男	女	合计	男	女
全 省	**41**	**30**	**11**	**40**	**26**	**15**	**39**	**20**	**19**
福州市	9	8	1	9	8	1	6	3	3
福州市(不含平潭)	9	8	1	9	8	1	6	3	3
平潭									
厦门市	1		1	1	1	1	1	1	
莆田市	3	3		1		1	2	1	1
三明市	2	2		3	2	1	2		2
泉州市	12	8	4	16	10	5	18	10	7
漳州市	5	3	2	2		2	5	2	3
南平市	2	2		4	3	1	2	2	
龙岩市	4	4		3	2	2	3	1	2
宁德市	3		3	1	1		1		1

1-8b 续表 3　　　　单位：人

地 区	2015年07月			2015年08月			2015年09月			2015年10月		
	合计	男	女	合计	男	女	合计	男	女	合计	男	女
全 省	**31**	**17**	**14**	**32**	**18**	**14**	**26**	**13**	**12**	**46**	**26**	**20**
福州市	2	1	2	3	1	2	4	4		13	6	7
福州市(不含平潭)	2	1	1	2	1	2	4	4		13	6	7
平潭	1		1	1		1						
厦门市	1		1	1	1	1	1		1	1	1	
莆田市	1		1	2	1	1				2		2
三明市				4	3	1	3	1	2	5	3	2
泉州市	8	5	3	10	7	3	11	5	5	7	5	3
漳州市	10	5	5	4	3		2	1	2	8	4	4
南平市	3	2	1	3		3	1		1	3	3	
龙岩市	5	3	2	4	3	1	3	1	2	3	2	2
宁德市	1		1	2	1	1	1	1		3	3	

1-8c 各地区分性别、月份的死亡人口 (2014.11.1-2015.10.31)(乡村)

单位：人

地区	死亡人口			2014年11月			2014年12月		
	合计	男	女	合计	男	女	合计	男	女
全 省	**1197**	**716**	**481**	**86**	**64**	**23**	**117**	**68**	**49**
福州市	179	103	76	13	7	6	23	19	4
福州市(不含平潭)	158	94	64	11	6	6	22	18	4
平潭	20	9	12	1	1		1	1	
厦门市	27	15	13	5	3	2	1		1
莆田市	110	62	48	8	5	3	9	4	5
三明市	91	50	41	5	4	1	8	3	4
泉州市	220	125	94	19	17	2	20	4	16
漳州市	175	108	67	17	12	4	19	10	9
南平市	118	77	41	6	5	1	12	10	2
龙岩市	139	76	63	5	4	1	14	11	3
宁德市	137	99	38	9	7	2	10	7	4

1-8c 续表 1

单位：人

地区	2015年01月			2015年02月			2015年03月		
	合计	男	女	合计	男	女	合计	男	女
全 省	**90**	**60**	**31**	**90**	**53**	**36**	**106**	**63**	**44**
福州市	22	15	7	19	11	9	12	6	5
福州市(不含平潭)	20	13	7	18	9	9	9	5	4
平潭	1	1		1	1		3	1	1
厦门市	4	3	1	1	1		3	2	1
莆田市	4	3	2	9	3	6	13	4	9
三明市	5	4	1	5	1	5	11	8	3
泉州市	19	13	6	13	11	2	19	11	8
漳州市	9	5	4	12	10	1	15	9	6
南平市	10	4	5	6	4	2	9	5	4
龙岩市	10	7	3	9	1	8	13	7	7
宁德市	8	5	2	15	11	4	11	10	1

1-8c　续表 2　　　　单位：人

地　区	2015年04月			2015年05月			2015年06月		
	合计	男	女	合计	男	女	合计	男	女
全　省	**87**	**42**	**45**	**81**	**51**	**29**	**100**	**55**	**45**
福州市	9	4	5	7	5	2	15	9	7
福州市(不含平潭)	9	4	5	7	5	2	13	7	5
平潭							3	1	1
厦门市	3	1	2	2	2	1	1		1
莆田市	8	2	5	8	5	3	12	9	3
三明市	10	2	8	6	3	2	11	6	6
泉州市	14	6	8	9	5	4	18	7	11
漳州市	12	6	6	15	9	6	14	6	8
南平市	9	7	2	10	6	4	6	3	4
龙岩市	12	8	4	13	7	6	15	11	5
宁德市	11	6	6	10	9	1	6	5	1

1-8c　续表 3　　　　单位：人

地　区	2015年07月			2015年08月			2015年09月			2015年10月		
	合计	男	女	合计	男	女	合计	男	女	合计	男	女
全　省	**105**	**68**	**37**	**97**	**55**	**42**	**113**	**67**	**45**	**124**	**70**	**54**
福州市	14	5	9	14	6	8	20	12	8	11	5	6
福州市(不含平潭)	11	5	6	12	6	6	17	12	6	9	5	4
平潭	3		3	1		1	3		3	1		1
厦门市	1		1	1		1	2	2	1	3	2	1
莆田市	9	7	2	7	5	2	11	8	4	11	6	5
三明市	4	1	2	6	2	4	7	5	2	14	9	4
泉州市	23	15	7	16	11	5	23	9	13	26	14	12
漳州市	19	14	6	10	5	5	13	10	3	19	11	9
南平市	18	14	4	12	9	3	11	7	4	9	4	6
龙岩市	5	2	3	16	8	9	10	6	4	16	6	10
宁德市	13	9	4	14	8	6	14	8	6	14	13	1

1-9　各地区家庭户的住房间数和面积

地　区	户　数（户）	人　数（人）	平均每户住房间数（间/户）	人均住房建筑面积（平方米/人）	人　均住房间数（间/人）
全　省	**119839**	**380230**	**4.06**	**45.55**	**1.28**
福州市	23724	74920	3.94	38.14	1.25
福州市(不含平潭)	22293	70424	3.97	38.20	1.26
平潭	1431	4497	3.50	37.25	1.11
厦门市	13481	36182	2.65	32.33	0.99
莆田市	8108	29339	5.44	53.74	1.50
三明市	8270	26528	4.36	42.62	1.36
泉州市	24038	78322	4.55	55.60	1.40
漳州市	15224	51105	3.50	43.58	1.04
南平市	8946	27564	4.09	46.59	1.33
龙岩市	8757	26814	4.46	49.22	1.46
宁德市	9292	29455	4.17	47.48	1.32

1-9a　各地区家庭户的住房间数和面积(城市)

地　区	户　数（户）	人　数（人）	平均每户住房间数（间/户）	人均住房建筑面积（平方米/人）	人　均住房间数（间/人）
全　省	**43219**	**125964**	**3.00**	**35.34**	**1.03**
福州市	11329	34084	3.07	33.33	1.02
厦门市	11503	30096	2.29	27.19	0.88
莆田市	2688	9405	4.62	43.92	1.32
三明市	1800	5118	2.64	31.73	0.93
泉州市	7116	21015	3.38	44.13	1.15
漳州市	2346	7231	3.00	38.80	0.97
南平市	2771	7776	2.89	36.74	1.03
龙岩市	1773	5083	3.00	33.96	1.05
宁德市	1892	6157	3.57	41.50	1.10

1-9b 各地区家庭户的住房间数和面积(镇)

地 区	户 数 (户)	人 数 (人)	平均每户 住房间数 (间/户)	人均住房 建筑面积 (平方米/人)	人 均 住房间数 (间/人)
全 省	**30552**	**100256**	**4.22**	**48.08**	**1.29**
福州市	4548	14931	4.50	42.37	1.37
福州市(不含平潭)	3973	13058	4.54	41.99	1.38
平潭	574	1873	4.23	45.01	1.30
厦门市	574	1491	3.44	47.14	1.33
莆田市	1685	5871	5.08	50.02	1.46
三明市	2901	9241	4.02	41.87	1.26
泉州市	7943	26524	4.52	54.84	1.35
漳州市	5574	18582	3.34	44.03	1.00
南平市	2118	6529	4.34	51.48	1.41
龙岩市	2550	8185	4.26	48.90	1.33
宁德市	2661	8902	4.39	48.06	1.31

1-9c 各地区家庭户的住房间数和面积(乡村)

地 区	户 数 (户)	人 数 (人)	平均每户 住房间数 (间/户)	人均住房 建筑面积 (平方米/人)	人 均 住房间数 (间/人)
全 省	**46068**	**154009**	**4.95**	**52.25**	**1.48**
福州市	7848	25905	4.88	42.02	1.48
福州市(不含平潭)	6991	23282	5.11	43.18	1.53
平潭	857	2623	3.01	31.71	0.98
厦门市	1404	4596	5.22	61.21	1.59
莆田市	3735	14062	6.20	61.85	1.65
三明市	3569	12169	5.52	47.77	1.62
泉州市	8979	30783	5.49	64.08	1.60
漳州市	7304	25291	3.79	44.62	1.09
南平市	4057	13260	4.77	49.96	1.46
龙岩市	4434	13546	5.17	55.13	1.69
宁德市	4739	14397	4.30	49.68	1.41

2 民族

2-1 全省分民族人口及比重

单位：人、%

民 族	人口数	男	女	占总人口比重
总 计	**440082**	**226150**	**213932**	**100.00**
汉 族	428291	219537	208754	97.32
蒙 古 族	108	65	43	0.02
回 族	1603	973	630	0.36
藏 族	29	11	18	0.01
维吾尔族	32	18	14	0.01
苗 族	1585	906	678	0.36
彝 族	349	207	142	0.08
壮 族	348	191	157	0.08
布 依 族	429	270	159	0.10
朝 鲜 族	35	21	14	0.01
满 族	113	58	55	0.03
侗 族	215	124	91	0.05
瑶 族	55	35	20	0.01
白 族	123	76	48	0.03
土 家 族	1357	799	558	0.31
哈 尼 族	38	24	14	0.01
哈萨克族	2		2	
傣 族	98	56	42	0.02
黎 族	28	9	20	0.01
傈 僳 族	9	6	3	
佤 族	25	12	13	0.01
畲 族	5006	2659	2347	1.14
高 山 族	6	3	3	
拉 祜 族	4	2	2	
水 族	29	19	10	0.01
东 乡 族	2	1	1	
纳 西 族				
景 颇 族	11	6	6	
柯尔克孜族				
土 族	2		2	
达斡尔族	7	1	6	
仫 佬 族	17	9	9	
羌 族	2		2	
布 朗 族	10	6	4	
撒 拉 族				
毛 南 族	4	1	3	
仡 佬 族	41	28	14	0.01
锡 伯 族				
阿 昌 族				
普 米 族	1		1	
塔吉克族				
怒 族				
乌孜别克族				
俄罗斯族				
鄂温克族				
德 昂 族				
保 安 族				
裕 固 族				
京 族	7		7	
塔塔尔族				
独 龙 族				
鄂伦春族				
赫 哲 族				
门 巴 族				
珞 巴 族				
基 诺 族				
其他未识别的民族	43	19	24	0.01
入 籍	18		18	

2-2 各地区分性别的民族人口

单位：人

地 区	人口数			汉 族			蒙古族		
	合计	男	女	小计	男	女	小计	男	女
全 省	**440082**	**226150**	**213932**	**428291**	**219537**	**208754**	**108**	**65**	**43**
福州市	85266	43424	41842	83750	42546	41204	26	18	8
福州市(不含平潭)	80658	41174	39484	79341	40437	38904	26	18	8
平潭	4607	2249	2358	4410	2109	2300			
厦门市	46641	24759	21882	45451	24088	21363	26	16	10
莆田市	32647	16464	16183	32200	16193	16006	3	1	2
三明市	27712	14047	13665	27329	13801	13528	3	2	2
泉州市	100218	51792	48426	96057	49382	46675	32	18	14
漳州市	57061	29356	27705	56176	28909	27267	8	5	3
南平市	29017	14699	14318	28640	14488	14152	6	4	2
龙岩市	29254	14707	14546	28566	14366	14199	2	1	1
宁德市	32267	16902	15364	30122	15764	14358	1		1

2-2 续表 1

单位：人

地 区	回 族			藏 族			维吾尔族		
	小计	男	女	小计	男	女	小计	男	女
全 省	**1603**	**973**	**630**	**29**	**11**	**18**	**32**	**18**	**14**
福州市	237	161	76				1		1
福州市(不含平潭)	40	21	19				1		1
平潭	197	140	57						
厦门市	98	54	43	12	5	6	9	3	5
莆田市	34	15	19						
三明市	19	12	7						
泉州市	1128	678	450	16	6	10			
漳州市	13	7	6						
南平市	2	2							
龙岩市	4	2	2	1		1	23	14	8
宁德市	70	43	27						

2-2 续表 2

单位：人

地 区	苗 族			彝 族			壮 族		
	小计	男	女	小计	男	女	小计	男	女
全 省	**1585**	**906**	**678**	**349**	**207**	**142**	**348**	**191**	**157**
福州市	99	51	48	31	17	14	56	36	20
福州市(不含平潭)	99	51	48	31	17	14	56	36	20
平潭									
厦门市	215	113	102	31	15	16	85	54	31
莆田市	63	33	29	22	14	8	11	7	4
三明市	19	12	7	4		4	4	2	2
泉州市	995	594	401	233	148	85	141	71	69
漳州市	118	58	60	12	7	5	28	11	17
南平市	28	14	15	9	3	6	4	2	2
龙岩市	37	21	16	6	3	3	7	3	4
宁德市	11	10	2	1		1	12	5	8

2-2 续表 3

单位：人

地 区	布依族			朝鲜族			满 族		
	小计	男	女	小计	男	女	小计	男	女
全 省	**429**	**270**	**159**	**35**	**21**	**14**	**113**	**58**	**55**
福州市	32	18	14	5	4	2	29	17	11
福州市(不含平潭)	32	18	14	5	4	2	29	17	11
平潭									
厦门市	69	49	20	23	13	11	47	21	25
莆田市	28	15	12				2		2
三明市	5	3	2				4	4	
泉州市	231	149	83	3	1	1	12	6	5
漳州市	59	34	25	3	3		12	6	6
南平市	1		1				3		3
龙岩市	3	1	1				3	1	2
宁德市	1		1				2	2	

2-2 续表 4

单位：人

地区	侗族			瑶族			白族		
	小计	男	女	小计	男	女	小计	男	女
全省	**215**	**124**	**91**	**55**	**35**	**20**	**123**	**76**	**48**
福州市	20	15	5	6	3	3	9	6	3
福州市(不含平潭)	20	15	5	6	3	3	9	6	3
平潭									
厦门市	40	20	20	16	10	6	6	2	4
莆田市	8	5	3				48	29	18
三明市	1		1	4	3	1	1	1	1
泉州市	96	59	37	13	9	4	37	17	19
漳州市	19	12	7	3	2		19	17	1
南平市	1	1	1	3	3		1	1	
龙岩市	18	7	11	8	3	4	1		1
宁德市	12	5	7	1	1	1	2	2	

2-2 续表 5

单位：人

地区	土家族			哈尼族			哈萨克族		
	小计	男	女	小计	男	女	小计	男	女
全省	**1357**	**799**	**558**	**38**	**24**	**14**	**2**		**2**
福州市	133	72	61	22	16	6			
福州市(不含平潭)	133	72	60	22	16	6			
平潭	1		1						
厦门市	226	144	82	10	7	4	2		2
莆田市	202	136	66						
三明市	7	3	3	2		2			
泉州市	709	404	305						
漳州市	65	32	33	2		1			
南平市	1	1							
龙岩市	10	3	7	1	1				
宁德市	3	3	1						

2-2 续表 6 单位：人

地 区	傣 族			黎 族			傈僳族		
	小计	男	女	小计	男	女	小计	男	女
全 省	**98**	**56**	**42**	**28**	**9**	**20**	**9**	**6**	**3**
福州市	16	5	11	3		3			
福州市(不含平潭)	16	5	11	3		3			
平潭									
厦门市	11	5	6	6	3	3	1	1	
莆田市	6	3	3	1	1		4	2	2
三明市	1	1	1	1		1			
泉州市	60	42	18	9	2	7	3	3	
漳州市				4	3	2			
南平市									
龙岩市				4		4	1		1
宁德市	2		2	2		2			

2-2 续表 7 单位：人

地 区	佤族			畲族			高山族		
	小计	男	女	小计	男	女	小计	男	女
全 省	**25**	**12**	**13**	**5006**	**2659**	**2347**	**6**	**3**	**3**
福州市	22	10	12	739	411	328	2	2	
福州市(不含平潭)	22	10	12	739	411	328	2	2	
平潭									
厦门市	2	2		223	117	107			
莆田市				10	3	6			
三明市				302	201	101			
泉州市				380	170	210	2		2
漳州市	1		1	490	236	255	2	1	1
南平市				306	181	125			
龙岩市				541	272	269			
宁德市				2014	1068	946			

2-2 续表 8

单位：人

地 区	拉祜族			水族			东乡族		
	小计	男	女	小计	男	女	小计	男	女
全 省	**4**	**2**	**2**	**29**	**19**	**10**	**2**	**1**	**1**
福州市									
福州市(不含平潭)									
平潭									
厦门市				7	4	3			
莆田市				1		1			
三明市				6	4	3			
泉州市				10	8	2			
漳州市	2	2		3	3				
南平市	2		2	1		1			
龙岩市				1		1	2	1	1
宁德市									

2-2 续表 9

单位：人

地 区	纳西族			景颇族			柯尔克孜族		
	小计	男	女	小计	男	女	小计	男	女
全 省				**11**	**6**	**6**			
福州市									
福州市(不含平潭)									
平潭									
厦门市									
莆田市				6	5	2			
三明市									
泉州市				1	1				
漳州市				1		1			
南平市									
龙岩市									
宁德市				3		3			

2-2 续表 10

单位：人

地 区	土族			达斡尔族			仫佬族		
	小计	男	女	小计	男	女	小计	男	女
全 省	**2**		**2**	**7**	**1**	**6**	**17**	**9**	**9**
福州市				5		5			
福州市(不含平潭)				5		5			
平潭									
厦门市				2	1	1	1	1	
莆田市									
三明市									
泉州市				1		1	16	8	9
漳州市	2		2						
南平市									
龙岩市									
宁德市									

2-2 续表 11

单位：人

地 区	羌族			布朗族			撒拉族		
	小计	男	女	小计	男	女	小计	男	女
全 省	**2**		**2**	**10**	**6**	**4**			
福州市				8	6	2			
福州市(不含平潭)				8	6	2			
平潭									
厦门市	2		2	1		1			
莆田市									
三明市									
泉州市									
漳州市				1		1			
南平市									
龙岩市									
宁德市									

2-2 续表 12

单位：人

地 区	毛南族			仡佬族			锡伯族		
	小计	男	女	小计	男	女	小计	男	女
全 省	**4**	**1**	**3**	**41**	**28**	**14**			
福州市	2	1	1	9	9				
福州市(不含平潭)	2	1	1	9	9				
平潭									
厦门市	1		1	10	5	5			
莆田市									
三明市									
泉州市	1		1	8	2	5			
漳州市				7	4	3			
南平市									
龙岩市				8	8				
宁德市									

2-2 续表 13

单位：人

地 区	阿昌族			普米族			塔吉克族		
	小计	男	女	小计	男	女	小计	男	女
全 省				**1**		**1**			
福州市									
福州市(不含平潭)									
平潭									
厦门市									
莆田市									
三明市									
泉州市				1		1			
漳州市									
南平市									
龙岩市									
宁德市									

2-2 续表 14

单位：人

地区	怒族			乌孜别克族			俄罗斯族		
	小计	男	女	小计	男	女	小计	男	女
全 省									
福州市									
福州市(不含平潭)									
平潭									
厦门市									
莆田市									
三明市									
泉州市									
漳州市									
南平市									
龙岩市									
宁德市									

2-2 续表 15

单位：人

地区	鄂温克族			德昂族			保安族		
	小计	男	女	小计	男	女	小计	男	女
全 省									
福州市									
福州市(不含平潭)									
平潭									
厦门市									
莆田市									
三明市									
泉州市									
漳州市									
南平市									
龙岩市									
宁德市									

2-2 续表 16 单位：人

地 区	裕固族			京族			塔塔尔族		
	小计	男	女	小计	男	女	小计	男	女
全 省				**7**		**7**			
福州市									
福州市(不含平潭)									
平潭									
厦门市									
莆田市									
三明市									
泉州市				1		1			
漳州市				2		2			
南平市				1		1			
龙岩市				3		3			
宁德市									

2-2 续表 17 单位：人

地 区	独龙族			鄂伦春族			赫哲族		
	小计	男	女	小计	男	女	小计	男	女
全 省									
福州市									
福州市(不含平潭)									
平潭									
厦门市									
莆田市									
三明市									
泉州市									
漳州市									
南平市									
龙岩市									
宁德市									

2-2 续表 18

单位：人

地区	门巴族			珞巴族			基诺族		
	小计	男	女	小计	男	女	小计	男	女
全 省									
福州市									
福州市(不含平潭)									
平潭									
厦门市									
莆田市									
三明市									
泉州市									
漳州市									
南平市									
龙岩市									
宁德市									

2-2 续表 19

单位：人

地区	其他未识别的民族			入籍		
	小计	男	女	小计	男	女
全 省	**43**	**19**	**24**	**18**		**18**
福州市	2		2	3		3
福州市(不含平潭)	2		2	3		3
平潭						
厦门市	7	4	4			
莆田市	1	1				
三明市						
泉州市	23	12	11			
漳州市	6	2	3	3		3
南平市	3		3	3		3
龙岩市	1		1	6		6
宁德市	1		1	3		3

2-3 全省分民族、性别、受教育程度的6岁及以上人口

单位：人

民族	6岁及以上人口			未上过学			小学		
	合计	男	女	小计	男	女	小计	男	女
总　计	**403012**	**205935**	**197076**	**28156**	**6024**	**22131**	**118672**	**55116**	**63556**
汉　族	392247	199857	192390	27381	5796	21586	115137	53253	61884
蒙古族	102	62	40	5	1	3	16	8	8
回　族	1453	894	559	68	17	51	498	293	205
藏　族	27	10	18				12	4	8
维吾尔族	25	14	11						
苗　族	1486	854	632	143	48	95	407	225	182
彝　族	332	203	130	15	3	12	104	72	32
壮　族	341	187	154	7	4	3	87	33	54
布依族	395	247	148	17	3	14	127	58	69
朝鲜族	30	20	10				3	2	1
满　族	102	53	48				13	6	7
侗　族	198	116	82	11	1	10	42	16	26
瑶　族	51	33	18				14	8	6
白　族	122	75	47	3		3	22	12	10
土家族	1277	752	525	35	8	27	336	178	158
哈尼族	37	23	14	4	1	3	5	3	2
哈萨克族	2		2						
傣　族	93	53	40				20	7	13
黎　族	26	7	19				5	2	3
傈僳族	9	6	3						
佤　族	25	12	13				19	7	12
畲　族	4438	2373	2064	454	141	313	1746	904	842
高山族	6	3	3				2		2
拉祜族	4	2	2	2		2			
水　族	29	19	10	1		1	12	9	3
东乡族	2	1	1				2	1	1
纳西族									
景颇族	9	4	6				3	2	1
柯尔克孜族									
土　族	2		2						
达斡尔族	7	1	6						
仫佬族	17	9	8	1	1		8	4	4
羌　族	2		2						
布朗族	10	6	4				6	5	1
撒拉族									
毛南族	4	1	3						
仡佬族	34	21	13				6	1	5
锡伯族									
阿昌族									
普米族	1		1				1		1
塔吉克族									
怒　族									
乌孜别克族									
俄罗斯族									
鄂温克族									
德昂族									
保安族									
裕固族									
京　族	7		7	1		1	5		5
塔塔尔族									
独龙族									
鄂伦春族									
赫哲族									
门巴族									
珞巴族									
基诺族									
其他未识别的民族	40	17	23	3		3	7	3	5
入　籍	18		18	2		2	5		5

2-3 续表 1

单位：人

民 族	初中			普通高中			中职		
	小计	男	女	小计	男	女	小计	男	女
总 计	**140236**	**79562**	**60674**	**44336**	**27015**	**17322**	**19212**	**9788**	**9423**
汉 族	136084	76922	59162	43260	26338	16922	18864	9612	9251
蒙古族	18	10	8	15	9	6	2	2	
回 族	469	327	143	139	98	41	64	34	29
藏 族	6	3	3						
维吾尔族	15	11	5	1		1			
苗 族	735	464	271	133	82	51	23	8	15
彝 族	166	102	64	33	16	16	6	3	2
壮 族	152	96	55	38	21	16	27	13	13
布依族	194	146	48	35	24	11	7	3	4
朝鲜族	8	7	1	4	3	2			
满 族	21	9	12	12	6	6	7	3	4
侗 族	108	72	36	22	18	4	10	7	3
瑶 族	23	15	8	8	6	2	2	2	
白 族	74	45	28	20	17	3	1		1
土家族	597	374	223	229	143	86	29	15	14
哈尼族	20	14	7	7	5	2			
哈萨克族									
傣 族	53	38	15	15	7	8	5	2	3
黎 族	8	4	5	6		6	2	1	1
傈僳族	8	6	2	1		1			
佤 族	2	1	1	3	3				
畲 族	1389	860	529	341	210	131	161	82	79
高山族	3	3							
拉祜族	2	2							
水 族	7	1	6	3	3				
东乡族									
纳西族									
景颇族	6	2	4	1		1			
柯尔克孜族									
土 族	1		1				1		1
达斡尔族	1		1						
仫佬族	7	3	4						
羌 族	2		2						
布朗族	3		2	1		1			
撒拉族									
毛南族	4	1	3						
仡佬族	19	13	6	6	5	1	1	1	
锡伯族									
阿昌族									
普米族									
塔吉克族									
怒 族									
乌孜别克族									
俄罗斯族									
鄂温克族									
德昂族									
保安族									
裕固族									
京 族	2		2						
塔塔尔族									
独龙族									
鄂伦春族									
赫哲族									
门巴族									
珞巴族									
基诺族									
其他未识别的民族	22	10	12	1	1				
入 籍	8		8	3		3			

2-3 续表 2

单位：人

民族	大学专科			大学本科			研究生		
	小计	男	女	小计	男	女	小计	男	女
总　计	**24393**	**12318**	**12075**	**26295**	**15147**	**11148**	**1712**	**965**	**747**
汉　族	24050	12164	11887	25778	14819	10959	1692	953	738
蒙古族	10	7	3	33	23	10	4	2	2
回　族	91	46	46	121	79	42	4	1	3
藏　族				10	3	6			
维吾尔族				9	3	5			
苗　族	17	8	9	28	19	9			
彝　族	3	2	1	6	4	2			
壮　族	8	2	6	22	17	5	1		1
布依族	2	2		13	12	2			
朝鲜族	7	4	3	5	4	1	2	1	1
满　族	11	5	6	36	23	13	2	1	1
侗　族	1		1	3	1	2			
瑶　族				4	2	2			
白　族	2		2						
土家族	18	11	7	32	23	9			
哈尼族				1	1				
哈萨克族				2		2			
傣　族									
黎　族	4		4						
傈僳族									
佤　族									
畲　族	161	67	95	179	104	75	7	6	1
高山族				1		1			
拉祜族									
水　族				7	6	1			
东乡族									
纳西族									
景颇族									
柯尔克孜族									
土　族									
达斡尔族	5		5	1		1	1	1	
仫佬族	1	1							
羌　族									
布朗族									
撒拉族									
毛南族									
仡佬族	1	1		1		1			
锡伯族									
阿昌族									
普米族									
塔吉克族									
怒　族									
乌孜别克族									
俄罗斯族									
鄂温克族									
德昂族									
保安族									
裕固族									
京　族									
塔塔尔族									
独龙族									
鄂伦春族									
赫哲族									
门巴族									
珞巴族									
基诺族									
其他未识别的民族	1		1	5	3	2			
入　籍									

3 年龄

3-1 全省分年龄、性别的人口

单位：人、%

年龄	人口数			占总人口比重			性别比
	合计	男	女	合计	男	女	(女=100)
总 计	**440082**	**226150**	**213932**	**100.00**	**51.39**	**48.61**	**105.71**
0-4	**32203**	**17581**	**14621**	**7.32**	**4.00**	**3.32**	**120.24**
0	6191	3215	2976	1.41	0.73	0.68	108.06
1	6642	3713	2929	1.51	0.84	0.67	126.73
2	6520	3518	3002	1.48	0.80	0.68	117.19
3	6994	3953	3042	1.59	0.90	0.69	129.96
4	5855	3183	2673	1.33	0.72	0.61	119.07
5-9	**24402**	**13240**	**11162**	**5.54**	**3.01**	**2.54**	**118.62**
5	4867	2633	2234	1.11	0.60	0.51	117.85
6	5216	2873	2344	1.19	0.65	0.53	122.56
7	5004	2704	2300	1.14	0.61	0.52	117.56
8	4752	2549	2203	1.08	0.58	0.50	115.67
9	4562	2482	2080	1.04	0.56	0.47	119.30
10-14	**20726**	**11096**	**9630**	**4.71**	**2.52**	**2.19**	**115.23**
10	4594	2426	2168	1.04	0.55	0.49	111.86
11	4365	2335	2030	0.99	0.53	0.46	115.05
12	3918	2128	1790	0.89	0.48	0.41	118.90
13	3841	2071	1771	0.87	0.47	0.40	116.94
14	4008	2137	1871	0.91	0.49	0.43	114.20
15-19	**22118**	**12366**	**9752**	**5.03**	**2.81**	**2.22**	**126.81**
15	4092	2219	1873	0.93	0.50	0.43	118.51
16	4831	2641	2190	1.10	0.60	0.50	120.62
17	5058	2827	2231	1.15	0.64	0.51	126.70
18	4188	2517	1670	0.95	0.57	0.38	150.70
19	3950	2162	1788	0.90	0.49	0.41	120.88
20-24	**30948**	**16847**	**14101**	**7.03**	**3.83**	**3.20**	**119.47**
20	5941	3355	2587	1.35	0.76	0.59	129.68
21	5423	3021	2403	1.23	0.69	0.55	125.72
22	5653	3091	2563	1.28	0.70	0.58	120.61
23	6356	3390	2966	1.44	0.77	0.67	114.28
24	7574	3991	3583	1.72	0.91	0.81	111.39
25-29	**45702**	**22645**	**23057**	**10.38**	**5.15**	**5.24**	**98.21**
25	10328	5271	5058	2.35	1.20	1.15	104.21
26	9655	4773	4882	2.19	1.08	1.11	97.76
27	8859	4369	4490	2.01	0.99	1.02	97.30
28	8765	4182	4583	1.99	0.95	1.04	91.24
29	8095	4051	4044	1.84	0.92	0.92	100.18

3-1 续表 1

单位：人、%

年 龄	人口数			占总人口比重			性别比
	合计	男	女	合计	男	女	(女=100)
30-34	**37153**	**18477**	**18675**	**8.44**	**4.20**	**4.24**	**98.94**
30	7771	3910	3861	1.77	0.89	0.88	101.27
31	7703	3780	3923	1.75	0.86	0.89	96.35
32	7252	3639	3613	1.65	0.83	0.82	100.71
33	8042	3938	4104	1.83	0.89	0.93	95.97
34	6386	3211	3175	1.45	0.73	0.72	101.14
35-39	**34373**	**17334**	**17039**	**7.81**	**3.94**	**3.87**	**101.73**
35	5461	2750	2711	1.24	0.62	0.62	101.46
36	6697	3388	3309	1.52	0.77	0.75	102.38
37	7148	3499	3650	1.62	0.79	0.83	95.86
38	7140	3638	3502	1.62	0.83	0.80	103.86
39	7927	4060	3867	1.80	0.92	0.88	104.99
40-44	**40206**	**20506**	**19700**	**9.14**	**4.66**	**4.48**	**104.09**
40	7501	3866	3635	1.70	0.88	0.83	106.36
41	7802	3983	3819	1.77	0.91	0.87	104.29
42	8332	4291	4041	1.89	0.97	0.92	106.18
43	7983	4058	3925	1.81	0.92	0.89	103.38
44	8588	4308	4280	1.95	0.98	0.97	100.67
45-49	**37660**	**19093**	**18567**	**8.56**	**4.34**	**4.22**	**102.83**
45	8149	4117	4032	1.85	0.94	0.92	102.11
46	7743	3889	3853	1.76	0.88	0.88	100.93
47	8050	4127	3923	1.83	0.94	0.89	105.18
48	6530	3251	3279	1.48	0.74	0.75	99.17
49	7189	3709	3480	1.63	0.84	0.79	106.57
50-54	**30451**	**15473**	**14978**	**6.92**	**3.52**	**3.40**	**103.30**
50	7099	3617	3483	1.61	0.82	0.79	103.84
51	6444	3243	3202	1.46	0.74	0.73	101.29
52	8176	4192	3983	1.86	0.95	0.91	105.25
53	5678	2915	2763	1.29	0.66	0.63	105.51
54	3054	1506	1548	0.69	0.34	0.35	97.30
55-59	**23177**	**11775**	**11402**	**5.27**	**2.68**	**2.59**	**103.28**
55	4249	2144	2105	0.97	0.49	0.48	101.86
56	4072	2076	1995	0.93	0.47	0.45	104.07
57	4954	2536	2418	1.13	0.58	0.55	104.85
58	5535	2840	2695	1.26	0.65	0.61	105.40
59	4367	2179	2188	0.99	0.50	0.50	99.57
60-64	**21331**	**10597**	**10734**	**4.85**	**2.41**	**2.44**	**98.72**
60	4791	2384	2407	1.09	0.54	0.55	99.01
61	4697	2330	2367	1.07	0.53	0.54	98.41
62	4178	2094	2084	0.95	0.48	0.47	100.48
63	4220	2074	2145	0.96	0.47	0.49	96.71
64	3445	1715	1730	0.78	0.39	0.39	99.14

3-1 续表 2

单位：人、%

年 龄	人口数			占总人口比重			性别比
	合计	男	女	合计	男	女	(女=100)
65-69	**14305**	**7357**	**6947**	**3.25**	**1.67**	**1.58**	**105.90**
65	3412	1760	1653	0.78	0.40	0.38	106.50
66	3243	1668	1574	0.74	0.38	0.36	105.99
67	2725	1368	1357	0.62	0.31	0.31	100.83
68	2566	1334	1231	0.58	0.30	0.28	108.35
69	2359	1226	1132	0.54	0.28	0.26	108.31
70-74	**9326**	**4780**	**4546**	**2.12**	**1.09**	**1.03**	**105.13**
70	2012	1014	997	0.46	0.23	0.23	101.71
71	1990	1055	935	0.45	0.24	0.21	112.76
72	1844	942	903	0.42	0.21	0.21	104.31
73	1746	896	850	0.40	0.20	0.19	105.31
74	1734	873	860	0.39	0.20	0.20	101.51
75-79	**7596**	**3616**	**3979**	**1.73**	**0.82**	**0.90**	**90.89**
75	1539	788	751	0.35	0.18	0.17	104.89
76	1473	690	784	0.33	0.16	0.18	88.04
77	1539	728	811	0.35	0.17	0.18	89.83
78	1577	749	828	0.36	0.17	0.19	90.48
79	1468	662	806	0.33	0.15	0.18	82.08
80-84	**4886**	**2151**	**2734**	**1.11**	**0.49**	**0.62**	**78.68**
80	1215	584	631	0.28	0.13	0.14	92.59
81	1069	478	591	0.24	0.11	0.13	80.82
82	1046	457	590	0.24	0.10	0.13	77.40
83	847	360	486	0.19	0.08	0.11	74.06
84	708	272	436	0.16	0.06	0.10	62.52
85-89	**2542**	**934**	**1608**	**0.58**	**0.21**	**0.37**	**58.08**
85	762	294	468	0.17	0.07	0.11	62.92
86	509	208	301	0.12	0.05	0.07	68.93
87	557	207	350	0.13	0.05	0.08	59.10
88	409	114	294	0.09	0.03	0.07	38.93
89	305	110	195	0.07	0.03	0.04	56.74
90-94	**822**	**247**	**575**	**0.19**	**0.06**	**0.13**	**42.87**
90	295	98	197	0.07	0.02	0.04	49.80
91	213	66	146	0.05	0.02	0.03	45.27
92	129	35	95	0.03	0.01	0.02	36.86
93	104	22	82	0.02	0.01	0.02	27.21
94	81	25	56	0.02	0.01	0.01	45.19
95-99	**144**	**31**	**113**	**0.03**	**0.01**	**0.03**	**27.63**
95	55	7	47	0.01		0.01	15.70
96	45	12	33	0.01		0.01	37.54
97	25	5	20	0.01			26.57
98	7	2	5				40.07
99	11	4	7				54.20
100及以上	**12**	**1**	**11**				**11.96**

3-1a 全省分年龄、性别的人口(城市)

单位：人、%

年龄	人口数			占总人口比重			性别比
	合计	男	女	合计	男	女	(女=100)
总 计	**159746**	**82973**	**76773**	**100.00**	**51.94**	**48.06**	**108.08**
0-4	**10554**	**5809**	**4744**	**6.61**	**3.64**	**2.97**	**122.45**
0	1914	1013	901	1.20	0.63	0.56	112.43
1	2089	1172	917	1.31	0.73	0.57	127.84
2	2165	1124	1041	1.36	0.70	0.65	107.97
3	2417	1397	1020	1.51	0.87	0.64	136.94
4	1969	1103	865	1.23	0.69	0.54	127.51
5-9	**7385**	**4052**	**3333**	**4.62**	**2.54**	**2.09**	**121.55**
5	1435	779	656	0.90	0.49	0.41	118.80
6	1586	895	691	0.99	0.56	0.43	129.62
7	1498	821	676	0.94	0.51	0.42	121.45
8	1476	799	677	0.92	0.50	0.42	117.96
9	1391	757	634	0.87	0.47	0.40	119.52
10-14	**6436**	**3467**	**2968**	**4.03**	**2.17**	**1.86**	**116.81**
10	1430	764	666	0.89	0.48	0.42	114.72
11	1430	761	669	0.90	0.48	0.42	113.86
12	1187	662	525	0.74	0.41	0.33	126.24
13	1221	673	548	0.76	0.42	0.34	122.75
14	1168	607	561	0.73	0.38	0.35	108.15
15-19	**7651**	**4187**	**3465**	**4.79**	**2.62**	**2.17**	**120.85**
15	949	494	455	0.59	0.31	0.29	108.51
16	1532	815	717	0.96	0.51	0.45	113.74
17	1774	996	777	1.11	0.62	0.49	128.18
18	1553	918	635	0.97	0.57	0.40	144.67
19	1844	963	881	1.15	0.60	0.55	109.37
20-24	**15329**	**8465**	**6865**	**9.60**	**5.30**	**4.30**	**123.31**
20	3288	1837	1450	2.06	1.15	0.91	126.67
21	2784	1584	1200	1.74	0.99	0.75	132.02
22	2791	1582	1208	1.75	0.99	0.76	130.95
23	3085	1675	1410	1.93	1.05	0.88	118.76
24	3381	1786	1595	2.12	1.12	1.00	111.93
25-29	**21059**	**10825**	**10234**	**13.18**	**6.78**	**6.41**	**105.77**
25	4751	2568	2183	2.97	1.61	1.37	117.65
26	4609	2379	2229	2.89	1.49	1.40	106.74
27	4037	2068	1968	2.53	1.29	1.23	105.10
28	4028	1930	2097	2.52	1.21	1.31	92.04
29	3634	1878	1756	2.28	1.18	1.10	106.93

3-1a 续表 1

单位：人、%

年 龄	人口数			占总人口比重			性别比
	合计	男	女	合计	男	女	(女=100)
30-34	**16053**	**8022**	**8032**	**10.05**	**5.02**	**5.03**	**99.88**
30	3267	1680	1587	2.05	1.05	0.99	105.83
31	3276	1611	1665	2.05	1.01	1.04	96.81
32	3180	1594	1586	1.99	1.00	0.99	100.54
33	3614	1767	1848	2.26	1.11	1.16	95.63
34	2716	1370	1347	1.70	0.86	0.84	101.73
35-39	**14465**	**7388**	**7077**	**9.05**	**4.62**	**4.43**	**104.40**
35	2384	1203	1181	1.49	0.75	0.74	101.88
36	2909	1486	1423	1.82	0.93	0.89	104.42
37	3054	1532	1522	1.91	0.96	0.95	100.68
38	2939	1503	1436	1.84	0.94	0.90	104.65
39	3179	1664	1515	1.99	1.04	0.95	109.83
40-44	**15143**	**7859**	**7285**	**9.48**	**4.92**	**4.56**	**107.88**
40	2929	1534	1395	1.83	0.96	0.87	109.90
41	3040	1535	1505	1.90	0.96	0.94	101.96
42	3186	1688	1497	1.99	1.06	0.94	112.74
43	2926	1507	1419	1.83	0.94	0.89	106.16
44	3063	1596	1467	1.92	1.00	0.92	108.75
45-49	**12682**	**6471**	**6211**	**7.94**	**4.05**	**3.89**	**104.19**
45	2919	1516	1403	1.83	0.95	0.88	108.03
46	2628	1290	1339	1.65	0.81	0.84	96.32
47	2723	1466	1258	1.70	0.92	0.79	116.56
48	2087	1010	1077	1.31	0.63	0.67	93.78
49	2325	1190	1135	1.46	0.75	0.71	104.90
50-54	**9834**	**5126**	**4708**	**6.16**	**3.21**	**2.95**	**108.88**
50	2248	1177	1071	1.41	0.74	0.67	109.91
51	2142	1111	1031	1.34	0.70	0.65	107.77
52	2620	1375	1245	1.64	0.86	0.78	110.40
53	1807	950	857	1.13	0.59	0.54	110.88
54	1018	514	504	0.64	0.32	0.32	101.83
55-59	**6753**	**3354**	**3399**	**4.23**	**2.10**	**2.13**	**98.65**
55	1331	660	671	0.83	0.41	0.42	98.28
56	1184	599	585	0.74	0.38	0.37	102.48
57	1407	703	704	0.88	0.44	0.44	99.97
58	1563	789	774	0.98	0.49	0.48	101.90
59	1268	602	666	0.79	0.38	0.42	90.51
60-64	**5989**	**2930**	**3059**	**3.75**	**1.83**	**1.92**	**95.76**
60	1350	660	690	0.85	0.41	0.43	95.65
61	1373	686	687	0.86	0.43	0.43	99.78
62	1182	562	620	0.74	0.35	0.39	90.63
63	1168	562	606	0.73	0.35	0.38	92.82
64	915	459	456	0.57	0.29	0.29	100.72

3-1a 续表 2　　　　单位：人、%

年 龄	人口数			占总人口比重			性别比
	合计	男	女	合计	男	女	(女=100)
65-69	**4092**	**2042**	**2050**	**2.56**	**1.28**	**1.28**	**99.62**
65	955	468	487	0.60	0.29	0.30	96.21
66	983	476	507	0.62	0.30	0.32	93.95
67	761	376	385	0.48	0.24	0.24	97.62
68	729	374	355	0.46	0.23	0.22	105.49
69	664	348	317	0.42	0.22	0.20	109.80
70-74	**2400**	**1202**	**1198**	**1.50**	**0.75**	**0.75**	**100.32**
70	536	253	282	0.34	0.16	0.18	89.80
71	568	285	283	0.36	0.18	0.18	100.72
72	486	251	234	0.30	0.16	0.15	107.17
73	426	213	213	0.27	0.13	0.13	100.17
74	386	200	186	0.24	0.13	0.12	107.23
75-79	**1906**	**910**	**997**	**1.19**	**0.57**	**0.62**	**91.24**
75	379	181	199	0.24	0.11	0.12	90.94
76	383	197	187	0.24	0.12	0.12	105.39
77	390	195	195	0.24	0.12	0.12	100.22
78	392	182	210	0.25	0.11	0.13	86.57
79	362	155	207	0.23	0.10	0.13	75.05
80-84	**1230**	**565**	**665**	**0.77**	**0.35**	**0.42**	**84.92**
80	305	144	161	0.19	0.09	0.10	89.16
81	273	124	149	0.17	0.08	0.09	83.29
82	275	129	146	0.17	0.08	0.09	88.51
83	198	92	106	0.12	0.06	0.07	87.12
84	179	76	103	0.11	0.05	0.06	73.33
85-89	**569**	**233**	**336**	**0.36**	**0.15**	**0.21**	**69.20**
85	163	70	93	0.10	0.04	0.06	75.18
86	118	51	68	0.07	0.03	0.04	75.23
87	131	54	77	0.08	0.03	0.05	69.57
88	94	35	59	0.06	0.02	0.04	58.79
89	63	23	39	0.04	0.01	0.02	59.66
90-94	**173**	**61**	**113**	**0.11**	**0.04**	**0.07**	**53.95**
90	66	29	38	0.04	0.02	0.02	75.55
91	51	18	33	0.03	0.01	0.02	53.62
92	20	7	13	0.01		0.01	51.17
93	20	4	16	0.01		0.01	24.63
94	16	4	12	0.01		0.01	30.27
95-99	**38**	**8**	**30**	**0.02**		**0.02**	**25.38**
95	18	3	16	0.01		0.01	17.09
96	8	2	6	0.01			31.73
97	2	1	1				153.33
98	6	2	4				53.88
99	4		4				
100及以上	**4**		**4**				

3-1b 全省分年龄、性别的人口(镇)

单位：人、%

年 龄	人口数			占总人口比重			性别比
	合计	男	女	合计	男	女	(女=100)
总 计	**113892**	**58387**	**55505**	**100.00**	**51.27**	**48.73**	**105.19**
0-4	**9311**	**5033**	**4277**	**8.17**	**4.42**	**3.76**	**117.67**
0	1709	891	818	1.50	0.78	0.72	108.81
1	1998	1133	865	1.75	0.99	0.76	130.93
2	1836	1009	827	1.61	0.89	0.73	122.09
3	2066	1123	942	1.81	0.99	0.83	119.23
4	1702	877	825	1.49	0.77	0.72	106.37
5-9	**6419**	**3528**	**2891**	**5.64**	**3.10**	**2.54**	**122.03**
5	1242	695	547	1.09	0.61	0.48	126.91
6	1362	767	595	1.20	0.67	0.52	128.78
7	1361	731	629	1.19	0.64	0.55	116.21
8	1232	675	558	1.08	0.59	0.49	120.98
9	1222	660	561	1.07	0.58	0.49	117.67
10-14	**5835**	**3128**	**2707**	**5.12**	**2.75**	**2.38**	**115.56**
10	1297	686	612	1.14	0.60	0.54	112.07
11	1235	678	557	1.08	0.60	0.49	121.68
12	1103	605	498	0.97	0.53	0.44	121.40
13	1073	562	511	0.94	0.49	0.45	110.04
14	1125	597	528	0.99	0.52	0.46	112.95
15-19	**5085**	**3050**	**2035**	**4.46**	**2.68**	**1.79**	**149.91**
15	856	520	337	0.75	0.46	0.30	154.26
16	1157	683	475	1.02	0.60	0.42	143.73
17	1339	779	561	1.18	0.68	0.49	138.83
18	1048	686	363	0.92	0.60	0.32	189.06
19	683	384	299	0.60	0.34	0.26	128.14
20-24	**6517**	**3441**	**3076**	**5.72**	**3.02**	**2.70**	**111.86**
20	1137	630	507	1.00	0.55	0.45	124.19
21	1119	583	536	0.98	0.51	0.47	108.64
22	1176	618	558	1.03	0.54	0.49	110.85
23	1342	700	642	1.18	0.61	0.56	109.05
24	1744	910	833	1.53	0.80	0.73	109.26
25-29	**11588**	**5669**	**5919**	**10.17**	**4.98**	**5.20**	**95.77**
25	2643	1278	1366	2.32	1.12	1.20	93.56
26	2341	1170	1171	2.06	1.03	1.03	99.85
27	2236	1111	1125	1.96	0.98	0.99	98.71
28	2241	1077	1164	1.97	0.95	1.02	92.54
29	2127	1033	1093	1.87	0.91	0.96	94.54

3-1b 续表 1

单位：人、%

年龄	人口数			占总人口比重			性别比
	合计	男	女	合计	男	女	(女=100)
30-34	**9281**	**4538**	**4743**	**8.15**	**3.98**	**4.16**	**95.69**
30	1990	972	1017	1.75	0.85	0.89	95.58
31	1962	976	986	1.72	0.86	0.87	98.94
32	1770	884	886	1.55	0.78	0.78	99.77
33	1908	887	1021	1.68	0.78	0.90	86.86
34	1650	819	832	1.45	0.72	0.73	98.47
35-39	**9151**	**4519**	**4632**	**8.03**	**3.97**	**4.07**	**97.54**
35	1455	714	741	1.28	0.63	0.65	96.31
36	1726	872	854	1.52	0.77	0.75	102.15
37	1849	879	970	1.62	0.77	0.85	90.55
38	1890	922	968	1.66	0.81	0.85	95.31
39	2231	1132	1099	1.96	0.99	0.97	102.94
40-44	**11303**	**5719**	**5583**	**9.92**	**5.02**	**4.90**	**102.43**
40	2060	1042	1018	1.81	0.91	0.89	102.28
41	2210	1156	1054	1.94	1.01	0.93	109.66
42	2386	1180	1207	2.10	1.04	1.06	97.76
43	2253	1131	1122	1.98	0.99	0.98	100.85
44	2394	1211	1183	2.10	1.06	1.04	102.40
45-49	**10615**	**5419**	**5196**	**9.32**	**4.76**	**4.56**	**104.30**
45	2287	1138	1150	2.01	1.00	1.01	98.95
46	2214	1161	1053	1.94	1.02	0.92	110.23
47	2288	1162	1127	2.01	1.02	0.99	103.09
48	1800	908	892	1.58	0.80	0.78	101.81
49	2025	1051	974	1.78	0.92	0.86	107.87
50-54	**8213**	**4189**	**4024**	**7.21**	**3.68**	**3.53**	**104.11**
50	1977	1039	939	1.74	0.91	0.82	110.64
51	1732	882	851	1.52	0.77	0.75	103.60
52	2208	1106	1102	1.94	0.97	0.97	100.30
53	1497	777	720	1.31	0.68	0.63	107.88
54	798	386	411	0.70	0.34	0.36	93.87
55-59	**5840**	**3069**	**2771**	**5.13**	**2.69**	**2.43**	**110.76**
55	1077	568	508	0.95	0.50	0.45	111.76
56	1026	552	474	0.90	0.49	0.42	116.54
57	1271	674	597	1.12	0.59	0.52	112.92
58	1349	704	644	1.18	0.62	0.57	109.30
59	1117	570	547	0.98	0.50	0.48	104.19
60-64	**5087**	**2534**	**2552**	**4.47**	**2.23**	**2.24**	**99.30**
60	1173	587	586	1.03	0.52	0.51	100.21
61	1106	542	565	0.97	0.48	0.50	96.01
62	1011	506	505	0.89	0.44	0.44	100.22
63	976	483	494	0.86	0.42	0.43	97.85
64	820	417	404	0.72	0.37	0.35	103.22

3-1b 续表 2

单位：人、%

年 龄	人口数			占总人口比重			性别比
	合计	男	女	合计	男	女	(女=100)
65-69	**3379**	**1741**	**1638**	**2.97**	**1.53**	**1.44**	**106.31**
65	794	403	392	0.70	0.35	0.34	102.81
66	757	400	358	0.66	0.35	0.31	111.80
67	638	323	314	0.56	0.28	0.28	102.89
68	642	319	323	0.56	0.28	0.28	98.96
69	548	296	252	0.48	0.26	0.22	117.62
70-74	**2213**	**1110**	**1103**	**1.94**	**0.97**	**0.97**	**100.63**
70	487	251	237	0.43	0.22	0.21	106.05
71	458	240	218	0.40	0.21	0.19	110.04
72	426	211	215	0.37	0.18	0.19	97.74
73	426	215	211	0.37	0.19	0.19	102.19
74	415	193	222	0.36	0.17	0.20	86.94
75-79	**1861**	**859**	**1002**	**1.63**	**0.75**	**0.88**	**85.71**
75	348	172	176	0.31	0.15	0.15	97.38
76	376	172	204	0.33	0.15	0.18	84.06
77	388	186	202	0.34	0.16	0.18	91.83
78	371	168	203	0.33	0.15	0.18	82.56
79	378	162	216	0.33	0.14	0.19	75.02
80-84	**1197**	**516**	**681**	**1.05**	**0.45**	**0.60**	**75.74**
80	268	130	138	0.24	0.11	0.12	94.61
81	236	108	127	0.21	0.10	0.11	85.37
82	277	114	163	0.24	0.10	0.14	69.76
83	216	90	126	0.19	0.08	0.11	71.67
84	200	73	127	0.18	0.06	0.11	57.33
85-89	**694**	**243**	**451**	**0.61**	**0.21**	**0.40**	**54.01**
85	223	76	147	0.20	0.07	0.13	51.98
86	128	60	68	0.11	0.05	0.06	88.13
87	151	59	92	0.13	0.05	0.08	63.38
88	106	27	79	0.09	0.02	0.07	33.54
89	86	22	64	0.08	0.02	0.06	34.45
90-94	**249**	**68**	**182**	**0.22**	**0.06**	**0.16**	**37.20**
90	90	25	64	0.08	0.02	0.06	39.11
91	71	17	54	0.06	0.02	0.05	32.24
92	36	8	27	0.03	0.01	0.02	29.77
93	35	8	27	0.03	0.01	0.02	28.93
94	18	9	9	0.02	0.01	0.01	100.25
95-99	**52**	**13**	**39**	**0.05**	**0.01**	**0.03**	**32.81**
95	13	1	12	0.01		0.01	11.04
96	19	7	11	0.02	0.01	0.01	65.37
97	17	2	16	0.02		0.01	12.54
98							
99	3	2					
100及以上	**3**		**2**				

3-1c 全省分年龄、性别的人口(乡村)

单位：人、%

年 龄	人口数			占总人口比重			性别比
	合计	男	女	合计	男	女	(女=100)
总 计	**166445**	**84790**	**81655**	**100.00**	**50.94**	**49.06**	**103.84**
0-4	**12339**	**6739**	**5600**	**7.41**	**4.05**	**3.36**	**120.34**
0	2568	1312	1256	1.54	0.79	0.75	104.44
1	2556	1408	1148	1.54	0.85	0.69	122.69
2	2519	1385	1134	1.51	0.83	0.68	122.09
3	2511	1432	1079	1.51	0.86	0.65	132.72
4	2184	1202	982	1.31	0.72	0.59	122.30
5-9	**10598**	**5661**	**4937**	**6.37**	**3.40**	**2.97**	**114.65**
5	2191	1159	1031	1.32	0.70	0.62	112.43
6	2268	1211	1058	1.36	0.73	0.64	114.46
7	2146	1151	994	1.29	0.69	0.60	115.77
8	2044	1075	969	1.23	0.65	0.58	111.02
9	1950	1064	885	1.17	0.64	0.53	120.18
10-14	**8455**	**4501**	**3954**	**5.08**	**2.70**	**2.38**	**113.82**
10	1867	976	891	1.12	0.59	0.54	109.59
11	1699	896	804	1.02	0.54	0.48	111.44
12	1627	861	767	0.98	0.52	0.46	112.25
13	1547	835	711	0.93	0.50	0.43	117.41
14	1715	933	782	1.03	0.56	0.47	119.38
15-19	**9382**	**5129**	**4253**	**5.64**	**3.08**	**2.56**	**120.61**
15	2286	1205	1080	1.37	0.72	0.65	111.57
16	2141	1143	998	1.29	0.69	0.60	114.56
17	1945	1052	893	1.17	0.63	0.54	117.79
18	1587	914	673	0.95	0.55	0.40	135.73
19	1423	815	608	0.86	0.49	0.37	133.98
20-24	**9101**	**4941**	**4160**	**5.47**	**2.97**	**2.50**	**118.77**
20	1516	887	629	0.91	0.53	0.38	141.06
21	1520	854	666	0.91	0.51	0.40	128.14
22	1687	890	797	1.01	0.53	0.48	111.76
23	1929	1015	914	1.16	0.61	0.55	111.03
24	2449	1295	1154	1.47	0.78	0.69	112.19
25-29	**13056**	**6152**	**6904**	**7.84**	**3.70**	**4.15**	**89.11**
25	2934	1425	1509	1.76	0.86	0.91	94.42
26	2706	1224	1482	1.63	0.74	0.89	82.59
27	2587	1190	1397	1.55	0.71	0.84	85.17
28	2496	1174	1322	1.50	0.71	0.79	88.83
29	2334	1140	1194	1.40	0.68	0.72	95.41

3-1c 续表 1

单位：人、%

年 龄	人口数			占总人口比重			性别比
	合计	男	女	合计	男	女	(女=100)
30-34	**11818**	**5917**	**5901**	**7.10**	**3.55**	**3.55**	**100.27**
30	2514	1258	1256	1.51	0.76	0.75	100.12
31	2464	1192	1272	1.48	0.72	0.76	93.74
32	2302	1160	1141	1.38	0.70	0.69	101.67
33	2519	1284	1235	1.51	0.77	0.74	104.01
34	2019	1022	997	1.21	0.61	0.60	102.58
35-39	**10758**	**5428**	**5330**	**6.46**	**3.26**	**3.20**	**101.84**
35	1622	833	789	0.97	0.50	0.47	105.67
36	2062	1030	1032	1.24	0.62	0.62	99.76
37	2245	1088	1157	1.35	0.65	0.70	93.97
38	2311	1212	1098	1.39	0.73	0.66	110.38
39	2518	1265	1253	1.51	0.76	0.75	100.95
40-44	**13760**	**6928**	**6832**	**8.27**	**4.16**	**4.10**	**101.40**
40	2512	1291	1221	1.51	0.78	0.73	105.71
41	2553	1293	1260	1.53	0.78	0.76	102.58
42	2760	1423	1337	1.66	0.85	0.80	106.43
43	2804	1420	1384	1.68	0.85	0.83	102.59
44	3132	1502	1630	1.88	0.90	0.98	92.14
45-49	**14364**	**7203**	**7161**	**8.63**	**4.33**	**4.30**	**100.59**
45	2942	1464	1479	1.77	0.88	0.89	98.96
46	2900	1439	1461	1.74	0.86	0.88	98.45
47	3038	1499	1539	1.83	0.90	0.92	97.43
48	2643	1333	1310	1.59	0.80	0.79	101.79
49	2840	1468	1372	1.71	0.88	0.82	107.02
50-54	**12405**	**6158**	**6247**	**7.45**	**3.70**	**3.75**	**98.57**
50	2874	1401	1473	1.73	0.84	0.89	95.10
51	2570	1250	1320	1.54	0.75	0.79	94.73
52	3348	1712	1636	2.01	1.03	0.98	104.66
53	2374	1188	1186	1.43	0.71	0.71	100.20
54	1239	606	632	0.74	0.36	0.38	95.91
55-59	**10583**	**5352**	**5231**	**6.36**	**3.22**	**3.14**	**102.32**
55	1841	916	925	1.11	0.55	0.56	99.01
56	1862	925	937	1.12	0.56	0.56	98.75
57	2276	1158	1118	1.37	0.70	0.67	103.62
58	2623	1347	1276	1.58	0.81	0.77	105.55
59	1981	1006	975	1.19	0.60	0.59	103.17
60-64	**10256**	**5133**	**5122**	**6.16**	**3.08**	**3.08**	**100.21**
60	2268	1136	1131	1.36	0.68	0.68	100.44
61	2217	1102	1115	1.33	0.66	0.67	98.79
62	1985	1026	959	1.19	0.62	0.58	106.99
63	2075	1029	1046	1.25	0.62	0.63	98.42
64	1710	839	870	1.03	0.50	0.52	96.42

3-1c 续表 2

单位：人、%

年 龄	人口数			占总人口比重			性别比
	合计	男	女	合计	男	女	(女=100)
65-69	**6834**	**3574**	**3260**	**4.11**	**2.15**	**1.96**	**109.65**
65	1663	889	774	1.00	0.53	0.47	114.84
66	1503	793	710	0.90	0.48	0.43	111.66
67	1326	669	657	0.80	0.40	0.39	101.72
68	1195	641	554	0.72	0.39	0.33	115.66
69	1146	583	564	0.69	0.35	0.34	103.31
70-74	**4713**	**2468**	**2245**	**2.83**	**1.48**	**1.35**	**109.92**
70	989	510	479	0.59	0.31	0.29	106.58
71	965	530	435	0.58	0.32	0.26	121.95
72	933	480	453	0.56	0.29	0.27	105.95
73	894	467	427	0.54	0.28	0.26	109.41
74	932	481	452	0.56	0.29	0.27	106.32
75-79	**3828**	**1848**	**1980**	**2.30**	**1.11**	**1.19**	**93.32**
75	812	435	376	0.49	0.26	0.23	115.79
76	714	321	393	0.43	0.19	0.24	81.86
77	762	348	414	0.46	0.21	0.25	83.96
78	813	399	414	0.49	0.24	0.25	96.36
79	728	344	383	0.44	0.21	0.23	89.86
80-84	**2459**	**1071**	**1388**	**1.48**	**0.64**	**0.83**	**77.13**
80	641	310	332	0.39	0.19	0.20	93.42
81	561	245	315	0.34	0.15	0.19	77.82
82	495	214	281	0.30	0.13	0.17	76.07
83	433	178	255	0.26	0.11	0.15	69.83
84	329	124	205	0.20	0.07	0.12	60.28
85-89	**1279**	**458**	**821**	**0.77**	**0.28**	**0.49**	**55.76**
85	376	148	228	0.23	0.09	0.14	64.99
86	263	97	166	0.16	0.06	0.10	58.53
87	275	94	180	0.17	0.06	0.11	52.40
88	208	53	155	0.13	0.03	0.09	34.13
89	156	65	91	0.09	0.04	0.05	71.18
90-94	**399**	**118**	**281**	**0.24**	**0.07**	**0.17**	**42.09**
90	139	44	95	0.08	0.03	0.06	46.81
91	91	31	60	0.05	0.02	0.04	52.35
92	74	20	54	0.04	0.01	0.03	37.00
93	49	10	38	0.03	0.01	0.02	27.09
94	47	13	35	0.03	0.01	0.02	36.08
95-99	**54**	**11**	**43**	**0.03**	**0.01**	**0.03**	**24.50**
95	23	3	20	0.01		0.01	17.31
96	18	3	15	0.01		0.01	19.48
97	6	2	4				62.76
98	1		1				
99	5	2	3				58.90
100及以上	**6**	**1**	**5**				**17.35**

3-2 各地区人口年龄构成和抚养比(一)

单位：人、%

地 区	人口数				占总人口比重				抚养比		
	合计	0-14岁	15-59岁	60岁及以上	合计	0-14岁	15-59岁	60岁及以上	总抚养比	少儿抚养比	老年抚养比
全 省	**440082**	**77331**	**301788**	**60964**	**100.00**	**17.57**	**68.58**	**13.85**	**45.82**	**25.62**	**20.20**
福州市	85266	13905	58046	13315	100.00	16.31	68.08	15.62	46.89	23.95	22.94
福州市(不含平潭)	80658	13030	55134	12494	100.00	16.15	68.36	15.49	46.29	23.63	22.66
平潭	4607	875	2912	820	100.00	18.99	63.20	17.81	58.23	30.05	28.18
厦门市	46641	6964	35498	4179	100.00	14.93	76.11	8.96	31.39	19.62	11.77
莆田市	32647	6265	21606	4775	100.00	19.19	66.18	14.63	51.10	29.00	22.10
三明市	27712	5389	17788	4535	100.00	19.45	64.19	16.37	55.79	30.29	25.50
泉州市	100218	17334	72201	10682	100.00	17.30	72.04	10.66	38.80	24.01	14.80
漳州市	57061	10449	38471	8141	100.00	18.31	67.42	14.27	48.32	27.16	21.16
南平市	29017	5422	18405	5190	100.00	18.69	63.43	17.89	57.66	29.46	28.20
龙岩市	29254	5814	18743	4696	100.00	19.88	64.07	16.05	56.08	31.02	25.06
宁德市	32267	5788	21029	5450	100.00	17.94	65.17	16.89	53.44	27.52	25.91

3-2a 各地区人口年龄构成和抚养比(一)(城市)

单位：人、%

地 区	人口数				占总人口比重				抚养比		
	合计	0-14岁	15-59岁	60岁及以上	合计	0-14岁	15-59岁	60岁及以上	总抚养比	少儿抚养比	老年抚养比
全 省	**159746**	**24374**	**118969**	**16402**	**100**	**15.26**	**74.47**	**10.27**	**34.27**	**20.49**	**13.79**
福州市	40305	6068	28893	5344	100	15.05	71.69	13.26	39.50	21.00	18.50
厦门市	39749	5836	30751	3163	100	14.68	77.36	7.96	29.26	18.98	10.28
莆田市	12081	1887	8699	1495	100	15.62	72.01	12.38	38.88	21.69	17.19
三明市	5307	898	3641	767	100	16.93	68.61	14.46	45.76	24.68	21.08
泉州市	31660	4484	24896	2280	100	14.16	78.64	7.20	27.17	18.01	9.16
漳州市	9536	1346	7289	901	100	14.11	76.44	9.45	30.82	18.46	12.36
南平市	8097	1405	5480	1211	100	17.35	67.69	14.96	47.74	25.64	22.10
龙岩市	5616	1105	3964	547	100	19.67	70.58	9.75	41.69	27.88	13.81
宁德市	7395	1345	5357	693	100	18.19	72.44	9.37	38.05	25.12	12.94

3-2b 各地区人口年龄构成和抚养比(一)(镇)

单位：人、%

地区	人口数				占总人口比重				抚养比		
	合计	0-14岁	15-59岁	60岁及以上	合计	0-14岁	15-59岁	60岁及以上	总抚养比	少儿抚养比	老年抚养比
全省	**113892**	**21564**	**77593**	**14735**	**100.00**	**18.93**	**68.13**	**12.94**	**46.78**	**27.79**	**18.99**
福州市	16970	2990	11221	2758	100.00	17.62	66.13	16.25	51.23	26.65	24.58
福州市(不含平潭)	15073	2578	9923	2572	100.00	17.10	65.83	17.07	51.90	25.98	25.92
平潭	1896	413	1298	186	100.00	21.76	68.46	9.78	46.08	31.79	14.29
厦门市	2038	271	1600	166	100.00	13.31	78.52	8.16	27.35	16.95	10.40
莆田市	6127	1249	4050	827	100.00	20.39	66.10	13.50	51.28	30.85	20.42
三明市	9727	2015	6384	1328	100.00	20.71	65.64	13.65	52.35	31.56	20.80
泉州市	31266	5940	22062	3265	100.00	19.00	70.56	10.44	41.72	26.92	14.80
漳州市	21578	3824	15153	2601	100.00	17.72	70.22	12.05	42.41	25.24	17.17
南平市	7097	1434	4522	1140	100.00	20.21	63.72	16.07	56.93	31.71	25.21
龙岩市	9436	1912	6227	1298	100.00	20.26	65.99	13.76	51.55	30.70	20.85
宁德市	9654	1929	6374	1351	100.00	19.98	66.03	14.00	51.46	30.26	21.20

3-2c 各地区人口年龄构成和抚养比(一)(乡村)

单位：人、%

地区	人口数				占总人口比重				抚养比		
	合计	0-14岁	15-59岁	60岁及以上	合计	0-14岁	15-59岁	60岁及以上	总抚养比	少儿抚养比	老年抚养比
全省	**166445**	**31392**	**105225**	**29827**	**100.00**	**18.86**	**63.22**	**17.92**	**58.18**	**29.83**	**28.35**
福州市	27991	4847	17932	5212	100.00	17.31	64.06	18.62	56.10	27.03	29.07
福州市(不含平潭)	25280	4384	16318	4578	100.00	17.34	64.55	18.11	54.92	26.87	28.05
平潭	2711	462	1614	635	100.00	17.06	59.52	23.42	68.00	28.66	39.35
厦门市	4854	857	3147	850	100.00	17.65	64.83	17.52	54.25	27.23	27.02
莆田市	14439	3129	8857	2453	100.00	21.67	61.34	16.99	63.02	35.33	27.70
三明市	12679	2476	7763	2440	100.00	19.53	61.23	19.25	63.33	31.89	31.43
泉州市	37293	6910	25244	5138	100.00	18.53	67.69	13.78	47.73	27.37	20.35
漳州市	25947	5279	16029	4639	100.00	20.35	61.78	17.88	61.87	32.93	28.94
南平市	13823	2583	8402	2838	100.00	18.68	60.78	20.53	64.52	30.74	33.78
龙岩市	14201	2798	8553	2851	100.00	19.70	60.23	20.07	66.04	32.71	33.33
宁德市	15218	2514	9298	3405	100.00	16.52	61.10	22.38	63.66	27.04	36.62

3-3 各地区人口年龄构成和抚养比(二)

单位：人、%

地 区	人口数				占总人口比重				抚养比		
	合计	0-14岁	15-64岁	65岁及以上	合计	0-14岁	15-64岁	65岁及以上	总抚养比	少儿抚养比	老年抚养比
全 省	**440082**	**77331**	**323119**	**39632**	**100.00**	**17.57**	**73.42**	**9.01**	**36.20**	**23.93**	**12.27**
福州市	85266	13905	62734	8627	100.00	16.31	73.57	10.12	35.92	22.16	13.75
福州市(不含平潭)	80658	13030	59570	8059	100.00	16.15	73.85	9.99	35.40	21.87	13.53
平潭	4607	875	3164	568	100.00	18.99	68.68	12.33	45.61	27.66	17.96
厦门市	46641	6964	37027	2650	100.00	14.93	79.39	5.68	25.96	18.81	7.16
莆田市	32647	6265	23495	2886	100.00	19.19	71.97	8.84	38.95	26.67	12.29
三明市	27712	5389	19147	3177	100.00	19.45	69.09	11.46	44.74	28.14	16.59
泉州市	100218	17334	76062	6822	100.00	17.30	75.90	6.81	31.76	22.79	8.97
漳州市	57061	10449	41324	5288	100.00	18.31	72.42	9.27	38.08	25.29	12.80
南平市	29017	5422	20157	3438	100.00	18.69	69.47	11.85	43.95	26.90	17.05
龙岩市	29254	5814	20274	3166	100.00	19.88	69.30	10.82	44.29	28.68	15.62
宁德市	32267	5788	22900	3579	100.00	17.94	70.97	11.09	40.90	25.27	15.63

3-3a 各地区人口年龄构成和抚养比(二)(城市)

单位：人、%

地 区	人口数				占总人口比重				抚养比		
	合计	0-14岁	15-64岁	65岁及以上	合计	0-14岁	15-64岁	65岁及以上	总抚养比	少儿抚养比	老年抚养比
全 省	**159746**	**24374**	**124959**	**10413**	**100**	**15.26**	**78.22**	**6.52**	**27.84**	**19.51**	**8.33**
福州市	40305	6068	30806	3432	100	15.05	76.43	8.51	30.84	19.70	11.14
厦门市	39749	5836	31931	1982	100	14.68	80.33	4.99	24.48	18.28	6.21
莆田市	12081	1887	9321	873	100	15.62	77.16	7.22	29.60	20.24	9.36
三明市	5307	898	3834	574	100	16.93	72.25	10.82	38.40	23.43	14.97
泉州市	31660	4484	25750	1425	100	14.16	81.33	4.50	22.95	17.42	5.53
漳州市	9536	1346	7637	553	100	14.11	80.08	5.80	24.87	17.62	7.25
南平市	8097	1405	5894	798	100	17.35	72.79	9.85	37.38	23.84	13.54
龙岩市	5616	1105	4150	361	100	19.67	73.90	6.43	35.32	26.62	8.70
宁德市	7395	1345	5635	415	100	18.19	76.20	5.61	31.24	23.88	7.36

3-3b 各地区人口年龄构成和抚养比(二)(镇)

单位：人、%

地 区	人口数				占总人口比重				抚养比		
	合计	0-14岁	15-64岁	65岁及以上	合计	0-14岁	15-64岁	65岁及以上	总抚养比	少儿抚养比	老年抚养比
全 省	**113892**	**21564**	**82680**	**9648**	**100.00**	**18.93**	**72.59**	**8.47**	**37.75**	**26.08**	**11.67**
福州市	16970	2990	12142	1837	100.00	17.62	71.55	10.82	39.76	24.63	15.13
福州市(不含平潭)	15073	2578	10781	1714	100.00	17.10	71.53	11.37	39.81	23.91	15.90
平潭	1896	413	1361	123	100.00	21.76	71.78	6.46	39.32	30.32	9.00
厦门市	2038	271	1667	100	100.00	13.31	81.79	4.90	22.26	16.27	5.99
莆田市	6127	1249	4354	523	100.00	20.39	71.07	8.54	40.71	28.70	12.01
三明市	9727	2015	6793	920	100.00	20.71	69.83	9.45	43.20	29.66	13.54
泉州市	31266	5940	23244	2082	100.00	19.00	74.34	6.66	34.51	25.55	8.96
漳州市	21578	3824	16065	1689	100.00	17.72	74.45	7.83	34.32	23.81	10.51
南平市	7097	1434	4912	751	100.00	20.21	69.21	10.58	44.48	29.20	15.28
龙岩市	9436	1912	6654	870	100.00	20.26	70.52	9.22	41.81	28.73	13.08
宁德市	9654	1929	6848	877	100.00	19.98	70.94	9.09	40.97	28.16	12.81

3-3c 各地区人口年龄构成和抚养比(二)(乡村)

单位：人、%

地 区	人口数				占总人口比重				抚养比		
	合计	0-14岁	15-64岁	65岁及以上	合计	0-14岁	15-64岁	65岁及以上	总抚养比	少儿抚养比	老年抚养比
全 省	**166445**	**31392**	**115481**	**19572**	**100**	**18.86**	**69.38**	**11.76**	**44.13**	**27.18**	**16.95**
福州市	27991	4847	19786	3359	100	17.31	70.69	12.00	41.47	24.50	16.97
厦门市	4854	857	3429	568	100	17.65	70.64	11.70	41.55	24.99	16.56
莆田市	14439	3129	9819	1491	100	21.67	68.00	10.33	47.05	31.87	15.18
三明市	12679	2476	8520	1683	100	19.53	67.20	13.28	48.81	29.06	19.76
泉州市	37293	6910	27068	3314	100	18.53	72.58	8.89	37.77	25.53	12.24
漳州市	25947	5279	17622	3046	100	20.35	67.92	11.74	47.24	29.96	17.28
南平市	13823	2583	9351	1889	100	18.68	67.65	13.67	47.82	27.62	20.20
龙岩市	14201	2798	9469	1935	100	19.70	66.68	13.62	49.98	29.55	20.43
宁德市	15218	2514	10417	2287	100	16.52	68.45	15.03	46.09	24.13	21.95

4 受教育程度

4-1 全省分年龄、性别、受教育程度的6岁及以上人口

单位：人

年龄	6岁及以上人口			未上过学			小学		
	合计	男	女	小计	男	女	小计	男	女
总计	**403012**	**205935**	**197076**	**28156**	**6024**	**22131**	**118672**	**55116**	**63556**
6-9	**19534**	**10607**	**8927**	**1346**	**722**	**624**	**18186**	**9884**	**8302**
6	5216	2873	2344	1184	630	554	4033	2243	1790
7	5004	2704	2300	136	83	54	4868	2622	2246
8	4752	2549	2203	15	6	9	4735	2542	2194
9	4562	2482	2080	10	3	7	4550	2478	2071
10-14	**20726**	**11096**	**9630**	**71**	**41**	**30**	**10979**	**5850**	**5129**
10	4594	2426	2168	16	9	7	4505	2376	2128
11	4365	2335	2030	16	10	5	4090	2185	1905
12	3918	2128	1790	13	8	5	1648	902	746
13	3841	2071	1771	12	6	6	543	288	255
14	4008	2137	1871	14	8	7	193	99	94
15-19	**22118**	**12366**	**9752**	**45**	**22**	**23**	**230**	**115**	**116**
15	4092	2219	1873	15	6	8	36	13	23
16	4831	2641	2190	5	2	3	30	19	10
17	5058	2827	2231	7	3	4	32	16	16
18	4188	2517	1670	7	2	4	70	37	34
19	3950	2162	1788	12	9	3	62	29	33
20-24	**30948**	**16847**	**14101**	**94**	**60**	**35**	**725**	**366**	**359**
20	5941	3355	2587	16	9	8	112	68	44
21	5423	3021	2403	13	7	6	91	43	48
22	5653	3091	2563	22	15	6	110	53	57
23	6356	3390	2966	18	10	7	187	98	89
24	7574	3991	3583	26	19	7	226	104	121
25-29	**45702**	**22645**	**23057**	**173**	**74**	**99**	**2021**	**847**	**1173**
25	10328	5271	5058	25	11	14	338	161	176
26	9655	4773	4882	29	14	15	391	171	220
27	8859	4369	4490	37	11	27	414	173	242
28	8765	4182	4583	52	30	22	446	178	268
29	8095	4051	4044	29	8	22	432	165	267
30-34	**37153**	**18477**	**18675**	**242**	**70**	**172**	**2962**	**1161**	**1802**
30	7771	3910	3861	47	14	33	540	238	302
31	7703	3780	3923	42	13	29	561	226	335
32	7252	3639	3613	42	18	24	566	221	345
33	8042	3938	4104	44	8	37	648	234	414
34	6386	3211	3175	67	18	49	647	242	405
35-39	**34373**	**17334**	**17039**	**519**	**112**	**407**	**6205**	**2228**	**3977**
35	5461	2750	2711	56	18	38	640	231	409
36	6697	3388	3309	94	24	70	1043	381	662
37	7148	3499	3650	104	20	84	1306	447	859
38	7140	3638	3502	114	17	97	1405	514	891
39	7927	4060	3867	151	33	118	1811	655	1156
40-44	**40206**	**20506**	**19700**	**1148**	**216**	**933**	**11326**	**4095**	**7231**
40	7501	3866	3635	165	27	139	1818	668	1150
41	7802	3983	3819	204	36	169	2099	774	1325
42	8332	4291	4041	239	56	182	2325	872	1452
43	7983	4058	3925	256	54	202	2334	793	1541
44	8588	4308	4280	284	43	241	2751	989	1762

4-1 续表 1

单位：人

年 龄	初 中			普通高中			中 职		
	小计	男	女	小计	男	女	小计	男	女
总 计	**140236**	**79562**	**60674**	**44336**	**27015**	**17322**	**19212**	**9788**	**9423**
6-9	**2**	**1**	**2**						
6									
7									
8	1	1							
9	2		2						
10-14	**9351**	**5033**	**4318**	**284**	**159**	**125**	**42**	**14**	**28**
10	73	40	33						
11	259	140	119						
12	2257	1218	1039						
13	3256	1759	1497	30	17	13			
14	3505	1875	1630	254	141	112	42	14	28
15-19	**5236**	**3184**	**2051**	**10943**	**6304**	**4639**	**3125**	**1456**	**1669**
15	1682	945	737	1972	1039	933	368	209	159
16	846	537	310	3076	1653	1423	828	404	424
17	734	474	259	3257	1911	1346	925	369	557
18	907	591	316	1863	1233	630	613	288	325
19	1067	637	429	775	468	307	390	186	204
20-24	**10900**	**6086**	**4814**	**4052**	**2402**	**1650**	**2920**	**1400**	**1520**
20	1699	1070	629	740	446	294	518	245	273
21	1778	1036	741	684	401	283	501	230	270
22	1972	1058	914	730	433	296	563	268	296
23	2394	1315	1079	858	513	346	645	306	339
24	3057	1607	1450	1040	609	430	693	351	342
25-29	**20505**	**10139**	**10366**	**6037**	**3363**	**2674**	**3747**	**1868**	**1879**
25	4285	2190	2094	1399	801	598	859	450	409
26	4085	1996	2089	1342	764	578	843	420	423
27	3996	1955	2041	1176	659	517	763	371	392
28	4099	1989	2110	1144	606	538	699	333	366
29	4041	2009	2032	976	534	442	584	294	290
30-34	**19270**	**9567**	**9703**	**4040**	**2375**	**1665**	**2787**	**1396**	**1391**
30	3974	1926	2048	888	519	369	526	270	256
31	3968	1942	2026	862	491	371	557	267	289
32	3796	1936	1860	783	468	315	543	241	302
33	4185	2079	2106	849	504	344	624	316	308
34	3346	1684	1662	658	393	266	537	302	235
35-39	**17179**	**9192**	**7987**	**3179**	**1917**	**1262**	**2184**	**1127**	**1057**
35	2923	1523	1401	550	324	226	412	212	201
36	3347	1767	1580	638	388	250	493	249	244
37	3444	1789	1655	671	403	268	494	250	244
38	3587	1965	1622	639	396	242	389	198	191
39	3877	2148	1729	681	406	275	396	218	178
40-44	**18804**	**10756**	**8048**	**3591**	**2253**	**1338**	**1300**	**728**	**572**
40	3668	2034	1634	681	436	244	301	176	125
41	3788	2161	1626	667	422	246	248	128	119
42	3904	2209	1695	741	461	280	271	148	122
43	3639	2140	1499	721	458	263	246	146	99
44	3806	2211	1594	781	476	305	235	129	106

4-1 续表 2

单位: 人

年 龄	大学专科			大学本科			研究生		
	小计	男	女	小计	男	女	小计	男	女
总 计	**24393**	**12318**	**12075**	**26295**	**15147**	**11148**	**1712**	**965**	**747**
6-9									
6									
7									
8									
9									
10-14									
10									
11									
12									
13									
14									
15-19	**964**	**381**	**583**	**1573**	**903**	**670**	**1**		**1**
15	19	6	12						
16	31	18	13	14	7	7	1		1
17	66	34	32	37	20	16			
18	293	137	156	434	229	205			
19	555	186	369	1089	647	442			
20-24	**4785**	**1937**	**2848**	**7376**	**4543**	**2833**	**96**	**53**	**43**
20	1010	306	704	1845	1209	636	1	1	
21	854	314	540	1499	987	512	4	3	1
22	818	341	477	1423	914	509	17	10	7
23	941	404	537	1276	726	550	37	18	19
24	1162	572	590	1333	707	626	38	23	15
25-29	**6310**	**2922**	**3389**	**6319**	**3165**	**3154**	**590**	**267**	**322**
25	1644	759	885	1679	846	833	99	51	47
26	1391	634	757	1439	706	734	135	67	68
27	1175	573	602	1182	585	597	115	43	72
28	1140	507	633	1053	494	559	133	47	86
29	960	448	512	965	535	431	108	59	49
30-34	**3774**	**1854**	**1920**	**3674**	**1832**	**1842**	**403**	**221**	**181**
30	864	451	413	856	441	415	75	51	24
31	823	390	433	822	414	408	67	36	32
32	735	356	379	700	352	348	87	47	40
33	837	402	435	761	351	409	93	44	49
34	515	255	261	535	274	261	80	44	36
35-39	**2502**	**1294**	**1207**	**2346**	**1311**	**1035**	**260**	**153**	**107**
35	424	204	220	392	205	187	64	35	28
36	536	274	262	493	275	218	53	31	23
37	556	271	285	522	289	233	52	29	23
38	470	251	218	487	266	221	50	30	20
39	516	295	222	453	278	176	41	27	13
40-44	**2027**	**1200**	**827**	**1852**	**1147**	**705**	**157**	**112**	**46**
40	437	261	176	395	237	157	38	28	10
41	421	252	170	347	193	154	28	17	10
42	403	240	163	418	278	139	33	26	7
43	393	218	175	364	226	138	30	22	8
44	373	229	144	328	212	116	29	19	10

4-1 续表 3

单位：人

年 龄	6岁及以上人口			未上过学			小 学		
	合计	男	女	小计	男	女	小计	男	女
45-49	**37660**	**19093**	**18567**	**1969**	**306**	**1663**	**14151**	**5526**	**8625**
45	8149	4117	4032	348	53	295	2809	1064	1744
46	7743	3889	3853	360	63	296	2866	1106	1761
47	8050	4127	3923	462	72	390	2992	1192	1800
48	6530	3251	3279	378	57	321	2624	1025	1600
49	7189	3709	3480	422	61	361	2859	1140	1719
50-54	**30451**	**15473**	**14978**	**2398**	**338**	**2061**	**12200**	**4779**	**7421**
50	7099	3617	3483	475	72	403	2842	1119	1722
51	6444	3243	3202	470	59	410	2535	960	1574
52	8176	4192	3983	632	103	530	3257	1273	1984
53	5678	2915	2763	532	69	464	2297	917	1381
54	3054	1506	1548	289	35	253	1270	510	760
55-59	**23177**	**11775**	**11402**	**3260**	**554**	**2706**	**11144**	**5050**	**6095**
55	4249	2144	2105	469	69	400	1825	715	1111
56	4072	2076	1995	532	89	444	1972	887	1085
57	4954	2536	2418	721	120	600	2430	1108	1322
58	5535	2840	2695	799	131	668	2751	1303	1448
59	4367	2179	2188	738	144	594	2167	1038	1129
60-64	**21331**	**10597**	**10734**	**3825**	**638**	**3187**	**11274**	**5595**	**5679**
60	4791	2384	2407	808	117	690	2529	1239	1290
61	4697	2330	2367	759	113	646	2495	1229	1266
62	4178	2094	2084	794	154	640	2213	1131	1082
63	4220	2074	2145	759	118	642	2242	1113	1130
64	3445	1715	1730	706	137	569	1795	883	912
65-69	**14305**	**7357**	**6947**	**2921**	**584**	**2336**	**7196**	**3834**	**3362**
65	3412	1760	1653	624	117	507	1749	891	858
66	3243	1668	1574	635	138	497	1665	884	781
67	2725	1368	1357	571	102	469	1400	746	655
68	2566	1334	1231	540	112	428	1254	690	564
69	2359	1226	1132	550	115	435	1128	623	505
70-74	**9326**	**4780**	**4546**	**2646**	**619**	**2026**	**4124**	**2341**	**1783**
70	2012	1014	997	486	122	365	949	494	455
71	1990	1055	935	516	124	392	869	521	348
72	1844	942	903	543	125	418	770	425	345
73	1746	896	850	564	134	430	761	456	306
74	1734	873	860	536	116	421	774	445	329
75-79	**7596**	**3616**	**3979**	**2958**	**686**	**2271**	**3119**	**1818**	**1302**
75	1539	788	751	531	138	393	669	404	265
76	1473	690	784	553	123	430	586	320	266
77	1539	728	811	620	144	475	609	354	255
78	1577	749	828	624	143	481	651	388	263
79	1468	662	806	631	139	492	605	352	253
80-84	**4886**	**2151**	**2734**	**2388**	**587**	**1801**	**1806**	**1062**	**744**
80	1215	584	631	550	150	399	461	285	176
81	1069	478	591	523	131	391	406	242	164
82	1046	457	590	504	124	380	394	225	169
83	847	360	486	425	105	321	312	172	140
84	708	272	436	386	77	309	233	137	96
85及以上	**3520**	**1213**	**2307**	**2153**	**395**	**1758**	**1024**	**565**	**460**

4-1 续表 4

单位：人

年 龄	初 中			普通高中			中 职		
	小计	男	女	小计	男	女	小计	男	女
45–49	**14738**	**8920**	**5819**	**3236**	**2111**	**1125**	**766**	**413**	**353**
45	3429	2024	1406	686	442	244	202	107	95
46	3049	1812	1237	713	447	266	170	92	78
47	3121	1884	1237	698	478	220	148	88	60
48	2444	1507	937	523	322	200	114	59	55
49	2695	1692	1002	617	423	194	133	68	65
50–54	**9656**	**6213**	**3442**	**3680**	**2473**	**1207**	**647**	**371**	**277**
50	2468	1568	900	677	435	242	158	90	68
51	2224	1421	803	692	467	225	122	66	56
52	2533	1631	901	1074	728	346	198	121	77
53	1604	1067	538	787	556	231	115	61	54
54	826	526	300	449	287	163	55	32	23
55–59	**5064**	**3655**	**1409**	**2442**	**1654**	**788**	**394**	**234**	**160**
55	1098	776	323	586	401	185	75	41	34
56	909	656	253	460	307	154	67	42	25
57	1028	757	272	493	349	144	94	58	36
58	1180	868	312	529	354	175	73	45	27
59	848	599	249	373	244	130	85	49	36
60–64	**4149**	**2968**	**1181**	**1180**	**804**	**376**	**311**	**169**	**141**
60	913	657	256	324	225	99	63	40	23
61	932	659	272	306	198	108	70	37	32
62	770	553	217	226	150	76	63	27	36
63	862	601	261	193	137	57	65	36	29
64	673	498	175	130	95	36	50	29	21
65–69	**2688**	**1909**	**779**	**694**	**479**	**216**	**375**	**219**	**157**
65	750	551	199	128	94	34	82	46	36
66	604	430	174	157	100	57	74	40	34
67	459	317	142	149	102	47	67	39	28
68	463	318	145	144	98	46	82	53	30
69	412	293	119	116	84	31	69	41	28
70–74	**1444**	**1021**	**423**	**494**	**364**	**130**	**293**	**185**	**108**
70	324	218	106	130	91	39	45	28	17
71	359	253	106	99	65	34	64	36	27
72	309	227	81	91	69	22	64	43	22
73	236	171	65	80	61	19	66	41	25
74	216	153	63	94	78	16	54	37	17
75–79	**727**	**519**	**208**	**279**	**201**	**79**	**205**	**142**	**63**
75	162	107	55	72	54	17	46	34	12
76	167	125	42	48	34	14	45	29	16
77	138	101	37	52	37	15	53	34	19
78	146	104	41	61	41	20	39	28	11
79	114	81	33	47	35	13	23	17	6
80–84	**351**	**268**	**83**	**129**	**93**	**36**	**85**	**48**	**37**
80	98	79	19	38	28	10	33	17	16
81	71	53	18	24	18	6	19	12	8
82	87	63	24	29	22	7	9	7	3
83	53	43	10	19	17	3	15	7	8
84	42	30	11	19	8	11	9	5	3
85及以上	**171**	**130**	**41**	**76**	**63**	**12**	**30**	**18**	**12**

4-1 续表 5

单位：人

年 龄	大学专科			大学本科			研究生		
	小计	男	女	小计	男	女	小计	男	女
45-49	**1432**	**884**	**548**	**1285**	**877**	**408**	**82**	**56**	**26**
45	357	214	143	292	194	98	26	20	6
46	309	186	122	261	173	88	15	10	4
47	311	191	120	302	212	90	15	10	6
48	220	137	83	213	138	76	14	7	6
49	235	156	80	216	160	56	12	9	3
50-54	**1047**	**709**	**338**	**746**	**526**	**220**	**77**	**64**	**13**
50	265	183	82	193	133	60	22	16	5
51	210	138	72	176	117	59	15	14	1
52	268	172	96	196	150	45	18	13	4
53	199	143	56	124	86	38	19	17	2
54	104	73	31	57	39	18	3	3	
55-59	**569**	**390**	**179**	**276**	**214**	**62**	**28**	**25**	**3**
55	113	79	34	77	61	16	5	2	3
56	79	53	26	43	35	8	9	9	
57	137	99	38	48	43	5	3	3	
58	130	87	43	66	45	21	7	7	
59	109	71	38	43	31	12	3	3	
60-64	**388**	**276**	**112**	**195**	**140**	**55**	**10**	**6**	**4**
60	101	69	32	48	33	15	6	4	2
61	92	66	26	43	27	16	1		1
62	76	54	22	36	24	12	1	1	
63	60	41	18	36	28	8	2	1	1
64	59	46	13	32	28	4			
65-69	**257**	**202**	**55**	**170**	**126**	**43**	**4**	**4**	
65	50	40	9	26	16	10	3	3	
66	74	55	19	33	22	12	1	1	
67	43	35	8	36	28	8			
68	50	39	11	32	23	8			
69	41	32	9	43	37	6			
70-74	**148**	**112**	**35**	**175**	**134**	**41**	**3**	**2**	**1**
70	36	30	7	41	32	10			
71	40	25	15	41	29	12	2	2	
72	29	20	9	37	33	4	1		1
73	18	18		20	15	5			
74	24	20	4	35	25	10			
75-79	**122**	**106**	**16**	**184**	**144**	**40**	**1**	**1**	
75	29	29	1	30	21	9			
76	33	25	7	41	32	8	1	1	
77	27	23	4	42	35	6			
78	21	18	3	36	27	9			
79	12	11	1	36	28	9			
80-84	**44**	**35**	**9**	**84**	**59**	**25**			
80	11	8	3	25	17	8			
81	10	9	1	16	13	3			
82	5	4	1	18	11	7			
83	10	8	2	12	8	4			
84	6	5	1	13	10	4			
85及以上	**24**	**15**	**9**	**40**	**26**	**14**	**1**	**1**	

4-1a 全省分年龄、性别、受教育程度的6岁及以上人口(城市)

单位：人

年 龄	6岁及以上人口			未上过学			小 学		
	合计	男	女	小计	男	女	小计	男	女
总 计	**147757**	**76385**	**71373**	**5025**	**1039**	**3986**	**29229**	**13501**	**15728**
6-9	**5950**	**3273**	**2678**	**366**	**190**	**176**	**5585**	**3083**	**2502**
6	1586	895	691	339	174	166	1247	722	525
7	1498	821	676	24	15	9	1474	806	667
8	1476	799	677	2		2	1474	798	676
9	1391	757	634	1	1		1390	757	634
10-14	**6436**	**3467**	**2968**	**12**	**6**	**6**	**3347**	**1804**	**1543**
10	1430	764	666	2	1	1	1409	754	655
11	1430	761	669	2	1	1	1340	717	622
12	1187	662	525	2	1	1	409	231	179
13	1221	673	548	2		1	145	81	64
14	1168	607	561	3	2	2	43	20	23
15-19	**7651**	**4187**	**3465**	**7**	**4**	**3**	**51**	**29**	**22**
15	949	494	455	2	1	2	5	1	4
16	1532	815	717	2	1		8	4	4
17	1774	996	777	1	1		8	4	4
18	1553	918	635	1	1		17	11	6
19	1844	963	881	1		1	13	9	4
20-24	**15329**	**8465**	**6865**	**17**	**11**	**5**	**229**	**127**	**102**
20	3288	1837	1450	5	3	2	38	25	14
21	2784	1584	1200	1	1		28	15	13
22	2791	1582	1208	3	3		29	15	14
23	3085	1675	1410	3	2	1	71	43	28
24	3381	1786	1595	5	3	2	63	29	34
25-29	**21059**	**10825**	**10234**	**34**	**13**	**21**	**610**	**294**	**316**
25	4751	2568	2183	4	1	3	83	43	40
26	4609	2379	2229	5	3	3	115	55	59
27	4037	2068	1968	9	2	7	141	72	69
28	4028	1930	2097	9	7	2	127	52	75
29	3634	1878	1756	7	1	6	145	73	72
30-34	**16053**	**8022**	**8032**	**45**	**11**	**34**	**860**	**381**	**479**
30	3267	1680	1587	4		4	168	76	92
31	3276	1611	1665	7	2	4	160	85	75
32	3180	1594	1586	9	2	7	167	66	102
33	3614	1767	1848	8	2	6	188	80	108
34	2716	1370	1347	16	4	12	177	75	102
35-39	**14465**	**7388**	**7077**	**104**	**22**	**82**	**1721**	**701**	**1020**
35	2384	1203	1181	9	2	7	189	78	111
36	2909	1486	1423	24	6	18	323	135	188
37	3054	1532	1522	16	5	11	375	150	226
38	2939	1503	1436	26	3	23	364	143	220
39	3179	1664	1515	29	7	23	470	194	276
40-44	**15143**	**7859**	**7285**	**241**	**54**	**188**	**2989**	**1165**	**1824**
40	2929	1534	1395	28	4	24	517	203	314
41	3040	1535	1505	46	9	37	618	250	368
42	3186	1688	1497	55	17	38	591	255	335
43	2926	1507	1419	49	12	37	599	209	391
44	3063	1596	1467	64	12	52	664	248	416

4-1a 续表 1

单位：人

年 龄	初 中			普通高中			中 职		
	小计	男	女	小计	男	女	小计	男	女
总 计	**46764**	**25801**	**20962**	**20213**	**11493**	**8720**	**10023**	**4947**	**5075**
6-9									
6									
7									
8									
9									
10-14	**2981**	**1617**	**1364**	**77**	**38**	**39**	**19**	**2**	**17**
10	18	8	10						
11	89	43	46						
12	775	430	345						
13	1066	588	478	8	3	5			
14	1032	548	485	70	35	34	19	2	17
15-19	**1560**	**1001**	**558**	**3460**	**1950**	**1509**	**1085**	**500**	**586**
15	327	185	142	517	272	245	90	33	58
16	200	135	65	1064	551	514	234	111	123
17	263	186	76	1141	646	494	316	138	178
18	361	244	117	527	347	181	274	139	135
19	410	252	158	211	135	76	171	79	92
20-24	**3827**	**2258**	**1568**	**1676**	**992**	**684**	**1512**	**691**	**821**
20	709	465	244	289	168	121	268	117	150
21	662	415	247	269	150	119	255	109	147
22	656	350	306	322	194	129	298	135	163
23	833	508	325	383	239	144	356	150	205
24	967	520	447	412	240	172	335	180	155
25-29	**6783**	**3652**	**3131**	**2780**	**1529**	**1251**	**1937**	**1033**	**904**
25	1358	798	559	661	372	289	425	247	178
26	1385	756	629	602	351	252	443	236	207
27	1308	700	609	532	280	253	395	206	189
28	1406	723	683	529	275	254	356	170	186
29	1326	675	651	455	252	203	319	175	143
30-34	**5993**	**3049**	**2944**	**1948**	**1059**	**889**	**1484**	**734**	**750**
30	1176	602	574	413	227	186	261	130	131
31	1230	630	600	381	188	193	302	141	161
32	1199	603	596	399	234	165	281	133	148
33	1354	696	658	419	228	192	333	165	168
34	1033	518	516	335	183	153	307	165	143
35-39	**5730**	**3009**	**2721**	**1770**	**1004**	**766**	**1326**	**645**	**681**
35	970	506	464	288	156	132	250	126	124
36	1117	589	528	359	210	149	289	127	162
37	1144	591	553	366	213	153	305	150	154
38	1196	637	559	360	199	161	244	121	123
39	1303	686	617	397	225	172	238	121	117
40-44	**6138**	**3338**	**2800**	**2053**	**1171**	**882**	**763**	**392**	**371**
40	1219	665	554	371	211	160	171	95	76
41	1251	665	586	384	218	166	151	68	83
42	1334	716	618	412	228	184	161	80	81
43	1124	614	510	430	252	178	148	82	66
44	1211	679	532	456	263	193	132	67	65

4-1a 续表 2

单位：人

年 龄	大学专科			大学本科			研究生		
	小计	男	女	小计	男	女	小计	男	女
总 计	**15652**	**7612**	**8040**	**19292**	**11110**	**8182**	**1560**	**881**	**679**
6-9									
6									
7									
8									
9									
10-14									
10									
11									
12									
13									
14									
15-19	**484**	**137**	**347**	**1004**	**566**	**438**	**1**		**1**
15	8	3	5						
16	14	9	4	10	4	6	1		1
17	29	11	18	17	10	7			
18	131	45	86	241	131	110			
19	302	68	234	737	421	315			
20-24	**2811**	**1011**	**1800**	**5182**	**3327**	**1855**	**75**	**47**	**29**
20	647	138	509	1330	920	411	1	1	
21	499	137	362	1066	755	311	4	3	1
22	449	185	264	1023	693	330	10	7	3
23	531	224	307	877	491	386	31	17	15
24	684	327	358	886	468	418	30	20	10
25-29	**3864**	**1804**	**2061**	**4549**	**2274**	**2275**	**501**	**225**	**276**
25	991	492	499	1156	577	580	74	40	34
26	869	395	474	1076	528	548	114	55	58
27	704	343	361	852	435	417	96	32	65
28	711	312	400	770	350	420	119	43	76
29	589	262	326	695	384	310	99	56	43
30-34	**2551**	**1216**	**1335**	**2797**	**1373**	**1424**	**376**	**200**	**176**
30	553	281	272	623	320	303	68	43	24
31	548	254	294	591	284	307	58	28	30
32	491	236	255	549	274	275	85	46	39
33	600	274	326	622	279	342	90	43	47
34	359	170	188	413	215	198	75	40	35
35-39	**1768**	**881**	**888**	**1794**	**981**	**813**	**251**	**145**	**106**
35	314	152	162	304	152	152	59	30	28
36	358	177	181	385	211	174	53	31	23
37	394	182	212	406	214	191	50	28	22
38	328	168	160	372	202	170	49	29	20
39	375	203	172	327	201	126	40	27	13
40-44	**1391**	**788**	**604**	**1415**	**844**	**571**	**152**	**108**	**44**
40	281	150	131	305	179	126	38	28	10
41	298	167	130	267	142	125	25	15	10
42	291	170	121	312	199	113	30	24	6
43	270	149	121	276	168	108	30	22	8
44	252	151	101	255	156	99	28	18	10

4-1a 续表 3 单位：人

年 龄	6岁及以上人口			未上过学			小 学		
	合计	男	女	小计	男	女	小计	男	女
45-49	**12682**	**6471**	**6211**	**427**	**57**	**371**	**3438**	**1429**	**2009**
45	2919	1516	1403	64	7	56	728	292	436
46	2628	1290	1339	76	9	67	676	259	417
47	2723	1466	1258	103	12	91	733	332	401
48	2087	1010	1077	91	11	80	609	248	361
49	2325	1190	1135	94	17	76	692	298	394
50-54	**9834**	**5126**	**4708**	**539**	**95**	**444**	**2587**	**1089**	**1497**
50	2248	1177	1071	105	16	89	599	265	334
51	2142	1111	1031	120	23	97	571	245	325
52	2620	1375	1245	140	29	111	695	277	417
53	1807	950	857	127	19	108	449	190	259
54	1018	514	504	46	7	39	273	112	162
55-59	**6753**	**3354**	**3399**	**618**	**105**	**513**	**2197**	**921**	**1276**
55	1331	660	671	82	7	75	407	146	261
56	1184	599	585	105	16	89	376	159	216
57	1407	703	704	144	26	117	482	208	274
58	1563	789	774	152	29	123	500	222	278
59	1268	602	666	135	27	109	432	185	247
60-64	**5989**	**2930**	**3059**	**662**	**114**	**548**	**2240**	**974**	**1267**
60	1350	660	690	140	15	125	531	251	280
61	1373	686	687	149	30	119	494	230	264
62	1182	562	620	145	29	116	460	195	265
63	1168	562	606	115	21	94	435	175	260
64	915	459	456	112	18	94	321	123	198
65-69	**4092**	**2042**	**2050**	**486**	**86**	**400**	**1395**	**623**	**772**
65	955	468	487	118	19	99	308	129	179
66	983	476	507	101	19	82	371	157	214
67	761	376	385	91	11	80	261	120	141
68	729	374	355	80	15	65	244	114	130
69	664	348	317	96	23	73	211	103	108
70-74	**2400**	**1202**	**1198**	**350**	**65**	**285**	**733**	**330**	**403**
70	536	253	282	67	10	57	171	68	103
71	568	285	283	79	18	61	168	84	84
72	486	251	234	75	18	56	131	53	78
73	426	213	213	64	9	56	145	65	80
74	386	200	186	64	9	55	118	60	58
75-79	**1906**	**910**	**997**	**434**	**80**	**355**	**586**	**251**	**335**
75	379	181	199	78	16	62	116	48	68
76	383	197	187	75	15	60	106	45	60
77	390	195	195	89	17	72	112	51	61
78	392	182	210	95	19	76	123	53	70
79	362	155	207	97	12	85	129	54	75
80-84	**1230**	**565**	**665**	**368**	**78**	**290**	**407**	**192**	**215**
80	305	144	161	73	16	57	93	38	54
81	273	124	149	82	14	67	94	45	48
82	275	129	146	88	20	67	96	49	47
83	198	92	106	61	12	49	69	35	35
84	179	76	103	65	16	49	55	24	31
85及以上	**784**	**301**	**483**	**315**	**49**	**266**	**254**	**108**	**146**

4-1a 续表 4　　　　单位：人

年龄	初中			普通高中			中职		
	小计	男	女	小计	男	女	小计	男	女
45-49	**4721**	**2586**	**2135**	**1724**	**1009**	**715**	**464**	**230**	**234**
45	1141	630	511	393	239	154	127	62	64
46	1003	539	464	393	218	175	101	48	53
47	1018	578	439	352	226	127	92	50	41
48	731	399	332	273	142	131	72	34	38
49	828	440	388	313	185	128	73	35	38
50-54	**3154**	**1790**	**1364**	**1771**	**1018**	**753**	**376**	**204**	**172**
50	779	431	349	320	173	148	91	53	38
51	729	416	313	337	199	138	79	38	41
52	796	457	340	524	311	213	113	69	44
53	545	314	232	360	219	141	64	33	31
54	304	173	131	230	117	113	29	12	17
55-59	**1802**	**1088**	**714**	**1255**	**686**	**569**	**223**	**107**	**116**
55	388	241	147	259	141	118	51	26	25
56	323	197	126	240	130	110	33	18	15
57	351	207	144	245	142	103	48	21	27
58	425	268	157	296	158	138	42	21	21
59	315	175	140	215	116	100	49	21	27
60-64	**1707**	**1009**	**698**	**683**	**402**	**281**	**193**	**82**	**111**
60	347	194	153	177	105	72	32	17	16
61	385	228	158	192	106	86	38	17	22
62	310	190	120	128	68	60	39	11	28
63	372	211	161	116	73	43	48	24	24
64	292	186	106	71	50	21	35	14	21
65-69	**1165**	**681**	**484**	**443**	**266**	**177**	**237**	**110**	**127**
65	322	190	133	86	61	26	53	20	33
66	269	160	109	104	56	48	47	21	26
67	204	120	84	100	57	43	36	14	23
68	190	109	81	84	50	35	60	34	26
69	181	103	77	68	43	25	40	21	19
70-74	**593**	**337**	**255**	**282**	**182**	**100**	**177**	**91**	**86**
70	135	73	62	76	43	33	28	14	14
71	148	83	66	64	40	24	39	15	24
72	129	77	52	55	37	18	40	23	17
73	96	57	39	44	30	14	42	23	19
74	84	48	37	43	32	11	28	16	13
75-79	**329**	**198**	**131**	**160**	**96**	**64**	**138**	**82**	**56**
75	70	36	34	37	22	15	31	19	11
76	79	53	26	28	17	12	29	16	13
77	67	43	24	32	20	12	36	20	16
78	61	36	25	35	18	17	27	16	11
79	53	31	22	28	19	10	16	10	6
80-84	**185**	**122**	**64**	**87**	**57**	**30**	**70**	**35**	**35**
80	53	36	17	27	19	8	28	13	15
81	38	22	16	17	11	5	17	10	8
82	45	30	15	16	10	6	8	5	3
83	26	19	7	14	11	3	10	3	7
84	22	14	8	14	6	8	8	4	3
85及以上	**95**	**65**	**31**	**45**	**34**	**11**	**17**	**8**	**9**

4-1a 续表 5 单位：人

年 龄	大学专科			大学本科			研究生		
	小计	男	女	小计	男	女	小计	男	女
45-49	**890**	**506**	**384**	**936**	**600**	**336**	**80**	**54**	**26**
45	231	131	100	210	136	74	26	20	6
46	180	95	85	185	112	73	15	10	4
47	190	110	80	221	148	73	14	8	6
48	143	79	63	154	88	66	14	7	6
49	147	91	56	166	115	51	12	9	3
50-54	**711**	**447**	**264**	**619**	**418**	**200**	**77**	**64**	**13**
50	168	111	57	163	111	52	22	16	5
51	144	85	59	147	92	56	15	14	1
52	182	106	76	153	113	40	18	13	4
53	138	91	48	103	68	36	19	17	2
54	79	54	25	52	35	17	3	3	
55-59	**398**	**249**	**149**	**234**	**173**	**60**	**27**	**24**	**3**
55	78	50	27	60	46	15	5	2	3
56	64	42	21	36	28	8	9	9	
57	94	61	33	41	35	5	3	3	
58	83	48	35	58	37	21	7	7	
59	80	48	32	38	27	11	3	3	
60-64	**316**	**216**	**100**	**177**	**126**	**52**	**10**	**6**	**4**
60	74	44	30	44	30	13	6	4	2
61	75	52	23	39	23	16	1		1
62	64	44	20	35	24	11	1	1	
63	49	35	15	30	22	8	2	1	1
64	54	42	12	31	26	4			
65-69	**209**	**159**	**49**	**153**	**112**	**41**	**4**	**4**	
65	41	33	7	23	14	10	3	3	
66	60	43	17	31	19	12	1	1	
67	37	30	7	32	25	7			
68	42	31	10	29	21	8			
69	30	22	9	37	33	4			
70-74	**107**	**78**	**29**	**155**	**117**	**38**	**3**	**2**	**1**
70	24	19	4	35	26	10			
71	31	17	14	36	26	10	2	2	
72	21	14	7	34	30	4	1		1
73	13	13		20	15	5			
74	18	15	3	30	20	9			
75-79	**95**	**79**	**16**	**162**	**122**	**40**	**1**	**1**	
75	20	19	1	28	19	9			
76	28	20	7	37	29	8	1	1	
77	21	17	4	34	28	6			
78	17	14	3	35	26	9			
79	9	8	1	29	20	9			
80-84	**38**	**30**	**7**	**75**	**51**	**24**			
80	10	7	3	21	14	7			
81	10	9	1	16	13	3			
82	5	4	1	16	10	7			
83	8	7	2	10	6	4			
84	4	4		11	8	4			
85及以上	**18**	**12**	**6**	**40**	**25**	**14**	**1**	**1**	

4-1b 全省分年龄、性别、受教育程度的6岁及以上人口(镇)

单位：人

年龄	6岁及以上人口			未上过学			小学		
	合计	男	女	小计	男	女	小计	男	女
总计	**103339**	**52659**	**50680**	**7094**	**1464**	**5630**	**31948**	**14554**	**17394**
6-9	**5177**	**2833**	**2344**	**366**	**203**	**163**	**4808**	**2630**	**2178**
6	1362	767	595	308	168	140	1055	599	456
7	1361	731	629	47	30	18	1314	702	612
8	1232	675	558	6	3	2	1226	670	555
9	1222	660	561	6	2	4	1214	658	556
10-14	**5835**	**3128**	**2707**	**23**	**13**	**11**	**3081**	**1655**	**1426**
10	1297	686	612	6	2	3	1267	669	598
11	1235	678	557	5	5	1	1162	635	527
12	1103	605	498	4	2	2	448	255	193
13	1073	562	511	5	2	3	142	67	76
14	1125	597	528	3	1	2	63	29	33
15-19	**5085**	**3050**	**2035**	**7**	**5**	**2**	**51**	**25**	**27**
15	856	520	337	3	2	1	8	2	6
16	1157	683	475	1	1		9	7	1
17	1339	779	561	1		1	10	7	3
18	1048	686	363	1	1		12	4	8
19	683	384	299	1	1		13	4	9
20-24	**6517**	**3441**	**3076**	**17**	**12**	**5**	**158**	**88**	**70**
20	1137	630	507	2	2		26	21	5
21	1119	583	536	1		1	20	7	13
22	1176	618	558	5	2	3	24	14	10
23	1342	700	642	5	5		37	20	17
24	1744	910	833	3	3		51	27	24
25-29	**11588**	**5669**	**5919**	**41**	**22**	**19**	**512**	**215**	**296**
25	2643	1278	1366	12	7	5	96	39	57
26	2341	1170	1171	6	1	5	83	42	41
27	2236	1111	1125	7	3	4	91	36	56
28	2241	1077	1164	9	8	1	120	57	63
29	2127	1033	1093	6	2	4	121	41	80
30-34	**9281**	**4538**	**4743**	**51**	**14**	**37**	**815**	**300**	**515**
30	1990	972	1017	9	3	6	133	60	72
31	1962	976	986	12	4	9	139	47	92
32	1770	884	886	5	3	2	160	60	100
33	1908	887	1021	10	1	9	188	67	121
34	1650	819	832	15	4	11	195	66	129
35-39	**9151**	**4519**	**4632**	**147**	**20**	**127**	**1869**	**662**	**1207**
35	1455	714	741	21	4	17	197	60	137
36	1726	872	854	19	2	16	292	119	173
37	1849	879	970	32	3	29	396	137	259
38	1890	922	968	28	2	26	423	155	268
39	2231	1132	1099	46	8	38	562	192	370
40-44	**11303**	**5719**	**5583**	**288**	**47**	**241**	**3338**	**1191**	**2147**
40	2060	1042	1018	33	5	27	510	174	336
41	2210	1156	1054	54	10	44	601	211	390
42	2386	1180	1207	56	5	51	759	268	491
43	2253	1131	1122	70	14	55	690	237	454
44	2394	1211	1183	75	11	64	778	301	477

4-1b 续表 1　　单位：人

年 龄	初 中			普通高中			中 职		
	小计	男	女	小计	男	女	小计	男	女
总 计	**38548**	**21515**	**17033**	**10560**	**6940**	**3619**	**5526**	**2850**	**2675**
6-9	**2**	**1**	**2**						
6									
7									
8	1	1							
9	2		2						
10-14	**2651**	**1418**	**1233**	**61**	**32**	**29**	**18**	**11**	**8**
10	25	14	11						
11	68	39	30						
12	652	348	304						
13	914	487	426	12	6	6			
14	992	530	462	49	25	23	18	11	8
15-19	**1030**	**625**	**405**	**2183**	**1547**	**636**	**1487**	**678**	**809**
15	371	212	159	313	187	126	159	116	43
16	174	114	60	498	325	173	466	229	236
17	126	78	48	683	505	177	503	178	324
18	173	121	53	510	406	104	242	100	143
19	186	101	85	179	124	55	118	56	62
20-24	**2584**	**1391**	**1192**	**942**	**565**	**377**	**637**	**334**	**303**
20	373	240	134	177	118	59	123	64	60
21	449	251	198	158	94	64	100	53	47
22	476	254	222	152	92	60	107	54	52
23	546	277	269	196	113	83	130	69	61
24	739	370	369	260	148	111	176	94	83
25-29	**5794**	**2765**	**3029**	**1615**	**920**	**696**	**1000**	**470**	**530**
25	1210	574	636	366	216	150	231	105	126
26	1129	537	592	349	211	138	216	109	106
27	1131	554	577	312	188	124	202	90	112
28	1137	527	610	322	171	151	205	100	106
29	1187	573	614	266	134	132	145	65	80
30-34	**5447**	**2608**	**2840**	**1028**	**624**	**404**	**675**	**342**	**333**
30	1171	542	629	231	137	94	132	69	62
31	1128	538	590	245	156	88	132	65	67
32	1067	537	530	170	103	66	142	68	73
33	1115	509	607	221	132	88	142	67	75
34	966	482	484	163	95	68	128	73	55
35-39	**4899**	**2566**	**2333**	**768**	**473**	**295**	**515**	**276**	**239**
35	854	437	416	143	85	59	95	51	44
36	942	492	450	156	91	64	115	64	51
37	942	468	474	160	101	59	109	55	54
38	1013	527	486	136	84	52	94	49	45
39	1148	642	506	172	112	61	102	57	45
40-44	**5535**	**3115**	**2420**	**893**	**600**	**294**	**377**	**210**	**167**
40	1075	575	500	177	117	61	85	49	36
41	1168	682	486	148	105	43	68	36	32
42	1100	601	500	202	134	69	88	54	34
43	1089	631	459	165	116	49	64	38	26
44	1103	627	476	201	128	73	72	35	38

4-1b 续表 2

单位：人

年龄	大学专科			大学本科			研究生		
	小计	男	女	小计	男	女	小计	男	女
总　计	**5225**	**2832**	**2393**	**4341**	**2450**	**1891**	**98**	**54**	**44**
6-9									
6									
7									
8									
9									
10-14									
10									
11									
12									
13									
14									
15-19	**144**	**75**	**69**	**182**	**96**	**86**			
15	3	2	1						
16	9	6	3	1	1				
17	11	6	5	6	4	2			
18	44	26	19	66	29	37			
19	77	36	41	109	62	48			
20-24	**958**	**456**	**502**	**1211**	**588**	**622**	**11**	**5**	**6**
20	162	77	85	273	109	164			
21	153	78	75	238	100	138			
22	182	71	112	226	129	97	4	2	2
23	208	94	114	219	122	97	1	1	
24	253	137	116	255	129	126	6	3	4
25-29	**1421**	**644**	**777**	**1144**	**602**	**542**	**60**	**29**	**30**
25	382	148	234	329	180	148	17	8	9
26	301	140	161	241	120	121	15	8	7
27	267	129	138	213	100	113	11	9	2
28	246	113	133	189	97	92	13	4	9
29	225	114	111	173	105	68	4		4
30-34	**717**	**365**	**353**	**530**	**274**	**256**	**16**	**11**	**5**
30	180	96	84	133	64	69	1	1	
31	155	77	78	146	84	61	6	5	1
32	144	75	68	81	36	45	2	1	1
33	136	64	72	95	47	47	2		2
34	103	53	50	76	42	33	5	4	1
35-39	**542**	**289**	**253**	**406**	**229**	**177**	**5**	**4**	**1**
35	78	35	43	63	38	25	2	2	
36	129	66	63	74	37	36			
37	120	63	57	88	51	38	2	1	1
38	108	57	51	87	49	39			
39	107	67	40	93	54	39	1	1	
40-44	**489**	**294**	**195**	**378**	**259**	**119**	**4**	**3**	**1**
40	104	69	34	77	52	24			
41	97	64	33	71	46	25	2	1	1
42	89	52	37	90	65	25	2	2	1
43	101	50	51	74	46	28			
44	99	60	39	66	49	17			

4-1b 续表 3

单位：人

年 龄	6岁及以上人口			未上过学			小 学		
	合计	男	女	小计	男	女	小计	男	女
45-49	**10615**	**5419**	**5196**	**543**	**83**	**460**	**3951**	**1532**	**2419**
45	2287	1138	1150	96	11	85	800	306	494
46	2214	1161	1053	103	22	81	801	327	474
47	2288	1162	1127	135	25	110	836	319	517
48	1800	908	892	100	18	83	716	261	455
49	2025	1051	974	108	8	101	798	317	480
50-54	**8213**	**4189**	**4024**	**591**	**81**	**510**	**3324**	**1240**	**2085**
50	1977	1039	939	106	24	82	794	312	482
51	1732	882	851	112	15	96	694	247	447
52	2208	1106	1102	169	24	145	878	317	561
53	1497	777	720	132	14	118	616	234	382
54	798	386	411	72	3	69	343	130	213
55-59	**5840**	**3069**	**2771**	**798**	**143**	**655**	**2903**	**1326**	**1578**
55	1077	568	508	125	23	102	477	192	285
56	1026	552	474	122	25	97	511	249	262
57	1271	674	597	175	28	147	631	280	351
58	1349	704	644	195	31	165	697	321	376
59	1117	570	547	181	37	143	588	284	304
60-64	**5087**	**2534**	**2552**	**873**	**153**	**720**	**2854**	**1368**	**1486**
60	1173	587	586	190	29	161	629	301	328
61	1106	542	565	169	22	147	632	294	338
62	1011	506	505	180	37	143	580	289	290
63	976	483	494	173	31	142	550	259	291
64	820	417	404	161	35	127	463	224	239
65-69	**3379**	**1741**	**1638**	**685**	**129**	**556**	**1752**	**888**	**864**
65	794	403	392	141	23	118	422	203	219
66	757	400	358	146	37	109	409	201	208
67	638	323	314	136	21	114	331	171	160
68	642	319	323	151	28	124	318	166	152
69	548	296	252	112	21	91	271	147	124
70-74	**2213**	**1110**	**1103**	**642**	**130**	**512**	**1016**	**564**	**452**
70	487	251	237	121	29	92	221	110	111
71	458	240	218	120	25	94	224	134	90
72	426	211	215	130	24	105	185	101	84
73	426	215	211	138	35	103	194	110	83
74	415	193	222	133	16	117	193	109	84
75-79	**1861**	**859**	**1002**	**752**	**156**	**596**	**795**	**454**	**340**
75	348	172	176	108	24	84	171	93	78
76	376	172	204	144	26	118	161	89	72
77	388	186	202	161	38	122	162	93	69
78	371	168	203	154	27	127	151	91	60
79	378	162	216	185	40	145	149	89	60
80-84	**1197**	**516**	**681**	**619**	**145**	**474**	**443**	**259**	**184**
80	268	130	138	124	32	93	109	70	39
81	236	108	127	121	34	87	92	55	37
82	277	114	163	142	31	111	100	55	45
83	216	90	126	113	26	87	78	42	36
84	200	73	127	119	22	97	64	38	27
85及以上	**998**	**324**	**674**	**651**	**109**	**542**	**277**	**157**	**119**

4-1b 续表 4 单位：人

年 龄	初 中			普通高中			中 职		
	小计	男	女	小计	男	女	小计	男	女
45-49	**4279**	**2555**	**1724**	**908**	**608**	**300**	**230**	**132**	**98**
45	1002	577	425	182	114	68	53	31	23
46	900	527	372	198	135	63	52	30	22
47	890	524	366	214	144	71	44	28	16
48	703	433	270	139	92	48	33	21	12
49	784	494	291	174	124	50	47	23	24
50-54	**2737**	**1775**	**962**	**964**	**665**	**298**	**211**	**127**	**84**
50	735	474	260	187	128	59	53	27	25
51	629	410	220	180	121	59	34	22	12
52	702	438	265	283	198	85	67	43	24
53	438	303	135	203	146	57	43	24	19
54	233	151	82	110	73	38	15	11	4
55-59	**1296**	**969**	**327**	**583**	**431**	**152**	**104**	**70**	**34**
55	275	201	74	148	113	36	14	9	5
56	240	172	68	108	75	33	27	18	8
57	266	211	55	140	106	34	27	19	8
58	288	220	68	111	85	26	16	11	5
59	227	164	62	77	53	24	20	13	7
60-64	**983**	**736**	**247**	**248**	**181**	**67**	**67**	**45**	**21**
60	239	174	65	70	49	22	21	14	7
61	214	157	57	63	46	17	15	12	3
62	180	128	53	52	42	10	10	4	6
63	189	147	42	38	26	12	14	9	5
64	161	130	31	25	18	7	7	7	
65-69	**650**	**492**	**158**	**155**	**127**	**28**	**86**	**61**	**25**
65	174	133	41	30	22	8	18	15	3
66	137	111	26	33	28	5	19	11	8
67	116	87	29	28	24	4	18	13	6
68	116	79	37	34	28	6	14	10	3
69	107	82	26	29	24	5	17	12	5
70-74	**351**	**256**	**96**	**108**	**84**	**24**	**62**	**47**	**15**
70	94	67	27	29	25	4	10	9	2
71	76	52	23	16	10	7	14	11	3
72	75	58	17	17	13	4	13	10	4
73	56	39	17	24	19	5	14	10	3
74	50	39	11	22	17	5	10	7	3
75-79	**182**	**137**	**46**	**60**	**46**	**14**	**38**	**33**	**5**
75	37	26	12	12	11	2	11	11	
76	37	28	9	15	12	3	13	10	3
77	34	29	5	14	11	3	7	5	2
78	46	33	12	11	8	3	5	5	
79	28	20	8	8	5	3	2	2	
80-84	**86**	**72**	**14**	**26**	**21**	**5**	**11**	**9**	**2**
80	22	20	2	5	3	2	4	3	1
81	17	15	2	4	3	1	1	1	
82	22	16	6	9	8	1	1	1	
83	14	12	2	6	6		4	3	1
84	10	9	2	3	2	1	1	1	
85及以上	**40**	**36**	**5**	**17**	**15**	**2**	**7**	**4**	**3**

4-1b 续表 5 单位：人

年 龄	大学专科			大学本科			研究生		
	小计	男	女	小计	男	女	小计	男	女
45-49	**415**	**281**	**134**	**288**	**227**	**61**	**1**	**1**	
45	95	59	35	60	40	19			
46	95	66	29	64	52	12			
47	94	62	32	74	60	14	1	1	
48	59	44	15	50	40	10			
49	72	50	22	41	36	5			
50-54	**271**	**204**	**67**	**115**	**97**	**17**			
50	78	55	23	25	19	7			
51	57	44	13	27	23	4			
52	68	49	18	41	37	5			
53	50	42	8	16	14	2			
54	19	14	5	5	4	1			
55-59	**128**	**105**	**23**	**28**	**25**	**2**			
55	29	23	6	9	8	1			
56	13	8	5	6	5				
57	28	26	2	4	4				
58	34	30	4	6	6				
59	23	17	6	2	1	1			
60-64	**50**	**42**	**8**	**12**	**9**	**3**			
60	21	19	2	2	1	1			
61	11	9	3	2	2	1			
62	9	6	2	1		1			
63	8	6	2	4	4				
64	1	1		2	2				
65-69	**36**	**30**	**6**	**16**	**13**	**2**			
65	7	4	2	2	2				
66	12	9	2	2	2				
67	5	4	1	3	3				
68	7	6	1	3	2				
69	6	6		6	4	2			
70-74	**24**	**21**	**3**	**10**	**9**	**1**			
70	8	7	1	4	4				
71	6	6		2	1	1			
72	5	3	2	1	1				
73	2	2							
74	4	3	1	3	2	1			
75-79	**19**	**19**		**14**	**14**				
75	6	6		1	1				
76	2	2		4	4				
77	5	5		5	5				
78	3	3		1	1				
79	2	2		4	4				
80-84	**4**	**3**	**1**	**8**	**7**	**1**			
80	1	1		4	2	1			
81	1	1							
82				2	2				
83				2	2				
84	2	1	1	1	1				
85及以上	**6**	**3**	**3**	**1**	**1**				

4-1c 全省分年龄、性别、受教育程度的6岁及以上人口(乡村)

单位：人

年 龄	6岁及以上人口			未上过学			小 学		
	合计	男	女	小计	男	女	小计	男	女
总 计	**151915**	**76892**	**75024**	**16037**	**3522**	**12515**	**57495**	**27061**	**30434**
6-9	**8407**	**4501**	**3906**	**614**	**329**	**284**	**7793**	**4172**	**3622**
6	2268	1211	1058	537	289	248	1731	922	809
7	2146	1151	994	65	38	27	2081	1114	967
8	2044	1075	969	8	2	6	2036	1073	963
9	1950	1064	885	4	1	3	1945	1063	882
10-14	**8455**	**4501**	**3954**	**36**	**23**	**13**	**4551**	**2391**	**2160**
10	1867	976	891	9	6	3	1828	952	876
11	1699	896	804	8	4	4	1589	833	756
12	1627	861	767	6	4	2	791	416	375
13	1547	835	711	5	4	1	255	140	115
14	1715	933	782	8	5	3	87	49	38
15-19	**9382**	**5129**	**4253**	**31**	**13**	**18**	**128**	**61**	**67**
15	2286	1205	1080	10	4	6	22	10	12
16	2141	1143	998	2		2	13	8	5
17	1945	1052	893	5	1	3	15	5	10
18	1587	914	673	4		4	42	22	20
19	1423	815	608	10	8	2	36	16	20
20-24	**9101**	**4941**	**4160**	**61**	**36**	**24**	**338**	**151**	**187**
20	1516	887	629	9	4	5	47	22	25
21	1520	854	666	11	6	5	43	22	21
22	1687	890	797	14	11	3	56	24	33
23	1929	1015	914	9	3	6	79	35	44
24	2449	1295	1154	17	12	5	112	48	64
25-29	**13056**	**6152**	**6904**	**98**	**39**	**59**	**899**	**338**	**561**
25	2934	1425	1509	10	4	6	158	79	79
26	2706	1224	1482	18	10	7	193	73	119
27	2587	1190	1397	21	5	16	182	65	117
28	2496	1174	1322	34	15	19	199	69	130
29	2334	1140	1194	16	5	12	167	51	115
30-34	**11818**	**5917**	**5901**	**146**	**45**	**101**	**1287**	**480**	**807**
30	2514	1258	1256	34	12	22	240	102	138
31	2464	1192	1272	23	7	16	262	94	168
32	2302	1160	1141	28	13	15	238	95	143
33	2519	1284	1235	26	5	21	272	87	185
34	2019	1022	997	36	9	26	275	101	173
35-39	**10758**	**5428**	**5330**	**268**	**69**	**198**	**2615**	**866**	**1749**
35	1622	833	789	25	11	14	254	93	161
36	2062	1030	1032	51	15	36	428	128	301
37	2245	1088	1157	57	12	44	535	160	374
38	2311	1212	1098	59	11	48	618	216	403
39	2518	1265	1253	75	19	57	780	270	510
40-44	**13760**	**6928**	**6832**	**619**	**115**	**504**	**4998**	**1739**	**3259**
40	2512	1291	1221	105	17	88	791	291	500
41	2553	1293	1260	104	16	88	879	312	567
42	2760	1423	1337	128	34	93	975	349	626
43	2804	1420	1384	138	28	110	1044	347	697
44	3132	1502	1630	145	20	126	1309	440	869

4-1c 续表 1

单位：人

年 龄	初 中			普通高中			中 职		
	小计	男	女	小计	男	女	小计	男	女
总 计	**54925**	**32246**	**22679**	**13564**	**8582**	**4982**	**3663**	**1991**	**1673**
6-9									
6									
7									
8									
9									
10-14	**3719**	**1998**	**1721**	**146**	**89**	**57**	**4**	**1**	**3**
10	30	18	12						
11	102	58	44						
12	830	440	390						
13	1276	684	593	10	8	2			
14	1481	798	683	136	81	55	4	1	3
15-19	**2646**	**1558**	**1088**	**5301**	**2807**	**2494**	**553**	**278**	**274**
15	985	549	436	1142	581	561	119	61	58
16	473	288	184	1514	778	736	129	64	65
17	345	210	135	1434	759	674	107	52	54
18	373	226	147	825	480	345	97	50	48
19	471	285	186	385	209	177	101	51	50
20-24	**4489**	**2436**	**2053**	**1434**	**845**	**589**	**771**	**375**	**397**
20	616	365	251	274	159	115	127	64	63
21	666	370	296	258	157	100	145	68	77
22	840	453	387	255	147	108	159	78	80
23	1015	530	484	280	160	119	159	86	72
24	1352	717	634	368	221	147	181	77	104
25-29	**7928**	**3722**	**4206**	**1642**	**914**	**728**	**810**	**364**	**446**
25	1717	818	899	372	214	158	203	98	105
26	1570	703	867	391	202	189	184	75	110
27	1557	701	856	332	191	141	166	75	91
28	1556	738	818	292	160	133	137	63	74
29	1528	762	766	254	147	107	120	53	66
30-34	**7829**	**3911**	**3919**	**1064**	**692**	**372**	**627**	**320**	**307**
30	1626	782	845	244	155	89	134	71	63
31	1610	775	835	237	147	90	123	62	61
32	1530	796	734	215	131	84	120	39	81
33	1716	874	842	209	144	64	149	84	65
34	1347	685	662	160	115	45	101	64	37
35-39	**6550**	**3617**	**2933**	**641**	**441**	**201**	**342**	**205**	**137**
35	1099	579	520	118	83	36	67	34	32
36	1288	687	602	123	87	37	88	57	31
37	1358	730	628	145	89	56	80	45	35
38	1378	802	576	142	113	30	51	29	23
39	1426	819	607	112	70	43	56	40	16
40-44	**7130**	**4303**	**2828**	**645**	**482**	**163**	**160**	**125**	**35**
40	1374	794	580	133	109	24	45	32	12
41	1368	814	554	136	99	37	29	25	4
42	1470	893	577	127	99	27	22	15	8
43	1426	896	530	125	90	36	33	27	7
44	1492	906	587	125	85	39	30	27	4

4-1c 续表 2

单位：人

年 龄	大学专科			大学本科			研究生		
	小计	男	女	小计	男	女	小计	男	女
总 计	**3516**	**1874**	**1642**	**2663**	**1587**	**1075**	**54**	**30**	**24**
6-9									
6									
7									
8									
9									
10-14									
10									
11									
12									
13									
14									
15-19	**336**	**170**	**166**	**388**	**242**	**145**			
15	8	1	7						
16	8	3	5	3	3	1			
17	26	17	9	14	7	7			
18	118	67	51	128	69	58			
19	176	82	94	243	163	79			
20-24	**1016**	**470**	**546**	**983**	**627**	**356**	**10**	**1**	**8**
20	201	91	109	241	181	61			
21	201	99	103	195	132	63			
22	186	85	101	174	91	83	3	1	2
23	202	86	116	180	113	67	5		5
24	224	108	116	192	110	82	2	1	2
25-29	**1025**	**473**	**552**	**625**	**288**	**337**	**29**	**13**	**16**
25	272	120	152	194	89	105	8	4	5
26	221	99	122	122	57	65	6	4	3
27	203	100	103	117	50	67	8	2	6
28	182	82	100	94	47	47	1		1
29	146	72	74	98	46	52	5	3	2
30-34	**506**	**274**	**233**	**347**	**185**	**162**	**11**	**11**	
30	130	74	56	100	57	43	6	6	
31	121	59	61	86	46	40	3	3	
32	100	44	56	70	42	28			
33	102	65	37	44	24	20	2	2	
34	53	31	22	47	16	30			
35-39	**191**	**125**	**66**	**147**	**101**	**45**	**4**	**4**	
35	32	17	15	24	14	11	3	3	
36	49	30	18	34	26	8			
37	42	27	15	28	24	4			
38	34	26	7	27	15	12	1	1	
39	35	25	10	33	23	11			
40-44	**147**	**118**	**29**	**60**	**45**	**15**	**1**	**1**	
40	53	42	11	13	6	7			
41	27	20	7	9	6	3	1	1	
42	23	19	4	16	14	1			
43	22	20	3	15	12	2			
44	22	18	5	7	7	1			

4-1c 续表 3

单位：人

年 龄	6岁及以上人口			未上过学			小 学		
	合计	男	女	小计	男	女	小计	男	女
45-49	**14364**	**7203**	**7161**	**999**	**166**	**832**	**6761**	**2565**	**4196**
45	2942	1464	1479	189	35	154	1281	466	815
46	2900	1439	1461	180	32	148	1389	519	870
47	3038	1499	1539	224	35	189	1423	540	882
48	2643	1333	1310	187	28	159	1299	515	784
49	2840	1468	1372	220	36	183	1370	524	845
50-54	**12405**	**6158**	**6247**	**1268**	**162**	**1106**	**6289**	**2450**	**3839**
50	2874	1401	1473	264	32	233	1449	543	907
51	2570	1250	1320	238	21	217	1270	468	802
52	3348	1712	1636	324	49	274	1684	678	1006
53	2374	1188	1186	273	35	237	1232	493	739
54	1239	606	632	170	25	145	653	268	386
55-59	**10583**	**5352**	**5231**	**1844**	**306**	**1538**	**6044**	**2803**	**3241**
55	1841	916	925	262	39	223	941	376	565
56	1862	925	937	306	48	258	1085	478	606
57	2276	1158	1118	402	66	336	1317	620	697
58	2623	1347	1276	452	72	380	1555	760	794
59	1981	1006	975	423	80	343	1146	568	578
60-64	**10256**	**5133**	**5122**	**2290**	**371**	**1919**	**6180**	**3254**	**2926**
60	2268	1136	1131	478	73	404	1369	687	682
61	2217	1102	1115	441	60	381	1369	705	664
62	1985	1026	959	469	88	381	1174	647	526
63	2075	1029	1046	471	65	405	1258	679	578
64	1710	839	870	432	84	348	1011	536	475
65-69	**6834**	**3574**	**3260**	**1749**	**369**	**1381**	**4049**	**2323**	**1726**
65	1663	889	774	365	76	290	1019	559	460
66	1503	793	710	389	82	307	884	526	359
67	1326	669	657	345	70	275	808	454	354
68	1195	641	554	309	70	239	692	410	281
69	1146	583	564	342	71	271	646	373	272
70-74	**4713**	**2468**	**2245**	**1654**	**425**	**1229**	**2375**	**1447**	**927**
70	989	510	479	298	82	216	558	316	241
71	965	530	435	317	80	237	477	304	174
72	933	480	453	338	82	256	454	271	182
73	894	467	427	362	90	272	422	280	142
74	932	481	452	339	91	248	463	276	188
75-79	**3828**	**1848**	**1980**	**1771**	**451**	**1320**	**1738**	**1112**	**626**
75	812	435	376	344	98	247	381	262	119
76	714	321	393	333	81	252	319	186	133
77	762	348	414	370	89	281	335	211	125
78	813	399	414	374	97	278	377	245	132
79	728	344	383	349	86	263	326	209	117
80-84	**2459**	**1071**	**1388**	**1400**	**364**	**1036**	**956**	**611**	**345**
80	641	310	332	352	103	249	259	177	82
81	561	245	315	320	83	237	220	142	78
82	495	214	281	274	72	201	198	121	77
83	433	178	255	252	67	185	165	96	69
84	329	124	205	203	39	164	114	75	39
85及以上	**1737**	**587**	**1150**	**1187**	**237**	**950**	**493**	**299**	**194**

4-1c 续表 4

单位：人

年 龄	初 中			普通高中			中 职		
	小计	男	女	小计	男	女	小计	男	女
45-49	**5739**	**3779**	**1960**	**604**	**494**	**110**	**72**	**51**	**21**
45	1286	817	469	111	89	21	22	14	8
46	1146	746	401	122	94	28	16	13	3
47	1214	782	432	131	108	23	12	10	3
48	1010	675	335	111	89	22	9	4	5
49	1083	759	323	129	114	16	13	10	3
50-54	**3764**	**2648**	**1116**	**945**	**789**	**155**	**60**	**40**	**21**
50	954	663	291	169	134	35	14	9	5
51	866	595	271	175	148	28	9	7	2
52	1034	737	297	267	220	47	18	9	9
53	621	451	170	224	191	33	8	5	3
54	289	202	87	109	97	12	11	9	2
55-59	**1966**	**1598**	**367**	**604**	**537**	**67**	**67**	**58**	**10**
55	435	333	102	178	147	31	11	6	4
56	345	286	60	113	102	11	8	6	2
57	412	339	73	109	101	7	18	17	1
58	467	380	87	122	111	11	14	14	1
59	306	260	46	82	75	7	16	15	2
60-64	**1459**	**1223**	**236**	**249**	**221**	**28**	**51**	**42**	**9**
60	327	288	39	77	71	6	10	10	
61	333	275	58	51	47	5	16	8	8
62	279	235	44	47	40	7	13	12	2
63	301	243	58	39	37	2	3	3	
64	220	182	38	35	26	8	9	9	
65-69	**872**	**735**	**137**	**97**	**86**	**11**	**53**	**47**	**5**
65	253	229	25	12	12		11	11	
66	198	159	39	20	15	5	8	7	1
67	139	110	29	21	21		12	12	
68	158	130	28	26	20	5	9	8	1
69	124	108	16	18	17	1	12	9	4
70-74	**500**	**428**	**71**	**104**	**98**	**5**	**54**	**47**	**7**
70	95	78	17	25	23	2	7	6	1
71	135	117	17	18	15	3	11	10	1
72	105	93	12	20	19	1	11	10	1
73	84	74	10	12	12		10	7	3
74	82	66	16	29	29		15	15	1
75-79	**215**	**184**	**32**	**59**	**58**	**1**	**29**	**28**	**1**
75	55	46	9	22	21	1	4	4	
76	51	44	8	5	5		3	3	
77	37	30	7	6	6		10	9	1
78	39	35	4	15	15		7	7	
79	33	29	3	11	11		5	5	
80-84	**80**	**75**	**5**	**16**	**15**	**1**	**3**	**3**	
80	23	23		6	6		1	1	
81	15	15		3	3		1	1	
82	20	17	3	4	4				
83	13	12	1				1	1	
84	9	8	1	2	1	1			
85及以上	**36**	**30**	**6**	**14**	**14**		**6**	**6**	

4-1c 续表 5 单位：人

年 龄	大学专科			大学本科			研究生		
	小计	男	女	小计	男	女	小计	男	女
45-49	**127**	**97**	**30**	**61**	**50**	**11**	**1**	**1**	
45	32	24	8	22	18	4			
46	34	26	8	12	8	4			
47	27	19	8	7	5	3	1	1	
48	19	14	5	9	9				
49	16	14	1	10	10				
50-54	**65**	**59**	**6**	**13**	**10**	**3**			
50	19	17	2	4	3	1			
51	9	9		2	2				
52	19	17	2	2	1	1			
53	11	10	1	5	4	1			
54	6	5	1						
55-59	**43**	**35**	**8**	**15**	**15**				
55	6	6		7	7				
56	3	3		2	2				
57	15	12	4	3	3				
58	13	9	4	1	1				
59	6	6		2	2				
60-64	**21**	**18**	**3**	**6**	**6**				
60	6	6		2	2				
61	5	5		2	2				
62	4	4							
63	2		2	2	2				
64	4	2	1						
65-69	**13**	**13**		**1**	**1**				
65	3	3							
66	3	3		1	1				
67	1	1							
68	2	2							
69	4	4							
70-74	**16**	**13**	**3**	**10**	**8**	**2**			
70	5	3	2	2	2				
71	3	1	1	4	2	2			
72	3	3		2	2				
73	3	3							
74	3	3		2	2				
75-79	**8**	**8**		**7**	**7**				
75	3	3		1	1				
76	3	3							
77	1	1		3	3				
78	1	1							
79	1	1		4	4				
80-84	**2**	**2**		**1**	**1**				
80									
81									
82									
83	2	2							
84				1	1				
85及以上									

4-2 全省分年龄、性别的15岁及以上文盲人口

单位：人、%

年龄	15岁及以上人口			文盲人口			文盲人口占15岁及以上人口比重		
	合计	男	女	合计	男	女	合计	男	女
总计	**362751**	**184232**	**178519**	**24131**	**4600**	**19531**	**6.65**	**2.50**	**10.94**
15-19	**22118**	**12366**	**9752**	**32**	**15**	**17**	**0.15**	**0.12**	**0.17**
15	4092	2219	1873	9	3	5	0.21	0.15	0.29
16	4831	2641	2190	4	3	2	0.09	0.10	0.08
17	5058	2827	2231	5		4	0.09	0.01	0.19
18	4188	2517	1670	4	1	3	0.11	0.06	0.18
19	3950	2162	1788	10	8	3	0.26	0.36	0.14
20-24	**30948**	**16847**	**14101**	**84**	**53**	**31**	**0.27**	**0.32**	**0.22**
20	5941	3355	2587	15	6	8	0.25	0.19	0.33
21	5423	3021	2403	14	8	6	0.26	0.27	0.24
22	5653	3091	2563	21	15	6	0.37	0.47	0.25
23	6356	3390	2966	14	9	5	0.22	0.26	0.17
24	7574	3991	3583	20	15	5	0.27	0.38	0.15
25-29	**45702**	**22645**	**23057**	**165**	**73**	**92**	**0.36**	**0.32**	**0.40**
25	10328	5271	5058	21	11	11	0.21	0.20	0.21
26	9655	4773	4882	32	18	14	0.33	0.37	0.29
27	8859	4369	4490	37	12	25	0.42	0.28	0.55
28	8765	4182	4583	45	26	19	0.51	0.62	0.42
29	8095	4051	4044	30	7	23	0.37	0.17	0.57
30-34	**37153**	**18477**	**18675**	**221**	**73**	**148**	**0.59**	**0.39**	**0.79**
30	7771	3910	3861	41	14	27	0.52	0.36	0.69
31	7703	3780	3923	40	13	27	0.52	0.35	0.68
32	7252	3639	3613	38	16	22	0.52	0.43	0.61
33	8042	3938	4104	41	11	29	0.51	0.29	0.72
34	6386	3211	3175	62	19	43	0.97	0.58	1.36
35-39	**34373**	**17334**	**17039**	**467**	**102**	**365**	**1.36**	**0.59**	**2.14**
35	5461	2750	2711	48	16	32	0.88	0.58	1.19
36	6697	3388	3309	83	20	63	1.24	0.60	1.90
37	7148	3499	3650	99	19	80	1.38	0.54	2.18
38	7140	3638	3502	98	15	83	1.37	0.41	2.37
39	7927	4060	3867	139	32	107	1.76	0.79	2.77
40-44	**40206**	**20506**	**19700**	**991**	**186**	**805**	**2.47**	**0.91**	**4.09**
40	7501	3866	3635	140	24	116	1.87	0.62	3.20
41	7802	3983	3819	171	30	141	2.19	0.75	3.70
42	8332	4291	4041	196	45	151	2.36	1.06	3.74
43	7983	4058	3925	227	45	182	2.85	1.12	4.64
44	8588	4308	4280	256	42	214	2.98	0.97	5.01

4-2 续表 单位：人、%

年龄	15岁及以上人口			文盲人口			文盲人口占15岁及以上人口比重		
	合计	男	女	合计	男	女	合计	男	女
45-49	**37660**	**19093**	**18567**	**1753**	**272**	**1481**	**4.65**	**1.42**	**7.97**
45	8149	4117	4032	312	43	268	3.82	1.05	6.66
46	7743	3889	3853	307	51	257	3.97	1.30	6.67
47	8050	4127	3923	412	67	344	5.11	1.63	8.78
48	6530	3251	3279	325	52	272	4.97	1.61	8.31
49	7189	3709	3480	397	58	339	5.52	1.57	9.73
50-54	**30451**	**15473**	**14978**	**2140**	**298**	**1842**	**7.03**	**1.92**	**12.30**
50	7099	3617	3483	421	70	352	5.93	1.92	10.10
51	6444	3243	3202	412	49	363	6.39	1.51	11.34
52	8176	4192	3983	556	86	470	6.81	2.05	11.81
53	5678	2915	2763	480	61	418	8.45	2.10	15.14
54	3054	1506	1548	271	32	239	8.86	2.10	15.44
55-59	**23177**	**11775**	**11402**	**2924**	**494**	**2430**	**12.62**	**4.19**	**21.31**
55	4249	2144	2105	400	56	344	9.43	2.61	16.37
56	4072	2076	1995	489	86	403	12.01	4.13	20.20
57	4954	2536	2418	640	106	534	12.92	4.20	22.08
58	5535	2840	2695	734	120	613	13.26	4.24	22.76
59	4367	2179	2188	661	125	535	15.13	5.75	24.47
60-64	**21331**	**10597**	**10734**	**3433**	**546**	**2887**	**16.09**	**5.15**	**26.89**
60	4791	2384	2407	708	96	612	14.78	4.01	25.44
61	4697	2330	2367	687	101	587	14.63	4.32	24.78
62	4178	2094	2084	702	125	577	16.80	5.95	27.69
63	4220	2074	2145	690	100	590	16.34	4.81	27.49
64	3445	1715	1730	646	126	521	18.76	7.33	30.10
65-69	**14305**	**7357**	**6947**	**2622**	**494**	**2128**	**18.33**	**6.72**	**30.63**
65	3412	1760	1653	561	100	462	16.45	5.67	27.94
66	3243	1668	1574	574	117	457	17.69	7.00	29.02
67	2725	1368	1357	503	91	412	18.46	6.69	30.33
68	2566	1334	1231	483	89	394	18.83	6.67	32.00
69	2359	1226	1132	500	97	403	21.22	7.91	35.63
70-74	**9326**	**4780**	**4546**	**2385**	**515**	**1869**	**25.57**	**10.78**	**41.12**
70	2012	1014	997	432	105	327	21.49	10.34	32.83
71	1990	1055	935	458	109	349	23.02	10.32	37.34
72	1844	942	903	491	103	388	26.61	10.89	43.01
73	1746	896	850	503	105	399	28.82	11.67	46.88
74	1734	873	860	500	95	406	28.86	10.83	47.16
75-79	**7596**	**3616**	**3979**	**2724**	**602**	**2122**	**35.86**	**16.65**	**53.32**
75	1539	788	751	504	122	381	32.73	15.53	50.77
76	1473	690	784	499	100	399	33.89	14.48	50.98
77	1539	728	811	562	124	438	36.52	17.05	54.01
78	1577	749	828	574	127	447	36.39	16.98	53.96
79	1468	662	806	585	129	456	39.85	19.44	56.60
80-84	**4886**	**2151**	**2734**	**2178**	**523**	**1655**	**44.58**	**24.31**	**60.52**
80	1215	584	631	493	133	360	40.55	22.76	57.02
81	1069	478	591	478	116	362	44.67	24.27	61.15
82	1046	457	590	460	112	348	44.00	24.55	59.05
83	847	360	486	387	92	295	45.70	25.64	60.56
84	708	272	436	360	70	291	50.86	25.58	66.67
85及以上	**3520**	**1213**	**2307**	**2012**	**353**	**1659**	**57.17**	**29.09**	**71.93**

4-2a 全省分年龄、性别的15岁及以上文盲人口(城市)

单位：人、%

年 龄	15岁及以上人口			文盲人口			文盲人口占15岁及以上人口比重		
	合计	男	女	合计	男	女	合计	男	女
总 计	**135371**	**69645**	**65726**	**4288**	**774**	**3515**	**3.17**	**1.11**	**5.35**
15-19	**7651**	**4187**	**3465**	**3**	**2**	**1**	**0.04**	**0.06**	**0.02**
15	949	494	455	1	1	1	0.12	0.11	0.13
16	1532	815	717	2	2		0.12	0.22	
17	1774	996	777						
18	1553	918	635						
19	1844	963	881						
20-24	**15329**	**8465**	**6865**	**12**	**6**	**6**	**0.08**	**0.07**	**0.09**
20	3288	1837	1450	3	1	2	0.10	0.06	0.16
21	2784	1584	1200						
22	2791	1582	1208	3	2	1	0.11	0.15	0.06
23	3085	1675	1410	3	2	1	0.10	0.13	0.07
24	3381	1786	1595	2		2	0.06		0.13
25-29	**21059**	**10825**	**10234**	**33**	**14**	**19**	**0.16**	**0.13**	**0.19**
25	4751	2568	2183	3	1	3	0.07	0.03	0.12
26	4609	2379	2229	7	4	3	0.15	0.19	0.12
27	4037	2068	1968	7	1	6	0.17	0.05	0.29
28	4028	1930	2097	9	7	2	0.22	0.35	0.10
29	3634	1878	1756	7	1	6	0.19	0.05	0.35
30-34	**16053**	**8022**	**8032**	**43**	**14**	**29**	**0.27**	**0.18**	**0.36**
30	3267	1680	1587	3		3	0.08		0.17
31	3276	1611	1665	5	2	3	0.17	0.15	0.18
32	3180	1594	1586	6	1	5	0.18	0.04	0.32
33	3614	1767	1848	15	7	8	0.40	0.37	0.43
34	2716	1370	1347	15	4	10	0.54	0.32	0.76
35-39	**14465**	**7388**	**7077**	**95**	**23**	**72**	**0.66**	**0.31**	**1.02**
35	2384	1203	1181	8	3	5	0.33	0.23	0.43
36	2909	1486	1423	18	6	13	0.64	0.40	0.88
37	3054	1532	1522	16	4	11	0.52	0.29	0.75
38	2939	1503	1436	24	3	21	0.81	0.19	1.45
39	3179	1664	1515	29	7	22	0.91	0.41	1.47
40-44	**15143**	**7859**	**7285**	**210**	**42**	**168**	**1.39**	**0.54**	**2.31**
40	2929	1534	1395	28	4	24	0.95	0.28	1.69
41	3040	1535	1505	43	8	36	1.42	0.49	2.37
42	3186	1688	1497	47	13	34	1.47	0.75	2.28
43	2926	1507	1419	42	8	34	1.43	0.54	2.37
44	3063	1596	1467	51	9	41	1.66	0.59	2.82

4-2a 续表 单位：人、%

年 龄	15岁及以上人口			文盲人口			文盲人口占15岁及以上人口比重		
	合计	男	女	合计	男	女	合计	男	女
45-49	**12682**	**6471**	**6211**	**378**	**52**	**326**	**2.98**	**0.81**	**5.25**
45	2919	1516	1403	57	4	53	1.96	0.27	3.79
46	2628	1290	1339	62	8	54	2.37	0.62	4.05
47	2723	1466	1258	89	12	77	3.27	0.83	6.11
48	2087	1010	1077	82	13	69	3.94	1.28	6.43
49	2325	1190	1135	87	15	72	3.75	1.26	6.37
50-54	**9834**	**5126**	**4708**	**487**	**82**	**404**	**4.95**	**1.61**	**8.59**
50	2248	1177	1071	96	18	78	4.25	1.53	7.25
51	2142	1111	1031	111	17	94	5.19	1.56	9.10
52	2620	1375	1245	118	22	96	4.52	1.61	7.73
53	1807	950	857	117	19	99	6.49	1.95	11.53
54	1018	514	504	44	6	38	4.35	1.24	7.51
55-59	**6753**	**3354**	**3399**	**564**	**100**	**464**	**8.35**	**2.99**	**13.65**
55	1331	660	671	68	5	63	5.10	0.69	9.45
56	1184	599	585	100	20	80	8.48	3.39	13.70
57	1407	703	704	134	29	105	9.52	4.10	14.94
58	1563	789	774	138	25	114	8.84	3.13	14.66
59	1268	602	666	124	22	102	9.75	3.62	15.29
60-64	**5989**	**2930**	**3059**	**636**	**108**	**528**	**10.62**	**3.70**	**17.26**
60	1350	660	690	131	14	117	9.69	2.09	16.96
61	1373	686	687	146	31	116	10.66	4.45	16.85
62	1182	562	620	132	23	109	11.18	4.14	17.56
63	1168	562	606	117	23	94	10.01	4.12	15.49
64	915	459	456	110	18	92	12.02	3.82	20.27
65-69	**4092**	**2042**	**2050**	**454**	**82**	**372**	**11.11**	**4.04**	**18.15**
65	955	468	487	114	20	94	11.98	4.30	19.36
66	983	476	507	98	15	82	9.94	3.25	16.22
67	761	376	385	81	13	68	10.69	3.58	17.63
68	729	374	355	70	13	57	9.58	3.37	16.13
69	664	348	317	91	21	71	13.73	5.95	22.27
70-74	**2400**	**1202**	**1198**	**323**	**56**	**267**	**13.47**	**4.68**	**22.28**
70	536	253	282	62	10	52	11.54	3.99	18.32
71	568	285	283	76	14	61	13.38	5.07	21.74
72	486	251	234	67	17	50	13.77	6.60	21.46
73	426	213	213	60	7	52	14.01	3.43	24.60
74	386	200	186	59	8	51	15.29	3.92	27.49
75-79	**1906**	**910**	**997**	**408**	**71**	**337**	**21.40**	**7.82**	**33.79**
75	379	181	199	73	14	60	19.36	7.69	29.97
76	383	197	187	71	12	59	18.53	6.20	31.53
77	390	195	195	80	13	67	20.45	6.63	34.30
78	392	182	210	86	18	68	21.94	9.77	32.47
79	362	155	207	98	14	83	27.03	9.24	40.38
80-84	**1230**	**565**	**665**	**351**	**76**	**275**	**28.55**	**13.46**	**41.37**
80	305	144	161	69	16	53	22.45	10.96	32.70
81	273	124	149	77	13	64	28.24	10.64	42.90
82	275	129	146	85	21	63	30.86	16.50	43.58
83	198	92	106	58	11	47	29.34	11.55	44.84
84	179	76	103	63	15	48	35.02	19.97	46.05
85及以上	**784**	**301**	**483**	**290**	**44**	**246**	**37.00**	**14.55**	**50.99**

4-2b 全省分年龄、性别的15岁及以上文盲人口(镇)

单位：人、%

年 龄	15岁及以上人口			文盲人口			文盲人口占15岁及以上人口比重		
	合计	男	女	合计	男	女	合计	男	女
总 计	**92328**	**46698**	**45630**	**6047**	**1071**	**4976**	**6.55**	**2.29**	**10.91**
15-19	**5085**	**3050**	**2035**	**5**	**3**	**2**	**0.10**	**0.11**	**0.08**
15	856	520	337	1	1		0.17	0.22	0.10
16	1157	683	475	1	1		0.07	0.13	
17	1339	779	561	1		1	0.10		0.18
18	1048	686	363				0.04	0.06	
19	683	384	299	1	1		0.16	0.20	
20-24	**6517**	**3441**	**3076**	**13**	**9**	**3**	**0.19**	**0.27**	**0.10**
20	1137	630	507	2	2		0.16	0.29	
21	1119	583	536	1		1	0.05		0.10
22	1176	618	558	3	1	3	0.27	0.09	0.48
23	1342	700	642	4	4		0.31	0.60	
24	1744	910	833	3	3		0.16	0.30	
25-29	**11588**	**5669**	**5919**	**39**	**22**	**17**	**0.34**	**0.38**	**0.30**
25	2643	1278	1366	10	6	4	0.36	0.47	0.26
26	2341	1170	1171	7	3	4	0.32	0.25	0.38
27	2236	1111	1125	7	3	3	0.29	0.30	0.29
28	2241	1077	1164	9	8	1	0.40	0.77	0.06
29	2127	1033	1093	7	1	6	0.32	0.12	0.50
30-34	**9281**	**4538**	**4743**	**39**	**12**	**27**	**0.42**	**0.27**	**0.57**
30	1990	972	1017	6	2	4	0.32	0.26	0.38
31	1962	976	986	9	3	5	0.44	0.33	0.56
32	1770	884	886	4	2	2	0.22	0.26	0.17
33	1908	887	1021	7		7	0.37		0.70
34	1650	819	832	13	4	9	0.79	0.49	1.08
35-39	**9151**	**4519**	**4632**	**121**	**16**	**106**	**1.33**	**0.34**	**2.28**
35	1455	714	741	18	2	16	1.20	0.23	2.14
36	1726	872	854	16	1	15	0.94	0.16	1.73
37	1849	879	970	26	3	23	1.43	0.34	2.42
38	1890	922	968	23	4	19	1.21	0.39	1.99
39	2231	1132	1099	38	6	32	1.72	0.52	2.95
40-44	**11303**	**5719**	**5583**	**248**	**41**	**207**	**2.20**	**0.71**	**3.72**
40	2060	1042	1018	22	3	19	1.09	0.30	1.90
41	2210	1156	1054	47	10	37	2.14	0.90	3.50
42	2386	1180	1207	45	4	40	1.88	0.38	3.35
43	2253	1131	1122	64	12	52	2.86	1.06	4.68
44	2394	1211	1183	69	11	58	2.89	0.89	4.94

4-2b　续表　　　　　　　　　　　　　　　　　　　　　　单位：人、%

年龄	15岁及以上人口			文盲人口			文盲人口占15岁及以上人口比重		
	合计	男	女	合计	男	女	合计	男	女
45-49	**10615**	**5419**	**5196**	**475**	**65**	**411**	**4.48**	**1.20**	**7.90**
45	2287	1138	1150	87	8	79	3.82	0.72	6.89
46	2214	1161	1053	87	15	72	3.92	1.26	6.85
47	2288	1162	1127	121	22	99	5.27	1.89	8.77
48	1800	908	892	86	14	73	4.80	1.51	8.16
49	2025	1051	974	94	6	88	4.64	0.61	8.99
50-54	**8213**	**4189**	**4024**	**520**	**68**	**451**	**6.33**	**1.63**	**11.22**
50	1977	1039	939	95	20	75	4.80	1.97	7.94
51	1732	882	851	92	13	79	5.28	1.46	9.24
52	2208	1106	1102	146	21	125	6.60	1.86	11.36
53	1497	777	720	118	12	106	7.87	1.49	14.74
54	798	386	411	70	3	67	8.73	0.76	16.22
55-59	**5840**	**3069**	**2771**	**724**	**128**	**595**	**12.39**	**4.18**	**21.48**
55	1077	568	508	115	24	91	10.70	4.26	17.90
56	1026	552	474	118	21	97	11.53	3.89	20.44
57	1271	674	597	153	22	131	12.07	3.26	22.01
58	1349	704	644	170	24	146	12.58	3.35	22.68
59	1117	570	547	167	37	130	14.93	6.49	23.73
60-64	**5087**	**2534**	**2552**	**772**	**130**	**642**	**15.18**	**5.13**	**25.17**
60	1173	587	586	161	25	136	13.73	4.34	23.14
61	1106	542	565	150	19	132	13.59	3.47	23.30
62	1011	506	505	158	27	131	15.66	5.43	25.91
63	976	483	494	159	26	133	16.31	5.49	26.90
64	820	417	404	143	32	112	17.48	7.62	27.66
65-69	**3379**	**1741**	**1638**	**627**	**107**	**520**	**18.54**	**6.13**	**31.74**
65	794	403	392	128	17	111	16.15	4.27	28.37
66	757	400	358	136	33	104	17.99	8.14	29.00
67	638	323	314	126	20	106	19.75	6.05	33.85
68	642	319	323	138	22	116	21.44	6.76	35.96
69	548	296	252	99	16	83	17.99	5.38	32.81
70-74	**2213**	**1110**	**1103**	**578**	**106**	**472**	**26.12**	**9.54**	**42.82**
70	487	251	237	102	23	79	20.88	9.05	33.43
71	458	240	218	107	24	83	23.40	10.06	38.09
72	426	211	215	124	24	100	29.13	11.22	46.65
73	426	215	211	117	23	94	27.49	10.86	44.49
74	415	193	222	128	12	116	30.79	6.22	52.15
75-79	**1861**	**859**	**1002**	**698**	**135**	**563**	**37.51**	**15.68**	**56.22**
75	348	172	176	103	21	82	29.76	12.38	46.69
76	376	172	204	132	21	110	35.00	12.45	53.95
77	388	186	202	148	33	115	38.17	17.86	56.82
78	371	168	203	144	23	121	38.88	13.92	59.49
79	378	162	216	171	36	135	45.09	21.92	62.48
80-84	**1197**	**516**	**681**	**566**	**129**	**437**	**47.25**	**24.92**	**64.17**
80	268	130	138	109	26	83	40.73	19.95	60.40
81	236	108	127	108	29	79	46.01	27.10	62.16
82	277	114	163	131	28	103	47.35	24.67	63.18
83	216	90	126	106	26	80	49.04	28.43	63.81
84	200	73	127	111	19	91	55.38	26.58	71.89
85及以上	**998**	**324**	**674**	**623**	**101**	**522**	**62.37**	**31.15**	**77.40**

4-2c 全省分年龄、性别的15岁及以上文盲人口(乡村)

单位：人、%

年 龄	15岁及以上人口			文盲人口			文盲人口占15岁及以上人口比重		
	合计	男	女	合计	男	女	合计	男	女
总 计	**135053**	**67889**	**67163**	**13796**	**2755**	**11040**	**10.21**	**4.06**	**16.44**
15-19	**9382**	**5129**	**4253**	**24**	**10**	**15**	**0.26**	**0.19**	**0.35**
15	2286	1205	1080	6	2	5	0.27	0.13	0.42
16	2141	1143	998	2		2	0.08		0.17
17	1945	1052	893	3		3	0.17		0.37
18	1587	914	673	4	1	3	0.26	0.12	0.45
19	1423	815	608	9	7	2	0.64	0.85	0.37
20-24	**9101**	**4941**	**4160**	**60**	**38**	**22**	**0.66**	**0.77**	**0.53**
20	1516	887	629	10	4	6	0.64	0.40	0.98
21	1520	854	666	13	8	5	0.88	0.96	0.78
22	1687	890	797	15	12	3	0.88	1.31	0.40
23	1929	1015	914	7	2	4	0.34	0.23	0.46
24	2449	1295	1154	16	12	3	0.63	0.96	0.27
25-29	**13056**	**6152**	**6904**	**93**	**38**	**55**	**0.71**	**0.61**	**0.80**
25	2934	1425	1509	9	4	5	0.29	0.28	0.30
26	2706	1224	1482	18	10	7	0.65	0.85	0.48
27	2587	1190	1397	24	8	16	0.91	0.65	1.13
28	2496	1174	1322	27	11	16	1.09	0.92	1.23
29	2334	1140	1194	16	5	12	0.70	0.41	0.96
30-34	**11818**	**5917**	**5901**	**138**	**47**	**92**	**1.17**	**0.79**	**1.55**
30	2514	1258	1256	32	12	20	1.25	0.91	1.59
31	2464	1192	1272	26	8	18	1.05	0.64	1.43
32	2302	1160	1141	28	13	15	1.22	1.09	1.35
33	2519	1284	1235	19	5	14	0.76	0.37	1.16
34	2019	1022	997	34	10	24	1.68	0.99	2.38
35-39	**10758**	**5428**	**5330**	**251**	**64**	**187**	**2.33**	**1.18**	**3.51**
35	1622	833	789	23	11	11	1.41	1.38	1.44
36	2062	1030	1032	49	13	36	2.36	1.27	3.44
37	2245	1088	1157	56	12	45	2.51	1.07	3.87
38	2311	1212	1098	51	8	43	2.22	0.70	3.89
39	2518	1265	1253	72	19	53	2.86	1.53	4.19
40-44	**13760**	**6928**	**6832**	**533**	**103**	**430**	**3.87**	**1.49**	**6.29**
40	2512	1291	1221	90	16	74	3.58	1.27	6.02
41	2553	1293	1260	81	12	69	3.16	0.91	5.47
42	2760	1423	1337	105	28	76	3.79	1.99	5.72
43	2804	1420	1384	121	25	96	4.33	1.79	6.93
44	3132	1502	1630	136	22	115	4.35	1.43	7.04

4-2c 续表 单位：人、%

年 龄	15岁及以上人口			文盲人口			文盲人口占15岁及以上人口比重		
	合计	男	女	合计	男	女	合计	男	女
45-49	**14364**	**7203**	**7161**	**899**	**155**	**744**	**6.26**	**2.15**	**10.39**
45	2942	1464	1479	167	31	136	5.68	2.12	9.20
46	2900	1439	1461	158	28	130	5.46	1.94	8.93
47	3038	1499	1539	202	33	169	6.64	2.21	10.96
48	2643	1333	1310	156	26	130	5.91	1.94	9.95
49	2840	1468	1372	216	37	179	7.60	2.51	13.04
50-54	**12405**	**6158**	**6247**	**1133**	**147**	**987**	**9.14**	**2.38**	**15.79**
50	2874	1401	1473	231	31	200	8.02	2.22	13.54
51	2570	1250	1320	209	19	191	8.14	1.50	14.44
52	3348	1712	1636	292	43	249	8.73	2.53	15.21
53	2374	1188	1186	245	31	213	10.31	2.63	17.99
54	1239	606	632	157	22	134	12.65	3.68	21.25
55-59	**10583**	**5352**	**5231**	**1636**	**265**	**1371**	**15.46**	**4.96**	**26.21**
55	1841	916	925	217	27	190	11.80	2.98	20.54
56	1862	925	937	270	44	226	14.50	4.75	24.14
57	2276	1158	1118	353	56	297	15.51	4.80	26.60
58	2623	1347	1276	426	72	354	16.23	5.35	27.72
59	1981	1006	975	370	66	304	18.68	6.61	31.14
60-64	**10256**	**5133**	**5122**	**2024**	**308**	**1717**	**19.74**	**6.00**	**33.51**
60	2268	1136	1131	416	56	360	18.35	4.95	31.80
61	2217	1102	1115	391	51	339	17.61	4.65	30.42
62	1985	1026	959	411	74	338	20.72	7.19	35.19
63	2075	1029	1046	413	50	363	19.92	4.87	34.72
64	1710	839	870	393	76	317	22.99	9.10	36.38
65-69	**6834**	**3574**	**3260**	**1541**	**305**	**1236**	**22.54**	**8.53**	**37.91**
65	1663	889	774	319	62	256	19.17	7.02	33.12
66	1503	793	710	340	69	271	22.61	8.68	38.16
67	1326	669	657	296	58	237	22.30	8.75	36.09
68	1195	641	554	276	55	221	23.06	8.55	39.84
69	1146	583	564	311	60	250	27.10	10.37	44.39
70-74	**4713**	**2468**	**2245**	**1483**	**353**	**1130**	**31.48**	**14.31**	**50.34**
70	989	510	479	269	72	197	27.17	14.12	41.08
71	965	530	435	275	70	205	28.51	13.26	47.11
72	933	480	453	300	62	238	32.14	12.99	52.43
73	894	467	427	326	74	253	36.51	15.81	59.16
74	932	481	452	313	75	239	33.61	15.55	52.82
75-79	**3828**	**1848**	**1980**	**1618**	**396**	**1221**	**42.26**	**21.45**	**61.68**
75	812	435	376	327	87	239	40.25	20.02	63.67
76	714	321	393	297	66	230	41.55	20.64	58.67
77	762	348	414	334	78	256	43.91	22.46	61.91
78	813	399	414	343	86	257	42.23	21.55	62.16
79	728	344	383	317	79	238	43.50	22.87	62.03
80-84	**2459**	**1071**	**1388**	**1261**	**319**	**943**	**51.29**	**29.75**	**67.90**
80	641	310	332	315	91	224	49.10	29.43	67.47
81	561	245	315	292	73	219	52.11	29.91	69.38
82	495	214	281	245	63	182	49.40	29.33	64.67
83	433	178	255	223	56	167	51.50	31.52	65.46
84	329	124	205	187	35	151	56.75	28.42	73.82
85及以上	**1737**	**587**	**1150**	**1099**	**208**	**891**	**63.28**	**35.41**	**77.52**

4-3 全省分学业完成情况、性别、受教育程度的6岁及以上人口

单位：人

学业完成情况	合计			小学		
	合计	男	女	小计	男	女
总计	**371855**	**198348**	**173507**	**117915**	**54763**	**63152**
在校	63158	34478	28681	28661	15461	13201
毕业	276854	148437	128417	68322	30724	37598
肄业	10446	4964	5482	6870	2703	4166
辍学	17180	8332	8848	12028	4978	7051
其他	4216	2137	2079	2033	898	1135

4-3 续表 1

单位：人

学业完成情况	初中			普通高中			中职		
	小计	男	女	小计	男	女	小计	男	女
总计	**139055**	**78908**	**60147**	**43871**	**26761**	**17109**	**19032**	**9703**	**9329**
在校	11334	6131	5202	10893	6233	4660	2799	1265	1535
毕业	119157	67463	51694	31403	19458	11945	15895	8211	7684
肄业	2817	1740	1077	555	385	170	106	76	30
辍学	4354	2794	1561	635	455	180	104	74	29
其他	1394	781	613	385	231	154	128	77	50

4-3 续表 2

单位：人

学业完成情况	大学专科			大学本科			研究生		
	小计	男	女	小计	男	女	小计	男	女
总计	**24221**	**12230**	**11991**	**26078**	**15032**	**11046**	**1683**	**949**	**734**
在校	2565	914	1650	6719	4364	2355	187	109	78
毕业	21371	11164	10207	19225	10589	8636	1482	829	653
肄业	69	42	26	27	14	12	3	3	
辍学	39	17	22	20	15	5			
其他	178	93	85	87	49	38	12	8	4

4-3a 全省分学业完成情况、性别、受教育程度的6岁及以上人口(城市)

单位：人

学业完成情况	合计			小学		
	合计	男	女	小计	男	女
总计	**141881**	**74938**	**66943**	**29096**	**13446**	**15651**
在校	22649	12505	10144	8768	4796	3971
毕业	112723	59226	53496	16862	7244	9618
肄业	2172	1041	1131	1243	490	753
辍学	2908	1431	1477	1756	713	1042
其他	1429	734	695	468	202	267

4-3a 续表 1

单位：人

学业完成情况	初中			普通高中			中职		
	小计	男	女	小计	男	女	小计	男	女
总计	**46556**	**25693**	**20863**	**20065**	**11426**	**8639**	**9957**	**4919**	**5038**
在校	3298	1799	1499	3405	1896	1509	871	369	502
毕业	41258	22730	18527	16036	9135	6901	8943	4454	4488
肄业	674	387	287	168	111	57	36	27	10
辍学	878	536	342	214	144	70	39	30	10
其他	448	241	207	243	141	102	68	40	29

4-3a 续表 2

单位：人

学业完成情况	大学专科			大学本科			研究生		
	小计	男	女	小计	男	女	小计	男	女
总计	**15549**	**7569**	**7980**	**19120**	**11018**	**8103**	**1536**	**867**	**669**
在校	1423	340	1082	4740	3214	1527	145	90	54
毕业	13953	7136	6816	14292	7757	6535	1380	769	611
肄业	35	21	15	15	6	9			
辍学	15	5	10	6	4	2			
其他	124	67	57	67	37	30	12	8	4

4-3b 全省分学业完成情况、性别、受教育程度的6岁及以上人口(镇)

单位：人

学业完成情况	合计			小学		
	合计	男	女	小计	男	女
总计	**95604**	**50869**	**44735**	**31808**	**14486**	**17322**
在校	15847	8757	7090	7743	4207	3536
毕业	71358	38090	33268	18691	8128	10563
肄业	2480	1190	1290	1553	604	949
辍学	4763	2227	2536	3311	1309	2003
其他	1156	604	551	510	239	271

4-3b 续表 1

单位：人

学业完成情况	初中			普通高中			中职		
	小计	男	女	小计	男	女	小计	男	女
总计	**38259**	**21367**	**16892**	**10437**	**6878**	**3559**	**5488**	**2830**	**2659**
在校	3075	1659	1416	2216	1562	654	1439	669	770
毕业	32744	18244	14501	7813	5028	2785	3962	2105	1857
肄业	730	443	286	153	107	46	27	19	7
辍学	1238	765	473	174	123	51	23	17	6
其他	472	256	216	80	58	23	38	20	18

4-3b 续表 2

单位：人

学业完成情况	大学专科			大学本科			研究生		
	小计	男	女	小计	男	女	小计	男	女
总计	**5196**	**2816**	**2380**	**4319**	**2439**	**1880**	**97**	**54**	**43**
在校	435	218	217	919	432	488	20	10	10
毕业	4699	2558	2141	3373	1986	1387	76	42	33
肄业	13	12	2	3	3		2	2	
辍学	8	6	2	9	7	2			
其他	41	21	20	15	11	4			

4-3c 全省分学业完成情况、性别、受教育程度的6岁及以上人口(乡村)

单位：人

学业完成情况	合计			小学		
	合计	男	女	小计	男	女
总计	**134370**	**72541**	**61829**	**57010**	**26831**	**30179**
在校	24663	13216	11447	12151	6457	5694
毕业	92774	51120	41653	32769	15352	17417
肄业	5794	2733	3061	4074	1609	2465
辍学	9508	4674	4835	6961	2956	4005
其他	1631	799	833	1055	457	598

4-3c 续表 1

单位：人

学业完成情况	初中			普通高中			中职		
	小计	男	女	小计	男	女	小计	男	女
总计	**54241**	**31849**	**22392**	**13369**	**8458**	**4911**	**3586**	**1954**	**1632**
在校	4961	2673	2287	5272	2775	2497	490	227	263
毕业	45155	26489	18666	7554	5295	2259	2990	1651	1339
肄业	1413	910	503	234	167	67	44	30	13
辍学	2239	1493	746	247	188	59	41	27	14
其他	474	284	190	62	32	30	22	18	4

4-3c 续表 2

单位：人

学业完成情况	大学专科			大学本科			研究生		
	小计	男	女	小计	男	女	小计	男	女
总计	**3476**	**1846**	**1630**	**2638**	**1575**	**1063**	**50**	**28**	**22**
在校	707	355	352	1060	719	340	22	9	14
毕业	2719	1469	1250	1560	846	714	26	18	9
肄业	20	10	10	8	5	3	1	1	
辍学	16	6	10	4	3	1			
其他	13	6	8	6	2	4			

5 就业

5-1 各地区分性别、行业门类的就业人口

单位：人

地　　区	就业人口			一、农、林、牧、渔业			二、采矿业		
	合计	男	女	小计	男	女	小计	男	女
全　省	**222282**	**133357**	**88925**	**42468**	**24580**	**17888**	**1168**	**1001**	**167**
福州市	38493	24235	14258	3846	2629	1217	106	103	4
福州市(不含平潭)	36631	23025	13606	3219	2249	970	103	99	4
平潭	1862	1210	652	628	380	247	3	3	
厦门市	25525	14662	10864	953	561	392	5	4	1
莆田市	15445	8779	6666	2409	1070	1338	158	91	67
三明市	13695	8164	5531	4777	2777	2001	168	148	20
泉州市	56041	33111	22930	5901	3032	2869	130	118	12
漳州市	29288	17275	12013	9597	5530	4068	74	62	12
南平市	13960	8786	5174	5151	3375	1776	28	25	4
龙岩市	14838	8565	6273	4384	2104	2281	347	315	32
宁德市	14996	9781	5216	5448	3503	1946	152	136	16

5-1　续表 1

单位：人

地　　区	三、制造业			四、电力、热力、燃气及水生产和供应业			五、建筑业		
	小计	男	女	小计	男	女	小计	男	女
全　省	**56389**	**32206**	**24183**	**1547**	**1159**	**388**	**21351**	**18145**	**3206**
福州市	6542	3934	2608	323	246	77	4881	4316	565
福州市(不含平潭)	6469	3880	2589	321	244	76	4529	3984	544
平潭	73	53	19	2	2	1	352	331	21
厦门市	7148	4130	3018	126	85	41	1864	1565	299
莆田市	5069	2537	2532	58	46	13	1844	1527	317
三明市	1561	903	657	151	114	36	1043	907	136
泉州市	24033	13688	10345	247	194	53	4887	4070	816
漳州市	5780	3093	2687	191	151	40	2825	2294	531
南平市	1809	1092	717	208	152	56	937	857	80
龙岩市	1977	1150	827	110	74	37	1813	1418	396
宁德市	2471	1681	790	132	97	35	1256	1191	65

5-1 续表 2

单位：人

地　区	六、批发和零售业			七、交通运输、仓储和邮政业			八、住宿和餐饮业		
	小计	男	女	小计	男	女	小计	男	女
全　省	**35772**	**18975**	**16798**	**9781**	**8375**	**1406**	**10057**	**5272**	**4785**
福州市	7470	3970	3501	1957	1663	294	2806	1676	1130
福州市(不含平潭)	7207	3860	3347	1845	1559	286	2706	1625	1081
平潭	263	110	153	112	104	8	100	51	49
厦门市	4878	2427	2451	1777	1324	452	1453	722	730
莆田市	2718	1570	1148	453	407	46	585	295	290
三明市	1791	865	925	631	535	96	902	442	460
泉州市	9311	5256	4055	1858	1655	203	1676	852	824
漳州市	3811	1936	1874	1194	1091	103	886	427	459
南平市	1836	920	916	717	631	86	565	267	298
龙岩市	2113	1048	1065	635	572	63	520	247	273
宁德市	1844	982	862	559	496	62	665	345	320

5-1 续表 3

单位：人

地　区	九、信息传输、软件和信息技术服务业			十、金融业			十一、房地产业		
	小计	男	女	小计	男	女	小计	男	女
全　省	**2898**	**1921**	**977**	**3332**	**1632**	**1699**	**2609**	**1643**	**966**
福州市	1065	739	327	982	501	481	616	380	236
福州市(不含平潭)	1054	729	325	957	489	468	599	368	231
平潭	11	9	2	25	12	13	17	12	5
厦门市	742	479	263	634	313	320	834	506	328
莆田市	84	61	23	183	83	99	117	78	39
三明市	91	53	39	210	98	112	107	62	45
泉州市	329	210	119	517	248	269	373	245	127
漳州市	184	135	49	274	149	125	197	105	92
南平市	133	91	41	198	94	104	88	61	27
龙岩市	167	95	72	198	96	102	183	141	42
宁德市	102	58	44	137	50	87	94	64	30

5-1 续表 4

单位：人

地 区	十二、租赁和商务服务业			十三、科学研究和技术服务业			十四、水利、环境和公共设施管理业		
	小计	男	女	小计	男	女	小计	男	女
全 省	**3258**	**2086**	**1172**	**1560**	**1059**	**501**	**791**	**445**	**346**
福州市	833	531	302	412	279	133	141	84	57
福州市(不含平潭)	794	500	294	405	272	132	120	77	43
平潭	39	31	8	7	7	1	21	7	14
厦门市	849	471	378	567	379	188	163	89	73
莆田市	93	69	24	51	37	14	33	17	16
三明市	191	139	52	62	40	22	38	20	18
泉州市	636	453	183	212	159	53	156	78	79
漳州市	241	151	89	99	55	43	85	41	43
南平市	167	109	59	57	42	16	76	47	29
龙岩市	121	74	48	72	45	26	49	32	17
宁德市	126	88	38	29	23	6	51	38	13

5-1 续表 5

单位：人

地 区	十五、居民服务、修理和其他服务业			十六、教育			十七、卫生和社会工作		
	小计	男	女	小计	男	女	小计	男	女
全 省	**7113**	**3939**	**3174**	**7938**	**3017**	**4921**	**4852**	**1850**	**3002**
福州市	1561	758	804	1701	639	1061	957	330	627
福州市(不含平潭)	1499	721	778	1651	622	1029	927	324	603
平潭	62	36	25	50	17	33	30	7	24
厦门市	881	459	422	1168	404	765	423	143	280
莆田市	416	261	155	494	192	302	238	123	115
三明市	423	228	195	516	217	299	272	94	178
泉州市	1416	830	585	1581	620	961	1112	337	775
漳州市	972	557	415	954	382	572	968	454	514
南平市	447	260	186	426	139	287	346	135	211
龙岩市	566	324	242	677	303	375	275	109	165
宁德市	432	262	170	421	122	299	261	124	137

5-1 续表 6

单位：人

地区	十八、文化、体育和娱乐业			十九、公共管理、社会保障和社会组织			二十、国际组织		
	小计	男	女	小计	男	女	小计	男	女
全　省	**1712**	**911**	**801**	**7684**	**5141**	**2544**	**1**		**1**
福州市	546	335	211	1747	1124	623	1		1
福州市(不含平潭)	535	331	204	1692	1092	600	1		1
平潭	10	4	7	55	32	23			
厦门市	310	158	153	749	442	308			
莆田市	59	34	25	385	283	102			
三明市	62	33	28	699	488	211			
泉州市	312	162	151	1353	903	451			
漳州市	143	66	78	813	596	217			
南平市	109	48	61	662	442	220			
龙岩市	79	35	44	551	384	167			
宁德市	91	40	51	726	481	245			

5-1a 各地区分性别、行业门类的就业人口(城市)

单位：人

地区	就业人口			一、农、林、牧、渔业			二、采矿业		
	合计	男	女	小计	男	女	小计	男	女
全　省	**86900**	**51028**	**35872**	**1356**	**866**	**490**	**110**	**95**	**14**
福州市	20326	12079	8247	192	151	41	28	24	4
厦门市	21770	12474	9296	190	123	67	4	3	1
莆田市	6393	3705	2687	201	98	103	1	1	1
三明市	2665	1523	1142	127	71	56	19	15	4
泉州市	20850	12240	8611	137	76	61	4	4	
漳州市	4553	2594	1959	110	74	36	1	1	
南平市	3997	2370	1627	252	165	87	6	6	
龙岩市	2941	1797	1144	56	42	14	34	29	5
宁德市	3406	2245	1161	91	67	25	12	12	

5-1a 续表 1

单位：人

地 区	三、制造业			四、电力、热力、燃气及水生产和供应业			五、建筑业		
	小计	男	女	小计	男	女	小计	男	女
全 省	**25319**	**15042**	**10277**	**698**	**509**	**190**	**7217**	**6074**	**1143**
福州市	3758	2215	1543	206	159	46	1823	1520	303
厦门市	5785	3411	2374	113	74	39	1591	1329	261
莆田市	2417	1171	1246	37	28	8	815	714	101
三明市	469	298	171	46	33	13	215	187	28
泉州市	10277	6173	4104	125	95	30	1398	1162	235
漳州市	860	516	344	20	15	4	431	350	81
南平市	563	346	217	78	52	26	267	227	40
龙岩市	328	224	104	21	14	7	342	271	71
宁德市	863	689	173	53	37	16	336	313	22

5-1a 续表 2

单位：人

地 区	六、批发和零售业			七、交通运输、仓储和邮政业			八、住宿和餐饮业		
	小计	男	女	小计	男	女	小计	男	女
全 省	**17174**	**8896**	**8278**	**4657**	**3681**	**976**	**4788**	**2559**	**2229**
福州市	4495	2382	2113	1149	916	233	1395	881	514
厦门市	4433	2193	2240	1605	1169	436	1331	668	663
莆田市	1319	764	555	219	189	30	275	123	151
三明市	593	268	325	199	164	35	191	77	115
泉州市	3359	1759	1600	655	537	118	761	387	374
漳州市	924	472	452	196	165	32	206	100	105
南平市	758	376	382	300	253	48	252	125	127
龙岩市	696	371	325	179	157	22	151	60	91
宁德市	597	312	285	154	130	23	226	137	89

5-1a　续表 3　　　　单位：人

地区	九、信息传输、软件和信息技术服务业			十、金融业			十一、房地产业		
	小计	男	女	小计	男	女	小计	男	女
全　省	**2014**	**1320**	**694**	**2373**	**1165**	**1207**	**1921**	**1204**	**718**
福州市	661	444	217	826	412	413	498	303	195
厦门市	722	469	254	578	285	294	768	458	310
莆田市	56	42	14	87	42	45	58	40	18
三明市	37	24	13	90	44	46	52	29	23
泉州市	204	135	69	327	153	174	233	154	78
漳州市	64	45	19	134	74	60	78	44	34
南平市	94	65	29	144	74	71	50	35	15
龙岩市	119	64	55	96	49	48	138	110	27
宁德市	57	32	24	91	34	56	47	30	17

5-1a　续表 4　　　　单位：人

地区	十二、租赁和商务服务业			十三、科学研究和技术服务业			十四、水利、环境和公共设施管理业		
	小计	男	女	小计	男	女	小计	男	女
全　省	**2082**	**1250**	**832**	**1189**	**790**	**399**	**412**	**229**	**183**
福州市	636	387	249	366	244	123	78	51	27
厦门市	767	416	351	556	374	182	140	76	64
莆田市	52	37	16	33	25	8	19	9	10
三明市	44	31	14	30	18	12	8	2	6
泉州市	320	219	101	104	71	32	64	30	34
漳州市	72	37	34	34	15	19	28	16	12
南平市	83	51	32	25	15	10	43	26	16
龙岩市	45	31	15	30	19	11	16	9	7
宁德市	62	41	21	12	9	3	16	10	6

5-1a 续表 5

单位：人

地 区	十五、居民服务、修理和其他服务业			十六、教育			十七、卫生和社会工作		
	小计	男	女	小计	男	女	小计	男	女
全 省	**2973**	**1550**	**1422**	**4033**	**1359**	**2675**	**3301**	**1167**	**2133**
福州市	815	386	429	1132	435	697	693	227	466
厦门市	790	402	388	1072	365	707	365	120	245
莆田市	160	89	70	247	90	158	127	56	71
三明市	109	61	48	115	32	83	102	33	69
泉州市	472	258	214	629	180	449	793	197	596
漳州市	168	92	76	268	81	187	716	338	378
南平市	167	101	66	235	78	158	223	85	138
龙岩市	148	80	69	120	43	77	161	63	98
宁德市	143	80	63	215	56	160	121	50	72

5-1a 续表 6

单位：人

地 区	十八、文化、体育和娱乐业			十九、公共管理、社会保障和社会组织			二十、国际组织		
	小计	男	女	小计	男	女	小计	男	女
全 省	**1054**	**545**	**508**	**4228**	**2726**	**1503**	**1**		**1**
福州市	339	180	159	1234	760	474	1		1
厦门市	296	150	146	664	390	274			
莆田市	30	18	13	240	171	68			
三明市	35	19	16	183	117	66			
泉州市	191	112	79	798	536	262			
漳州市	39	16	24	204	143	61			
南平市	44	17	27	413	275	138			
龙岩市	37	16	21	223	147	77			
宁德市	42	19	23	270	187	82			

5-1b 各地区分性别、行业门类的就业人口(镇)

单位：人

地区	就业人口			一、农、林、牧、渔业			二、采矿业		
	合计	男	女	小计	男	女	小计	男	女
全省	**55522**	**34065**	**21457**	**8146**	**4946**	**3199**	**304**	**234**	**70**
福州市	7131	4600	2532	492	347	145	33	33	
福州市(不含平潭)	6453	4134	2319	439	296	143	31	31	
平潭	679	466	213	53	51	2	2	2	
厦门市	1368	801	567	119	75	43			
莆田市	2588	1516	1072	162	55	107	124	68	57
三明市	4468	2690	1778	782	487	295	24	21	3
泉州市	16943	10390	6554	1642	1007	634	47	44	3
漳州市	11170	6731	4439	2430	1390	1040	26	22	3
南平市	3123	2047	1077	681	515	165	7	6	1
龙岩市	4836	2739	2097	966	456	510	34	32	2
宁德市	3893	2553	1340	872	613	260	9	9	

5-1b 续表 1

单位：人

地区	三、制造业			四、电力、热力、燃气及水生产和供应业			五、建筑业		
	小计	男	女	小计	男	女	小计	男	女
全省	**14692**	**8343**	**6349**	**440**	**314**	**126**	**5882**	**5063**	**819**
福州市	1384	848	536	50	35	15	1008	924	84
福州市(不含平潭)	1357	827	531	47	33	14	868	794	74
平潭	27	22	5	2	2	1	140	130	10
厦门市	758	426	332	3	2	1	74	64	10
莆田市	784	450	334	6	4	2	296	236	60
三明市	438	227	211	63	44	19	447	377	71
泉州市	6795	3811	2984	68	49	18	1505	1292	213
漳州市	2695	1480	1216	103	78	25	1188	992	197
南平市	492	328	164	70	50	20	264	243	21
龙岩市	842	469	373	36	23	13	694	546	148
宁德市	503	304	199	41	28	13	405	389	16

5-1b 续表 2

单位：人

地 区	六、批发和零售业			七、交通运输、仓储和邮政业			八、住宿和餐饮业		
	小计	男	女	小计	男	女	小计	男	女
全 省	**9959**	**5397**	**4562**	**2479**	**2257**	**223**	**2575**	**1317**	**1257**
福州市	1257	691	566	333	307	27	540	302	238
福州市(不含平潭)	1124	624	499	271	249	21	502	284	218
平潭	133	67	66	63	57	5	38	18	21
厦门市	185	98	86	52	44	8	35	19	16
莆田市	532	291	241	80	76	4	93	46	46
三明市	780	388	392	254	212	42	352	185	167
泉州市	3471	2061	1410	591	544	47	585	298	287
漳州市	1729	850	879	581	539	41	389	185	203
南平市	579	296	283	192	172	20	149	71	78
龙岩市	728	326	402	197	180	17	188	91	98
宁德市	698	395	303	199	182	17	243	120	123

5-1b 续表 3

单位：人

地 区	九、信息传输、软件和信息技术服务业			十、金融业			十一、房地产业		
	小计	男	女	小计	男	女	小计	男	女
全 省	**631**	**438**	**192**	**709**	**344**	**365**	**403**	**242**	**162**
福州市	360	261	99	119	69	50	84	57	27
福州市(不含平潭)	353	254	98	100	58	42	68	45	23
平潭	7	6	1	20	11	9	16	12	4
厦门市	7	3	4	33	16	16	14	8	6
莆田市	6	5	1	76	33	43	7	3	4
三明市	36	17	19	95	40	54	37	20	17
泉州市	69	49	19	130	62	68	91	57	34
漳州市	84	62	22	112	63	49	98	47	50
南平市	21	14	7	37	11	26	20	12	8
龙岩市	21	12	9	72	35	37	19	12	6
宁德市	27	15	12	34	14	20	34	24	9

5-1b　续表 4　　单位：人

地　区	十二、租赁和商务服务业			十三、科学研究和技术服务业			十四、水利、环境和公共设施管理业		
	小计	男	女	小计	男	女	小计	男	女
全　省	**585**	**420**	**165**	**201**	**152**	**49**	**194**	**113**	**81**
福州市	97	64	33	15	11	4	32	19	13
福州市(不含平潭)	75	47	29	11	8	3	23	14	9
平潭	21	17	4	3	2	1	8	5	3
厦门市	11	6	5				3	1	2
莆田市	19	17	2	8	5	3	2	2	
三明市	57	43	14	19	13	6	25	14	11
泉州市	177	130	47	58	47	12	42	27	15
漳州市	108	80	28	41	29	11	32	14	18
南平市	40	27	13	25	21	4	24	14	10
龙岩市	43	28	15	23	15	8	17	11	6
宁德市	34	27	8	12	12	1	16	11	5

5-1b　续表 5　　单位：人

地　区	十五、居民服务、修理和其他服务业			十六、教育			十七、卫生和社会工作		
	小计	男	女	小计	男	女	小计	男	女
全　省	**2160**	**1225**	**935**	**2386**	**997**	**1389**	**901**	**373**	**528**
福州市	396	175	221	356	123	233	165	60	105
福州市(不含平潭)	360	156	205	319	113	206	147	56	91
平潭	35	20	16	37	10	27	18	4	14
厦门市	19	10	9	21	10	11	18	7	11
莆田市	105	71	34	148	58	91	58	36	22
三明市	183	102	81	293	137	157	122	43	79
泉州市	558	327	231	482	228	254	152	69	82
漳州市	408	260	148	427	179	248	156	63	94
南平市	105	63	42	136	49	88	60	22	38
龙岩市	239	124	115	371	165	206	73	28	46
宁德市	147	92	55	151	49	102	97	46	52

5-1b 续表 6

单位：人

地区	十八、文化、体育和娱乐业			十九、公共管理、社会保障和社会组织			二十、国际组织		
	小计	男	女	小计	男	女	小计	男	女
全 省	**387**	**193**	**194**	**2489**	**1698**	**791**			
福州市	88	61	28	323	213	110			
福州市(不含平潭)	81	58	22	276	186	90			
平潭	8	2	5	47	27	20			
厦门市				17	9	8			
莆田市	3	1	2	77	58	20			
三明市	24	12	12	436	307	129			
泉州市	89	36	53	393	252	141			
漳州市	74	33	41	488	364	124			
南平市	43	22	21	178	111	67			
龙岩市	27	9	18	246	178	68			
宁德市	38	19	19	331	206	125			

5-1c 各地区分性别、行业门类的就业人口(乡村)

单位：人

地区	就业人口			一、农、林、牧、渔业			二、采矿业		
	合计	男	女	小计	男	女	小计	男	女
全 省	**79859**	**48264**	**31596**	**32966**	**18767**	**14199**	**755**	**671**	**83**
福州市	11036	7557	3479	3162	2131	1031	45	45	
福州市(不含平潭)	9852	6813	3040	2588	1802	786	44	44	
平潭	1183	744	440	574	329	245	1	1	
厦门市	2387	1386	1001	644	363	282	1	1	
莆田市	6465	3558	2907	2046	917	1129	32	22	10
三明市	6561	3951	2610	3869	2219	1650	125	112	13
泉州市	18247	10482	7766	4123	1949	2174	79	70	8
漳州市	13565	7950	5615	7057	4066	2991	47	38	9
南平市	6840	4369	2471	4218	2694	1524	16	13	2
龙岩市	7061	4028	3032	3362	1605	1757	279	254	25
宁德市	7697	4983	2715	4485	2824	1661	132	115	16

5-1c 续表 1

单位：人

地　区	三、制造业			四、电力、热力、燃气及水生产和供应业			五、建筑业		
	小计	男	女	小计	男	女	小计	男	女
全　省	**16377**	**8821**	**7556**	**409**	**337**	**72**	**8252**	**7008**	**1244**
福州市	1399	870	529	68	52	16	2050	1871	179
福州市(不含平潭)	1354	839	515	68	52	16	1837	1670	167
平潭	46	32	14				213	201	11
厦门市	605	293	312	10	9	1	200	172	28
莆田市	1868	916	951	15	13	2	733	577	156
三明市	654	379	275	41	37	5	381	343	38
泉州市	6961	3704	3257	54	49	5	1984	1616	368
漳州市	2225	1097	1128	68	58	11	1206	953	253
南平市	755	418	337	60	49	11	406	387	19
龙岩市	806	457	350	54	37	17	777	600	177
宁德市	1105	687	417	38	32	6	514	488	26

5-1c 续表 2

单位：人

地　区	六、批发和零售业			七、交通运输、仓储和邮政业			八、住宿和餐饮业		
	小计	男	女	小计	男	女	小计	男	女
全　省	**8639**	**4681**	**3958**	**2645**	**2438**	**207**	**2695**	**1396**	**1299**
福州市	1719	897	822	474	441	34	870	492	378
福州市(不含平潭)	1589	854	735	425	394	31	809	459	350
平潭	130	43	87	50	47	3	61	33	28
厦门市	261	136	125	119	111	9	87	35	52
莆田市	866	515	352	153	141	12	218	125	93
三明市	418	210	208	178	158	20	359	181	178
泉州市	2482	1436	1046	612	574	39	329	166	163
漳州市	1157	614	543	417	387	30	292	142	150
南平市	499	248	251	225	207	18	163	71	92
龙岩市	689	351	338	259	236	23	181	96	85
宁德市	549	274	274	206	184	22	195	88	107

5-1c 续表 3

单位：人

地 区	九、信息传输、软件和信息技术服务业			十、金融业			十一、房地产业		
	小计	男	女	小计	男	女	小计	男	女
全 省	**253**	**162**	**91**	**250**	**123**	**127**	**284**	**198**	**87**
福州市	44	33	11	37	20	17	34	21	13
福州市(不含平潭)	40	30	9	32	19	13	33	21	12
平潭	4	3	1	5	1	4	1		1
厦门市	12	7	5	23	12	11	53	40	13
莆田市	23	15	8	19	8	11	52	35	17
三明市	19	11	7	25	14	12	18	13	5
泉州市	57	26	30	60	33	27	49	35	14
漳州市	35	28	8	28	12	16	21	13	8
南平市	18	12	6	16	9	7	17	13	4
龙岩市	27	19	8	30	12	17	26	18	8
宁德市	18	11	8	12	2	10	13	9	4

5-1c 续表 4

单位：人

地 区	十二、租赁和商务服务业			十三、科学研究和技术服务业			十四、水利、环境和公共设施管理业		
	小计	男	女	小计	男	女	小计	男	女
全 省	**591**	**416**	**175**	**170**	**117**	**53**	**185**	**103**	**82**
福州市	100	80	21	31	25	7	31	13	18
福州市(不含平潭)	82	66	17	27	21	7	18	12	6
平潭	18	14	4	4	4		13	1	11
厦门市	72	49	23	11	5	6	19	12	7
莆田市	22	16	6	10	7	3	12	6	6
三明市	89	65	24	12	9	4	4	4	1
泉州市	139	105	35	51	41	10	50	21	29
漳州市	61	34	26	24	11	13	24	11	13
南平市	45	31	14	6	5	2	9	7	2
龙岩市	33	15	18	19	12	7	17	11	5
宁德市	29	21	9	5	3	2	19	17	2

5-1c 续表 5

单位：人

地区	十五、居民服务、修理和其他服务业			十六、教育			十七、卫生和社会工作		
	小计	男	女	小计	男	女	小计	男	女
全 省	**1981**	**1164**	**817**	**1519**	**662**	**857**	**650**	**310**	**340**
福州市	350	196	154	213	81	132	99	43	56
福州市(不含平潭)	323	179	144	200	74	126	87	41	46
平潭	26	17	10	13	7	6	13	3	10
厦门市	71	47	25	75	29	46	40	16	25
莆田市	152	100	51	98	44	54	54	31	22
三明市	131	65	66	108	48	59	48	18	30
泉州市	386	245	140	470	212	258	168	71	96
漳州市	396	205	191	259	122	137	95	53	42
南平市	175	97	79	54	13	42	63	29	34
龙岩市	178	120	58	186	95	92	40	19	21
宁德市	142	90	53	55	18	37	42	29	13

5-1c 续表 6

单位：人

地区	十八、文化、体育和娱乐业			十九、公共管理、社会保障和社会组织			二十、国际组织		
	小计	男	女	小计	男	女	小计	男	女
全 省	**272**	**173**	**99**	**967**	**717**	**250**			
福州市	118	94	24	190	151	39			
福州市(不含平潭)	115	92	23	182	146	37			
平潭	3	1	1	8	6	3			
厦门市	15	8	7	68	42	26			
莆田市	25	15	10	68	54	14			
三明市	3	3		80	64	16			
泉州市	32	14	18	162	115	48			
漳州市	30	17	13	120	88	32			
南平市	22	9	13	71	56	15			
龙岩市	15	11	4	81	59	22			
宁德市	12	3	9	125	88	38			

5-2 全省分年龄、性别、行业门类的就业人口

单位：人

年 龄	就业人口			一、农、林、牧、渔业			二、采矿业		
	合计	男	女	小计	男	女	小计	男	女
总 计	**222282**	**133357**	**88925**	**42468**	**24580**	**17888**	**1168**	**1001**	**167**
16-19	**3511**	**2236**	**1275**	**172**	**127**	**45**	**8**	**8**	
16	371	255	115	19	17	2			
17	656	432	224	33	24	10			
18	1109	714	395	37	29	9	1	1	
19	1374	835	540	83	58	25	7	7	
20-24	**18829**	**10886**	**7942**	**1156**	**737**	**419**	**47**	**37**	**10**
20	2422	1488	933	124	85	39	3	3	
21	2789	1603	1185	138	89	49	7	3	4
22	3421	1880	1542	187	112	75	4	4	
23	4447	2551	1895	293	194	99	11	9	2
24	5750	3363	2387	415	257	158	22	18	4
25-29	**35399**	**20455**	**14944**	**2440**	**1459**	**981**	**160**	**137**	**23**
25	7976	4668	3308	463	292	171	35	30	5
26	7493	4302	3191	530	299	231	35	26	9
27	6866	3944	2922	483	298	185	30	27	3
28	6773	3819	2954	488	277	211	39	37	2
29	6292	3722	2569	476	292	183	20	16	5
30-34	**29141**	**16918**	**12223**	**2707**	**1576**	**1131**	**111**	**100**	**11**
30	6032	3555	2477	524	295	230	27	25	3
31	6046	3480	2566	545	326	219	22	17	5
32	5672	3319	2353	502	300	202	13	12	1
33	6317	3606	2711	612	350	262	28	27	1
34	5074	2958	2116	523	305	218	21	20	1
35-39	**27628**	**15905**	**11723**	**3328**	**1844**	**1484**	**123**	**98**	**25**
35	4426	2561	1865	464	284	180	32	30	2
36	5364	3108	2257	606	326	280	10	9	1
37	5730	3215	2515	667	346	321	31	20	11
38	5752	3338	2415	730	410	320	19	14	5
39	6356	3684	2672	862	478	384	30	24	6

5-2 续表 1

单位：人

年 龄	三、制造业			四、电力、热力、燃气及水生产和供应业			五、建筑业		
	小计	男	女	小计	男	女	小计	男	女
总 计	**56389**	**32206**	**24183**	**1547**	**1159**	**388**	**21351**	**18145**	**3206**
16-19	**1402**	**928**	**474**	**3**	**3**	**1**	**180**	**170**	**10**
16	145	101	44	2	2		19	16	3
17	262	170	92				31	27	4
18	463	313	150	1		1	49	49	
19	531	344	188	1	1		80	77	3
20-24	**5762**	**3622**	**2141**	**78**	**64**	**14**	**1288**	**1127**	**161**
20	889	595	295	1	1		178	167	10
21	927	578	349	6	4	2	191	176	15
22	1013	636	377	16	14	3	227	191	35
23	1290	810	480	23	18	4	334	266	68
24	1642	1002	640	32	27	5	360	326	34
25-29	**10414**	**6157**	**4256**	**237**	**183**	**54**	**2719**	**2381**	**338**
25	2234	1371	863	48	34	14	622	536	86
26	2106	1302	804	45	38	7	534	466	67
27	2100	1215	886	48	39	9	507	461	46
28	2001	1129	872	61	41	20	575	496	79
29	1972	1140	832	34	30	4	481	421	60
30-34	**8439**	**4782**	**3658**	**221**	**149**	**72**	**2546**	**2199**	**347**
30	1884	1078	806	46	33	13	513	442	70
31	1792	989	803	56	41	15	506	447	58
32	1665	953	711	37	20	17	479	421	59
33	1721	1000	721	51	32	19	548	468	80
34	1378	762	616	31	22	9	499	420	80
35-39	**7815**	**4079**	**3736**	**203**	**143**	**60**	**2817**	**2406**	**410**
35	1299	707	593	33	24	8	389	338	51
36	1540	831	709	40	28	12	546	477	69
37	1582	791	790	41	27	14	550	476	73
38	1605	835	770	51	33	18	630	530	100
39	1789	916	874	39	32	8	701	585	116

5-2 续表 2

单位：人

年 龄	六、批发和零售业			七、交通运输、仓储和邮政业			八、住宿和餐饮业		
	小计	男	女	小计	男	女	小计	男	女
总 计	**35772**	**18975**	**16798**	**9781**	**8375**	**1406**	**10057**	**5272**	**4785**
16-19	**525**	**244**	**282**	**52**	**38**	**14**	**427**	**291**	**135**
16	42	23	19	3	2		45	32	13
17	80	40	41	6	4	2	79	59	20
18	171	81	90	24	16	7	141	99	42
19	233	100	132	19	15	5	162	102	60
20-24	**3751**	**1792**	**1958**	**554**	**374**	**180**	**1357**	**852**	**505**
20	437	204	233	54	30	25	236	131	105
21	573	261	313	59	37	23	244	160	85
22	731	347	383	119	83	36	263	148	115
23	823	380	442	130	95	35	284	195	89
24	1187	600	587	192	130	62	330	218	112
25-29	**6939**	**3461**	**3478**	**1389**	**1107**	**283**	**1832**	**1067**	**765**
25	1483	743	739	289	222	67	438	256	182
26	1498	755	743	263	204	59	413	240	173
27	1362	670	692	279	220	59	344	190	154
28	1320	640	680	280	236	44	308	172	137
29	1276	653	623	279	225	54	329	210	119
30-34	**5786**	**2917**	**2869**	**1431**	**1201**	**230**	**1478**	**783**	**694**
30	1165	593	572	243	204	39	285	159	126
31	1188	591	597	325	268	58	307	143	163
32	1177	617	561	272	223	49	297	162	134
33	1278	605	673	322	275	48	320	182	139
34	978	512	466	268	231	37	269	137	133
35-39	**4976**	**2569**	**2407**	**1488**	**1286**	**201**	**1276**	**637**	**639**
35	849	437	412	237	199	38	193	93	100
36	988	527	461	263	225	37	263	139	124
37	1097	557	541	320	267	52	260	142	117
38	938	482	456	330	291	39	263	121	141
39	1103	566	537	339	303	35	298	141	157

5-2 续表 3

单位：人

年龄	九、信息传输、软件和信息技术服务业			十、金融业			十一、房地产业		
	小计	男	女	小计	男	女	小计	男	女
总　计	**2898**	**1921**	**977**	**3332**	**1632**	**1699**	**2609**	**1643**	**966**
16-19	**33**	**18**	**15**	**15**	**7**	**7**	**18**	**14**	**5**
16	1	1					1	1	
17	9	8	1	3	3		3	2	
18	8	3	5	6	3	3	8	5	3
19	14	6	8	6	2	4	7	5	2
20-24	**556**	**359**	**197**	**414**	**218**	**197**	**247**	**145**	**102**
20	27	17	10	29	18	11	19	14	6
21	37	30	7	45	24	21	41	22	19
22	99	47	52	65	27	37	45	30	15
23	169	117	52	123	76	46	70	36	34
24	224	148	76	153	72	81	72	44	28
25-29	**1000**	**637**	**363**	**993**	**476**	**517**	**496**	**283**	**213**
25	294	210	83	266	152	114	117	62	55
26	246	133	113	216	104	112	98	55	43
27	157	101	55	177	82	95	102	60	42
28	170	105	65	174	74	99	102	58	44
29	134	88	47	161	64	97	78	48	30
30-34	**556**	**376**	**180**	**522**	**224**	**298**	**341**	**211**	**130**
30	140	98	42	114	52	63	79	52	27
31	105	75	30	126	50	77	77	45	32
32	123	83	41	102	45	57	57	33	24
33	98	62	36	112	48	63	70	43	27
34	90	57	32	67	28	39	58	38	20
35-39	**323**	**201**	**123**	**385**	**160**	**225**	**301**	**169**	**131**
35	65	41	24	68	26	42	48	25	22
36	84	56	28	67	27	41	59	38	20
37	65	43	22	81	28	53	74	35	39
38	53	28	25	88	41	47	67	38	29
39	56	33	23	81	38	43	53	33	21

5-2 续表 4 单位：人

年 龄	十二、租赁和商务服务业			十三、科学研究和技术服务业			十四、水利、环境和公共设施管理业		
	小计	男	女	小计	男	女	小计	男	女
总 计	**3258**	**2086**	**1172**	**1560**	**1059**	**501**	**791**	**445**	**346**
16-19	**36**	**26**	**10**	**23**	**13**	**10**	**3**	**2**	**1**
16	2	1							
17	3	2	1	4	3	1	2	2	
18	13	7	6	13	8	4	1		1
19	18	16	2	6	1	5			
20-24	**419**	**215**	**203**	**228**	**157**	**70**	**28**	**19**	**9**
20	37	26	11	12	6	7	2		1
21	40	21	18	22	13	9	2	2	1
22	79	30	49	38	28	11	7	5	1
23	98	40	58	74	53	21	5	3	2
24	164	98	67	81	58	23	12	8	4
25-29	**747**	**422**	**326**	**506**	**340**	**166**	**51**	**23**	**28**
25	194	103	90	131	78	53	11	4	7
26	176	108	69	98	69	29	12	9	4
27	140	79	60	110	80	30	13	5	8
28	137	71	66	87	55	32	9	3	7
29	101	61	40	80	58	22	6	3	3
30-34	**551**	**323**	**228**	**279**	**164**	**115**	**75**	**41**	**34**
30	119	80	38	73	49	24	20	15	5
31	119	77	42	57	32	25	8	4	4
32	105	56	49	50	24	26	18	9	9
33	118	60	57	61	37	24	16	7	9
34	90	49	42	39	23	16	12	5	6
35-39	**437**	**272**	**165**	**170**	**119**	**52**	**84**	**51**	**33**
35	88	60	28	26	18	7	9	6	3
36	84	42	42	31	18	13	18	13	5
37	80	55	25	41	26	15	14	7	7
38	96	62	35	27	18	9	28	15	12
39	88	53	35	45	37	8	16	10	6

5-2 续表 5 单位：人

年 龄	十五、居民服务、修理和其他服务业			十六、教育			十七、卫生和社会工作		
	小计	男	女	小计	男	女	小计	男	女
总 计	**7113**	**3939**	**3174**	**7938**	**3017**	**4921**	**4852**	**1850**	**3002**
16-19	**353**	**259**	**94**	**125**	**34**	**91**	**46**	**4**	**42**
16	47	38	9	22	9	12	2		2
17	100	74	27	18	6	11	10		10
18	91	72	19	39	8	31	18	3	15
19	115	75	39	47	10	36	15	1	15
20-24	**907**	**616**	**291**	**642**	**86**	**556**	**745**	**134**	**611**
20	162	121	40	69	8	61	68	3	65
21	185	114	71	103	13	90	88	13	75
22	177	110	67	129	10	119	119	11	108
23	192	128	65	147	18	129	205	31	174
24	191	142	48	195	37	158	265	76	190
25-29	**1262**	**773**	**490**	**1214**	**228**	**985**	**1394**	**464**	**930**
25	289	177	112	278	56	221	430	138	292
26	271	175	96	259	34	225	366	117	250
27	247	148	99	216	40	176	236	76	160
28	257	152	105	243	47	197	202	64	138
29	198	121	77	218	51	167	160	70	90
30-34	**1014**	**590**	**423**	**1295**	**371**	**923**	**610**	**224**	**386**
30	208	117	91	216	66	150	123	54	68
31	232	135	97	222	65	157	135	42	92
32	165	101	64	238	65	173	121	49	72
33	248	136	112	306	75	232	131	45	86
34	161	101	60	312	99	212	101	33	68
35-39	**814**	**444**	**370**	**1374**	**481**	**893**	**531**	**214**	**317**
35	156	89	67	228	66	161	95	27	69
36	157	86	71	283	89	193	101	38	63
37	157	87	70	299	111	188	108	44	64
38	180	103	77	269	97	172	103	48	55
39	163	80	84	296	118	178	124	58	66

5-2 续表 6

单位：人

年 龄	十八、文化、体育和娱乐业			十九、公共管理、社会保障和社会组织			二十、国际组织		
	小计	男	女	小计	男	女	小计	男	女
总 计	**1712**	**911**	**801**	**7684**	**5141**	**2544**	**1**		**1**
16-19	**66**	**29**	**37**	**23**	**21**	**2**			
16	13	3	10	7	7				
17	10	6	4	2	2				
18	16	9	7	9	7	2			
19	26	11	15	5	5				
20-24	**234**	**96**	**138**	**414**	**236**	**177**			
20	44	33	11	31	27	4			
21	41	16	25	38	29	10			
22	43	11	32	61	33	27			
23	63	24	38	114	58	56			
24	44	12	32	170	90	80			
25-29	**376**	**184**	**192**	**1229**	**673**	**557**			
25	94	50	44	263	153	110			
26	83	44	39	243	125	118			
27	71	23	47	243	127	116			
28	77	35	42	242	127	115			
29	51	32	19	238	141	97			
30-34	**269**	**148**	**122**	**909**	**540**	**369**	**1**		**1**
30	64	35	29	190	107	82			
31	41	24	18	183	108	76			
32	66	38	29	183	108	75	1		1
33	57	23	34	218	131	87			
34	40	28	12	135	87	49			
35-39	**202**	**115**	**88**	**983**	**618**	**364**			
35	30	16	14	118	74	45			
36	37	20	17	187	117	70			
37	37	21	15	227	131	96			
38	47	28	19	229	144	85			
39	51	29	23	221	153	69			

5-2 续表 7

单位：人

年 龄	就业人口			一、农、林、牧、渔业			二、采矿业		
	合计	男	女	小计	男	女	小计	男	女
40-44	**32596**	**18837**	**13759**	**5572**	**2994**	**2578**	**259**	**222**	**37**
40	6076	3561	2515	939	505	435	43	36	7
41	6329	3679	2650	975	537	438	51	40	11
42	6829	3960	2869	1133	604	529	48	41	7
43	6475	3712	2763	1156	610	547	63	56	7
44	6886	3924	2962	1367	738	629	54	49	6
45-49	**29282**	**17176**	**12106**	**7024**	**3654**	**3370**	**204**	**171**	**33**
45	6536	3726	2810	1378	708	670	43	32	11
46	6075	3510	2565	1405	741	663	48	44	5
47	6286	3754	2533	1469	786	683	46	35	11
48	4995	2896	2098	1315	667	648	33	28	5
49	5391	3290	2100	1457	751	706	34	32	2
50-54	**20369**	**13153**	**7216**	**6555**	**3567**	**2988**	**143**	**123**	**20**
50	5022	3136	1886	1519	820	699	39	38	1
51	4403	2795	1608	1327	699	628	47	39	8
52	5393	3538	1855	1780	993	786	37	29	8
53	3679	2441	1238	1285	713	572	13	11	2
54	1872	1242	630	645	342	303	8	7	1
55-59	**12564**	**8715**	**3849**	**5606**	**3329**	**2277**	**69**	**62**	**6**
55	2490	1709	782	1000	580	420	14	14	
56	2281	1573	708	984	576	407	15	13	2
57	2688	1875	813	1158	682	477	13	13	
58	2944	2050	894	1392	840	552	20	15	4
59	2160	1508	652	1072	652	420	7	7	
60-64	**7926**	**5334**	**2592**	**4608**	**2899**	**1709**	**39**	**38**	**1**
60	2050	1352	698	1139	694	445	11	11	1
61	1810	1219	591	1019	633	385	15	15	
62	1534	1047	486	914	587	328	8	8	
63	1461	973	488	838	522	316	3	3	
64	1071	743	329	698	463	235	2	2	
65及以上	**5036**	**3741**	**1296**	**3300**	**2395**	**905**	**5**	**4**	**1**

5-2 续表 8 单位：人

年 龄	三、制造业			四、电力、热力、燃气及水生产和供应业			五、建筑业		
	小计	男	女	小计	男	女	小计	男	女
40-44	**8853**	**4453**	**4401**	**251**	**171**	**80**	**3833**	**3120**	**713**
40	1644	830	813	49	36	13	687	541	146
41	1769	901	868	45	29	16	766	643	123
42	1888	924	964	41	27	13	805	678	127
43	1760	915	845	64	44	20	751	619	132
44	1793	882	911	53	35	18	823	639	184
45-49	**6893**	**3610**	**3283**	**244**	**168**	**76**	**3668**	**2966**	**702**
45	1640	824	817	48	34	14	803	641	163
46	1470	737	733	56	38	18	724	588	137
47	1453	763	690	60	43	17	825	663	162
48	1149	620	529	36	24	12	595	474	121
49	1180	667	514	44	30	14	720	601	119
50-54	**3829**	**2417**	**1412**	**159**	**139**	**20**	**2426**	**2067**	**360**
50	1011	588	423	49	42	6	605	498	107
51	902	548	354	28	22	6	544	461	83
52	951	619	333	47	42	5	662	571	91
53	675	460	215	24	22	2	400	351	50
54	289	202	87	11	10	1	215	186	29
55-59	**1737**	**1278**	**459**	**106**	**98**	**9**	**1181**	**1057**	**124**
55	345	252	93	27	27		243	212	31
56	318	224	94	22	22	1	232	208	25
57	397	305	92	28	22	5	256	230	26
58	389	283	106	15	13	2	272	250	22
59	289	214	74	15	14	1	177	158	20
60-64	**818**	**555**	**263**	**30**	**27**	**3**	**539**	**502**	**37**
60	220	145	74	10	8	2	144	134	11
61	203	126	77	8	7		134	124	10
62	153	113	40	5	5		108	99	9
63	162	115	47	6	6		92	90	2
64	80	56	24	2	1	1	61	56	5
65及以上	**427**	**326**	**101**	**14**	**14**		**154**	**149**	**5**

5-2 续表 9 单位：人

年 龄	六、批发和零售业			七、交通运输、仓储和邮政业			八、住宿和餐饮业		
	小计	男	女	小计	男	女	小计	男	女
40-44	**5092**	**2691**	**2401**	**1772**	**1574**	**198**	**1404**	**573**	**831**
40	982	544	438	314	276	39	269	127	142
41	1014	545	469	341	309	31	293	114	179
42	1085	582	503	393	347	46	260	96	163
43	956	466	490	363	314	49	271	109	163
44	1056	555	501	361	327	34	310	126	184
45-49	**3955**	**2175**	**1780**	**1488**	**1297**	**190**	**1120**	**459**	**661**
45	928	481	447	359	313	46	268	100	168
46	827	448	379	312	270	42	241	101	141
47	868	485	384	320	277	44	237	110	128
48	653	355	298	236	209	27	193	80	113
49	679	407	271	260	228	32	180	69	112
50-54	**2372**	**1455**	**917**	**921**	**859**	**62**	**583**	**275**	**309**
50	601	340	261	231	216	14	151	68	84
51	514	322	192	192	175	17	151	76	75
52	640	396	245	240	224	16	163	69	94
53	391	251	140	163	153	10	79	39	39
54	227	147	79	95	90	5	40	23	17
55-59	**1235**	**845**	**389**	**479**	**446**	**33**	**340**	**188**	**152**
55	255	166	89	108	102	7	86	47	39
56	231	151	80	101	94	7	47	21	26
57	276	180	96	112	107	6	72	40	32
58	281	203	78	98	90	8	87	55	31
59	193	145	48	59	53	6	48	24	24
60-64	**708**	**491**	**217**	**155**	**145**	**10**	**164**	**103**	**62**
60	195	133	62	45	45		41	27	15
61	163	120	43	41	35	6	46	32	14
62	140	92	48	30	28	2	31	18	13
63	127	84	43	25	24	1	31	19	13
64	83	61	22	13	13		15	7	8
65及以上	**434**	**334**	**100**	**53**	**48**	**5**	**77**	**46**	**31**

5-2 续表 10

单位：人

年 龄	九、信息传输、软件和信息技术服务业			十、金融业			十一、房地产业		
	小计	男	女	小计	男	女	小计	男	女
40-44	**200**	**144**	**56**	**435**	**213**	**221**	**346**	**207**	**139**
40	54	41	14	89	31	59	69	46	23
41	38	26	12	76	40	36	63	36	26
42	45	31	13	97	50	47	84	55	28
43	34	28	6	78	48	30	71	35	36
44	29	18	10	95	46	49	59	34	25
45-49	**125**	**96**	**29**	**332**	**167**	**165**	**328**	**190**	**137**
45	29	24	5	81	38	43	66	33	33
46	35	30	5	73	36	37	78	41	37
47	30	22	8	76	36	41	54	32	21
48	23	16	7	58	28	30	51	34	17
49	9	5	4	43	29	14	79	50	29
50-54	**73**	**63**	**11**	**165**	**111**	**54**	**223**	**162**	**61**
50	25	19	6	32	22	10	51	36	15
51	12	12		37	22	15	49	29	20
52	19	17	2	51	34	17	61	48	12
53	11	9	1	25	19	6	34	27	7
54	6	5	1	20	14	6	28	22	6
55-59	**23**	**20**	**3**	**62**	**50**	**12**	**154**	**130**	**24**
55	5	5		23	17	6	28	25	3
56	7	7		4	4	1	31	27	4
57	4	3		12	10	1	35	29	5
58	1		1	11	9	2	26	22	3
59	7	6	1	13	10	3	35	26	9
60-64	**7**	**6**	**1**	**6**	**4**	**2**	**99**	**83**	**16**
60	2	2		1		1	22	16	6
61	2	2					24	22	2
62	1	1		2	1	1	13	13	
63	1		1				31	23	8
64				4	3	1	9	8	1
65及以上	**2**	**2**		**3**	**2**	**1**	**56**	**49**	**7**

5-2 续表 11

单位：人

年龄	十二、租赁和商务服务业			十三、科学研究和技术服务业			十四、水利、环境和公共设施管理业		
	小计	男	女	小计	男	女	小计	男	女
40-44	**360**	**244**	**116**	**131**	**89**	**42**	**105**	**58**	**47**
40	63	45	18	24	21	3	13	8	5
41	82	50	32	31	22	9	22	15	7
42	79	53	26	24	12	12	30	14	16
43	68	46	22	33	21	13	15	10	5
44	68	50	18	19	13	6	24	11	14
45-49	**277**	**207**	**71**	**106**	**70**	**36**	**133**	**67**	**66**
45	63	45	18	27	18	9	30	19	11
46	73	48	26	16	8	7	31	11	20
47	59	44	15	30	24	6	32	19	13
48	49	43	6	11	7	4	24	10	14
49	32	27	5	22	11	10	17	9	8
50-54	**201**	**165**	**35**	**65**	**57**	**8**	**101**	**61**	**40**
50	54	40	13	18	14	4	22	16	7
51	40	32	8	12	12		16	8	9
52	49	41	8	13	11	2	28	23	5
53	37	33	4	11	10	2	23	10	13
54	20	19	1	11	10	1	12	4	7
55-59	**131**	**120**	**11**	**37**	**36**	**1**	**81**	**42**	**39**
55	29	29		7	7		15	5	10
56	22	19	3	15	14	1	11	5	6
57	29	24	4	5	5		20	11	9
58	25	22	3	7	7		18	10	8
59	26	26		4	4		18	12	6
60-64	**53**	**48**	**5**	**15**	**13**	**1**	**79**	**46**	**33**
60	11	9	3	4	3	1	21	15	6
61	13	13					19	9	11
62	13	12	1	3	3		11	3	8
63	9	7	2	3	3		23	15	8
64	8	8		5	4		5	4	1
65及以上	**46**	**45**	**1**	**1**	**1**		**50**	**35**	**15**

5-2 续表 12

单位：人

年 龄	十五、居民服务、修理和其他服务业			十六、教育			十七、卫生和社会工作		
	小计	男	女	小计	男	女	小计	男	女
40-44	**879**	**399**	**480**	**1191**	**545**	**647**	**521**	**233**	**289**
40	204	107	96	263	133	129	100	54	46
41	151	67	84	245	100	145	106	41	65
42	184	80	104	229	108	121	93	48	44
43	177	82	94	236	99	137	111	40	71
44	163	62	100	218	104	115	111	49	62
45-49	**735**	**297**	**438**	**978**	**499**	**479**	**370**	**199**	**171**
45	180	72	108	233	116	117	88	44	44
46	150	57	93	219	111	109	67	35	31
47	156	56	100	195	102	93	84	54	30
48	129	55	75	149	75	75	74	35	39
49	120	57	63	181	96	86	57	30	27
50-54	**483**	**222**	**261**	**646**	**394**	**252**	**284**	**136**	**148**
50	105	51	55	146	74	72	67	32	35
51	122	57	65	109	71	38	54	26	28
52	120	55	65	191	119	73	68	36	31
53	93	40	53	134	83	51	63	29	34
54	43	20	24	66	48	18	32	12	20
55-59	**300**	**154**	**146**	**355**	**296**	**59**	**144**	**100**	**44**
55	58	25	33	85	63	22	32	19	13
56	66	38	28	62	52	10	22	17	6
57	61	33	28	75	65	10	33	24	9
58	81	39	42	83	70	13	31	22	9
59	34	20	14	50	46	5	25	19	7
60-64	**229**	**109**	**120**	**83**	**60**	**23**	**121**	**72**	**48**
60	59	30	29	32	22	10	34	13	20
61	48	20	27	21	17	4	20	17	2
62	46	23	23	8	7	1	16	8	8
63	43	20	23	14	10	5	27	12	15
64	33	15	18	7	4	3	24	21	3
65及以上	**138**	**77**	**61**	**36**	**23**	**13**	**85**	**70**	**15**

5-2 续表 13

单位：人

年 龄	十八、文化、体育和娱乐业			十九、公共管理、社会保障和社会组织			二十、国际组织		
	小计	男	女	小计	男	女	小计	男	女
40-44	**192**	**97**	**96**	**1200**	**812**	**388**			
40	35	20	16	235	161	74			
41	36	15	21	226	147	79			
42	46	25	21	266	182	83			
43	39	21	18	228	152	76			
44	35	16	20	246	170	76			
45-49	**158**	**83**	**75**	**1147**	**802**	**345**			
45	40	20	19	231	164	68			
46	31	20	11	219	146	72			
47	36	18	18	256	187	69			
48	22	9	13	194	129	65			
49	30	17	13	247	175	71			
50-54	**109**	**73**	**36**	**1030**	**807**	**223**			
50	21	14	6	276	208	68			
51	25	16	8	221	168	53			
52	34	22	12	240	188	52			
53	19	13	6	199	171	28			
54	10	7	3	94	72	22			
55-59	**56**	**49**	**7**	**468**	**415**	**53**			
55	11	10	1	121	106	16			
56	10	9	1	80	73	7			
57	16	14	3	86	78	8			
58	7	7		103	93	10			
59	12	9	2	78	65	12			
60-64	**28**	**21**	**7**	**146**	**112**	**34**			
60	11	7	3	47	37	10			
61	5	5		30	21	9			
62	7	6	2	23	19	4			
63	2	1	1	25	20	5			
64	3	1	2	21	16	5			
65及以上	**21**	**18**	**3**	**134**	**103**	**31**			

5-2a 全省分年龄、性别、行业门类的就业人口(城市)

单位：人

年 龄	就业人口			一、农、林、牧、渔业			二、采矿业		
	合计	男	女	小计	男	女	小计	男	女
总 计	**86900**	**51028**	**35872**	**1356**	**866**	**490**	**110**	**95**	**14**
16-19	**1641**	**1050**	**592**	**1**	**1**				
16	149	99	50						
17	328	227	100						
18	523	342	180						
19	642	381	261	1	1				
20-24	**9337**	**5146**	**4192**	**19**	**15**	**4**	**4**	**4**	
20	1262	744	518	3	1	2			
21	1366	738	629	3	3				
22	1672	861	811	2	2				
23	2275	1275	1000	4	3		1	1	
24	2762	1528	1234	7	6	1	3	3	
25-29	**17767**	**10032**	**7735**	**79**	**50**	**29**	**11**	**10**	**2**
25	4044	2369	1675	16	10	6	1	1	
26	3914	2207	1706	12	5	6	4	4	
27	3417	1916	1501	18	14	4	1	1	
28	3333	1784	1548	17	11	6	2	2	
29	3060	1755	1305	17	9	7	4	2	2
30-34	**13368**	**7496**	**5872**	**69**	**45**	**24**	**6**	**4**	**1**
30	2700	1559	1140	11	8	4			
31	2745	1521	1224	14	8	5			
32	2649	1485	1164	15	9	6	1	1	
33	3017	1641	1376	17	11	6	1	1	
34	2258	1290	968	12	9	3	4	3	1
35-39	**12048**	**6851**	**5197**	**95**	**64**	**31**	**15**	**10**	**5**
35	2013	1130	883	11	9	2	3	2	1
36	2430	1384	1046	16	13	3	1	1	
37	2526	1413	1114	20	10	10	1	1	1
38	2486	1405	1081	25	16	9	7	4	3
39	2594	1520	1074	23	17	6	2	2	1

5-2a 续表 1 单位：人

年 龄	三、制造业			四、电力、热力、燃气及水生产和供应业			五、建筑业		
	小计	男	女	小计	男	女	小计	男	女
总 计	**25319**	**15042**	**10277**	**698**	**509**	**190**	**7217**	**6074**	**1143**
16-19	**685**	**489**	**196**	**1**	**1**		**45**	**39**	**6**
16	70	57	13	1	1		7	4	3
17	136	95	41				14	11	3
18	228	162	66				8	8	
19	251	175	76				17	16	1
20-24	**2855**	**1848**	**1007**	**44**	**35**	**8**	**472**	**393**	**79**
20	468	323	145				79	74	5
21	454	293	160	3	2	1	53	46	7
22	513	319	193	14	12	2	90	68	22
23	643	429	214	11	9	3	140	110	31
24	778	483	295	16	13	4	109	94	14
25-29	**5206**	**3189**	**2016**	**128**	**100**	**27**	**1095**	**904**	**191**
25	1082	717	365	21	16	5	277	222	54
26	1096	700	397	33	27	6	201	164	37
27	1042	625	417	28	25	3	208	182	26
28	989	552	437	33	22	11	248	203	45
29	997	597	401	13	10	3	161	133	27
30-34	**3917**	**2312**	**1605**	**108**	**74**	**34**	**923**	**752**	**171**
30	845	518	327	21	14	7	176	139	37
31	848	492	356	27	22	5	170	148	22
32	741	425	316	21	10	11	194	162	32
33	845	495	349	24	19	5	204	162	42
34	638	381	257	16	10	6	179	141	38
35-39	**3564**	**1975**	**1589**	**100**	**67**	**33**	**1058**	**896**	**162**
35	602	345	257	21	15	6	156	136	20
36	714	390	324	17	12	5	223	191	32
37	691	377	315	20	13	7	229	191	38
38	740	410	330	23	11	12	223	187	37
39	817	453	363	19	15	4	227	191	36

5-2a 续表 2

单位：人

年龄	六、批发和零售业			七、交通运输、仓储和邮政业			八、住宿和餐饮业		
	小计	男	女	小计	男	女	小计	男	女
总　计	**17174**	**8896**	**8278**	**4657**	**3681**	**976**	**4788**	**2559**	**2229**
16-19	**241**	**116**	**126**	**22**	**12**	**10**	**269**	**182**	**87**
16	15	5	10	1	1		21	12	9
17	34	21	13	1		1	49	41	8
18	73	40	33	11	6	5	90	63	28
19	119	50	69	8	5	4	108	66	42
20-24	**1940**	**891**	**1049**	**288**	**154**	**135**	**767**	**487**	**280**
20	222	95	127	31	12	19	157	81	75
21	289	125	164	33	14	19	148	95	53
22	361	179	182	53	25	28	147	81	66
23	451	206	245	72	44	28	152	114	38
24	617	285	332	99	58	41	164	115	48
25-29	**3672**	**1813**	**1859**	**726**	**523**	**203**	**897**	**541**	**356**
25	774	401	373	153	106	48	208	115	93
26	842	418	425	135	92	44	229	147	82
27	721	350	371	141	103	38	159	90	68
28	683	321	362	146	116	30	157	91	66
29	652	324	328	150	106	43	144	98	46
30-34	**2959**	**1464**	**1495**	**742**	**571**	**171**	**658**	**342**	**316**
30	587	285	302	121	89	32	116	57	59
31	590	273	317	175	131	44	134	65	69
32	611	318	293	140	111	29	134	69	65
33	662	319	342	173	133	40	156	90	66
34	509	268	241	132	107	25	118	61	57
35-39	**2459**	**1248**	**1211**	**771**	**618**	**153**	**583**	**293**	**290**
35	422	208	214	130	104	26	86	37	49
36	514	261	254	134	104	29	116	62	54
37	538	268	269	174	131	43	119	70	49
38	468	234	233	164	134	29	130	61	69
39	518	278	240	170	144	25	131	63	69

5-2a 续表 3　　　　单位：人

年 龄	九、信息传输、软件和信息技术服务业			十、金融业			十一、房地产业		
	小计	男	女	小计	男	女	小计	男	女
总 计	**2014**	**1320**	**694**	**2373**	**1165**	**1207**	**1921**	**1204**	**718**
16-19	**13**	**7**	**6**	**11**	**6**	**6**	**11**	**9**	**2**
16	1	1					1	1	
17	7	6	1	3	3		2	2	
18	3	1	2	6	3	3	1	1	1
19	3		2	3		3	6	5	1
20-24	**334**	**212**	**122**	**286**	**157**	**129**	**164**	**99**	**64**
20	19	10	10	27	16	11	16	12	3
21	27	23	4	34	17	16	31	17	14
22	49	17	32	37	17	20	33	21	12
23	103	76	27	94	59	35	41	19	21
24	135	86	50	93	47	46	43	29	14
25-29	**707**	**448**	**258**	**691**	**342**	**350**	**343**	**197**	**146**
25	199	143	56	177	107	70	79	43	36
26	176	96	79	152	77	75	71	42	30
27	103	64	39	130	61	69	68	41	27
28	126	80	46	117	51	66	68	36	32
29	102	65	38	115	47	69	57	36	22
30-34	**422**	**285**	**137**	**397**	**169**	**228**	**260**	**155**	**104**
30	104	73	31	82	37	45	61	37	24
31	85	61	25	87	31	56	51	29	21
32	89	59	30	85	38	47	47	25	21
33	75	46	29	94	40	54	55	33	23
34	68	47	22	49	22	27	46	31	15
35-39	**240**	**141**	**99**	**293**	**128**	**165**	**234**	**139**	**95**
35	50	30	20	60	23	37	35	18	17
36	61	38	23	46	22	25	44	29	15
37	51	33	18	54	21	34	57	30	27
38	40	21	19	73	34	39	60	34	26
39	37	19	19	59	29	30	38	29	9

5-2a 续表 4

单位：人

年 龄	十二、租赁和商务服务业			十三、科学研究和技术服务业			十四、水利、环境和公共设施管理业		
	小计	男	女	小计	男	女	小计	男	女
总 计	**2082**	**1250**	**832**	**1189**	**790**	**399**	**412**	**229**	**183**
16-19	**25**	**18**	**7**	**18**	**12**	**6**			
16									
17	2	1		3	2	1			
18	10	5	5	10	8	2			
19	13	12	1	4	1	3			
20-24	**269**	**133**	**135**	**177**	**120**	**56**	**16**	**12**	**4**
20	26	21	5	8	3	4	1		1
21	24	14	10	20	11	9	2	1	1
22	57	16	41	28	18	10	5	5	
23	65	21	43	55	38	16	1		1
24	98	61	37	67	50	17	7	5	2
25-29	**506**	**285**	**221**	**384**	**257**	**126**	**29**	**15**	**14**
25	135	71	64	103	63	40	3	1	1
26	128	75	52	75	56	19	8	6	2
27	87	49	38	86	62	24	8	3	5
28	88	49	40	62	34	28	5	1	4
29	68	41	27	57	43	15	5	3	2
30-34	**363**	**192**	**170**	**208**	**125**	**84**	**45**	**26**	**18**
30	77	51	26	54	36	18	11	8	3
31	69	37	32	41	22	19	6	3	3
32	70	34	36	31	14	17	10	7	3
33	87	40	47	51	34	17	13	5	8
34	60	31	29	31	18	13	6	4	2
35-39	**314**	**181**	**133**	**128**	**82**	**46**	**52**	**30**	**22**
35	63	41	22	18	12	7	4	1	3
36	65	28	37	23	12	12	15	11	4
37	58	37	21	36	23	13	10	6	4
38	66	39	27	20	13	7	12	4	8
39	61	35	27	29	22	8	11	8	3

5-2a 续表 5

单位：人

年 龄	十五、居民服务、修理和其他服务业			十六、教育			十七、卫生和社会工作		
	小计	男	女	小计	男	女	小计	男	女
总 计	**2973**	**1550**	**1422**	**4033**	**1359**	**2675**	**3301**	**1167**	**2133**
16-19	**165**	**113**	**53**	**51**	**15**	**36**	**27**	**1**	**26**
16	16	12	4	6	2	4	2		2
17	54	36	18	7	2	5	8		8
18	42	32	9	18	4	14	8		7
19	54	33	21	20	6	13	10		10
20-24	**457**	**274**	**183**	**343**	**47**	**297**	**568**	**106**	**461**
20	80	56	24	35	2	32	46	2	43
21	93	42	51	60	5	54	53	8	46
22	86	50	36	61	5	56	83	5	78
23	110	71	39	76	11	66	162	25	137
24	88	56	32	112	24	88	223	66	157
25-29	**619**	**375**	**244**	**666**	**144**	**522**	**1102**	**381**	**722**
25	171	110	62	141	35	107	331	118	212
26	122	77	46	134	19	115	312	107	205
27	130	77	54	110	23	87	190	59	131
28	108	59	50	144	31	113	147	40	107
29	87	53	33	137	36	101	123	57	66
30-34	**406**	**202**	**203**	**740**	**216**	**523**	**419**	**145**	**274**
30	82	41	40	111	39	72	81	37	44
31	82	40	42	132	43	88	90	28	62
32	73	41	32	155	45	110	88	34	54
33	116	54	62	182	44	137	91	26	65
34	53	26	27	160	44	116	70	20	50
35-39	**347**	**189**	**158**	**714**	**219**	**495**	**341**	**128**	**213**
35	73	39	34	129	36	93	61	20	41
36	65	41	24	155	50	105	65	23	42
37	70	40	30	154	48	106	72	22	50
38	68	35	33	139	42	97	67	29	38
39	71	34	37	138	44	94	76	35	42

5-2a 续表 6

单位：人

年 龄	十八、文化、体育和娱乐业			十九、公共管理、社会保障和社会组织			二十、国际组织		
	小计	男	女	小计	男	女	小计	男	女
总 计	**1054**	**545**	**508**	**4228**	**2726**	**1503**	**1**		**1**
16-19	**49**	**24**	**24**	**5**	**5**				
16	8	2	6						
17	6	5	1	1	1				
18	12	8	4	2	2				
19	22	10	13	2	2				
20-24	**161**	**71**	**90**	**175**	**88**	**88**			
20	36	29	6	10	6	3			
21	29	13	16	12	7	5			
22	29	8	22	23	13	10			
23	47	17	29	48	19	29			
24	20	3	16	83	43	40			
25-29	**251**	**111**	**140**	**655**	**347**	**308**			
25	59	29	31	113	62	51			
26	61	30	32	121	67	54			
27	51	12	38	137	76	62			
28	45	21	24	149	66	82			
29	35	20	16	135	76	59			
30-34	**154**	**83**	**71**	**574**	**333**	**241**	**1**		**1**
30	42	22	20	118	69	49			
31	25	17	8	119	69	50			
32	31	19	13	113	63	50	1		1
33	32	10	23	141	80	62			
34	23	15	8	83	52	31			
35-39	**118**	**64**	**53**	**622**	**378**	**244**			
35	18	11	6	72	45	27			
36	22	13	9	130	82	48			
37	24	13	11	148	80	68			
38	25	15	10	136	81	55			
39	29	12	17	137	91	46			

5-2a　续表 7

单位：人

年　龄	就业人口			一、农、林、牧、渔业			二、采矿业		
	合计	男	女	小计	男	女	小计	男	女
40-44	**12543**	**7252**	**5291**	**218**	**139**	**79**	**39**	**34**	**5**
40	2433	1434	999	27	19	9	8	7	1
41	2525	1424	1101	48	27	21	6	2	3
42	2662	1567	1095	50	30	20	8	8	
43	2418	1371	1046	44	33	11	9	9	
44	2505	1456	1050	48	30	18	8	7	1
45-49	**9955**	**5806**	**4149**	**266**	**157**	**109**	**15**	**14**	**1**
45	2358	1369	989	40	24	16	1	1	1
46	2091	1151	940	51	30	21	4	4	
47	2182	1338	844	67	41	25	6	6	
48	1582	895	687	49	32	17			
49	1742	1053	689	59	30	29	4	3	
50-54	**6011**	**4178**	**1833**	**225**	**132**	**93**	**12**	**11**	**1**
50	1529	1006	523	49	27	22	5	5	
51	1359	934	425	42	27	15	3	2	1
52	1531	1091	440	64	35	29	2	2	
53	1049	758	291	51	33	18	1	1	
54	542	389	153	19	11	8	1	1	
55-59	**2718**	**2119**	**599**	**189**	**127**	**62**	**4**	**4**	
55	625	474	152	44	24	19			
56	490	387	103	34	24	10	1	1	
57	586	468	118	32	21	11	1	1	
58	610	473	138	42	32	10	1	1	
59	407	318	89	37	26	11	1	1	
60-64	**1067**	**752**	**314**	**124**	**85**	**39**	**5**	**5**	
60	312	211	101	40	26	14	1	1	
61	255	186	69	29	23	6	3	3	
62	194	143	51	21	14	7	1	1	
63	178	121	57	13	7	6			
64	128	91	37	21	15	6			
65及以上	**444**	**345**	**98**	**72**	**51**	**20**			

5-2a 续表 8

单位：人

年 龄	三、制造业			四、电力、热力、燃气及水生产和供应业			五、建筑业		
	小计	男	女	小计	男	女	小计	男	女
40-44	**3823**	**2046**	**1776**	**120**	**82**	**37**	**1323**	**1095**	**228**
40	735	398	337	22	15	7	254	202	52
41	797	422	375	23	15	8	253	215	38
42	812	422	390	16	10	6	304	268	36
43	736	398	339	29	20	9	247	192	55
44	742	406	336	30	22	8	266	218	48
45-49	**2924**	**1558**	**1367**	**102**	**63**	**38**	**1162**	**955**	**206**
45	698	367	332	20	13	7	272	235	37
46	631	305	327	25	16	9	220	174	46
47	646	362	284	30	19	11	268	225	43
48	452	252	200	14	8	6	184	139	45
49	497	272	224	12	7	5	219	184	35
50-54	**1481**	**979**	**503**	**71**	**61**	**10**	**729**	**660**	**69**
50	387	236	152	27	23	4	183	156	26
51	385	245	139	6	5	1	169	157	12
52	356	251	105	24	22	3	195	178	17
53	239	170	69	9	7	2	121	107	14
54	114	77	37	5	4	1	62	62	
55-59	**570**	**427**	**143**	**22**	**21**	**1**	**275**	**253**	**22**
55	116	88	28	7	7		59	55	3
56	102	73	29	4	4		50	45	5
57	130	109	21	6	6		60	55	4
58	127	90	36	3	3		71	66	5
59	96	66	29	2	1	1	36	31	5
60-64	**199**	**139**	**59**	**2**	**2**		**113**	**105**	**7**
60	63	36	27	1	1		30	29	1
61	52	36	16	1	1		24	23	1
62	38	33	5				26	23	3
63	29	23	6				15	14	1
64	17	11	5				18	17	2
65及以上	**96**	**81**	**15**	**1**	**1**		**21**	**21**	

5-2a 续表 9 单位：人

年 龄	六、批发和零售业			七、交通运输、仓储和邮政业			八、住宿和餐饮业		
	小计	男	女	小计	男	女	小计	男	女
40-44	**2417**	**1256**	**1161**	**830**	**707**	**123**	**612**	**250**	**362**
40	475	266	209	148	124	24	122	57	65
41	475	243	232	160	136	24	129	51	78
42	511	267	244	177	153	24	114	41	72
43	435	212	223	172	143	29	128	55	73
44	521	268	253	172	149	23	119	45	73
45-49	**1768**	**963**	**805**	**650**	**521**	**128**	**515**	**203**	**312**
45	443	236	207	172	141	31	127	42	86
46	387	212	175	133	99	34	111	46	65
47	381	214	167	138	113	25	106	51	55
48	274	135	139	94	74	20	88	34	55
49	283	166	117	113	94	19	82	30	52
50-54	**991**	**643**	**347**	**387**	**352**	**35**	**259**	**120**	**139**
50	248	143	105	102	94	8	72	32	40
51	221	155	66	73	64	10	57	22	34
52	245	159	86	106	96	10	74	37	37
53	180	126	54	65	60	5	40	19	21
54	97	61	36	41	39	2	16	9	7
55-59	**467**	**326**	**141**	**189**	**174**	**15**	**136**	**84**	**52**
55	114	74	40	41	37	4	36	21	15
56	81	57	23	38	36	2	14	5	9
57	101	66	34	48	46	3	30	22	8
58	118	84	33	38	33	4	40	27	14
59	54	44	10	24	22	2	16	8	7
60-64	**192**	**126**	**66**	**41**	**39**	**2**	**72**	**43**	**29**
60	52	32	21	17	16		18	13	5
61	47	30	16	9	7	1	22	12	11
62	39	27	12	7	7		14	8	6
63	35	20	15	5	5		9	6	3
64	19	17	2	3	3		9	4	5
65及以上	**68**	**51**	**18**	**12**	**9**	**3**	**21**	**15**	**6**

5-2a 续表 10 单位：人

年 龄	九、信息传输、软件和信息技术服务业			十、金融业			十一、房地产业		
	小计	男	女	小计	男	女	小计	男	女
40-44	**155**	**109**	**46**	**320**	**151**	**169**	**252**	**142**	**109**
40	43	30	13	67	21	45	53	35	19
41	29	19	10	61	30	31	46	26	20
42	36	26	10	69	37	32	52	31	22
43	27	22	6	54	34	20	50	24	27
44	19	12	8	69	29	40	50	28	22
45-49	**85**	**67**	**18**	**225**	**109**	**116**	**256**	**144**	**113**
45	20	17	3	53	24	29	54	28	27
46	23	21	3	50	23	27	64	33	31
47	15	10	5	50	22	28	41	23	18
48	21	15	6	42	18	23	38	24	14
49	5	3	2	30	21	10	59	36	23
50-54	**44**	**38**	**6**	**111**	**73**	**37**	**175**	**127**	**49**
50	15	11	3	17	11	6	37	27	10
51	6	6		28	18	10	39	22	17
52	10	9	1	37	23	14	50	39	11
53	9	8	1	15	12	4	27	21	6
54	4	4		14	10	4	22	18	4
55-59	**12**	**11**	**1**	**33**	**27**	**6**	**111**	**93**	**18**
55	1	1		14	11	3	21	18	3
56	5	5		2	2		24	22	2
57	3	3		5	4	1	26	21	5
58				6	5	1	16	14	2
59	3	2	1	7	5	1	24	17	6
60-64	**1**	**1**		**4**	**3**	**1**	**77**	**63**	**14**
60	1	1					18	13	6
61							18	17	1
62	1	1		1	1		7	7	
63							27	21	7
64				3	2	1	6	5	1
65及以上	**1**	**1**		**2**	**1**	**1**	**39**	**35**	**4**

5-2a 续表 11 单位：人

年 龄	十二、租赁和商务服务业			十三、科学研究和技术服务业			十四、水利、环境和公共设施管理业		
	小计	男	女	小计	男	女	小计	男	女
40-44	**228**	**147**	**81**	**112**	**73**	**39**	**67**	**38**	**29**
40	27	14	13	21	18	2	7	5	3
41	49	30	19	27	18	8	14	7	6
42	57	35	21	20	10	10	17	9	9
43	46	30	16	28	16	13	11	8	3
44	49	38	12	16	11	5	18	9	8
45-49	**176**	**120**	**56**	**89**	**55**	**34**	**85**	**38**	**47**
45	43	30	13	25	17	8	18	12	7
46	49	26	22	15	8	7	20	8	12
47	40	29	11	23	17	6	17	8	9
48	28	23	5	9	5	4	18	6	12
49	17	13	3	18	8	9	11	3	8
50-54	**119**	**98**	**21**	**45**	**37**	**7**	**52**	**34**	**18**
50	28	20	8	12	9	3	13	9	4
51	24	20	4	10	10		9	6	3
52	29	23	6	7	5	2	13	10	3
53	25	22	3	9	7	2	10	5	5
54	13	13		6	5	1	6	4	3
55-59	**58**	**53**	**5**	**23**	**23**		**31**	**19**	**12**
55	18	18		4	4		5	3	1
56	8	7	1	9	9		4	2	1
57	14	11	2	4	4		7	3	4
58	8	6	2	4	4		7	6	2
59	11	11		2	2		8	4	4
60-64	**12**	**11**	**1**	**5**	**5**	**1**	**21**	**9**	**12**
60	1	1	1	1		1	4	2	2
61	3	3					5	2	3
62	6	5	1	1	1		5	1	4
63				2	2		5	4	1
64	3	3		2	2		2	1	1
65及以上	**13**	**12**	**1**	**1**	**1**		**15**	**9**	**6**

5-2a 续表 12

单位：人

年龄	十五、居民服务、修理和其他服务业			十六、教育			十七、卫生和社会工作		
	小计	男	女	小计	男	女	小计	男	女
40-44	**354**	**132**	**222**	**563**	**208**	**355**	**327**	**139**	**188**
40	82	33	50	127	55	72	55	29	27
41	74	33	41	114	34	80	68	19	49
42	65	21	44	105	42	63	67	35	32
43	77	26	51	118	40	78	68	26	42
44	56	20	37	98	37	62	68	30	38
45-49	**274**	**111**	**163**	**447**	**179**	**269**	**212**	**103**	**109**
45	71	30	41	110	38	71	54	28	26
46	56	21	35	78	27	52	40	16	23
47	55	19	35	90	43	47	45	27	18
48	46	19	27	81	34	47	41	19	22
49	48	22	25	88	37	51	32	13	20
50-54	**171**	**72**	**99**	**328**	**188**	**140**	**178**	**81**	**97**
50	43	20	23	86	43	43	42	23	19
51	43	19	24	58	32	26	39	18	22
52	38	15	23	92	56	36	41	19	22
53	31	11	20	59	36	24	40	18	22
54	17	7	10	32	21	11	16	3	13
55-59	**94**	**47**	**47**	**140**	**115**	**25**	**74**	**51**	**24**
55	20	10	10	35	26	9	17	8	9
56	18	9	9	28	24	4	14	10	4
57	23	10	13	25	22	3	14	11	3
58	21	9	12	29	22	7	19	13	7
59	11	9	3	22	20	2	9	9	1
60-64	**62**	**23**	**39**	**29**	**22**	**7**	**34**	**19**	**14**
60	13	7	5	11	7	3	14	7	7
61	14	8	6	8	7	1	6	6	1
62	12	2	10				5	3	2
63	14	4	10	6	5	1	5	2	3
64	10	2	8	4	3	1	3	2	2
65及以上	**22**	**12**	**10**	**12**	**6**	**6**	**19**	**14**	**5**

5-2a 续表 13 单位：人

年 龄	十八、文化、体育和娱乐业			十九、公共管理、社会保障和社会组织			二十、国际组织		
	小计	男	女	小计	男	女	小计	男	女
40-44	**109**	**57**	**52**	**676**	**448**	**229**			
40	22	14	8	136	91	45			
41	18	8	9	135	88	48			
42	31	17	14	150	104	46			
43	17	9	8	119	75	44			
44	21	9	13	136	90	46			
45-49	**98**	**49**	**49**	**606**	**397**	**209**			
45	20	11	9	116	76	40			
46	18	10	8	116	72	44			
47	28	12	16	136	96	39			
48	8	3	5	95	56	39			
49	24	13	11	143	96	47			
50-54	**63**	**41**	**22**	**570**	**431**	**140**			
50	12	7	5	153	112	41			
51	15	11	4	132	94	38			
52	18	11	7	129	102	27			
53	13	9	4	106	87	19			
54	6	3	3	50	36	14			
55-59	**38**	**35**	**3**	**253**	**232**	**22**			
55	8	7	1	68	61	7			
56	7	6	1	47	45	2			
57	12	11	1	43	39	4			
58	6	6		54	52	3			
59	5	5		40	35	5			
60-64	**9**	**5**	**4**	**65**	**47**	**18**			
60	5	3	2	22	17	5			
61				14	9	5			
62	2	2		8	7	1			
63	1	1	1	12	8	4			
64	1	1	1	9	6	3			
65及以上	**3**	**3**		**25**	**21**	**4**			

5-2b 全省分年龄、性别、行业门类的就业人口(镇)

单位：人

年 龄	就业人口			一、农、林、牧、渔业			二、采矿业		
	合计	男	女	小计	男	女	小计	男	女
总 计	**55522**	**34065**	**21457**	**8146**	**4946**	**3199**	**304**	**234**	**70**
16-19	**665**	**402**	**263**	**16**	**10**	**6**			
16	87	57	30	3	2	1			
17	129	76	54	3	2	1			
18	211	137	75	3	2	2			
19	237	133	104	7	5	2			
20-24	**3989**	**2371**	**1618**	**151**	**106**	**45**	**20**	**12**	**8**
20	492	324	168	16	12	3	2	2	
21	601	352	249	26	18	8	6	3	3
22	718	420	298	23	17	6	1	1	
23	900	515	386	37	28	9	5	3	2
24	1278	760	518	50	31	18	6	4	3
25-29	**8438**	**5022**	**3416**	**483**	**322**	**161**	**58**	**43**	**14**
25	1904	1104	800	92	64	28	9	6	3
26	1685	1020	665	97	62	36	15	9	6
27	1650	982	667	110	76	34	16	13	3
28	1650	982	668	97	68	29	9	9	
29	1549	933	616	86	53	33	9	7	3
30-34	**6961**	**4125**	**2836**	**554**	**357**	**197**	**30**	**24**	**6**
30	1496	885	610	106	68	38	9	6	3
31	1468	887	581	110	69	41	4	2	2
32	1326	796	530	92	62	30	7	7	
33	1405	801	604	127	77	50	6	4	1
34	1267	756	510	118	80	37	4	4	
35-39	**7149**	**4169**	**2980**	**667**	**405**	**261**	**39**	**29**	**10**
35	1141	665	476	91	61	30	7	7	
36	1348	808	540	128	82	45	5	4	1
37	1444	814	630	133	77	56	13	7	6
38	1449	845	603	149	83	66	4	2	2
39	1768	1037	731	165	101	64	9	8	1

5-2b 续表 1

单位：人

年 龄	三、制造业			四、电力、热力、燃气及水生产和供应业			五、建筑业		
	小计	男	女	小计	男	女	小计	男	女
总 计	**14692**	**8343**	**6349**	**440**	**314**	**126**	**5882**	**5063**	**819**
16-19	**299**	**172**	**127**				**38**	**37**	**1**
16	31	14	17				7	7	
17	55	29	26				5	5	
18	100	64	36				12	12	
19	114	66	48				14	14	
20-24	**1320**	**835**	**485**	**21**	**18**	**3**	**278**	**250**	**29**
20	216	149	67				39	38	1
21	240	153	87				38	34	4
22	201	129	71	1		1	50	46	4
23	265	166	99	8	7	2	59	50	9
24	398	237	161	11	11		92	83	10
25-29	**2605**	**1541**	**1065**	**60**	**40**	**19**	**662**	**614**	**48**
25	577	335	241	16	9	8	122	115	7
26	481	316	166	6	6		143	132	11
27	530	312	218	9	6	3	128	118	9
28	500	296	204	19	12	7	132	121	11
29	517	282	235	10	8	1	137	128	9
30-34	**2062**	**1147**	**915**	**64**	**35**	**29**	**659**	**577**	**81**
30	474	259	214	15	10	4	124	107	17
31	447	253	194	19	11	8	139	124	15
32	384	219	165	9	3	6	135	118	17
33	392	221	171	15	6	9	128	116	11
34	365	195	170	6	4	2	133	111	21
35-39	**2036**	**1042**	**994**	**58**	**41**	**17**	**792**	**688**	**103**
35	340	169	171	6	5	1	117	101	16
36	382	215	166	12	9	3	151	131	20
37	429	213	216	10	5	5	144	133	12
38	391	200	191	17	12	5	159	140	19
39	494	245	248	14	10	4	220	183	37

5-2b 续表 2

单位：人

年 龄	六、批发和零售业			七、交通运输、仓储和邮政业			八、住宿和餐饮业		
	小计	男	女	小计	男	女	小计	男	女
总 计	**9959**	**5397**	**4562**	**2479**	**2257**	**223**	**2575**	**1317**	**1257**
16-19	**86**	**42**	**44**	**8**	**7**		**50**	**33**	**17**
16	13	10	4				7	6	
17	15	8	7	1	1		12	5	7
18	23	10	13	5	5		16	11	5
19	35	14	21	1	1		15	10	5
20-24	**798**	**391**	**408**	**123**	**96**	**26**	**275**	**162**	**113**
20	72	37	34	10	8	2	38	24	15
21	119	54	65	9	5	3	51	29	22
22	167	80	87	27	23	4	58	35	23
23	185	80	106	29	26	3	48	26	22
24	256	139	116	48	34	14	79	48	31
25-29	**1740**	**904**	**835**	**331**	**285**	**47**	**477**	**277**	**199**
25	352	165	187	74	59	14	127	82	45
26	364	193	171	65	58	7	83	42	41
27	351	191	161	71	60	11	92	49	43
28	348	181	168	66	59	7	76	42	34
29	323	175	148	55	48	7	100	63	36
30-34	**1505**	**751**	**754**	**325**	**302**	**24**	**371**	**217**	**154**
30	318	168	151	67	65	3	82	50	32
31	308	152	156	69	65	4	76	41	35
32	304	154	149	70	60	10	79	50	29
33	317	143	174	61	57	4	73	43	30
34	258	134	124	59	56	3	62	33	29
35-39	**1407**	**732**	**675**	**361**	**330**	**31**	**338**	**172**	**166**
35	249	139	110	62	54	8	50	30	20
36	263	147	116	70	64	6	73	40	34
37	295	142	153	60	55	5	67	33	34
38	265	132	133	79	74	5	64	31	33
39	335	172	163	89	83	6	84	39	45

5-2b 续表 3

单位：人

年 龄	九、信息传输、软件和信息技术服务业			十、金融业			十一、房地产业		
	小计	男	女	小计	男	女	小计	男	女
总 计	**631**	**438**	**192**	**709**	**344**	**365**	**403**	**242**	**162**
16-19	**13**	**6**	**7**	**2**	**2**		**2**		**1**
16	1	1							
17	2	2							
18	3		3				1		1
19	6	2	4	2	2				
20-24	**173**	**117**	**56**	**74**	**33**	**41**	**36**	**13**	**23**
20	6	6		1	1		1		1
21	4	1	3	3	1	1	3	2	1
22	37	26	11	13	6	6	3	2	2
23	51	33	18	14	7	7	13	6	7
24	74	51	24	43	17	26	15	3	12
25-29	**214**	**147**	**67**	**214**	**93**	**121**	**84**	**48**	**36**
25	72	55	17	59	27	32	19	11	8
26	52	31	21	44	23	22	14	9	5
27	34	24	10	35	15	20	21	11	10
28	31	18	12	44	15	29	17	8	9
29	26	19	6	31	14	17	14	9	5
30-34	**87**	**59**	**28**	**87**	**39**	**48**	**46**	**30**	**16**
30	24	16	8	25	11	14	8	7	2
31	15	11	4	26	12	14	18	12	5
32	22	14	8	15	6	9	4	2	2
33	12	8	4	10	4	5	8	3	5
34	15	9	5	12	5	6	8	5	3
35-39	**59**	**43**	**15**	**73**	**23**	**50**	**46**	**16**	**31**
35	14	11	3	6	3	3	8	4	4
36	16	11	4	18	5	14	8	4	3
37	9	7	2	23	6	17	13	3	10
38	8	4	4	11	5	7	4	1	3
39	12	10	2	14	5	10	13	3	10

5-2b 续表 4

单位：人

年 龄	十二、租赁和商务服务业			十三、科学研究和技术服务业			十四、水利、环境和公共设施管理业		
	小计	男	女	小计	男	女	小计	男	女
总 计	**585**	**420**	**165**	**201**	**152**	**49**	**194**	**113**	**81**
16-19	**5**	**3**	**2**	**2**	**1**	**1**			
16									
17	1		1	1	1				
18	2	1	1	1	1	1			
19	2	2	1						
20-24	**51**	**30**	**21**	**18**	**12**	**6**	**1**	**1**	
20	3		3						
21	5	3	1	2	1				
22	7	4	2	1		1			
23	16	10	6	12	10	1			
24	21	12	9	4	1	3	1	1	
25-29	**114**	**67**	**48**	**67**	**51**	**15**	**6**	**4**	**2**
25	30	22	8	18	12	6	3	1	2
26	18	11	7	13	10	3	2	2	
27	24	15	9	12	11	1	1		1
28	29	11	17	12	12	1			
29	14	8	6	12	7	5			
30-34	**89**	**60**	**29**	**35**	**19**	**16**	**14**	**8**	**7**
30	18	12	6	9	5	3	6	5	1
31	27	21	6	11	6	5	1	1	1
32	19	13	7	4	3	1	1		1
33	13	8	5	7	3	4	2	2	
34	12	7	5	4	1	3	5	1	4
35-39	**64**	**45**	**19**	**24**	**19**	**4**	**19**	**14**	**5**
35	11	7	4	5	4	1	3	3	
36	11	8	3	4	3	1	2	2	1
37	12	10	3	1		1	2	1	1
38	16	12	4	5	3	2	8	7	1
39	14	9	5	9	9		4	1	3

5-2b 续表 5

单位：人

年 龄	十五、居民服务、修理和其他服务业			十六、教育			十七、卫生和社会工作		
	小计	男	女	小计	男	女	小计	男	女
总 计	**2160**	**1225**	**935**	**2386**	**997**	**1389**	**901**	**373**	**528**
16-19	**93**	**70**	**23**	**24**	**7**	**16**	**6**	**1**	**5**
16	14	10	4	2	1	1			
17	26	22	5	4	1	3	2		2
18	30	25	5	8	2	5	2	1	1
19	23	14	9	10	3	8	2		2
20-24	**209**	**160**	**49**	**159**	**19**	**140**	**85**	**20**	**65**
20	37	30	7	23	5	18	13	1	12
21	41	31	10	20	1	18	10	3	7
22	52	33	19	34	2	32	15	5	9
23	35	26	9	43	4	39	24	3	21
24	45	40	5	40	8	32	22	7	15
25-29	**344**	**207**	**137**	**310**	**52**	**259**	**166**	**51**	**115**
25	68	38	30	75	14	61	62	13	49
26	79	56	23	76	9	67	28	5	23
27	44	19	24	67	13	54	22	9	14
28	85	54	31	56	7	49	35	18	17
29	68	39	30	36	9	27	19	7	12
30-34	**313**	**197**	**116**	**299**	**77**	**222**	**127**	**52**	**74**
30	73	40	33	44	7	37	32	13	19
31	79	56	22	44	10	34	25	11	14
32	45	27	18	54	11	43	16	8	9
33	60	35	25	75	17	58	27	11	16
34	56	38	18	82	33	49	26	10	16
35-39	**257**	**128**	**129**	**453**	**177**	**276**	**114**	**44**	**71**
35	40	18	22	64	21	43	23	5	18
36	49	22	27	87	25	62	16	7	10
37	44	22	22	97	42	55	20	12	9
38	68	38	29	93	37	56	20	7	13
39	57	28	29	112	52	60	34	13	21

5-2b 续表 6

单位：人

年 龄	十八、文化、体育和娱乐业			十九、公共管理、社会保障和社会组织			二十、国际组织		
	小计	男	女	小计	男	女	小计	男	女
总 计	**387**	**193**	**194**	**2489**	**1698**	**791**			
16-19	**13**	**3**	**10**	**9**	**7**	**2**			
16	4	1	4	5	5				
17	3		3	1	1				
18	3	1	2	4	2	2			
19	3	1	3						
20-24	**42**	**8**	**34**	**155**	**87**	**68**			
20	4		3	11	10	1			
21	10	1	8	16	11	5			
22	7	1	6	21	8	13			
23	6	3	3	50	27	23			
24	16	3	13	57	30	27			
25-29	**72**	**40**	**33**	**431**	**235**	**196**			
25	20	12	8	110	64	45			
26	15	8	7	91	41	50			
27	10	6	5	73	36	37			
28	15	4	11	78	48	30			
29	12	10	2	79	46	33			
30-34	**60**	**30**	**30**	**235**	**146**	**89**			
30	11	6	5	51	29	22			
31	7	2	5	43	27	16			
32	16	8	8	50	32	19			
33	15	7	9	59	37	21			
34	11	8	3	33	21	11			
35-39	**54**	**30**	**24**	**288**	**190**	**98**			
35	10	3	7	34	19	14			
36	9	4	4	45	25	20			
37	8	6	1	62	41	21			
38	16	9	7	70	48	22			
39	12	8	4	77	57	20			

5-2b 续表 7 单位：人

年 龄	就业人口			一、农、林、牧、渔业			二、采矿业		
	合计	男	女	小计	男	女	小计	男	女
40-44	**8928**	**5257**	**3670**	**1113**	**624**	**489**	**51**	**41**	**11**
40	1607	949	658	170	90	81	10	8	2
41	1742	1067	674	212	127	84	9	7	3
42	1913	1089	824	224	120	104	10	8	3
43	1784	1035	750	223	112	111	12	11	1
44	1882	1118	764	284	175	109	10	7	3
45-49	**8068**	**4891**	**3177**	**1486**	**823**	**663**	**58**	**44**	**14**
45	1808	1040	768	306	171	135	16	10	6
46	1690	1047	643	289	176	113	15	13	1
47	1755	1063	692	325	175	150	11	7	4
48	1345	810	536	262	140	122	8	5	3
49	1469	932	538	305	162	142	8	8	
50-54	**5385**	**3553**	**1831**	**1330**	**771**	**559**	**26**	**21**	**4**
50	1343	886	456	316	189	127	7	6	1
51	1175	755	420	291	164	127	9	8	1
52	1439	951	488	348	212	136	7	5	2
53	958	646	312	253	143	110	3	3	
54	470	315	155	122	62	60			
55-59	**3099**	**2234**	**865**	**1038**	**652**	**386**	**15**	**13**	**2**
55	628	450	178	188	124	64	3	3	
56	576	416	160	186	112	74	5	3	1
57	683	487	196	224	139	85	3	3	
58	671	502	169	225	142	82	5	4	1
59	540	378	162	214	133	81			
60-64	**1779**	**1254**	**525**	**795**	**520**	**275**	**6**	**6**	
60	474	327	147	198	122	76			
61	400	283	118	187	122	65	2	2	
62	358	249	108	165	111	54	3	3	
63	315	219	96	135	86	49	1	1	
64	233	176	56	110	79	31			
65及以上	**1063**	**787**	**275**	**513**	**355**	**158**	**1**	**1**	

5-2b 续表 8

单位：人

年 龄	三、制造业			四、电力、热力、燃气及水生产和供应业			五、建筑业		
	小计	男	女	小计	男	女	小计	男	女
40-44	**2453**	**1242**	**1210**	**72**	**45**	**27**	**1175**	**980**	**195**
40	424	215	209	15	10	5	195	150	45
41	478	252	227	10	6	4	232	202	30
42	529	244	285	15	11	4	250	210	39
43	512	274	237	17	9	7	235	206	29
44	510	257	253	15	8	7	263	210	52
45-49	**1894**	**1005**	**889**	**75**	**50**	**25**	**1088**	**880**	**208**
45	455	227	228	17	11	7	226	173	53
46	417	220	196	13	10	3	230	191	39
47	393	202	191	14	10	4	243	199	43
48	323	174	149	12	7	4	177	142	35
49	308	182	125	19	12	7	213	175	38
50-54	**1100**	**683**	**418**	**43**	**39**	**3**	**708**	**596**	**112**
50	274	173	101	12	11	1	179	152	27
51	253	140	112	11	10	1	161	135	26
52	272	163	109	11	10	1	198	162	36
53	211	143	68	5	5		115	102	14
54	91	64	27	4	4		55	46	9
55-59	**540**	**398**	**142**	**35**	**34**	**1**	**305**	**276**	**29**
55	109	79	30	8	8		64	54	10
56	97	73	24	5	4	1	59	55	4
57	130	92	37	9	8	1	61	56	5
58	111	87	25	6	6		79	75	4
59	93	68	26	8	8		43	37	6
60-64	**248**	**178**	**71**	**9**	**8**	**2**	**138**	**127**	**11**
60	66	52	14	3	2	2	37	34	3
61	48	30	19	4	4		33	31	2
62	46	33	13	2	2		27	23	3
63	58	39	19	1	1		24	23	1
64	30	24	6				17	15	2
65及以上	**135**	**100**	**35**	**3**	**3**		**39**	**37**	**2**

5-2b 续表 9

单位：人

年 龄	六、批发和零售业			七、交通运输、仓储和邮政业			八、住宿和餐饮业		
	小计	男	女	小计	男	女	小计	男	女
40-44	**1535**	**828**	**708**	**448**	**410**	**38**	**423**	**163**	**261**
40	288	152	136	70	62	8	85	39	46
41	318	185	133	103	100	3	80	30	50
42	333	181	152	99	88	11	92	33	59
43	296	144	151	90	79	10	70	20	50
44	301	166	135	87	80	6	96	40	55
45-49	**1291**	**699**	**592**	**432**	**396**	**36**	**300**	**115**	**185**
45	304	157	147	108	97	11	65	21	45
46	250	133	117	89	88	1	63	23	41
47	276	148	128	95	84	11	65	29	36
48	221	121	100	58	52	6	55	22	33
49	241	142	100	82	74	7	51	21	30
50-54	**789**	**472**	**318**	**241**	**232**	**9**	**160**	**76**	**84**
50	225	126	100	56	53	3	42	21	21
51	161	95	66	54	51	2	47	22	25
52	229	143	85	61	58	3	40	13	27
53	108	65	43	45	45		17	11	6
54	66	43	24	26	25	1	14	8	5
55-59	**421**	**291**	**129**	**147**	**141**	**6**	**100**	**51**	**49**
55	79	55	24	40	38	3	21	13	8
56	78	50	28	35	35		17	7	9
57	100	68	32	24	24	1	22	8	14
58	83	63	21	29	27	1	26	16	10
59	80	56	24	18	17	2	14	6	9
60-64	**234**	**165**	**69**	**42**	**39**	**3**	**50**	**34**	**16**
60	72	51	20	10	10		14	10	4
61	51	38	13	12	10	2	15	14	1
62	47	30	17	15	13	1	7	2	5
63	39	28	11	4	4		10	6	4
64	25	18	8	2	2		4	2	2
65及以上	**153**	**123**	**31**	**22**	**20**	**2**	**31**	**19**	**12**

5-2b 续表 10 单位：人

年 龄	九、信息传输、软件和信息技术服务业			十、金融业			十一、房地产业		
	小计	男	女	小计	男	女	小计	男	女
40-44	**28**	**24**	**3**	**95**	**50**	**45**	**61**	**41**	**20**
40	9	9	1	14	5	9	11	8	3
41	3	2	1	12	8	5	11	7	4
42	5	3	1	26	13	13	24	17	7
43	6	6	1	22	12	10	11	6	5
44	5	5		21	13	8	5	4	1
45-49	**35**	**25**	**10**	**94**	**52**	**42**	**48**	**30**	**18**
45	6	5	2	24	12	12	10	4	5
46	10	8	2	19	11	8	9	4	5
47	15	11	4	26	13	13	12	10	2
48	2	1	1	12	9	4	6	4	2
49	2		2	13	8	5	11	7	4
50-54	**18**	**15**	**3**	**45**	**32**	**13**	**31**	**19**	**11**
50	8	7	1	11	9	2	8	4	4
51	1	1		8	4	4	9	6	3
52	6	6		12	9	3	7	6	1
53	1	1		8	6	3	3	2	1
54	2		1	5	4	2	4	3	2
55-59	**4**	**2**	**2**	**23**	**18**	**5**	**30**	**28**	**3**
55				7	5	2	7	7	
56	2	2		2	2	1	6	5	1
57				5	5		7	7	1
58	1		1	5	4	1	5	4	1
59				4	3	2	4	4	
60-64				**3**	**1**	**1**	**12**	**11**	**1**
60				1		1	2	2	
61							3	3	
62				1		1	3	3	
63							2	1	1
64				1	1		2	2	
65及以上				**1**	**1**		**8**	**6**	**1**

5-2b 续表 11 单位：人

年 龄	十二、租赁和商务服务业			十三、科学研究和技术服务业			十四、水利、环境和公共设施管理业		
	小计	男	女	小计	男	女	小计	男	女
40-44	**86**	**62**	**24**	**17**	**13**	**4**	**24**	**9**	**14**
40	29	25	3	3	3	1	4	1	2
41	21	12	9	4	4		2	2	
42	13	10	3	4	2	2	8	3	5
43	13	9	4	4	4		3	2	1
44	11	6	4	2	1	1	7	1	5
45-49	**51**	**42**	**9**	**14**	**12**	**2**	**30**	**16**	**14**
45	10	7	3	2	2		7	4	2
46	16	14	2	1	1		9	3	6
47	6	4	2	4	4		12	7	4
48	11	10	1	3	2	1	2	1	1
49	7	6	1	4	3	1	1	1	
50-54	**45**	**36**	**8**	**13**	**13**	**1**	**33**	**18**	**16**
50	11	9	1	4	3	1	5	3	2
51	11	8	3	2	2		5	2	3
52	12	9	3	5	5		12	10	2
53	8	7	1	1	1		8	2	6
54	3	2	1	2	2		3	1	2
55-59	**37**	**34**	**3**	**9**	**9**		**27**	**14**	**13**
55	4	4		1	1		8	1	7
56	8	7	1	5	5		4	1	3
57	11	10	2	1	1		5	4	
58	7	7		1	1		5	3	3
59	7	7		1	1		4	4	1
60-64	**26**	**25**	**1**	**4**	**3**		**26**	**18**	**8**
60	5	3	1	1	1		6	5	2
61	8	8					8	3	5
62	6	6					3	2	1
63	6	6					6	5	1
64	2	2		3	2		3	3	
65及以上	**16**	**16**					**13**	**12**	

5-2b 续表 12 单位：人

年 龄	十五、居民服务、修理和其他服务业			十六、教育			十七、卫生和社会工作		
	小计	男	女	小计	男	女	小计	男	女
40-44	**303**	**150**	**154**	**457**	**230**	**228**	**140**	**56**	**84**
40	67	42	24	96	56	40	31	17	14
41	52	21	32	98	43	54	24	13	11
42	69	30	39	99	47	52	18	9	9
43	57	31	25	79	38	41	33	7	26
44	58	25	33	86	46	40	34	10	24
45-49	**257**	**108**	**149**	**362**	**216**	**146**	**89**	**47**	**42**
45	62	23	38	79	47	32	24	9	14
46	56	22	35	96	57	38	19	13	7
47	52	23	29	77	44	33	21	14	7
48	46	19	27	55	35	20	13	6	7
49	42	21	20	56	33	23	12	6	6
50-54	**174**	**84**	**90**	**189**	**115**	**75**	**67**	**33**	**34**
50	28	15	13	33	14	19	19	7	12
51	35	18	17	34	25	9	11	6	5
52	49	22	27	61	37	23	18	13	5
53	44	19	25	44	27	17	13	5	8
54	18	11	8	18	12	6	6	3	3
55-59	**93**	**50**	**43**	**91**	**75**	**17**	**39**	**25**	**14**
55	20	8	12	27	18	9	6	3	3
56	18	11	8	17	16	2	5	3	2
57	16	8	8	19	16	3	12	8	4
58	30	19	11	19	17	2	8	6	2
59	8	5	3	9	8	1	8	5	3
60-64	**66**	**42**	**24**	**29**	**20**	**9**	**45**	**24**	**21**
60	14	9	5	12	8	4	14	4	11
61	12	7	6	9	6	3	4	4	
62	15	9	6	3	3		6	1	5
63	14	10	4	2	2		8	3	5
64	10	7	4	2	1	1	12	12	
65及以上	**50**	**30**	**20**	**12**	**9**	**3**	**23**	**20**	**4**

5-2b 续表 13 单位：人

年 龄	十八、文化、体育和娱乐业			十九、公共管理、社会保障和社会组织			二十、国际组织		
	小计	男	女	小计	男	女	小计	男	女
40-44	**54**	**24**	**30**	**392**	**266**	**126**			
40	10	5	5	75	51	24			
41	11	3	7	63	45	18			
42	6	2	3	89	57	32			
43	19	11	9	84	54	30			
44	9	4	6	81	59	22			
45-49	**41**	**25**	**16**	**422**	**305**	**116**			
45	11	5	6	78	56	21			
46	10	8	2	81	54	26			
47	6	4	2	103	73	30			
48	8	3	5	72	55	17			
49	6	4	3	88	66	22			
50-54	**27**	**18**	**9**	**346**	**281**	**64**			
50	7	7		100	79	21			
51	5	2	3	68	55	12			
52	10	6	4	81	63	19			
53	3	1	1	68	60	8			
54	2	2	1	29	25	4			
55-59	**8**	**5**	**3**	**137**	**120**	**18**			
55	1	1	1	33	27	6			
56	2	2		25	23	2			
57	3	2	2	30	29	1			
58				26	23	4			
59	1	1	1	23	18	5			
60-64	**7**	**3**	**4**	**39**	**32**	**7**			
60	1		1	17	14	3			
61	1	1		4	2	2			
62	4	3	2	5	5				
63				6	5	1			
64	1		1	7	6	1			
65及以上	**8**	**7**	**1**	**36**	**30**	**6**			

5-2c 全省分年龄、性别、行业门类的就业人口(乡村)

单位：人

年龄	就业人口			一、农、林、牧、渔业			二、采矿业		
	合计	男	女	小计	男	女	小计	男	女
总 计	**79859**	**48264**	**31596**	**32966**	**18767**	**14199**	**755**	**671**	**83**
16-19	**1205**	**785**	**420**	**155**	**116**	**40**	**7**	**7**	
16	135	100	35	16	15	1			
17	199	129	70	31	22	9			
18	376	235	140	34	27	7	1	1	
19	495	320	175	75	52	23	7	7	
20-24	**5503**	**3370**	**2133**	**986**	**616**	**371**	**23**	**21**	**2**
20	668	420	247	105	72	33	1	1	
21	821	513	308	109	68	41	1		1
22	1032	599	433	162	93	69	3	3	
23	1271	762	509	252	163	89	5	5	
24	1711	1076	635	358	220	139	13	12	1
25-29	**9193**	**5401**	**3792**	**1878**	**1087**	**791**	**91**	**84**	7
25	2028	1195	833	354	218	136	25	23	3
26	1894	1074	819	421	232	189	16	13	2
27	1799	1045	753	355	208	147	14	14	
28	1790	1052	738	374	198	176	29	27	2
29	1683	1034	648	373	230	143	7	7	
30-34	**8812**	**5296**	**3516**	**2084**	**1173**	**910**	**76**	**72**	**4**
30	1837	1111	726	407	219	188	18	18	
31	1834	1073	761	420	248	172	18	14	3
32	1697	1038	659	395	228	167	5	4	1
33	1895	1163	732	469	263	206	22	22	
34	1550	911	638	393	215	178	13	13	
35-39	**8431**	**4886**	**3545**	**2566**	**1374**	**1192**	**69**	**59**	**10**
35	1272	766	506	361	214	147	22	21	1
36	1587	916	671	462	231	232	3	3	
37	1760	989	772	514	258	255	17	12	5
38	1818	1088	730	556	311	245	8	8	
39	1994	1127	866	673	360	313	19	15	4

5-2c 续表 1 单位：人

年 龄	三、制造业			四、电力、热力、燃气及水生产和供应业			五、建筑业		
	小计	男	女	小计	男	女	小计	男	女
总 计	**16377**	**8821**	**7556**	**409**	**337**	**72**	**8252**	**7008**	**1244**
16-19	**418**	**266**	**151**	**2**	**2**	**1**	**96**	**94**	**3**
16	44	30	14	1	1		5	5	
17	71	46	25				13	11	1
18	136	87	49	1		1	29	29	
19	166	103	63	1	1		49	48	1
20-24	**1588**	**939**	**649**	**14**	**11**	**3**	**538**	**485**	**54**
20	205	122	83	1	1		59	55	4
21	234	131	102	3	2	2	100	96	4
22	300	188	112	1	1		86	78	9
23	383	215	168	3	3		134	106	28
24	467	282	184	4	3	1	159	150	9
25-29	**2603**	**1427**	**1175**	**50**	**43**	**7**	**962**	**862**	**99**
25	576	319	256	11	10	1	223	198	25
26	528	287	241	6	6	1	189	170	19
27	529	278	250	12	8	3	171	161	10
28	512	282	231	9	7	2	195	173	22
29	457	261	197	11	11		183	160	23
30-34	**2461**	**1323**	**1138**	**49**	**40**	**9**	**964**	**869**	**95**
30	565	301	264	11	9	2	212	196	16
31	496	243	253	10	9	1	197	176	21
32	539	309	230	6	6		150	140	10
33	485	284	201	13	7	5	217	190	27
34	376	186	189	9	9	1	188	167	20
35-39	**2215**	**1062**	**1153**	**45**	**35**	**10**	**967**	**822**	**144**
35	357	192	165	6	4	2	116	101	15
36	444	226	218	11	7	4	173	155	18
37	461	202	259	11	9	3	177	153	24
38	473	225	249	11	10	1	248	203	44
39	479	217	262	6	6		254	210	44

5-2c 续表 2

单位：人

年 龄	六、批发和零售业			七、交通运输、仓储和邮政业			八、住宿和餐饮业		
	小计	男	女	小计	男	女	小计	男	女
总 计	**8639**	**4681**	**3958**	**2645**	**2438**	**207**	**2695**	**1396**	**1299**
16-19	**198**	**86**	**112**	**23**	**19**	**4**	**108**	**77**	**31**
16	13	8	5	1	1		18	13	4
17	32	11	20	4	3	1	17	12	5
18	75	31	44	8	5	3	35	25	9
19	78	36	42	10	9	1	39	26	13
20-24	**1012**	**511**	**501**	**143**	**124**	**19**	**315**	**203**	**112**
20	143	71	72	13	10	4	41	26	15
21	166	82	84	18	18		46	36	9
22	202	88	114	38	35	3	58	33	25
23	187	94	92	29	25	5	84	54	29
24	314	176	138	45	38	7	87	54	33
25-29	**1527**	**743**	**784**	**332**	**299**	**33**	**458**	**249**	**209**
25	357	177	179	62	57	5	104	60	44
26	292	144	147	62	54	8	102	51	50
27	290	129	160	66	57	9	93	51	42
28	289	138	150	68	61	7	75	39	36
29	300	154	146	74	70	4	85	48	36
30-34	**1323**	**702**	**620**	**364**	**328**	**36**	**449**	**224**	**224**
30	259	140	119	55	51	4	87	52	35
31	290	166	124	82	72	9	97	38	60
32	263	144	119	62	52	10	83	44	39
33	299	143	157	88	85	3	92	49	43
34	211	110	101	77	68	9	89	42	47
35-39	**1110**	**589**	**521**	**356**	**338**	**18**	**355**	**172**	**183**
35	178	91	87	45	41	3	57	26	31
36	211	120	91	59	58	2	74	37	36
37	265	147	118	85	81	4	73	40	34
38	205	115	90	87	83	4	69	30	39
39	250	116	134	80	75	4	82	39	43

5-2c 续表 3

单位：人

年 龄	九、信息传输、软件和信息技术服务业			十、金融业			十一、房地产业		
	小计	男	女	小计	男	女	小计	男	女
总 计	**253**	**162**	**91**	**250**	**123**	**127**	**284**	**198**	**87**
16-19	**7**	**5**	**1**	**2**		**2**	**6**	**4**	**1**
16									
17									
18	2	2					6	4	1
19	5	4	1	2		2			
20-24	**50**	**30**	**20**	**55**	**28**	**27**	**47**	**32**	**14**
20	2	2		1	1		2	1	1
21	6	6		9	5	4	7	3	4
22	13	4	9	14	4	11	8	6	2
23	14	7	7	15	10	5	17	11	6
24	15	12	3	16	8	8	13	11	2
25-29	**79**	**42**	**38**	**88**	**41**	**47**	**69**	**38**	**31**
25	22	13	10	30	18	12	19	8	11
26	18	5	13	19	5	15	13	4	9
27	20	14	6	11	6	6	14	8	5
28	13	7	6	13	9	4	17	14	3
29	6	3	3	14	3	11	6	3	3
30-34	**48**	**33**	**15**	**38**	**16**	**22**	**36**	**26**	**10**
30	12	10	2	7	3	4	9	8	2
31	5	4	1	13	6	7	9	3	5
32	13	10	2	2	1	1	6	5	1
33	12	8	4	8	4	4	7	7	
34	7	1	5	7	1	6	4	2	2
35-39	**25**	**16**	**9**	**20**	**9**	**10**	**20**	**14**	**6**
35	1		1	3	1	2	5	3	1
36	8	6	1	3	1	2	7	5	2
37	6	3	3	3	1	2	4	3	1
38	4	3	1	4	2	1	3	3	
39	6	4	2	7	4	3	2	1	1

5-2c 续表 4

单位：人

年 龄	十二、租赁和商务服务业			十三、科学研究和技术服务业			十四、水利、环境和公共设施管理业		
	小计	男	女	小计	男	女	小计	男	女
总 计	**591**	**416**	**175**	**170**	**117**	**53**	**185**	**103**	**82**
16-19	**6**	**6**		**3**		**3**	**3**	**2**	**1**
16	1	1							
17	1	1					2	2	
18	1	1		1		1	1		1
19	3	2		1		1			
20-24	**99**	**52**	**47**	**33**	**25**	**8**	**10**	**5**	**5**
20	8	5	3	5	2	2			
21	12	4	8	1	1				
22	16	10	6	10	10		1		1
23	18	9	9	8	5	4	4	3	1
24	45	24	22	10	7	2	5	3	2
25-29	**127**	**70**	**57**	**55**	**32**	**24**	**16**	**5**	**11**
25	28	10	18	10	3	7	5	1	4
26	31	21	9	9	3	6	2	1	1
27	29	16	13	13	8	5	3	1	2
28	20	11	9	12	9	3	4	1	3
29	19	11	7	11	9	3	1		1
30-34	**99**	**70**	**29**	**36**	**21**	**15**	**16**	**7**	**9**
30	24	18	6	10	7	3	3	2	1
31	23	19	4	5	3	1	1	1	1
32	16	10	6	15	6	9	8	3	6
33	18	13	5	3		3	2	1	1
34	18	11	7	4	4		1		1
35-39	**58**	**46**	**12**	**19**	**18**	**2**	**13**	**7**	**6**
35	14	12	2	3	3		2	2	
36	8	6	2	3	3				
37	10	8	1	4	3	1	2		1
38	14	11	4	2	2		8	5	4
39	12	9	3	7	7	1	1		1

5-2c 续表 5

单位：人

年　龄	十五、居民服务、修理和其他服务业			十六、教育			十七、卫生和社会工作		
	小计	男	女	小计	男	女	小计	男	女
总　计	**1981**	**1164**	**817**	**1519**	**662**	**857**	**650**	**310**	**340**
16-19	**95**	**76**	**19**	**50**	**12**	**38**	**13**	**3**	**10**
16	18	16	1	14	6	8			
17	20	16	4	7	3	4	1		1
18	20	15	5	13	2	12	8	2	6
19	38	29	9	16	1	15	3	1	3
20-24	**241**	**182**	**59**	**140**	**20**	**120**	**93**	**8**	**85**
20	45	35	10	12	1	10	9		9
21	51	41	10	24	7	17	24	2	22
22	39	27	11	34	3	31	21	1	20
23	47	31	16	27	3	24	19	2	16
24	59	47	12	43	5	38	20	2	18
25-29	**300**	**191**	**109**	**237**	**32**	**204**	**126**	**32**	**94**
25	50	29	20	61	7	54	37	7	31
26	69	42	27	49	6	43	27	5	22
27	73	52	22	39	5	34	23	8	15
28	64	39	25	43	8	34	21	7	14
29	43	29	14	45	6	39	17	5	12
30-34	**295**	**191**	**104**	**256**	**78**	**178**	**65**	**26**	**39**
30	53	36	17	61	20	41	10	4	6
31	70	38	32	46	12	34	20	4	16
32	47	34	13	29	9	20	17	7	10
33	72	47	25	50	13	36	13	9	4
34	52	37	15	70	23	47	5	2	3
35-39	**209**	**127**	**82**	**206**	**84**	**122**	**76**	**43**	**33**
35	42	31	11	35	9	26	11	2	9
36	43	23	20	40	15	25	20	9	11
37	44	25	18	49	21	27	15	10	5
38	45	30	15	37	17	19	16	12	4
39	36	18	18	46	22	24	14	10	4

5-2c 续表 6

单位：人

年 龄	十八、文化、体育和娱乐业			十九、公共管理、社会保障和社会组织			二十、国际组织		
	小计	男	女	小计	男	女	小计	男	女
总 计	**272**	**173**	**99**	**967**	**717**	**250**			
16-19	**4**	**1**	**2**	**9**	**9**				
16	1		1	2	2				
17	1	1		1	1				
18	1		1	4	4				
19				2	2				
20-24	**31**	**16**	**15**	**83**	**62**	**22**			
20	4	3	1	10	10				
21	2	1	1	10	10				
22	6	2	4	17	13	4			
23	10	4	6	16	12	5			
24	8	5	3	30	17	13			
25-29	**52**	**33**	**19**	**143**	**91**	**53**			
25	14	9	5	40	26	14			
26	7	6	1	31	17	14			
27	10	6	4	33	16	18			
28	17	10	7	15	13	2			
29	4	2	2	25	19	5			
30-34	**55**	**34**	**21**	**101**	**62**	**38**			
30	11	7	4	21	10	11			
31	9	4	5	21	12	10			
32	19	11	8	20	13	7			
33	9	7	2	18	14	4			
34	6	5	1	20	14	6			
35-39	**31**	**20**	**10**	**72**	**49**	**23**			
35	3	3		13	10	3			
36	6	3	3	12	10	2			
37	5	2	3	17	11	6			
38	6	4	2	22	14	8			
39	11	9	2	8	5	3			

5-2c 续表 7 单位：人

年 龄	就业人口			一、农、林、牧、渔业			二、采矿业		
	合计	男	女	小计	男	女	小计	男	女
40-44	**11126**	**6328**	**4798**	**4241**	**2231**	**2010**	**169**	**148**	**21**
40	2037	1178	858	741	396	346	25	20	5
41	2062	1187	875	715	383	332	36	31	5
42	2254	1304	950	860	455	405	30	25	4
43	2273	1307	966	889	464	424	42	36	6
44	2499	1351	1148	1035	533	502	37	35	2
45-49	**11259**	**6479**	**4780**	**5272**	**2673**	**2598**	**131**	**113**	**18**
45	2370	1317	1053	1031	513	518	25	21	4
46	2294	1311	983	1065	536	529	30	26	3
47	2349	1353	996	1078	570	508	29	22	7
48	2067	1191	875	1004	496	509	25	22	3
49	2179	1306	874	1093	559	535	22	21	1
50-54	**8973**	**5422**	**3552**	**5001**	**2665**	**2336**	**105**	**90**	**15**
50	2150	1243	906	1154	604	550	27	27	
51	1870	1106	764	994	508	486	36	29	7
52	2423	1496	926	1367	747	621	27	22	5
53	1672	1038	634	981	537	445	9	7	2
54	859	538	321	504	269	234	7	6	1
55-59	**6747**	**4362**	**2386**	**4379**	**2550**	**1829**	**50**	**46**	**4**
55	1237	785	452	768	431	337	10	10	
56	1215	770	445	763	440	323	10	9	1
57	1419	920	499	902	522	381	10	10	
58	1663	1076	588	1126	665	460	14	11	3
59	1213	812	401	820	492	328	6	6	
60-64	**5080**	**3328**	**1752**	**3689**	**2294**	**1395**	**28**	**27**	**1**
60	1264	814	450	901	546	355	11	10	1
61	1155	750	405	803	489	314	9	9	
62	982	655	328	728	461	267	4	4	
63	968	633	335	690	428	262	2	2	
64	711	476	235	567	370	197	2	2	
65及以上	**3530**	**2608**	**922**	**2715**	**1988**	**727**	**4**	**3**	**1**

5-2c 续表 8

单位：人

年 龄	三、制造业			四、电力、热力、燃气及水生产和供应业			五、建筑业		
	小计	男	女	小计	男	女	小计	男	女
40-44	**2578**	**1164**	**1414**	**60**	**44**	**16**	**1335**	**1045**	**289**
40	484	217	267	12	11	1	238	188	50
41	494	227	267	12	8	4	281	226	55
42	546	257	289	10	6	3	252	200	53
43	512	243	269	18	14	4	269	222	47
44	541	220	322	8	5	4	294	210	84
45-49	**2074**	**1047**	**1027**	**67**	**54**	**12**	**1418**	**1131**	**288**
45	487	230	257	11	10	1	306	233	73
46	422	212	210	17	12	5	275	223	51
47	414	199	215	16	13	3	314	238	76
48	374	194	180	11	9	2	235	193	41
49	376	212	164	12	10	2	289	242	47
50-54	**1247**	**756**	**492**	**45**	**39**	**6**	**989**	**811**	**179**
50	350	179	171	10	9	2	244	190	54
51	265	162	102	12	8	4	214	169	45
52	323	205	118	11	11	1	269	231	37
53	226	148	78	10	10		164	141	22
54	84	62	23	2	2		99	79	20
55-59	**627**	**453**	**174**	**49**	**42**	**7**	**600**	**528**	**72**
55	120	85	35	12	12		120	102	18
56	118	78	40	14	14		123	108	15
57	138	103	34	12	8	5	136	119	17
58	151	106	45	6	4	2	123	110	13
59	100	80	20	5	5		98	90	9
60-64	**371**	**238**	**133**	**18**	**17**	**1**	**288**	**270**	**18**
60	91	58	33	5	5		77	71	6
61	103	61	42	3	3		77	70	7
62	68	47	22	3	3		55	52	3
63	76	53	22	5	5		53	53	
64	33	20	13	2	1	1	26	24	2
65及以上	**197**	**146**	**51**	**11**	**11**		**94**	**91**	**3**

5-2c 续表 9 单位：人

年 龄	六、批发和零售业			七、交通运输、仓储和邮政业			八、住宿和餐饮业		
	小计	男	女	小计	男	女	小计	男	女
40-44	**1140**	**607**	**532**	**494**	**457**	**37**	**369**	**160**	**209**
40	218	126	92	96	89	7	62	31	31
41	221	117	104	78	74	4	84	33	51
42	241	134	107	117	106	11	54	22	32
43	225	110	116	101	91	10	73	33	40
44	234	122	113	102	98	4	96	41	56
45-49	**895**	**513**	**383**	**406**	**380**	**26**	**305**	**141**	**164**
45	181	88	93	79	75	4	75	37	37
46	191	103	88	90	83	7	67	32	35
47	212	123	88	87	79	8	66	30	37
48	158	99	59	84	83	2	50	24	25
49	154	100	55	66	60	6	47	18	29
50-54	**593**	**341**	**252**	**293**	**275**	**18**	**165**	**79**	**86**
50	128	71	57	73	70	3	37	14	23
51	132	72	60	65	60	5	47	31	15
52	167	94	73	73	70	3	50	19	31
53	103	60	43	53	48	5	22	9	13
54	63	44	19	29	26	2	10	5	5
55-59	**347**	**228**	**118**	**143**	**131**	**12**	**104**	**53**	**51**
55	61	37	24	27	27		29	13	17
56	72	44	28	28	23	5	17	9	8
57	75	45	30	39	37	2	20	9	10
58	80	56	24	31	29	2	20	12	8
59	59	45	13	17	14	3	18	10	8
60-64	**282**	**200**	**82**	**72**	**67**	**5**	**43**	**26**	**16**
60	71	50	21	19	19		9	4	5
61	66	52	13	20	18	3	9	7	2
62	54	35	19	8	7	1	10	8	2
63	53	36	17	16	15	1	13	7	6
64	38	27	12	8	8		2	1	1
65及以上	**213**	**160**	**52**	**19**	**19**		**24**	**12**	**12**

5-2c 续表 10

单位：人

年 龄	九、信息传输、软件和信息技术服务业			十、金融业			十一、房地产业		
	小计	男	女	小计	男	女	小计	男	女
40-44	**17**	**11**	**6**	**20**	**12**	**8**	**33**	**23**	**10**
40	2	2		8	4	4	4	3	1
41	6	5	1	3	2	1	7	4	2
42	4	2	3	2		2	8	8	
43	1	1		1	1		10	5	5
44	5	2	3	5	4	1	4	3	2
45-49	**5**	**4**	**1**	**13**	**6**	**7**	**23**	**17**	**7**
45	2	2		4	2	2	2	1	1
46	2	1	1	4	2	2	5	4	1
47				1	1		1		1
48				4	1	3	7	5	2
49	1	1					8	6	2
50-54	**11**	**10**	**1**	**10**	**6**	**4**	**17**	**16**	**1**
50	2	2	1	4	1	2	6	6	1
51	5	5		2		2	1	1	
52	3	3		2	2		4	4	
53				2	2		4	4	
54	1	1		1	1		2	2	
55-59	**7**	**7**		**7**	**5**	**2**	**13**	**9**	**4**
55	3	3		3	1	2			
56							1		1
57				2	2		1	1	
58							4	4	
59	4	4		2	2		7	4	3
60-64	**5**	**4**	**1**				**11**	**9**	**1**
60	2	2					1	1	
61	2	2					3	2	1
62							4	4	
63	1		1				1	1	
64							1	1	
65及以上	**1**	**1**					**10**	**8**	**2**

5-2c 续表 11

单位：人

年 龄	十二、租赁和商务服务业			十三、科学研究和技术服务业			十四、水利、环境和公共设施管理业		
	小计	男	女	小计	男	女	小计	男	女
40-44	**46**	**35**	**11**	**3**	**3**		**15**	**11**	**3**
40	7	6	1				2	2	
41	13	8	5				7	7	
42	9	8	1				4	2	2
43	9	7	2	1	1		1		1
44	8	6	2	1	1				
45-49	**50**	**44**	**6**	**3**	**2**	**1**	**18**	**13**	**5**
45	10	9	2	1		1	4	3	1
46	8	7	2				2		2
47	13	11	2	2	2		3	3	
48	11	11					4	2	2
49	8	7	1				5	5	
50-54	**37**	**31**	**6**	**7**	**7**		**15**	**9**	**6**
50	15	11	4	2	2		4	3	1
51	5	3	2				2		2
52	9	9		1	1		3	3	
53	4	3	1	2	2		4	3	1
54	5	5		2	2		2		2
55-59	**36**	**33**	**3**	**5**	**5**	**1**	**23**	**10**	**13**
55	7	7		1	1		2		2
56	6	5	2	1		1	3	1	2
57	4	4					8	3	4
58	10	10	1	2	2		5	1	4
59	9	9		1	1		6	4	1
60-64	**15**	**12**	**3**	**5**	**5**		**32**	**19**	**13**
60	5	5	1	2	2		11	9	2
61	2	2					6	4	3
62	1	1		2	2		4	1	3
63	3	1	2	1	1		12	6	6
64	3	3							
65及以上	**17**	**17**					**22**	**13**	**9**

5-2c 续表 12

单位：人

年 龄	十五、居民服务、修理和其他服务业			十六、教育			十七、卫生和社会工作		
	小计	男	女	小计	男	女	小计	男	女
40-44	**221**	**118**	**103**	**171**	**107**	**64**	**54**	**38**	**16**
40	55	32	22	40	22	18	14	9	5
41	25	14	11	33	23	10	14	9	5
42	50	29	21	25	20	5	7	4	3
43	43	25	18	39	21	18	10	7	3
44	48	17	31	34	21	13	9	9	
45-49	**203**	**77**	**126**	**169**	**104**	**64**	**68**	**48**	**20**
45	48	19	29	45	31	14	11	7	4
46	38	15	23	45	27	19	8	6	1
47	49	14	36	29	16	13	17	13	5
48	37	16	21	13	5	7	19	10	9
49	30	13	17	37	26	11	13	12	1
50-54	**138**	**66**	**72**	**129**	**91**	**37**	**39**	**22**	**17**
50	34	16	19	26	17	9	7	3	3
51	45	20	25	17	14	3	4	2	2
52	33	18	15	38	25	13	9	5	4
53	18	10	8	31	21	10	10	6	4
54	8	2	6	16	15	2	10	6	4
55-59	**113**	**57**	**56**	**124**	**107**	**17**	**32**	**24**	**7**
55	17	7	11	23	20	4	9	7	2
56	29	18	11	17	13	4	3	3	
57	22	15	7	31	27	4	7	5	2
58	30	11	19	34	30	3	4	4	
59	14	6	8	19	17	2	8	5	3
60-64	**100**	**44**	**56**	**25**	**19**	**7**	**42**	**29**	**13**
60	32	13	19	9	7	2	5	3	2
61	22	6	15	4	4		9	7	2
62	18	12	7	5	5	1	5	4	1
63	15	6	9	6	3	3	14	8	7
64	13	6	7	2	1	1	8	8	1
65及以上	**66**	**35**	**31**	**12**	**8**	**4**	**42**	**36**	**6**

5-2c 续表 13

单位：人

年 龄	十八、文化、体育和娱乐业			十九、公共管理、社会保障和社会组织			二十、国际组织		
	小计	男	女	小计	男	女	小计	男	女
40-44	**29**	**15**	**13**	**132**	**99**	**34**			
40	3	1	2	24	19	5			
41	8	4	5	27	14	13			
42	9	6	4	26	21	5			
43	3	1	1	25	23	2			
44	5	3	1	29	22	8			
45-49	**19**	**10**	**10**	**120**	**100**	**20**			
45	9	4	5	38	32	6			
46	4	2	2	22	19	2			
47	1	1		18	18				
48	5	2	3	26	19	8			
49				16	13	3			
50-54	**19**	**14**	**5**	**114**	**95**	**18**			
50	2	1	2	23	17	6			
51	5	3	1	21	19	3			
52	6	6	1	29	24	5			
53	4	3	1	25	24	1			
54	2	2		15	12	4			
55-59	**10**	**9**	**2**	**78**	**64**	**14**			
55	2	2		21	18	3			
56	1	1		8	5	3			
57	1	1		12	10	3			
58				23	19	4			
59	6	4	2	14	12	2			
60-64	**12**	**12**		**42**	**33**	**8**			
60	5	5		8	6	2			
61	5	5		11	10	2			
62	1	1		10	7	3			
63	1	1		7	7				
64				5	4	1			
65及以上	**10**	**8**	**3**	**73**	**53**	**20**			

5-3 全省分受教育程度、性别、行业门类的就业人口

单位：人

行业门类	就业人口			未上过学			小学		
	合计	男	女	小计	男	女	小计	男	女
总　计	**222282**	**133357**	**88925**	**7243**	**1887**	**5356**	**49859**	**26348**	**23511**
农、林、牧、渔业	42468	24580	17888	4021	1047	2974	19693	10204	9489
采矿业	1168	1001	167	22	10	11	308	234	75
制造业	56389	32206	24183	1384	344	1040	11914	5309	6605
电力、热力、燃气及水生产和供应业	1547	1159	388	6	2	4	99	73	26
建筑业	21351	18145	3206	474	191	283	5749	4378	1371
批发和零售业	35772	18975	16798	553	115	438	5333	2480	2854
交通运输、仓储和邮政业	9781	8375	1406	79	50	29	1680	1500	180
住宿和餐饮业	10057	5272	4785	214	14	200	1739	599	1139
信息传输、软件和信息技术服务业	2898	1921	977	2		2	51	28	23
金融业	3332	1632	1699	7	2	5	43	14	28
房地产业	2609	1643	966	37	12	26	359	209	150
租赁和商务服务业	3258	2086	1172	8	4	5	269	206	63
科学研究和技术服务业	1560	1059	501	2	2		42	30	12
水利、环境和公共设施管理业	791	445	346	69	17	53	253	122	130
居民服务、修理和其他服务业	7113	3939	3174	240	41	199	1420	514	906
教育	7938	3017	4921	24	4	20	237	90	148
卫生和社会工作	4852	1850	3002	21	7	15	173	68	105
文化、体育和娱乐业	1712	911	801	18	3	15	152	65	87
公共管理、社会保障和社会组织	7684	5141	2544	61	25	36	345	223	121
国际组织	1		1						

5-3 续表 1

单位：人

行业门类	初中			普通高中			中职		
	小计	男	女	小计	男	女	小计	男	女
总　计	**93337**	**61376**	**31961**	**23293**	**16568**	**6725**	**11938**	**6933**	**5005**
农、林、牧、渔业	15921	11056	4866	2198	1813	385	368	268	100
采矿业	563	507	56	133	125	8	55	49	6
制造业	29731	17517	12214	6068	4319	1749	2783	1838	945
电力、热力、燃气及水生产和供应业	407	351	56	257	199	58	146	109	37
建筑业	10878	9917	961	1837	1748	89	715	622	93
批发和零售业	16374	8668	7706	5491	3343	2147	2729	1441	1288
交通运输、仓储和邮政业	4750	4430	321	1313	1135	178	532	387	146
住宿和餐饮业	5440	3035	2406	1326	873	453	692	396	296
信息传输、软件和信息技术服务业	293	194	99	263	200	63	217	135	82
金融业	294	149	145	394	198	196	277	131	146
房地产业	820	586	234	409	284	125	226	138	88
租赁和商务服务业	915	716	198	474	324	149	287	160	128
科学研究和技术服务业	196	143	52	131	93	38	127	85	43
水利、环境和公共设施管理业	209	135	74	72	48	24	35	26	9
居民服务、修理和其他服务业	3681	2296	1386	885	564	321	471	293	179
教育	712	283	429	504	244	260	740	227	513
卫生和社会工作	390	201	189	313	177	137	820	196	624
文化、体育和娱乐业	690	367	322	246	158	87	139	73	66
公共管理、社会保障和社会组织	1072	825	247	978	724	255	579	361	218
国际组织									

5-3 续表 2

单位：人

行业门类	大学专科			大学本科			研究生		
	小计	男	女	小计	男	女	小计	男	女
总　计	**17865**	**9817**	**8048**	**17304**	**9609**	**7695**	**1443**	**818**	**625**
农、林、牧、渔业	192	141	51	71	49	23	3	3	
采矿业	49	43	6	37	31	6	1	1	
制造业	2731	1712	1018	1674	1099	575	103	68	36
电力、热力、燃气及水生产和供应业	302	204	98	310	209	102	20	13	7
建筑业	939	716	223	738	558	180	21	15	6
批发和零售业	3337	1831	1506	1894	1060	834	61	37	24
交通运输、仓储和邮政业	860	538	323	545	325	220	22	11	11
住宿和餐饮业	443	242	201	198	110	88	5	4	1
信息传输、软件和信息技术服务业	813	518	295	1182	786	397	77	60	17
金融业	979	438	541	1241	644	597	97	57	41
房地产业	414	228	187	328	178	150	15	8	7
租赁和商务服务业	658	356	301	601	292	309	47	28	19
科学研究和技术服务业	390	240	150	610	427	183	61	39	22
水利、环境和公共设施管理业	91	57	34	59	36	22	4	4	
居民服务、修理和其他服务业	294	167	127	115	62	53	7	3	4
教育	2055	791	1263	3212	1176	2036	455	203	252
卫生和社会工作	1308	331	978	1608	750	859	216	121	96
文化、体育和娱乐业	177	89	87	275	146	129	17	9	8
公共管理、社会保障和社会组织	1833	1175	657	2606	1672	933	212	135	76
国际组织	1		1						

5-3a 全省分受教育程度、性别、行业门类的就业人口(城市)

单位：人

行业门类	就业人口			未上过学			小学		
	合计	男	女	小计	男	女	小计	男	女
总　计	**86900**	**51028**	**35872**	**1144**	**301**	**843**	**10811**	**5815**	**4997**
农、林、牧、渔业	1356	866	490	110	33	78	520	315	205
采矿业	110	95	14	1	1		15	14	1
制造业	25319	15042	10277	430	110	319	4260	2017	2243
电力、热力、燃气及水生产和供应业	698	509	190				15	15	
建筑业	7217	6074	1143	113	59	54	1610	1279	331
批发和零售业	17174	8896	8278	197	41	156	1859	861	998
交通运输、仓储和邮政业	4657	3681	976	29	21	8	563	486	76
住宿和餐饮业	4788	2559	2229	89	5	83	710	237	473
信息传输、软件和信息技术服务业	2014	1320	694	1		1	27	15	12
金融业	2373	1165	1207	3		3	22	6	16
房地产业	1921	1204	718	23	7	16	248	142	106
租赁和商务服务业	2082	1250	832	3	1	2	100	73	27
科学研究和技术服务业	1189	790	399	2	2		20	12	8
水利、环境和公共设施管理业	412	229	183	25	5	20	115	53	62
居民服务、修理和其他服务业	2973	1550	1422	76	7	69	448	162	286
教育	4033	1359	2675	13	2	11	73	24	49
卫生和社会工作	3301	1167	2133	5	1	4	64	18	45
文化、体育和娱乐业	1054	545	508	8	2	6	41	18	23
公共管理、社会保障和社会组织	4228	2726	1503	15	5	10	102	66	36
国际组织	1		1						

5-3a 续表 1 单位：人

行业门类	初中			普通高中			中职		
	小计	男	女	小计	男	女	小计	男	女
总 计	**31182**	**19727**	**11455**	**11353**	**7513**	**3840**	**6656**	**3746**	**2910**
农、林、牧、渔业	556	392	164	94	71	23	33	27	6
采矿业	49	44	5	14	12	3	13	11	2
制造业	12763	7659	5104	3249	2212	1037	1539	1022	517
电力、热力、燃气及水生产和供应业	111	99	12	100	75	25	64	47	17
建筑业	3307	2977	331	722	675	47	368	297	71
批发和零售业	6314	3191	3123	2977	1673	1303	1692	874	817
交通运输、仓储和邮政业	1788	1610	178	817	669	148	338	235	104
住宿和餐饮业	2354	1322	1032	736	495	242	446	252	194
信息传输、软件和信息技术服务业	118	75	43	172	127	45	143	93	50
金融业	154	88	66	247	121	126	195	92	103
房地产业	569	411	158	316	220	95	165	97	68
租赁和商务服务业	405	317	88	313	202	111	194	108	87
科学研究和技术服务业	114	81	33	80	51	29	87	53	34
水利、环境和公共设施管理业	105	62	43	41	28	13	21	16	5
居民服务、修理和其他服务业	1370	781	590	488	277	211	301	178	122
教育	252	99	153	232	113	119	250	57	193
卫生和社会工作	148	77	71	128	56	72	442	70	371
文化、体育和娱乐业	330	159	171	170	106	64	97	48	49
公共管理、社会保障和社会组织	374	283	92	459	331	128	269	167	102
国际组织									

5-3a 续表 2 单位：人

行业门类	大学专科			大学本科			研究生		
	小计	男	女	小计	男	女	小计	男	女
总 计	**11640**	**6214**	**5426**	**12773**	**6955**	**5818**	**1340**	**757**	**583**
农、林、牧、渔业	29	18	11	13	9	4	1	1	
采矿业	8	6	2	10	8	3			
制造业	1704	1111	592	1280	849	431	95	62	33
电力、热力、燃气及水生产和供应业	169	116	53	223	147	76	16	9	7
建筑业	574	411	163	504	364	140	19	12	6
批发和零售业	2500	1349	1151	1579	872	707	57	34	23
交通运输、仓储和邮政业	659	392	267	445	258	187	19	10	9
住宿和餐饮业	299	157	141	149	87	62	4	3	1
信息传输、软件和信息技术服务业	593	382	211	892	574	318	68	54	14
金融业	704	310	394	967	500	467	82	48	34
房地产业	305	170	135	281	149	133	15	8	7
租赁和商务服务业	512	288	224	509	234	275	46	28	18
科学研究和技术服务业	303	185	118	525	367	158	58	38	20
水利、环境和公共设施管理业	60	37	24	42	25	17	4	4	
居民服务、修理和其他服务业	197	97	100	86	45	41	7	3	4
教育	906	277	629	1878	594	1285	429	192	237
卫生和社会工作	920	190	730	1380	634	746	214	121	93
文化、体育和娱乐业	139	67	72	251	135	116	17	9	8
公共管理、社会保障和社会组织	1057	649	408	1759	1105	654	192	120	72
国际组织	1		1						

5-3b 全省分受教育程度、性别、行业门类的就业人口(镇)

单位：人

行 业 门 类	就业人口			未上过学			小 学		
	合计	男	女	小计	男	女	小计	男	女
总 计	**55522**	**34065**	**21457**	**1532**	**394**	**1138**	**12770**	**6777**	**5992**
农、林、牧、渔业	8146	4946	3199	627	170	457	3525	1857	1668
采矿业	304	234	70	1	1		85	48	36
制造业	14692	8343	6349	390	83	307	3542	1580	1962
电力、热力、燃气及水生产和供应业	440	314	126	1	1		26	18	8
建筑业	5882	5063	819	128	53	76	1724	1320	404
批发和零售业	9959	5397	4562	148	28	120	1820	856	963
交通运输、仓储和邮政业	2479	2257	223	33	20	12	488	447	40
住宿和餐饮业	2575	1317	1257	67	5	61	494	167	327
信息传输、软件和信息技术服务业	631	438	192	1		1	5	2	3
金融业	709	344	365	2		2	13	4	9
房地产业	403	242	162	6	1	5	61	36	25
租赁和商务服务业	585	420	165	1			90	72	18
科学研究和技术服务业	201	152	49				9	7	1
水利、环境和公共设施管理业	194	113	81	16	4	12	76	41	35
居民服务、修理和其他服务业	2160	1225	935	73	15	58	496	175	321
教育	2386	997	1389	6	1	5	105	40	65
卫生和社会工作	901	373	528	12	6	6	62	25	37
文化、体育和娱乐业	387	193	194	8	1	8	51	18	34
公共管理、社会保障和社会组织	2489	1698	791	14	5	8	99	63	35
国际组织									

5-3b 续表 1

单位：人

行 业 门 类	初 中			普通高中			中 职		
	小计	男	女	小计	男	女	小计	男	女
总 计	**25133**	**16569**	**8564**	**5800**	**4322**	**1478**	**3051**	**1794**	**1257**
农、林、牧、渔业	3312	2344	968	518	445	73	83	66	18
采矿业	146	121	25	32	30	2	12	10	2
制造业	7712	4592	3120	1438	1078	361	756	509	247
电力、热力、燃气及水生产和供应业	132	111	21	93	69	24	45	28	17
建筑业	3182	2911	271	477	451	25	149	140	8
批发和零售业	5157	2765	2391	1457	973	485	639	344	295
交通运输、仓储和邮政业	1329	1261	68	296	283	13	114	92	22
住宿和餐饮业	1440	783	657	315	208	107	150	87	64
信息传输、软件和信息技术服务业	102	71	31	56	47	9	55	27	29
金融业	70	24	46	106	58	48	61	30	32
房地产业	136	84	52	60	38	22	37	26	11
租赁和商务服务业	207	157	50	109	84	25	43	25	19
科学研究和技术服务业	47	34	13	29	27	2	20	18	3
水利、环境和公共设施管理业	48	31	18	14	9	5	10	8	3
居民服务、修理和其他服务业	1173	748	425	235	164	70	105	65	40
教育	235	97	138	118	59	59	281	93	188
卫生和社会工作	121	49	72	78	45	33	204	58	146
文化、体育和娱乐业	222	116	106	36	22	15	29	14	15
公共管理、社会保障和社会组织	362	271	92	334	235	99	256	156	100
国际组织									

5-3b 续表 2

单位：人

行 业 门 类	大学专科			大学本科			研究生		
	小计	男	女	小计	男	女	小计	男	女
总 计	**4028**	**2294**	**1734**	**3134**	**1872**	**1263**	**75**	**44**	**32**
农、林、牧、渔业	59	46	13	20	17	3	2	2	
采矿业	15	12	3	12	11	2	1	1	
制造业	604	343	261	246	155	91	4	3	
电力、热力、燃气及水生产和供应业	90	56	35	52	31	21	1	1	
建筑业	152	130	22	68	57	12	2	2	
批发和零售业	534	300	234	201	129	72	3	3	1
交通运输、仓储和邮政业	139	96	43	78	56	22	3	1	2
住宿和餐饮业	84	57	26	25	10	15			
信息传输、软件和信息技术服务业	162	107	56	243	180	63	7	6	1
金融业	222	104	119	219	117	102	16	8	7
房地产业	71	34	37	34	23	11			
租赁和商务服务业	76	43	33	58	39	19	1		1
科学研究和技术服务业	55	43	12	40	23	17	1		1
水利、环境和公共设施管理业	22	15	6	8	6	1			
居民服务、修理和其他服务业	58	44	14	20	13	8			
教育	740	302	438	886	402	484	16	3	12
卫生和社会工作	256	98	158	167	91	76	1		1
文化、体育和娱乐业	27	15	12	12	8	5			
公共管理、社会保障和社会组织	662	449	213	745	505	240	18	13	4
国际组织									

5-3c 全省分受教育程度、性别、行业门类的就业人口(乡村)

单位：人

行 业 门 类	就业人口			未上过学			小 学		
	合计	男	女	小计	男	女	小计	男	女
总 计	**79859**	**48264**	**31596**	**4567**	**1192**	**3374**	**26278**	**13756**	**12522**
农、林、牧、渔业	32966	18767	14199	3283	844	2439	15648	8032	7616
采矿业	755	671	83	21	9	11	209	171	38
制造业	16377	8821	7556	565	151	414	4112	1712	2400
电力、热力、燃气及水生产和供应业	409	337	72	5	1	4	58	40	18
建筑业	8252	7008	1244	233	80	153	2415	1780	635
批发和零售业	8639	4681	3958	208	46	162	1655	763	892
交通运输、仓储和邮政业	2645	2438	207	17	9	8	629	566	63
住宿和餐饮业	2695	1396	1299	59	3	56	534	196	339
信息传输、软件和信息技术服务业	253	162	91				19	11	8
金融业	250	123	127	2	2	1	8	4	4
房地产业	284	198	87	9	3	6	50	31	19
租赁和商务服务业	591	416	175	5	3	2	79	61	18
科学研究和技术服务业	170	117	53				14	10	4
水利、环境和公共设施管理业	185	103	82	29	8	21	61	28	33
居民服务、修理和其他服务业	1981	1164	817	90	19	72	477	177	299
教育	1519	662	857	4		4	59	25	34
卫生和社会工作	650	310	340	5		5	47	25	23
文化、体育和娱乐业	272	173	99	2		2	59	29	30
公共管理、社会保障和社会组织	967	717	250	32	14	17	144	94	50
国际组织									

5-3c 续表 1

单位：人

行业门类	初中			普通高中			中职		
	小计	男	女	小计	男	女	小计	男	女
总　计	**37023**	**25080**	**11942**	**6140**	**4733**	**1407**	**2232**	**1394**	**838**
农、林、牧、渔业	12053	8320	3734	1586	1296	290	252	175	77
采矿业	368	342	26	86	83	3	31	28	2
制造业	9256	5266	3990	1381	1029	352	489	307	182
电力、热力、燃气及水生产和供应业	164	141	23	65	55	9	36	34	3
建筑业	4388	4029	359	639	621	17	199	185	14
批发和零售业	4903	2711	2192	1057	697	359	398	223	175
交通运输、仓储和邮政业	1633	1558	75	200	183	17	80	60	20
住宿和餐饮业	1646	929	717	274	171	104	96	57	39
信息传输、软件和信息技术服务业	73	49	25	35	26	9	19	15	3
金融业	70	37	33	42	20	22	21	9	12
房地产业	115	92	24	34	26	8	24	15	9
租赁和商务服务业	303	243	60	52	38	13	49	27	22
科学研究和技术服务业	35	28	7	23	16	7	20	14	6
水利、环境和公共设施管理业	56	43	14	18	12	6	3	3	1
居民服务、修理和其他服务业	1138	767	371	162	122	40	65	49	16
教育	225	87	138	155	72	82	209	77	132
卫生和社会工作	122	76	46	108	75	32	174	67	107
文化、体育和娱乐业	138	92	46	40	30	9	12	10	2
公共管理、社会保障和社会组织	335	272	63	185	158	28	53	37	16
国际组织									

5-3c 续表 2

单位：人

行业门类	大学专科			大学本科			研究生		
	小计	男	女	小计	男	女	小计	男	女
总　计	**2196**	**1309**	**888**	**1397**	**782**	**615**	**27**	**17**	**10**
农、林、牧、渔业	104	77	27	39	23	16			
采矿业	27	25	1	14	13	1			
制造业	423	258	165	147	94	53	4	2	2
电力、热力、燃气及水生产和供应业	42	32	10	35	31	5	3	3	
建筑业	212	175	37	166	138	28	1	1	
批发和零售业	302	181	121	114	59	55	1		1
交通运输、仓储和邮政业	63	49	13	23	11	12			
住宿和餐饮业	60	27	33	24	12	11	1	1	
信息传输、软件和信息技术服务业	57	29	28	47	31	16	2		2
金融业	53	25	28	54	26	28			
房地产业	38	23	15	14	7	6			
租赁和商务服务业	69	25	45	34	19	14			
科学研究和技术服务业	32	11	20	45	36	9	1	1	1
水利、环境和公共设施管理业	9	5	4	9	4	4			
居民服务、修理和其他服务业	39	25	13	9	4	5			
教育	409	212	196	448	181	267	10	7	3
卫生和社会工作	132	42	90	61	25	37	1		1
文化、体育和娱乐业	10	7	3	12	3	8			
公共管理、社会保障和社会组织	114	77	37	102	62	39	2	2	
国际组织									

5-4 各地区分性别、职业大类的就业人口

单位：人

地 区	就业人口			一、党的机关、国家机关、群众团体和社会组织、企事业单位负责人		
	合计	男	女	小计	男	女
全 省	**222282**	**133357**	**88925**	**5517**	**4303**	**1215**
福州市	38493	24235	14258	1230	981	249
福州市(不含平潭)	36631	23025	13606	1165	932	233
平潭	1862	1210	652	65	49	16
厦门市	25525	14662	10864	1135	831	305
莆田市	15445	8779	6666	291	234	57
三明市	13695	8164	5531	243	192	51
泉州市	56041	33111	22930	1268	1030	238
漳州市	29288	17275	12013	463	343	119
南平市	13960	8786	5174	357	276	81
龙岩市	14838	8565	6273	306	230	76
宁德市	14996	9781	5216	224	186	38

5-4 续表 1

单位：人

地 区	二、专业技术人员			三、办事人员和有关人员			四、社会生产服务和生活服务人员		
	小计	男	女	小计	男	女	小计	男	女
全 省	**23513**	**11126**	**12387**	**11665**	**7144**	**4521**	**72930**	**43248**	**29682**
福州市	5372	2625	2747	2901	1685	1217	15828	9458	6370
福州市(不含平潭)	5258	2580	2678	2850	1656	1194	15214	9101	6113
平潭	114	45	70	52	29	22	614	357	256
厦门市	4181	1913	2268	2684	1414	1270	10534	6007	4527
莆田市	1030	472	558	530	388	142	4731	2871	1860
三明市	1203	580	622	752	503	250	4332	2406	1926
泉州市	4992	2229	2763	1707	1087	620	16812	10374	6439
漳州市	2599	1245	1354	1076	773	303	8122	4743	3378
南平市	1273	571	702	687	434	252	4168	2477	1691
龙岩市	1526	751	776	676	452	224	4265	2432	1834
宁德市	1336	739	597	652	409	244	4138	2480	1658

5-4 续表 2

单位：人

地　区	五、农、林、牧、渔业生产及辅助人员			六、生产制造及有关人员			七、不便分类的其他从业人员		
	小计	男	女	小计	男	女	小计	男	女
全　省	**41484**	**24008**	**17476**	**67079**	**43468**	**23610**	**94**	**60**	**33**
福州市	3760	2565	1195	9397	6918	2479	5	4	1
福州市(不含平潭)	3128	2185	943	9013	6569	2443	3	2	1
平潭	631	380	252	385	349	36	2	2	
厦门市	953	556	397	6031	3937	2094	6	4	3
莆田市	2522	1131	1391	6340	3683	2657			
三明市	4748	2756	1992	2405	1722	684	11	5	6
泉州市	5158	2630	2528	26102	15760	10342	3	2	1
漳州市	9366	5388	3978	7630	4758	2872	33	25	8
南平市	5217	3400	1817	2228	1610	618	30	16	14
龙岩市	4359	2106	2253	3702	2591	1111	3	3	
宁德市	5402	3476	1925	3242	2489	753	2	2	

5-4a 各地区分性别、职业大类的就业人口(城市)

单位：人

地　区	就业人口			一、党的机关、国家机关、群众团体和社会组织、企事业单位负责人		
	合计	男	女	小计	男	女
全　省	**86900**	**51028**	**35872**	**3373**	**2538**	**835**
福州市	20326	12079	8247	766	593	173
厦门市	21770	12474	9296	1064	780	284
莆田市	6393	3705	2687	163	119	44
三明市	2665	1523	1142	72	53	18
泉州市	20850	12240	8611	593	464	129
漳州市	4553	2594	1959	251	179	71
南平市	3997	2370	1627	208	158	50
龙岩市	2941	1797	1144	163	117	46
宁德市	3406	2245	1161	94	75	19

5-4a 续表 1 单位：人

地 区	二、专业技术人员			三、办事人员和有关人员			四、社会生产服务和生活服务人员		
	小计	男	女	小计	男	女	小计	男	女
全 省	**14373**	**6421**	**7952**	**7883**	**4564**	**3319**	**34085**	**19773**	**14313**
福州市	4113	1951	2162	2360	1310	1051	8608	5144	3464
厦门市	3890	1779	2111	2470	1283	1187	9414	5315	4099
莆田市	523	205	318	360	256	104	2213	1330	883
三明市	378	155	223	289	179	111	1246	656	590
泉州市	2272	805	1467	1080	696	385	6456	3786	2669
漳州市	1173	514	659	256	159	97	1804	1019	785
南平市	727	318	409	465	291	174	1688	978	710
龙岩市	539	254	284	290	186	103	1300	735	565
宁德市	758	440	319	311	204	107	1358	810	547

5-4a 续表 2 单位：人

地 区	五、农、林、牧、渔业生产及辅助人员			六、生产制造及有关人员			七、不便分类的其他从业人员		
	小计	男	女	小计	男	女	小计	男	女
全 省	**1311**	**827**	**484**	**25835**	**16880**	**8955**	**39**	**25**	**14**
福州市	170	137	33	4307	2944	1363	1		1
厦门市	196	127	69	4730	3187	1543	6	4	3
莆田市	205	99	106	2929	1697	1232			
三明市	123	70	53	551	408	142	6	1	4
泉州市	126	69	57	10323	6420	3903	1		1
漳州市	98	63	36	953	648	306	17	12	5
南平市	257	161	96	645	459	187	7	6	1
龙岩市	54	43	11	595	462	133			
宁德市	82	59	23	802	656	146	1	1	

5-4b 各地区分性别、职业大类的就业人口(镇)

单位：人

地　区	就业人口			一、党的机关、国家机关、群众团体和社会组织、企事业单位负责人		
	合计	男	女	小计	男	女
全　省	**55522**	**34065**	**21457**	**1199**	**976**	**224**
福州市	7131	4600	2532	216	174	42
福州市(不含平潭)	6453	4134	2319	177	143	34
平潭	679	466	213	39	31	8
厦门市	1368	801	567	41	29	11
莆田市	2588	1516	1072	44	43	1
三明市	4468	2690	1778	111	90	21
泉州市	16943	10390	6554	389	329	61
漳州市	11170	6731	4439	141	111	31
南平市	3123	2047	1077	87	62	25
龙岩市	4836	2739	2097	77	61	16
宁德市	3893	2553	1340	93	76	17

5-4b 续表 1

单位：人

地　区	二、专业技术人员			三、办事人员和有关人员			四、社会生产服务和生活服务人员		
	小计	男	女	小计	男	女	小计	男	女
全　省	**4939**	**2371**	**2568**	**2654**	**1787**	**867**	**20146**	**11996**	**8149**
福州市	613	275	338	368	241	127	3342	1987	1356
福州市(不含平潭)	531	248	282	326	218	109	3027	1786	1241
平潭	82	27	56	42	24	18	316	201	115
厦门市	109	63	46	73	46	27	363	210	153
莆田市	268	143	124	76	57	19	943	552	391
三明市	577	286	291	383	262	121	1819	1015	804
泉州市	1317	667	650	446	281	165	5805	3635	2170
漳州市	845	411	434	648	485	164	3639	2130	1508
南平市	280	105	175	148	95	53	1268	767	500
龙岩市	599	268	331	231	157	74	1502	811	692
宁德市	331	152	179	281	163	118	1464	890	574

5-4b 续表 2

单位：人

地区	五、农、林、牧、渔业生产及辅助人员			六、生产制造及有关人员			七、不便分类的其他从业人员		
	小计	男	女	小计	男	女	小计	男	女
全　省	**8051**	**4881**	**3170**	**18515**	**12040**	**6474**	**19**	**15**	**4**
福州市	473	334	139	2119	1589	530			
福州市(不含平潭)	419	282	136	1973	1456	517			
平潭	54	52	2	146	132	13			
厦门市	114	71	43	668	381	287			
莆田市	271	110	162	986	611	375			
三明市	784	487	296	793	548	244	1	1	
泉州市	1511	938	574	7475	4541	2934			
漳州市	2368	1349	1019	3523	2240	1283	6	5	1
南平市	718	534	184	614	476	138	10	8	2
龙岩市	975	463	512	1452	978	473	1	1	
宁德市	838	596	242	886	676	210	1		

5-4c 各地区分性别、职业大类的就业人口(乡村)

单位：人

地区	就业人口			一、党的机关、国家机关、群众团体和社会组织、企事业单位负责人		
	合计	男	女	小计	男	女
全　省	**79859**	**48264**	**31596**	**944**	**789**	**155**
福州市	11036	7557	3479	248	214	34
福州市(不含平潭)	9852	6813	3040	221	196	26
平潭	1183	744	440	26	18	8
厦门市	2387	1386	1001	31	21	9
莆田市	6465	3558	2907	84	72	12
三明市	6561	3951	2610	60	48	12
泉州市	18247	10482	7766	285	238	48
漳州市	13565	7950	5615	70	53	17
南平市	6840	4369	2471	63	57	6
龙岩市	7061	4028	3032	66	52	14
宁德市	7697	4983	2715	38	35	3

5-4c 续表 1 单位：人

地 区	二、专业技术人员			三、办事人员和有关人员			四、社会生产服务和生活服务人员		
	小计	男	女	小计	男	女	小计	男	女
全 省	**4201**	**2334**	**1867**	**1129**	**794**	**335**	**18699**	**11479**	**7220**
福州市	646	399	247	173	134	39	3878	2328	1550
福州市(不含平潭)	614	381	233	163	128	35	3580	2171	1409
平潭	32	18	14	10	6	4	298	157	141
厦门市	182	71	111	140	84	56	757	482	275
莆田市	240	123	116	94	75	19	1575	989	586
三明市	247	139	108	80	62	18	1268	735	532
泉州市	1404	758	646	180	110	71	4551	2953	1599
漳州市	581	319	261	171	129	42	2679	1594	1085
南平市	266	148	119	74	49	25	1212	732	480
龙岩市	389	228	160	156	109	47	1463	886	577
宁德市	247	147	100	60	42	18	1316	780	537

5-4c 续表 2 单位：人

地 区	五、农、林、牧、渔业生产及辅助人员			六、生产制造及有关人员			七、不便分类的其他从业人员		
	小计	男	女	小计	男	女	小计	男	女
全 省	**32122**	**18299**	**13822**	**22729**	**14548**	**8181**	**35**	**21**	**15**
福州市	3116	2094	1023	2971	2385	586	4	4	
福州市(不含平潭)	2539	1766	773	2732	2169	563	2	2	
平潭	577	328	249	239	216	22	2	2	
厦门市	643	358	285	633	369	264			
莆田市	2046	922	1124	2426	1376	1050			
三明市	3841	2198	1642	1062	765	297	4	3	1
泉州市	3521	1623	1897	8304	4799	3505	2	2	
漳州市	6900	3977	2923	3154	1870	1284	11	8	3
南平市	4242	2705	1537	969	676	294	13	3	11
龙岩市	3331	1600	1730	1656	1151	505	2	2	
宁德市	4482	2821	1661	1554	1158	396			

5-5 全省分年龄、性别、职业大类的就业人口

单位：人

年 龄	就业人口			一、党的机关、国家机关、群众团体和社会组织、企事业单位负责人		
	合计	男	女	小计	男	女
总 计	**222282**	**133357**	**88925**	**5517**	**4303**	**1215**
16-19	**3511**	**2236**	**1275**	**10**	**6**	**4**
16	371	255	115	1		1
17	656	432	224			
18	1109	714	395	5	3	1
19	1374	835	540	5	3	1
20-24	**18829**	**10886**	**7942**	**159**	**110**	**48**
20	2422	1488	933	15	9	6
21	2789	1603	1185	14	11	3
22	3421	1880	1542	23	14	9
23	4447	2551	1895	44	35	9
24	5750	3363	2387	63	42	21
25-29	**35399**	**20455**	**14944**	**713**	**526**	**187**
25	7976	4668	3308	121	77	45
26	7493	4302	3191	155	116	39
27	6866	3944	2922	151	113	38
28	6773	3819	2954	126	100	26
29	6292	3722	2569	159	120	39
30-34	**29141**	**16918**	**12223**	**854**	**629**	**224**
30	6032	3555	2477	155	111	44
31	6046	3480	2566	163	119	44
32	5672	3319	2353	183	142	41
33	6317	3606	2711	210	147	63
34	5074	2958	2116	142	109	33
35-39	**27628**	**15905**	**11723**	**951**	**728**	**223**
35	4426	2561	1865	144	115	29
36	5364	3108	2257	188	142	47
37	5730	3215	2515	179	131	48
38	5752	3338	2415	223	178	45
39	6356	3684	2672	216	161	55

5-5 续表 1 单位：人

年 龄	二、专业技术人员			三、办事人员和有关人员			四、社会生产服务和生活服务人员		
	小计	男	女	小计	男	女	小计	男	女
总 计	**23513**	**11126**	**12387**	**11665**	**7144**	**4521**	**72930**	**43248**	**29682**
16-19	**259**	**98**	**161**	**80**	**43**	**37**	**1530**	**940**	**590**
16	28	13	15	11	8	3	149	95	54
17	48	23	25	10	5	5	290	193	97
18	90	32	58	21	9	12	485	305	180
19	93	30	64	39	21	17	607	347	259
20-24	**2766**	**921**	**1846**	**982**	**454**	**528**	**7891**	**4536**	**3355**
20	228	65	163	82	42	41	1002	582	420
21	317	82	235	121	54	67	1235	681	553
22	516	151	364	182	76	106	1489	811	678
23	756	236	520	262	122	141	1798	1052	746
24	949	386	563	334	161	173	2367	1410	957
25-29	**5680**	**2359**	**3321**	**2331**	**1098**	**1234**	**13670**	**7951**	**5719**
25	1469	619	850	510	237	273	3181	1892	1289
26	1310	503	806	461	217	243	2916	1715	1200
27	1048	438	610	457	212	245	2610	1480	1131
28	1005	397	608	483	220	264	2553	1445	1108
29	848	401	447	420	211	209	2411	1419	992
30-34	**3765**	**1618**	**2147**	**1790**	**937**	**853**	**10998**	**6408**	**4590**
30	744	366	378	389	205	184	2263	1330	932
31	791	349	443	339	164	176	2333	1342	991
32	692	279	413	380	198	181	2145	1260	885
33	840	322	517	381	197	184	2390	1371	1019
34	697	302	396	301	173	128	1868	1104	763
35-39	**3260**	**1457**	**1803**	**1568**	**930**	**638**	**9351**	**5416**	**3935**
35	578	229	349	225	120	105	1573	916	657
36	674	280	395	302	191	111	1825	1072	753
37	678	297	381	355	199	156	2004	1161	843
38	661	310	351	350	202	148	1896	1092	804
39	669	341	328	337	219	118	2053	1174	878

5-5 续表 2

单位：人

年 龄	五、农、林、牧、渔业生产及辅助人员			六、生产制造及有关人员			七、不便分类的其他从业人员		
	小计	男	女	小计	男	女	小计	男	女
总 计	**41484**	**24008**	**17476**	**67079**	**43468**	**23610**	**94**	**60**	**33**
16-19	**157**	**116**	**41**	**1455**	**1019**	**436**	**20**	**15**	**6**
16	16	14	2	165	124	40	2	2	1
17	33	24	10	270	185	85	6	3	3
18	38	30	9	462	328	134	9	7	2
19	70	49	21	559	382	177	3	3	
20-24	**1072**	**681**	**391**	**5946**	**4175**	**1771**	**14**	**10**	**4**
20	111	80	31	979	707	271	5	4	
21	128	78	50	969	694	275	4	4	1
22	176	106	70	1034	720	314	1	1	1
23	266	174	92	1319	931	388	2	2	
24	391	243	148	1645	1122	522	2		2
25-29	**2302**	**1375**	**927**	**10688**	**7135**	**3552**	**14**	**11**	**4**
25	439	274	165	2253	1566	687	3	3	1
26	491	277	215	2160	1473	687			
27	468	285	183	2126	1412	714	5	4	1
28	454	265	188	2151	1391	760	1	1	
29	450	274	176	1999	1294	705	5	2	2
30-34	**2611**	**1517**	**1094**	**9116**	**5803**	**3313**	**8**	**6**	**1**
30	510	288	222	1966	1250	716	4	4	
31	521	312	209	1896	1193	703	2	1	1
32	481	285	195	1791	1154	637	1	1	
33	594	340	254	1901	1228	674			
34	505	292	213	1561	978	583			
35-39	**3246**	**1797**	**1449**	**9249**	**5575**	**3674**	**5**	**3**	**2**
35	457	281	176	1448	900	548	2		2
36	577	312	265	1798	1111	686			
37	650	335	315	1864	1092	773			
38	715	400	315	1904	1152	751	3	3	
39	847	468	378	2234	1320	915			

5-5 续表 3 单位：人

年 龄	就业人口			一、党的机关、国家机关、群众团体和社会组织、企事业单位负责人		
	合计	男	女	小计	男	女
40-44	**32596**	**18837**	**13759**	**1024**	**784**	**239**
40	6076	3561	2515	183	146	37
41	6329	3679	2650	191	145	46
42	6829	3960	2869	216	167	49
43	6475	3712	2763	217	161	56
44	6886	3924	2962	217	165	52
45-49	**29282**	**17176**	**12106**	**828**	**654**	**174**
45	6536	3726	2810	189	154	35
46	6075	3510	2565	174	132	42
47	6286	3754	2533	183	142	41
48	4995	2896	2098	147	113	35
49	5391	3290	2100	136	113	23
50-54	**20369**	**13153**	**7216**	**583**	**502**	**80**
50	5022	3136	1886	154	138	16
51	4403	2795	1608	113	99	14
52	5393	3538	1855	161	135	27
53	3679	2441	1238	104	90	14
54	1872	1242	630	51	41	10
55-59	**12564**	**8715**	**3849**	**260**	**239**	**21**
55	2490	1709	782	69	62	8
56	2281	1573	708	54	51	3
57	2688	1875	813	48	44	4
58	2944	2050	894	48	44	4
59	2160	1508	652	40	38	2
60-64	**7926**	**5334**	**2592**	**86**	**78**	**7**
60	2050	1352	698	17	16	1
61	1810	1219	591	30	28	2
62	1534	1047	486	14	13	1
63	1461	973	488	16	13	3
64	1071	743	329	9	9	
65及以上	**5036**	**3741**	**1296**	**51**	**46**	**5**

5-5 续表 4

单位：人

年龄	二、专业技术人员			三、办事人员和有关人员			四、社会生产服务和生活服务人员		
	小计	男	女	小计	男	女	小计	男	女
40-44	**2988**	**1536**	**1452**	**1579**	**1038**	**541**	**10236**	**5898**	**4337**
40	633	337	296	325	209	116	1935	1138	797
41	579	275	304	302	195	107	2014	1159	854
42	605	324	282	353	242	111	2172	1274	898
43	613	310	304	293	189	104	2001	1136	865
44	557	291	266	305	202	103	2114	1191	923
45-49	**2239**	**1271**	**968**	**1336**	**911**	**425**	**8503**	**4899**	**3604**
45	549	292	257	276	183	92	1963	1086	878
46	480	270	210	272	170	102	1806	1038	767
47	468	279	189	311	223	88	1832	1072	761
48	363	202	161	210	142	68	1428	810	617
49	380	229	151	268	194	74	1474	893	581
50-54	**1433**	**936**	**497**	**1113**	**912**	**201**	**5151**	**3304**	**1847**
50	319	187	132	291	223	67	1289	795	494
51	281	179	102	237	192	45	1128	718	410
52	424	299	126	258	216	42	1375	875	500
53	270	178	91	223	192	31	863	573	289
54	139	93	46	103	89	15	496	342	154
55-59	**707**	**608**	**99**	**561**	**525**	**37**	**2975**	**2067**	**907**
55	153	122	32	128	119	9	606	404	202
56	124	112	12	93	87	6	552	383	169
57	145	126	20	118	114	4	695	482	213
58	164	143	21	125	116	9	654	463	191
59	120	105	14	96	89	8	467	336	132
60-64	**232**	**181**	**50**	**184**	**169**	**15**	**1685**	**1126**	**559**
60	72	51	21	49	43	6	462	301	162
61	44	39	6	39	36	3	384	271	113
62	42	36	6	28	27	1	314	209	105
63	40	24	16	48	44	4	322	209	113
64	34	32	2	20	19	1	203	137	66
65及以上	**185**	**141**	**44**	**141**	**129**	**12**	**941**	**703**	**238**

5-5 续表 5

单位：人

年 龄	五、农、林、牧、渔业生产及辅助人员			六、生产制造及有关人员			七、不便分类的其他从业人员		
	小计	男	女	小计	男	女	小计	男	女
40-44	**5404**	**2903**	**2501**	**11355**	**6672**	**4683**	**10**	**6**	**5**
40	915	498	417	2085	1233	852			
41	941	517	424	2301	1389	912	2		2
42	1097	584	512	2384	1368	1016	1	1	1
43	1122	590	532	2225	1325	900	4	2	2
44	1331	715	616	2360	1357	1003	3	3	
45-49	**6904**	**3598**	**3306**	**9464**	**5839**	**3625**	**7**	**3**	**4**
45	1364	702	662	2192	1308	884	3	1	2
46	1389	733	655	1954	1165	789	1	1	
47	1436	770	665	2056	1268	788	1		1
48	1287	656	632	1557	973	584	2	1	1
49	1429	737	692	1705	1125	580			
50-54	**6409**	**3493**	**2915**	**5675**	**4003**	**1672**	**6**	**3**	**4**
50	1476	792	684	1491	1001	491	2	1	1
51	1312	692	620	1330	915	416	2		2
52	1727	963	764	1446	1050	397	1	1	
53	1260	702	558	959	705	253	1	1	
54	634	345	289	448	332	115	1		1
55-59	**5541**	**3289**	**2252**	**2518**	**1986**	**532**	**2**	**1**	**1**
55	994	573	421	539	429	110			
56	971	569	402	485	371	114	1		1
57	1137	676	462	543	433	111	1	1	
58	1376	827	549	577	457	119			
59	1063	645	418	374	296	78			
60-64	**4570**	**2870**	**1700**	**1166**	**908**	**258**	**3**	**1**	**2**
60	1139	695	444	309	246	63	1		1
61	1010	624	386	301	221	80	1	1	1
62	912	586	326	223	177	45	1		1
63	823	516	307	213	168	45			
64	686	450	236	120	97	24			
65及以上	**3268**	**2368**	**901**	**447**	**353**	**95**	**3**	**2**	**1**

5-5a 全省分年龄、性别、职业大类的就业人口(城市)

单位：人

年 龄	就业人口			一、党的机关、国家机关、群众团体和社会组织、企事业单位负责人		
	合计	男	女	小计	男	女
总 计	**86900**	**51028**	**35872**	**3373**	**2538**	**835**
16-19	**1641**	**1050**	**592**	**4**	**3**	**1**
16	149	99	50			
17	328	227	100			
18	523	342	180	3	3	1
19	642	381	261	1	1	
20-24	**9337**	**5146**	**4192**	**97**	**65**	**32**
20	1262	744	518	13	7	6
21	1366	738	629	6	4	2
22	1672	861	811	12	7	5
23	2275	1275	1000	28	21	6
24	2762	1528	1234	38	26	13
25-29	**17767**	**10032**	**7735**	**455**	**331**	**123**
25	4044	2369	1675	62	41	22
26	3914	2207	1706	106	78	28
27	3417	1916	1501	98	73	25
28	3333	1784	1548	73	55	17
29	3060	1755	1305	116	84	32
30-34	**13368**	**7496**	**5872**	**557**	**396**	**161**
30	2700	1559	1140	109	79	30
31	2745	1521	1224	111	78	33
32	2649	1485	1164	116	88	28
33	3017	1641	1376	132	89	43
34	2258	1290	968	89	63	26
35-39	**12048**	**6851**	**5197**	**676**	**497**	**180**
35	2013	1130	883	98	74	23
36	2430	1384	1046	133	96	37
37	2526	1413	1114	134	93	41
38	2486	1405	1081	161	122	39
39	2594	1520	1074	149	111	38

5-5a 续表 1

单位：人

年 龄	二、专业技术人员			三、办事人员和有关人员			四、社会生产服务和生活服务人员		
	小计	男	女	小计	男	女	小计	男	女
总 计	**14373**	**6421**	**7952**	**7883**	**4564**	**3319**	**34085**	**19773**	**14313**
16-19	**102**	**34**	**68**	**51**	**21**	**30**	**807**	**494**	**313**
16	6	1	4	5	2	3	65	35	30
17	17	5	12	8	4	4	161	116	45
18	42	14	28	13	5	8	251	163	89
19	38	14	24	26	10	15	329	180	149
20-24	**1768**	**610**	**1158**	**630**	**257**	**373**	**4077**	**2259**	**1817**
20	128	35	93	51	18	32	550	306	243
21	179	44	135	65	21	44	650	342	308
22	328	97	231	134	52	81	731	379	352
23	493	162	332	168	69	99	968	565	402
24	639	272	368	212	96	116	1178	666	512
25-29	**3854**	**1650**	**2204**	**1590**	**712**	**878**	**7082**	**4108**	**2974**
25	982	444	537	316	136	180	1679	1013	666
26	957	383	574	317	147	170	1573	941	632
27	697	303	394	323	147	176	1338	741	597
28	657	255	401	348	144	205	1284	718	565
29	561	264	297	286	139	147	1208	695	513
30-34	**2461**	**1036**	**1425**	**1331**	**664**	**667**	**5303**	**3010**	**2293**
30	455	238	217	274	136	138	1083	595	489
31	511	218	293	238	111	127	1111	621	490
32	487	202	284	284	137	146	1036	597	439
33	571	198	372	312	153	158	1181	672	510
34	438	179	259	223	126	98	891	526	365
35-39	**2031**	**862**	**1169**	**1149**	**649**	**501**	**4465**	**2537**	**1927**
35	376	153	223	162	83	79	773	434	339
36	422	168	254	221	133	88	896	515	381
37	439	179	261	261	140	121	945	548	396
38	408	182	226	260	137	123	915	504	411
39	386	181	205	246	156	90	935	536	400

5-5a 续表 2

单位：人

年 龄	五、农、林、牧、渔业生产及辅助人员			六、生产制造及有关人员			七、不便分类的其他从业人员		
	小计	男	女	小计	男	女	小计	男	女
总 计	**1311**	**827**	**484**	**25835**	**16880**	**8955**	**39**	**25**	**14**
16-19	**1**	**1**		**672**	**493**	**179**	**5**	**3**	**2**
16				72	59	12	2	1	1
17				139	101	38	2	1	1
18				212	157	55	1	1	
19	1	1		248	176	73			
20-24	**17**	**11**	**5**	**2746**	**1943**	**803**	**3**	**1**	**3**
20	4	1	3	517	377	140			
21	2	2	1	463	325	138	1		1
22	1	1		464	322	141	1	1	1
23	2	2		617	457	161			
24	7	6	1	685	462	224	1		1
25-29	**71**	**50**	**21**	**4707**	**3173**	**1534**	**8**	**6**	**1**
25	15	10	5	988	724	265	2	2	1
26	12	7	5	948	651	297			
27	15	13	2	942	636	306	3	3	
28	14	11	3	958	601	357	1	1	
29	15	10	5	872	562	310	1	1	1
30-34	**61**	**38**	**24**	**3648**	**2347**	**1301**	**8**	**6**	**1**
30	11	7	4	763	501	262	4	4	
31	9	6	4	763	487	276	2	1	1
32	13	8	5	713	451	262	1	1	
33	16	8	8	804	521	283			
34	13	10	3	603	386	217			
35-39	**93**	**63**	**30**	**3631**	**2241**	**1390**	**3**	**1**	**2**
35	10	9	2	592	377	215	2		2
36	18	15	3	739	456	283			
37	18	7	11	729	446	283			
38	23	14	9	718	445	273	1	1	
39	24	18	5	854	518	336			

5-5a 续表 3 单位：人

年 龄	就业人口			一、党的机关、国家机关、群众团体和社会组织、企事业单位负责人		
	合计	男	女	小计	男	女
40-44	**12543**	**7252**	**5291**	**634**	**476**	**158**
40	2433	1434	999	113	92	21
41	2525	1424	1101	128	90	38
42	2662	1567	1095	138	103	34
43	2418	1371	1046	127	95	32
44	2505	1456	1050	129	96	33
45-49	**9955**	**5806**	**4149**	**469**	**354**	**115**
45	2358	1369	989	111	88	23
46	2091	1151	940	97	68	30
47	2182	1338	844	105	77	28
48	1582	895	687	71	55	16
49	1742	1053	689	85	66	18
50-54	**6011**	**4178**	**1833**	**311**	**257**	**53**
50	1529	1006	523	88	77	10
51	1359	934	425	66	53	13
52	1531	1091	440	77	64	14
53	1049	758	291	52	41	11
54	542	389	153	28	23	5
55-59	**2718**	**2119**	**599**	**128**	**121**	**7**
55	625	474	152	35	34	1
56	490	387	103	28	26	2
57	586	468	118	26	23	3
58	610	473	138	25	23	2
59	407	318	89	15	15	
60-64	**1067**	**752**	**314**	**29**	**25**	**4**
60	312	211	101	6	6	
61	255	186	69	8	6	1
62	194	143	51	7	6	1
63	178	121	57	6	5	1
64	128	91	37	2	2	
65及以上	**444**	**345**	**98**	**14**	**12**	**2**

5-5a 续表 4

单位：人

年 龄	二、专业技术人员			三、办事人员和有关人员			四、社会生产服务和生活服务人员		
	小计	男	女	小计	男	女	小计	男	女
40-44	**1768**	**818**	**949**	**1085**	**701**	**384**	**4649**	**2624**	**2025**
40	376	182	194	222	138	84	879	500	379
41	342	133	209	213	137	76	923	520	403
42	358	178	181	243	167	76	975	559	417
43	365	172	193	200	124	76	922	519	403
44	326	154	173	208	136	72	949	526	423
45-49	**1184**	**583**	**600**	**857**	**551**	**306**	**3774**	**2099**	**1675**
45	293	133	160	179	118	61	928	514	414
46	237	105	132	175	98	77	815	447	368
47	247	141	106	205	143	62	797	457	340
48	203	97	106	130	78	51	601	313	288
49	204	107	97	168	113	55	632	367	265
50-54	**774**	**471**	**302**	**743**	**597**	**146**	**2123**	**1388**	**736**
50	171	94	77	192	145	47	554	341	213
51	154	92	62	171	136	35	452	295	158
52	217	145	72	170	141	29	550	357	193
53	148	91	57	145	120	25	358	251	107
54	85	50	35	65	55	10	209	143	65
55-59	**317**	**271**	**46**	**316**	**293**	**23**	**1102**	**783**	**319**
55	78	62	16	70	61	8	252	170	82
56	60	54	5	57	54	3	194	137	56
57	59	51	8	66	64	2	254	183	71
58	65	52	13	69	64	5	249	182	67
59	55	51	4	54	50	4	153	111	42
60-64	**77**	**59**	**18**	**79**	**70**	**9**	**516**	**331**	**186**
60	29	19	11	25	22	4	137	88	49
61	12	10	2	16	15	2	126	83	42
62	12	11	1	8	7	1	96	64	32
63	11	7	4	23	21	2	90	54	36
64	12	12	1	6	5	1	67	41	26
65及以上	**38**	**26**	**12**	**51**	**48**	**3**	**188**	**140**	**49**

5-5a 续表 5

单位：人

年 龄	五、农、林、牧、渔业生产及辅助人员			六、生产制造及有关人员			七、不便分类的其他从业人员		
	小计	男	女	小计	男	女	小计	男	女
40-44	**198**	**126**	**72**	**4206**	**2504**	**1702**	**4**	**2**	**1**
40	32	22	10	811	499	312			
41	38	22	16	881	523	358			
42	42	25	16	906	535	371	1	1	
43	44	30	14	759	432	326	2	1	1
44	43	27	16	849	516	333	1	1	
45-49	**262**	**154**	**108**	**3405**	**2063**	**1343**	**4**	**2**	**1**
45	43	27	16	803	489	314	1		1
46	49	27	22	717	406	311	1	1	
47	67	42	25	760	477	283	1		1
48	43	28	16	533	323	210	1	1	
49	60	31	29	593	368	225			
50-54	**222**	**124**	**98**	**1835**	**1340**	**495**	**3**	**1**	**2**
50	44	22	22	481	327	154			
51	45	26	19	470	333	137	1		1
52	64	34	31	452	350	102			
53	50	31	18	296	223	74	1	1	
54	19	11	8	136	107	29	1		1
55-59	**185**	**121**	**64**	**669**	**529**	**140**	**1**	**1**	
55	40	22	18	150	124	26			
56	36	23	13	116	92	24			
57	30	20	10	150	126	24	1	1	
58	43	32	11	159	120	39			
59	36	24	13	95	68	27			
60-64	**131**	**88**	**43**	**233**	**180**	**54**	**1**	**1**	**1**
60	45	28	16	69	48	21			
61	32	26	6	60	45	15	1	1	1
62	23	15	8	48	40	8			
63	13	7	6	34	28	7			
64	19	12	6	21	18	3			
65及以上	**70**	**51**	**19**	**82**	**68**	**14**			

5-5b 全省分年龄、性别、职业大类的就业人口(镇)

单位：人

年 龄	就业人口			一、党的机关、国家机关、群众团体和社会组织、企事业单位负责人		
	合计	男	女	小计	男	女
总 计	**55522**	**34065**	**21457**	**1199**	**976**	**224**
16-19	**665**	**402**	**263**	**4**	**1**	**3**
16	87	57	30	1		1
17	129	76	54			
18	211	137	75	1	1	1
19	237	133	104	2		1
20-24	**3989**	**2371**	**1618**	**29**	**21**	**8**
20	492	324	168	2	2	
21	601	352	249	4	4	
22	718	420	298	8	5	3
23	900	515	386	5	3	2
24	1278	760	518	11	8	3
25 29	**8438**	**5022**	**3416**	**147**	**111**	**36**
25	1904	1104	800	38	22	16
26	1685	1020	665	33	27	7
27	1650	982	667	28	23	5
28	1650	982	668	23	20	3
29	1549	933	616	25	20	5
30-34	**6961**	**4125**	**2836**	**169**	**138**	**31**
30	1496	885	610	24	18	7
31	1468	887	581	28	24	4
32	1326	796	530	39	33	6
33	1405	801	604	43	34	10
34	1267	756	510	34	30	4
35-39	**7149**	**4169**	**2980**	**148**	**120**	**29**
35	1141	665	476	27	25	2
36	1348	808	540	28	20	7
37	1444	814	630	22	16	6
38	1449	845	603	37	31	5
39	1768	1037	731	35	27	8

5-5b 续表 1

单位：人

年 龄	二、专业技术人员			三、办事人员和有关人员			四、社会生产服务和生活服务人员		
	小计	男	女	小计	男	女	小计	男	女
总 计	**4939**	**2371**	**2568**	**2654**	**1787**	**867**	**20146**	**11996**	**8149**
16-19	**62**	**28**	**33**	**13**	**10**	**2**	**260**	**157**	**103**
16	9	6	3	4	4		33	21	12
17	13	9	4	1	1		57	34	23
18	21	10	12	4	2	1	81	54	28
19	18	3	15	4	4	1	89	48	40
20-24	**444**	**128**	**316**	**208**	**113**	**95**	**1788**	**1041**	**747**
20	48	12	36	16	14	2	184	115	69
21	60	17	43	31	18	13	255	134	121
22	81	20	61	26	11	15	359	212	147
23	127	37	90	64	37	28	396	219	177
24	128	42	86	72	34	37	594	361	233
25-29	**947**	**330**	**616**	**534**	**283**	**251**	**3494**	**2056**	**1438**
25	259	81	178	137	76	61	787	473	315
26	184	58	126	105	54	51	727	428	299
27	191	67	124	85	41	44	655	382	273
28	172	62	110	108	61	47	691	391	299
29	140	62	78	100	51	48	634	382	252
30-34	**693**	**286**	**407**	**308**	**181**	**127**	**2842**	**1659**	**1183**
30	153	60	93	70	38	32	617	374	243
31	142	60	82	65	34	31	611	369	242
32	103	34	69	71	48	24	552	318	235
33	155	63	92	46	26	20	565	308	257
34	139	69	70	56	35	21	497	290	206
35-39	**749**	**326**	**424**	**301**	**201**	**100**	**2630**	**1520**	**1110**
35	119	39	80	42	22	20	443	270	173
36	153	58	95	54	37	18	506	302	203
37	144	66	78	66	46	20	533	289	244
38	150	67	83	62	43	20	520	297	223
39	184	96	88	77	55	22	629	361	268

5-5b 续表 2

单位：人

年 龄	五、农、林、牧、渔业生产及辅助人员			六、生产制造及有关人员			七、不便分类的其他从业人员		
	小计	男	女	小计	男	女	小计	男	女
总 计	**8051**	**4881**	**3170**	**18515**	**12040**	**6474**	**19**	**15**	**4**
16-19	**15**	**10**	**5**	**308**	**192**	**116**	**4**	**4**	
16	2	1	1	38	24	14			
17	3	2	1	56	30	25			
18	3	2	2	99	67	32	2	2	
19	7	5	1	116	71	45	2	2	
20-24	**162**	**110**	**52**	**1351**	**951**	**400**	**5**	**5**	
20	12	10	2	226	167	59	4	4	
21	28	19	9	221	159	62	2	2	
22	28	17	11	217	155	61			
23	44	32	11	265	186	79			
24	51	32	19	422	283	139			
25-29	**475**	**314**	**161**	**2838**	**1924**	**914**	**4**	**3**	
25	90	62	27	593	390	203	1	1	
26	96	58	37	540	395	145			
27	113	77	37	577	392	185	1	1	
28	89	64	24	567	383	184	1	1	
29	87	52	35	562	364	197	1	1	
30-34	**542**	**343**	**199**	**2407**	**1517**	**890**			
30	108	67	41	524	329	195			
31	108	67	41	514	332	182			
32	93	63	30	467	299	167			
33	124	74	50	471	296	175			
34	109	72	37	431	260	171			
35-39	**665**	**399**	**266**	**2655**	**1603**	**1052**			
35	91	61	31	419	248	171			
36	116	75	42	491	316	175			
37	137	77	60	542	320	222			
38	156	87	69	524	321	203			
39	164	100	65	679	398	281			

5-5b 续表 3 单位：人

年 龄	就业人口			一、党的机关、国家机关、群众团体和社会组织、企事业单位负责人		
	合计	男	女	小计	男	女
40-44	**8928**	**5257**	**3670**	**224**	**173**	**51**
40	1607	949	658	38	28	10
41	1742	1067	674	37	31	5
42	1913	1089	824	45	37	8
43	1784	1035	750	51	33	17
44	1882	1118	764	53	43	10
45-49	**8068**	**4891**	**3177**	**213**	**170**	**42**
45	1808	1040	768	46	38	8
46	1690	1047	643	50	41	10
47	1755	1063	692	42	33	9
48	1345	810	536	37	26	11
49	1469	932	538	38	33	5
50-54	**5385**	**3553**	**1831**	**161**	**147**	**15**
50	1343	886	456	46	42	4
51	1175	755	420	34	33	1
52	1439	951	488	47	40	8
53	958	646	312	26	24	2
54	470	315	155	8	8	
55-59	**3099**	**2234**	**865**	**67**	**58**	**9**
55	628	450	178	22	18	3
56	576	416	160	15	13	2
57	683	487	196	11	10	1
58	671	502	169	10	10	
59	540	378	162	10	8	2
60-64	**1779**	**1254**	**525**	**25**	**25**	
60	474	327	147	10	10	
61	400	283	118	6	6	
62	358	249	108	3	3	
63	315	219	96	2	2	
64	233	176	56	5	5	
65及以上	**1063**	**787**	**275**	**11**	**11**	**1**

5-5b 续表 4

单位：人

年 龄	二、专业技术人员			三、办事人员和有关人员			四、社会生产服务和生活服务人员		
	小计	男	女	小计	男	女	小计	男	女
40-44	**789**	**423**	**366**	**369**	**244**	**125**	**3037**	**1728**	**1309**
40	167	100	67	76	49	28	575	330	245
41	152	82	70	61	42	20	602	356	246
42	158	79	79	91	61	29	667	371	296
43	156	76	80	72	45	27	586	324	262
44	156	86	70	69	48	21	606	347	260
45-49	**622**	**377**	**245**	**382**	**278**	**105**	**2637**	**1528**	**1109**
45	141	79	62	70	43	27	591	320	271
46	146	96	50	81	60	22	553	328	224
47	132	77	55	85	62	23	574	338	236
48	96	59	37	59	44	15	440	250	190
49	107	66	41	87	69	18	480	292	187
50-54	**376**	**255**	**121**	**270**	**228**	**42**	**1618**	**1004**	**613**
50	91	52	39	78	64	14	406	246	160
51	65	43	22	49	42	7	350	213	137
52	117	84	33	60	48	12	435	274	161
53	74	52	22	57	51	6	268	164	103
54	29	23	5	27	22	5	159	107	52
55-59	**170**	**146**	**25**	**153**	**144**	**9**	**967**	**680**	**287**
55	39	27	12	38	37	1	192	131	61
56	29	27	3	25	24	1	184	133	51
57	36	34	2	39	38		230	157	73
58	37	34	4	31	27	4	199	145	53
59	29	25	4	21	18	3	162	113	49
60-64	**46**	**38**	**8**	**57**	**54**	**3**	**545**	**367**	**178**
60	19	14	5	12	12		158	101	57
61	9	8	1	14	13	1	115	80	34
62	6	5		6	6	1	113	72	41
63	6	5	1	14	13	2	93	64	29
64	7	6		10	10		66	49	17
65及以上	**41**	**33**	**8**	**57**	**50**	**7**	**329**	**256**	**73**

5-5b 续表 5

单位：人

年 龄	五、农、林、牧、渔业生产及辅助人员			六、生产制造及有关人员			七、不便分类的其他从业人员		
	小计	男	女	小计	男	女	小计	男	女
40-44	**1102**	**616**	**485**	**3406**	**2074**	**1332**	**2**		**2**
40	165	90	75	585	352	233			
41	208	126	81	681	430	251	1		1
42	230	122	107	721	418	303	1		1
43	218	111	108	702	446	256			
44	281	167	114	717	428	290			
45-49	**1480**	**820**	**660**	**2732**	**1717**	**1015**	**2**	**1**	**1**
45	311	172	139	648	387	261	1	1	
46	287	173	114	573	349	224			
47	328	180	148	593	373	220			
48	260	137	122	453	294	160	1		1
49	294	158	136	464	314	151			
50-54	**1299**	**758**	**541**	**1660**	**1161**	**500**			
50	305	184	121	418	299	119			
51	286	163	124	391	260	131			
52	340	208	132	439	296	143			
53	250	143	107	283	211	72			
54	118	60	58	129	94	35			
55-59	**1024**	**645**	**379**	**716**	**561**	**156**			
55	189	125	64	149	111	38			
56	183	110	72	141	109	31			
57	221	138	83	146	110	36			
58	222	141	82	172	146	26			
59	209	131	79	109	84	24			
60-64	**790**	**522**	**268**	**316**	**248**	**68**			
60	195	122	73	79	68	12			
61	188	125	63	69	51	18			
62	164	112	52	66	52	15			
63	133	85	48	66	49	16			
64	109	78	32	36	29	7			
65及以上	**497**	**343**	**155**	**125**	**93**	**32**	**1**	**1**	

5-5c 全省分年龄、性别、职业大类的就业人口(乡村)

单位：人

年 龄	就业人口			一、党的机关、国家机关、群众团体和社会组织、企事业单位负责人		
	合计	男	女	小计	男	女
总 计	**79859**	**48264**	**31596**	**944**	**789**	**155**
16-19	**1205**	**785**	**420**	**2**	**2**	
16	135	100	35			
17	199	129	70			
18	376	235	140			
19	495	320	175	2	2	
20-24	**5503**	**3370**	**2133**	**32**	**24**	**8**
20	668	420	247			
21	821	513	308	4	3	1
22	1032	599	433	3	2	1
23	1271	762	509	12	11	1
24	1711	1076	635	13	8	5
25-29	**9193**	**5401**	**3792**	**111**	**83**	**28**
25	2028	1195	833	21	14	7
26	1894	1074	819	16	12	4
27	1799	1045	753	25	17	9
28	1790	1052	738	31	25	6
29	1683	1034	648	18	16	2
30-34	**8812**	**5296**	**3516**	**127**	**94**	**33**
30	1837	1111	726	22	15	7
31	1834	1073	761	24	18	6
32	1697	1038	659	27	20	7
33	1895	1163	732	34	25	10
34	1550	911	638	19	17	2
35-39	**8431**	**4886**	**3545**	**126**	**111**	**15**
35	1272	766	506	19	16	4
36	1587	916	671	27	25	2
37	1760	989	772	23	22	
38	1818	1088	730	26	25	1
39	1994	1127	866	31	23	8

5-5c 续表 1

单位：人

年 龄	二、专业技术人员			三、办事人员和有关人员			四、社会生产服务和生活服务人员		
	小计	男	女	小计	男	女	小计	男	女
总 计	**4201**	**2334**	**1867**	**1129**	**794**	**335**	**18699**	**11479**	**7220**
16-19	**95**	**36**	**60**	**16**	**11**	**5**	**463**	**289**	**174**
16	13	5	8	2	2		51	39	12
17	18	9	9	1		1	72	43	29
18	27	9	18	4	2	3	152	88	64
19	38	13	25	9	7	1	189	118	70
20-24	**554**	**183**	**372**	**144**	**84**	**60**	**2026**	**1235**	**790**
20	53	18	35	16	9	7	268	160	108
21	78	21	57	25	15	10	329	206	124
22	107	34	72	22	13	9	399	219	180
23	136	37	98	30	16	14	435	268	167
24	181	72	109	50	30	20	595	382	212
25-29	**879**	**379**	**500**	**207**	**102**	**105**	**3094**	**1786**	**1308**
25	229	94	135	58	26	32	714	406	309
26	169	63	106	39	16	23	615	346	269
27	160	68	92	50	25	25	617	357	261
28	176	80	96	27	15	12	578	335	243
29	147	75	71	34	21	13	569	342	227
30-34	**611**	**296**	**315**	**151**	**92**	**59**	**2853**	**1739**	**1115**
30	135	68	67	45	31	15	562	362	201
31	139	71	68	36	18	18	611	352	258
32	103	43	60	25	13	12	557	345	212
33	114	61	53	24	18	6	644	391	252
34	120	54	67	21	12	9	480	288	192
35-39	**480**	**269**	**211**	**117**	**80**	**37**	**2256**	**1359**	**897**
35	83	37	46	21	15	6	357	211	145
36	99	53	46	26	21	6	423	255	168
37	95	52	42	28	13	15	527	324	203
38	103	62	41	28	23	6	461	291	170
39	100	65	36	14	8	6	488	277	211

5-5c 续表 2

单位：人

年 龄	五、农、林、牧、渔业生产及辅助人员			六、生产制造及有关人员			七、不便分类的其他从业人员		
	小计	男	女	小计	男	女	小计	男	女
总 计	**32122**	**18299**	**13822**	**22729**	**14548**	**8181**	**35**	**21**	**15**
16-19	**142**	**105**	**37**	**475**	**334**	**141**	**11**	**8**	**3**
16	14	13	1	55	41	14	1	1	
17	31	22	9	75	54	21	3	2	1
18	35	28	7	151	104	47	6	4	2
19	62	43	19	195	135	59	1	1	
20-24	**893**	**559**	**334**	**1848**	**1280**	**568**	**5**	**4**	**1**
20	95	69	26	236	163	73	1	1	
21	98	57	41	285	209	76	2	2	
22	147	88	59	354	242	111			
23	221	140	81	436	288	148	2	2	
24	333	205	128	537	378	160	1		1
25-29	**1756**	**1011**	**745**	**3142**	**2039**	**1103**	**3**	**1**	**2**
25	335	203	132	672	453	219			
26	383	211	172	671	427	245			
27	339	195	144	607	384	223	1		1
28	351	190	161	626	407	219			
29	348	212	136	565	368	198	2	1	1
30-34	**2008**	**1136**	**872**	**3061**	**1939**	**1122**			
30	392	214	178	680	421	259			
31	404	239	165	619	374	245			
32	375	214	160	611	403	208			
33	454	258	196	625	410	215			
34	383	210	173	527	332	195			
35-39	**2488**	**1334**	**1154**	**2963**	**1731**	**1232**	**2**	**2**	
35	355	212	144	438	275	163			
36	443	222	221	568	340	228			
37	495	251	244	593	326	268			
38	536	298	237	662	387	275	2	2	
39	659	350	308	702	404	298			

5-5c 续表 3

单位：人

年 龄	就业人口			一、党的机关、国家机关、群众团体和社会组织、企事业单位负责人		
	合计	男	女	小计	男	女
40-44	**11126**	**6328**	**4798**	**166**	**136**	**30**
40	2037	1178	858	32	26	6
41	2062	1187	875	26	23	3
42	2254	1304	950	33	27	7
43	2273	1307	966	40	33	7
44	2499	1351	1148	35	27	8
45-49	**11259**	**6479**	**4780**	**147**	**129**	**17**
45	2370	1317	1053	32	28	4
46	2294	1311	983	26	24	2
47	2349	1353	996	36	33	3
48	2067	1191	875	40	32	8
49	2179	1306	874	13	13	
50-54	**8973**	**5422**	**3552**	**111**	**98**	**13**
50	2150	1243	906	20	18	2
51	1870	1106	764	13	13	
52	2423	1496	926	37	32	5
53	1672	1038	634	26	26	1
54	859	538	321	14	10	5
55-59	**6747**	**4362**	**2386**	**65**	**59**	**6**
55	1237	785	452	13	9	4
56	1215	770	445	12	12	
57	1419	920	499	12	12	
58	1663	1076	588	13	11	2
59	1213	812	401	16	16	
60-64	**5080**	**3328**	**1752**	**32**	**28**	**4**
60	1264	814	450	1	1	1
61	1155	750	405	16	15	1
62	982	655	328	4	4	
63	968	633	335	8	6	2
64	711	476	235	2	2	
65及以上	**3530**	**2608**	**922**	**25**	**23**	**2**

5-5c 续表 4 单位：人

年 龄	二、专业技术人员			三、办事人员和有关人员			四、社会生产服务和生活服务人员		
	小计	男	女	小计	男	女	小计	男	女
40-44	**431**	**295**	**136**	**125**	**93**	**32**	**2550**	**1546**	**1004**
40	90	55	35	27	23	5	481	308	174
41	86	60	26	28	17	11	488	283	205
42	89	67	22	20	14	6	529	344	185
43	92	62	30	22	21	1	493	293	200
44	75	51	23	28	19	9	559	318	241
45-49	**434**	**310**	**123**	**97**	**83**	**14**	**2092**	**1272**	**820**
45	115	80	35	27	22	5	444	252	192
46	96	68	28	16	12	4	438	263	175
47	89	61	28	20	18	2	461	276	185
48	65	46	19	22	19	2	386	247	139
49	69	55	13	13	12	1	362	234	129
50-54	**283**	**209**	**74**	**99**	**87**	**12**	**1410**	**912**	**498**
50	58	41	17	21	14	6	329	208	121
51	62	44	18	18	14	4	326	211	115
52	90	69	21	28	26	2	389	244	145
53	48	35	13	21	20	1	237	158	79
54	25	20	5	11	11		128	91	37
55-59	**219**	**191**	**29**	**92**	**87**	**5**	**906**	**605**	**301**
55	37	33	4	21	21		162	103	59
56	36	31	4	11	8	2	175	113	62
57	50	41	9	13	12	2	211	142	69
58	61	57	5	26	26		206	136	71
59	36	30	6	22	21	1	152	112	41
60-64	**108**	**85**	**24**	**48**	**46**	**2**	**625**	**428**	**196**
60	24	18	5	11	9	2	167	111	56
61	24	21	3	8	8		144	107	37
62	24	19	5	14	14		106	73	32
63	22	12	10	10	10		139	90	48
64	15	14	1	4	4		69	46	23
65及以上	**105**	**81**	**24**	**33**	**30**	**2**	**424**	**307**	**117**

5-5c 续表 5

单位：人

年 龄	五、农、林、牧、渔业生产及辅助人员			六、生产制造及有关人员			七、不便分类的其他从业人员		
	小计	男	女	小计	男	女	小计	男	女
40-44	**4105**	**2161**	**1944**	**3744**	**2094**	**1650**	**5**	**3**	**2**
40	718	386	332	689	382	307			
41	695	368	327	739	436	303	1		1
42	826	437	389	757	416	341			
43	860	449	410	765	447	318	2	1	1
44	1007	521	486	794	413	380	2	2	
45-49	**5162**	**2624**	**2538**	**3326**	**2060**	**1267**	**2**		**2**
45	1009	504	506	741	432	309	2		2
46	1053	534	519	665	410	254			
47	1041	549	492	703	418	285			
48	984	490	494	571	356	214			
49	1075	548	527	647	444	204			
50-54	**4888**	**2611**	**2276**	**2180**	**1502**	**677**	**3**	**2**	**2**
50	1128	586	542	592	374	218	2	1	1
51	981	503	478	469	321	148	1		1
52	1323	721	602	555	403	152	1	1	
53	960	527	433	379	272	107			
54	496	274	222	184	132	52			
55-59	**4331**	**2523**	**1808**	**1133**	**897**	**236**	**1**		**1**
55	765	426	339	240	194	46			
56	752	435	317	229	170	59	1		1
57	886	517	369	247	197	50			
58	1111	655	456	246	192	54			
59	817	490	327	170	143	27			
60-64	**3649**	**2260**	**1389**	**617**	**481**	**136**	**2**		**2**
60	899	544	355	161	130	31	1		1
61	790	473	317	172	125	47			
62	725	459	267	108	86	23	1		1
63	676	424	253	113	90	22			
64	558	360	198	63	50	14			
65及以上	**2701**	**1974**	**727**	**240**	**192**	**48**	**2**	**1**	**1**

5-6 全省分受教育程度、性别、职业大类的就业人口

单位：人

职业大类	就业人口			未上过学			小学		
	合计	男	女	小计	男	女	小计	男	女
总计	**222282**	**133357**	**88925**	**7243**	**1887**	**5356**	**49859**	**26348**	**23511**
党的机关、国家机关、群众团体和社会组织、企事业单位负责人	5517	4303	1215	24	5	19	503	362	141
专业技术人员	23513	11126	12387	59	24	34	809	487	322
办事人员和有关人员	11665	7144	4521	53	34	19	546	407	139
社会生产服务和生活服务人员	72930	43248	29682	1364	311	1053	11943	6018	5925
农、林、牧、渔业生产及辅助人员	41484	24008	17476	3999	1039	2960	19429	10102	9326
生产制造及有关人员	67079	43468	23610	1742	474	1268	16613	8963	7649
不便分类的其他从业人员	94	60	33	2		2	17	8	9

5-6 续表 1

单位：人

职业大类	初中			普通高中			中职		
	小计	男	女	小计	男	女	小计	男	女
总计	**93337**	**61376**	**31961**	**23293**	**16568**	**6725**	**11938**	**6933**	**5005**
党的机关、国家机关、群众团体和社会组织、企事业单位负责人	1814	1452	362	943	771	172	428	313	115
专业技术人员	2815	1682	1133	2034	1166	867	2597	944	1653
办事人员和有关人员	2047	1415	632	1553	1025	528	1067	556	510
社会生产服务和生活服务人员	33797	20781	13017	10383	6972	3410	5091	3034	2057
农、林、牧、渔业生产及辅助人员	15372	10701	4672	2110	1744	367	340	246	94
生产制造及有关人员	37458	25323	12135	6256	4879	1377	2410	1835	575
不便分类的其他从业人员	34	23	11	15	11	4	6	5	1

5-6 续表 2

单位：人

职业大类	大学专科			大学本科			研究生		
	小计	男	女	小计	男	女	小计	男	女
总计	**17865**	**9817**	**8048**	**17304**	**9609**	**7695**	**1443**	**818**	**625**
党的机关、国家机关、群众团体和社会组织、企事业单位负责人	885	688	197	858	661	197	63	50	13
专业技术人员	6127	2465	3661	8163	3869	4295	910	489	422
办事人员和有关人员	2867	1642	1225	3266	1904	1362	268	161	106
社会生产服务和生活服务人员	6047	3551	2496	4128	2478	1651	178	104	74
农、林、牧、渔业生产及辅助人员	169	129	40	62	45	17	1	1	
生产制造及有关人员	1762	1338	424	815	642	173	23	13	10
不便分类的其他从业人员	8	4	4	11	10	2	1		1

5-6a 全省分受教育程度、性别、职业大类的就业人口(城市)

单位：人

职业大类	就业人口			未上过学			小学		
	合计	男	女	小计	男	女	小计	男	女
总计	**86900**	**51028**	**35872**	**1144**	**301**	**843**	**10811**	**5815**	**4997**
党的机关、国家机关、群众团体和社会组织、企事业单位负责人	3373	2538	835	21	5	16	224	145	79
专业技术人员	14373	6421	7952	18	6	12	222	128	94
办事人员和有关人员	7883	4564	3319	21	12	9	257	178	79
社会生产服务和生活服务人员	34085	19773	14313	495	106	389	4204	2072	2132
农、林、牧、渔业生产及辅助人员	1311	827	484	110	33	76	542	323	218
生产制造及有关人员	25835	16880	8955	480	139	341	5360	2966	2394
不便分类的其他从业人员	39	25	14	1		1	2	2	

5-6a 续表 1

单位：人

职业大类	初中			普通高中			中职		
	小计	男	女	小计	男	女	小计	男	女
总计	**31182**	**19727**	**11455**	**11353**	**7513**	**3840**	**6656**	**3746**	**2910**
党的机关、国家机关、群众团体和社会组织、企事业单位负责人	884	665	219	602	473	129	275	198	77
专业技术人员	1007	566	441	1095	571	524	1336	444	892
办事人员和有关人员	1129	735	394	1001	633	367	712	343	369
社会生产服务和生活服务人员	13205	7824	5381	5619	3590	2028	3101	1831	1269
农、林、牧、渔业生产及辅助人员	521	365	156	87	63	24	25	21	4
生产制造及有关人员	14423	9564	4858	2941	2177	765	1205	905	300
不便分类的其他从业人员	14	8	6	8	5	3	3	3	

5-6a 续表 2

单位：人

职业大类	大学专科			大学本科			研究生		
	小计	男	女	小计	男	女	小计	男	女
总计	**11640**	**6214**	**5426**	**12773**	**6955**	**5818**	**1340**	**757**	**583**
党的机关、国家机关、群众团体和社会组织、企事业单位负责人	621	478	143	688	528	160	60	47	13
专业技术人员	3862	1461	2402	5972	2783	3188	862	462	399
办事人员和有关人员	2011	1098	913	2506	1418	1088	247	147	100
社会生产服务和生活服务人员	4208	2439	1769	3100	1818	1282	153	91	62
农、林、牧、渔业生产及辅助人员	20	16	4	6	6				
生产制造及有关人员	912	720	192	497	400	98	18	10	8
不便分类的其他从业人员	7	4	3	4	3	2	1		1

5-6b 全省分受教育程度、性别、职业大类的就业人口(镇)

单位：人

职业大类	就业人口			未上过学			小学		
	合计	男	女	小计	男	女	小计	男	女
总计	**55522**	**34065**	**21457**	**1532**	**394**	**1138**	**12770**	**6777**	**5992**
党的机关、国家机关、群众团体和社会组织、企事业单位负责人	1199	976	224	1		1	131	98	32
专业技术人员	4939	2371	2568	7	3	4	232	132	100
办事人员和有关人员	2654	1787	867	18	12	6	159	125	34
社会生产服务和生活服务人员	20146	11996	8149	398	87	310	3845	1947	1898
农、林、牧、渔业生产及辅助人员	8051	4881	3170	609	161	448	3497	1832	1664
生产制造及有关人员	18515	12040	6474	496	130	366	4902	2639	2263
不便分类的其他从业人员	19	15	4	2		1	5	4	1

5-6b 续表 1

单位：人

职业大类	初中			普通高中			中职		
	小计	男	女	小计	男	女	小计	男	女
总计	**25133**	**16569**	**8564**	**5800**	**4322**	**1478**	**3051**	**1794**	**1257**
党的机关、国家机关、群众团体和社会组织、企事业单位负责人	465	395	70	178	151	27	99	72	28
专业技术人员	741	417	323	415	250	165	712	271	441
办事人员和有关人员	481	347	135	379	262	117	266	155	111
社会生产服务和生活服务人员	10065	6155	3911	2675	1882	793	1192	699	493
农、林、牧、渔业生产及辅助人员	3277	2328	949	512	439	73	78	60	18
生产制造及有关人员	10099	6924	3175	1640	1338	302	704	536	167
不便分类的其他从业人员	4	3	1	1	1		1	1	

5-6b 续表 2

单位：人

职业大类	大学专科			大学本科			研究生		
	小计	男	女	小计	男	女	小计	男	女
总计	**4028**	**2294**	**1734**	**3134**	**1872**	**1263**	**75**	**44**	**32**
党的机关、国家机关、群众团体和社会组织、企事业单位负责人	187	151	37	134	106	29	3	3	
专业技术人员	1407	589	817	1397	696	701	28	12	16
办事人员和有关人员	685	451	235	646	422	224	19	13	6
社会生产服务和生活服务人员	1200	721	480	749	494	255	21	12	10
农、林、牧、渔业生产及辅助人员	51	39	11	27	20	7	1	1	
生产制造及有关人员	497	343	155	174	128	46	3	2	
不便分类的其他从业人员	1	1		6	6				

5-6c 全省分受教育程度、性别、职业大类的就业人口(乡村)

单位：人

职业大类	就业人口			未上过学			小学		
	合计	男	女	小计	男	女	小计	男	女
总计	**79859**	**48264**	**31596**	**4567**	**1192**	**3374**	**26278**	**13756**	**12522**
党的机关、国家机关、群众团体和社会组织、企事业单位负责人	944	789	155	2		2	148	119	29
专业技术人员	4201	2334	1867	33	15	18	354	227	127
办事人员和有关人员	1129	794	335	14	10	3	130	104	26
社会生产服务和生活服务人员	18699	11479	7220	471	118	354	3894	1999	1895
农、林、牧、渔业生产及辅助人员	32122	18299	13822	3280	845	2435	15390	7947	7444
生产制造及有关人员	22729	14548	8181	766	205	562	6351	3359	2993
不便分类的其他从业人员	35	21	15				9	2	8

5-6c 续表1

单位：人

职业大类	初中			普通高中			中职		
	小计	男	女	小计	男	女	小计	男	女
总计	**37023**	**25080**	**11942**	**6140**	**4733**	**1407**	**2232**	**1394**	**838**
党的机关、国家机关、群众团体和社会组织、企事业单位负责人	465	392	73	163	148	16	54	43	10
专业技术人员	1067	698	369	523	345	178	549	229	321
办事人员和有关人员	437	333	104	173	129	44	90	59	31
社会生产服务和生活服务人员	10527	6801	3725	2089	1500	589	798	504	294
农、林、牧、渔业生产及辅助人员	11575	8008	3567	1511	1242	269	237	165	72
生产制造及有关人员	12936	8835	4101	1674	1364	310	502	394	108
不便分类的其他从业人员	16	12	4	5	4	1	2	1	1

5-6c 续表2

单位：人

职业大类	大学专科			大学本科			研究生		
	小计	男	女	小计	男	女	小计	男	女
总计	**2196**	**1309**	**888**	**1397**	**782**	**615**	**27**	**17**	**10**
党的机关、国家机关、群众团体和社会组织、企事业单位负责人	77	60	17	36	28	8			
专业技术人员	858	416	442	795	390	405	21	14	7
办事人员和有关人员	170	93	77	113	63	50	1	1	
社会生产服务和生活服务人员	638	391	248	279	166	113	3	1	2
农、林、牧、渔业生产及辅助人员	99	74	25	29	20	10			
生产制造及有关人员	353	276	77	144	115	29	2	1	1
不便分类的其他从业人员	1		1	1	1				

5-7 各地区分性别、受教育程度的就业人口

单位：人

地 区	就业人口			未上过学			小 学		
	合计	男	女	小计	男	女	小计	男	女
全 省	**222282**	**133357**	**88925**	**7243**	**1887**	**5356**	**49859**	**26348**	**23511**
福州市	38493	24235	14258	580	226	354	6244	3920	2324
福州市(不含平潭)	36631	23025	13606	512	201	311	5657	3555	2102
平潭	1862	1210	652	68	25	43	587	365	222
厦门市	25525	14662	10864	457	97	360	3186	1665	1521
莆田市	15445	8779	6666	456	53	403	2989	1256	1733
三明市	13695	8164	5531	491	135	357	3631	1881	1750
泉州市	56041	33111	22930	1758	337	1421	13192	6603	6589
漳州市	29288	17275	12013	1504	288	1216	8242	3945	4297
南平市	13960	8786	5174	318	130	188	4114	2488	1626
龙岩市	14838	8565	6273	476	104	372	3333	1341	1992
宁德市	14996	9781	5216	1203	518	685	4930	3249	1681

5-7 续表 1

单位：人

地 区	初 中			普通高中			中 职		
	小计	男	女	小计	男	女	小计	男	女
全 省	**93337**	**61376**	**31961**	**23293**	**16568**	**6725**	**11938**	**6933**	**5005**
福州市	14685	10006	4680	5330	3576	1754	2499	1456	1043
福州市(不含平潭)	13889	9440	4449	5142	3441	1701	2418	1412	1006
平潭	797	566	231	189	135	53	81	45	37
厦门市	7984	5019	2966	2932	1913	1019	2302	1356	947
莆田市	7811	4773	3038	2128	1555	573	479	247	232
三明市	5499	3613	1886	1364	969	395	880	520	359
泉州市	27448	17672	9776	5128	3786	1342	2343	1279	1064
漳州市	12721	8777	3944	2253	1694	559	1162	689	473
南平市	5813	3909	1904	1272	906	366	667	390	277
龙岩市	6365	4123	2242	1508	1169	339	927	561	365
宁德市	5010	3486	1525	1378	999	378	680	435	245

5-7 续表 2

单位：人

地 区	大学专科			大学本科			研究生		
	小计	男	女	小计	男	女	小计	男	女
全 省	**17865**	**9817**	**8048**	**17304**	**9609**	**7695**	**1443**	**818**	**625**
福州市	4053	2213	1841	4603	2552	2051	498	287	212
福州市(不含平潭)	3981	2173	1808	4535	2519	2017	497	285	212
平潭	72	40	32	68	33	35	1	1	
厦门市	3899	2067	1832	4221	2253	1968	543	292	251
莆田市	847	479	368	720	406	314	16	10	6
三明市	981	544	437	822	485	337	27	17	10
泉州市	3179	1724	1456	2861	1624	1238	131	87	45
漳州市	1762	1004	758	1528	820	708	116	58	58
南平市	935	502	433	809	441	367	33	20	13
龙岩市	1251	702	550	953	549	403	26	16	10
宁德市	956	583	373	788	479	308	51	32	20

5-7a 各地区分性别、受教育程度的就业人口(城市)

单位：人

地 区	就业人口			未上过学			小 学		
	合计	男	女	小计	男	女	小计	男	女
全 省	**86900**	**51028**	**35872**	**1144**	**301**	**843**	**10811**	**5815**	**4997**
福州市	20326	12079	8247	141	40	101	1567	902	665
厦门市	21770	12474	9296	272	59	213	2286	1188	1097
莆田市	6393	3705	2687	89	16	74	758	332	426
三明市	2665	1523	1142	30	9	22	309	150	159
泉州市	20850	12240	8611	392	105	287	4025	2175	1850
漳州市	4553	2594	1959	38	12	26	619	321	298
南平市	3997	2370	1627	51	15	36	474	274	200
龙岩市	2941	1797	1144	27	8	19	277	146	131
宁德市	3406	2245	1161	104	38	66	496	327	169

5-7a 续表 1

单位：人

地 区	初 中			普通高中			中 职		
	小计	男	女	小计	男	女	小计	男	女
全 省	**31182**	**19727**	**11455**	**11353**	**7513**	**3840**	**6656**	**3746**	**2910**
福州市	5910	3880	2030	3401	2164	1237	1747	985	762
厦门市	6515	4061	2454	2640	1717	923	1918	1126	792
莆田市	3226	1918	1309	1092	759	333	251	118	132
三明市	924	544	380	434	286	148	296	171	125
泉州市	9828	6234	3594	1987	1337	650	1072	543	529
漳州市	1495	962	532	445	281	165	350	185	165
南平市	1376	854	522	525	366	159	358	205	154
龙岩市	1025	673	352	340	250	90	347	192	154
宁德市	883	601	282	490	355	136	318	221	97

5-7a 续表 2

单位：人

地 区	大学专科			大学本科			研究生		
	小计	男	女	小计	男	女	小计	男	女
全 省	**11640**	**6214**	**5426**	**12773**	**6955**	**5818**	**1340**	**757**	**583**
福州市	3250	1746	1504	3837	2090	1747	473	273	200
厦门市	3580	1893	1686	4030	2144	1886	531	286	245
莆田市	474	275	199	488	278	210	15	10	4
三明市	337	174	163	321	181	139	13	8	5
泉州市	1734	851	883	1702	924	778	112	72	40
漳州市	612	321	290	890	463	427	104	49	56
南平市	604	324	279	578	314	264	31	19	12
龙岩市	502	280	222	407	236	171	16	12	4
宁德市	547	349	198	520	324	196	46	29	17

5-7b 各地区分性别、受教育程度的就业人口(镇)

单位：人

地区	就业人口			未上过学			小学		
	合计	男	女	小计	男	女	小计	男	女
全省	**55522**	**34065**	**21457**	**1532**	**394**	**1138**	**12770**	**6777**	**5992**
福州市	7131	4600	2532	93	32	61	1566	993	573
福州市(不含平潭)	6453	4134	2319	87	29	58	1438	900	538
平潭	679	466	213	6	3	3	128	93	35
厦门市	1368	801	567	29	4	25	227	111	116
莆田市	2588	1516	1072	37	8	29	440	170	270
三明市	4468	2690	1778	66	16	50	846	439	407
泉州市	16943	10390	6554	523	98	426	4120	2130	1990
漳州市	11170	6731	4439	421	96	325	2792	1347	1445
南平市	3123	2047	1077	69	31	38	706	476	229
龙岩市	4836	2739	2097	130	31	99	942	374	568
宁德市	3893	2553	1340	164	79	85	1131	738	394

5-7b 续表1

单位：人

地区	初中			普通高中			中职		
	小计	男	女	小计	男	女	小计	男	女
全省	**25133**	**16569**	**8564**	**5800**	**4322**	**1478**	**3051**	**1794**	**1257**
福州市	3161	2097	1064	776	563	213	403	245	157
福州市(不含平潭)	2863	1871	992	682	496	187	348	216	132
平潭	298	225	72	93	68	26	55	30	25
厦门市	586	376	210	126	86	39	189	99	91
莆田市	1384	866	517	329	259	70	64	38	26
三明市	1764	1136	628	490	336	155	373	207	166
泉州市	8236	5418	2818	1769	1371	398	786	452	334
漳州市	5194	3466	1729	977	747	230	508	323	185
南平市	1389	956	433	385	274	111	168	94	74
龙岩市	1979	1236	744	517	384	134	323	198	125
宁德市	1440	1018	422	432	302	130	236	138	99

5-7b 续表 2

单位：人

地 区	大学专科			大学本科			研究生		
	小计	男	女	小计	男	女	小计	男	女
全 省	**4028**	**2294**	**1734**	**3134**	**1872**	**1263**	**75**	**44**	**32**
福州市	548	324	225	567	338	229	18	8	11
福州市(不含平潭)	500	299	201	517	314	203	18	8	11
平潭	48	24	24	50	23	26			
厦门市	130	76	54	72	45	27	9	4	5
莆田市	194	96	99	139	79	60	1		1
三明市	484	277	207	433	270	163	12	8	4
泉州市	839	507	332	656	403	253	14	11	4
漳州市	784	455	329	484	289	195	11	8	2
南平市	232	115	117	173	99	74	2		1
龙岩市	535	287	248	404	227	177	6	4	2
宁德市	282	157	125	206	122	84	2		2

5-7c 各地区分性别、受教育程度的就业人口(乡村)

单位：人

地 区	就业人口			未上过学			小 学		
	合计	男	女	小计	男	女	小计	男	女
全 省	**79859**	**48264**	**31596**	**4567**	**1192**	**3374**	**26278**	**13756**	**12522**
福州市	11036	7557	3479	346	154	192	3111	2025	1085
福州市(不含平潭)	9852	6813	3040	284	132	152	2652	1753	899
平潭	1183	744	440	62	22	39	458	272	186
厦门市	2387	1386	1001	156	34	122	673	366	307
莆田市	6465	3558	2907	330	30	300	1790	754	1036
三明市	6561	3951	2610	395	110	285	2475	1292	1183
泉州市	18247	10482	7766	843	134	709	5047	2298	2749
漳州市	13565	7950	5615	1045	180	865	4831	2277	2554
南平市	6840	4369	2471	198	84	114	2934	1738	1196
龙岩市	7061	4028	3032	319	65	254	2114	821	1293
宁德市	7697	4983	2715	935	402	533	3302	2184	1118

5-7c 续表 1

单位：人

地 区	初 中			普通高中			中 职		
	小计	男	女	小计	男	女	小计	男	女
全 省	**37023**	**25080**	**11942**	**6140**	**4733**	**1407**	**2232**	**1394**	**838**
福州市	5615	4029	1586	1154	849	305	350	226	123
福州市(不含平潭)	5116	3689	1427	1058	781	277	323	211	112
平潭	499	340	159	95	68	28	26	15	11
厦门市	884	582	302	167	110	57	195	131	65
莆田市	3201	1989	1212	708	538	170	164	91	73
三明市	2811	1932	879	440	348	92	211	142	69
泉州市	9385	6020	3364	1372	1078	294	485	284	201
漳州市	6032	4349	1683	831	667	164	304	180	124
南平市	3048	2098	949	362	266	96	140	92	49
龙岩市	3361	2214	1147	651	536	115	257	171	86
宁德市	2688	1867	821	456	342	113	126	76	49

5-7c 续表 2

单位：人

地 区	大学专科			大学本科			研究生		
	小计	男	女	小计	男	女	小计	男	女
全 省	**2196**	**1309**	**888**	**1397**	**782**	**615**	**27**	**17**	**10**
福州市	255	143	112	199	124	75	7	6	1
福州市(不含平潭)	231	128	104	181	114	67	6	5	1
平潭	23	15	8	18	10	8	1	1	
厦门市	189	98	92	120	65	55	3	2	1
莆田市	179	108	71	93	48	45	1		1
三明市	160	92	67	68	34	34	2	1	1
泉州市	607	366	241	503	297	207	6	5	1
漳州市	367	228	139	155	68	86	1	1	
南平市	100	62	37	57	28	29	1	1	
龙岩市	214	135	79	142	86	55	3		3
宁德市	127	77	51	61	33	29	3	2	1

6 婚姻

6-1 全省分年龄、性别、婚姻状况的人口

单位：人

年 龄	合 计			未 婚		
	合计	男	女	小计	男	女
总 计	**359884**	**182766**	**177119**	**70328**	**42731**	**27597**
15-19	**21952**	**12267**	**9686**	**21651**	**12174**	**9478**
15	4060	2199	1861	4044	2189	1855
16	4800	2625	2175	4775	2610	2165
17	5032	2811	2221	4992	2793	2199
18	4146	2493	1654	4079	2468	1611
19	3914	2140	1774	3762	2114	1648
20-24	**30707**	**16710**	**13997**	**24769**	**14765**	**10004**
20	5897	3321	2576	5547	3228	2319
21	5387	3005	2382	4840	2870	1971
22	5612	3065	2546	4658	2782	1875
23	6302	3362	2940	4753	2881	1872
24	7510	3956	3554	4971	3003	1968
25-29	**45342**	**22484**	**22858**	**16312**	**10131**	**6181**
25	10248	5227	5021	5553	3391	2161
26	9586	4751	4835	4185	2561	1624
27	8777	4336	4442	2966	1896	1070
28	8692	4148	4544	2130	1307	822
29	8038	4022	4016	1479	975	503
30-34	**36782**	**18286**	**18496**	**3707**	**2504**	**1204**
30	7684	3864	3821	1107	760	347
31	7636	3740	3896	877	567	310
32	7193	3605	3588	651	436	215
33	7944	3896	4048	656	440	216
34	6325	3181	3143	416	302	115
35-39	**34094**	**17196**	**16898**	**1215**	**904**	**311**
35	5422	2735	2687	271	202	69
36	6651	3361	3289	276	202	74
37	7085	3468	3616	276	211	65
38	7079	3610	3469	196	145	51
39	7858	4021	3837	196	143	53

6-1 续表 1

单位：人

年 龄	有配偶			离 婚			丧 偶		
	小计	男	女	小计	男	女	小计	男	女
总 计	**265397**	**132685**	**132713**	**4888**	**2746**	**2142**	**19272**	**4605**	**14667**
15-19	**294**	**87**	**207**	**6**	**5**	**1**	**1**	**1**	
15	13	7	6	2	2		1	1	
16	25	15	10						
17	40	17	23	1	1				
18	66	24	42	1	1				
19	150	24	126	2	1	1			
20-24	**5889**	**1932**	**3958**	**44**	**12**	**32**	**4**	**1**	**3**
20	349	93	256	1		1			
21	545	136	409	2		2			
22	946	278	668	6	3	2	2	1	1
23	1536	476	1060	12	5	7			
24	2514	949	1565	23	4	19	2		2
25-29	**28633**	**12185**	**16448**	**372**	**163**	**209**	**24**	**5**	**19**
25	4642	1820	2822	50	16	34	3		3
26	5343	2169	3174	54	21	34	5	1	4
27	5740	2407	3333	70	33	37	1		1
28	6458	2789	3669	94	48	46	10	4	6
29	6450	3000	3450	103	46	57	5		5
30-34	**32291**	**15397**	**16894**	**716**	**373**	**343**	**68**	**13**	**55**
30	6445	3052	3394	123	52	71	10	1	9
31	6589	3096	3493	157	76	81	13	2	11
32	6390	3081	3309	137	86	51	14	2	12
33	7103	3364	3738	174	89	85	11	3	8
34	5763	2804	2959	125	70	55	20	5	15
35-39	**31921**	**15805**	**16117**	**816**	**454**	**362**	**142**	**33**	**109**
35	5009	2454	2555	123	74	49	19	5	14
36	6210	3075	3135	139	78	62	25	6	19
37	6593	3153	3440	188	96	91	28	8	20
38	6670	3359	3312	176	99	77	36	8	29
39	7439	3764	3675	190	108	82	33	7	27

6-1 续表 2 单位：人

年 龄	合 计			未 婚		
	合计	男	女	小计	男	女
40-44	**39861**	**20327**	**19534**	**851**	**654**	**197**
40	7437	3830	3607	188	141	46
41	7741	3950	3791	195	157	38
42	8244	4249	3995	163	127	35
43	7919	4028	3892	152	116	36
44	8520	4270	4250	154	112	41
45-49	**37361**	**18939**	**18422**	**534**	**440**	**94**
45	8082	4076	4006	145	116	29
46	7666	3854	3812	103	82	21
47	7990	4098	3891	120	101	19
48	6486	3228	3258	83	67	16
49	7138	3683	3455	83	74	9
50-54	**30223**	**15360**	**14862**	**347**	**294**	**53**
50	7053	3592	3461	80	72	8
51	6397	3216	3182	68	56	12
52	8096	4153	3943	94	84	10
53	5637	2899	2737	77	56	20
54	3039	1500	1539	29	26	3
55-59	**22981**	**11682**	**11298**	**224**	**201**	**22**
55	4218	2125	2093	37	30	7
56	4041	2064	1978	40	37	3
57	4907	2510	2397	54	51	3
58	5485	2821	2664	49	42	7
59	4329	2163	2167	43	41	2
60-64	**21156**	**10501**	**10655**	**270**	**239**	**31**
60	4748	2360	2388	58	45	13
61	4654	2305	2349	45	45	
62	4138	2069	2069	55	46	9
63	4196	2064	2132	56	49	6
64	3420	1703	1717	56	55	2
65及以上	**39425**	**19013**	**20413**	**448**	**426**	**22**

6-1 续表 3

单位：人

年 龄	有配偶			离 婚			丧 偶		
	小计	男	女	小计	男	女	小计	男	女
40-44	**37803**	**19110**	**18693**	**869**	**488**	**381**	**339**	**75**	**264**
40	7058	3595	3462	152	86	66	40	8	32
41	7295	3672	3624	182	107	75	68	15	54
42	7868	4012	3857	165	98	67	48	12	36
43	7519	3804	3716	181	89	92	68	19	49
44	8062	4028	4034	189	108	81	115	21	93
45-49	**35483**	**17963**	**17520**	**702**	**403**	**300**	**642**	**134**	**509**
45	7681	3853	3828	169	94	75	87	13	74
46	7279	3653	3625	160	96	64	124	22	102
47	7591	3884	3707	141	76	65	138	38	100
48	6170	3067	3103	117	68	49	117	26	91
49	6763	3505	3258	116	69	47	176	35	141
50-54	**28315**	**14544**	**13771**	**541**	**324**	**217**	**1019**	**198**	**821**
50	6660	3402	3258	136	78	57	178	40	138
51	6012	3042	2970	121	78	43	197	40	157
52	7584	3943	3641	137	77	60	281	48	233
53	5231	2731	2501	98	60	37	231	52	179
54	2828	1426	1402	50	30	20	133	18	115
55-59	**20887**	**10888**	**9999**	**329**	**216**	**114**	**1541**	**377**	**1163**
55	3847	1986	1861	75	45	30	259	64	195
56	3690	1931	1759	60	34	26	252	63	190
57	4463	2332	2132	71	49	22	318	78	240
58	4991	2637	2354	68	51	17	377	91	286
59	3897	2003	1894	56	37	18	334	81	253
60-64	**18582**	**9611**	**8971**	**212**	**137**	**75**	**2092**	**514**	**1578**
60	4250	2193	2057	47	25	22	394	97	296
61	4162	2118	2043	40	29	12	406	113	293
62	3624	1902	1722	49	29	20	410	92	318
63	3613	1865	1748	46	33	12	482	117	366
64	2933	1532	1401	31	22	9	401	95	306
65及以上	**25299**	**15164**	**10135**	**280**	**170**	**110**	**13398**	**3253**	**10145**

6-1a 全省分年龄、性别、婚姻状况的人口(城市)

单位：人

年 龄	合 计			未 婚		
	合计	男	女	小计	男	女
总 计	**134563**	**69265**	**65298**	**32829**	**19167**	**13662**
15-19	**7623**	**4172**	**3451**	**7552**	**4146**	**3405**
15	945	492	452	941	490	451
16	1528	814	714	1521	809	712
17	1768	993	775	1760	986	774
18	1545	914	631	1527	908	619
19	1838	960	878	1802	952	850
20-24	**15281**	**8440**	**6841**	**13312**	**7761**	**5551**
20	3282	1835	1447	3164	1805	1358
21	2777	1584	1192	2614	1543	1071
22	2779	1572	1207	2488	1480	1008
23	3072	1669	1403	2537	1484	1053
24	3372	1780	1593	2509	1449	1060
25-29	**20960**	**10783**	**10177**	**8862**	**5295**	**3567**
25	4728	2558	2170	2935	1768	1167
26	4587	2375	2213	2362	1379	984
27	4028	2064	1964	1618	1000	618
28	3997	1917	2081	1162	660	502
29	3619	1870	1749	785	488	297
30-34	**15941**	**7973**	**7967**	**1868**	**1155**	**713**
30	3244	1663	1581	560	363	197
31	3257	1604	1653	463	275	188
32	3169	1588	1580	316	174	142
33	3576	1753	1823	351	218	132
34	2694	1365	1330	178	125	53
35-39	**14383**	**7350**	**7033**	**530**	**340**	**191**
35	2374	1197	1177	129	82	47
36	2889	1478	1411	131	82	49
37	3032	1525	1508	112	75	37
38	2925	1495	1430	80	51	29
39	3162	1654	1508	78	49	29

6-1a 续表 1

单位：人

年龄	有配偶			离婚			丧偶		
	小计	男	女	小计	男	女	小计	男	女
总计	**95316**	**48325**	**46991**	**2064**	**913**	**1152**	**4353**	**860**	**3493**
15-19	**70**	**25**	**46**	**1**	**1**				
15	4	2	1						
16	7	4	3						
17	8	7	1						
18	17	5	12	1	1				
19	35	7	28						
20-24	**1962**	**679**	**1284**	**6**	**1**	**5**	**1**		**1**
20	118	30	88	1		1			
21	163	41	121						
22	290	92	198						
23	531	184	347	3	1	2			
24	861	331	529	2		2	1		1
25-29	**11977**	**5433**	**6545**	**116**	**54**	**62**	**4**	**1**	**3**
25	1781	784	997	10	6	4	1		1
26	2211	989	1222	14	7	7			
27	2386	1054	1332	24	10	15			
28	2798	1240	1557	35	15	20	3	1	2
29	2802	1366	1437	32	16	16			
30-34	**13759**	**6689**	**7070**	**301**	**128**	**173**	**13**	**2**	**11**
30	2641	1288	1354	40	12	27	3		3
31	2731	1301	1430	61	27	34	1		1
32	2784	1380	1405	65	34	31	3	1	2
33	3142	1503	1639	82	32	50	2		2
34	2460	1217	1243	53	22	31	4	1	3
35-39	**13455**	**6848**	**6607**	**355**	**156**	**199**	**42**	**6**	**36**
35	2187	1091	1096	50	21	29	8	3	5
36	2691	1366	1325	64	30	33	4		4
37	2834	1420	1415	80	30	50	6		6
38	2753	1406	1346	76	36	39	17	2	15
39	2990	1565	1425	86	39	47	8	1	7

6-1a 续表 2

单位：人

年 龄	合 计			未 婚		
	合计	男	女	小计	男	女
40-44	**15042**	**7812**	**7230**	**325**	**209**	**115**
40	2918	1526	1391	79	53	26
41	3018	1524	1494	81	58	23
42	3168	1680	1488	65	44	21
43	2900	1496	1404	53	30	23
44	3039	1585	1454	47	25	22
45-49	**12604**	**6433**	**6171**	**170**	**108**	**62**
45	2901	1506	1395	52	33	20
46	2608	1278	1329	30	18	12
47	2712	1463	1249	31	19	11
48	2077	1005	1073	34	21	13
49	2306	1181	1125	24	18	6
50-54	**9760**	**5087**	**4674**	**98**	**65**	**34**
50	2236	1169	1067	22	17	6
51	2126	1101	1025	21	10	10
52	2590	1359	1231	27	21	5
53	1794	945	849	18	9	10
54	1014	512	502	10	8	3
55-59	**6690**	**3327**	**3363**	**42**	**29**	**12**
55	1322	657	666	6	4	2
56	1174	593	582	13	10	3
57	1387	693	694	6	5	2
58	1551	787	764	7	4	4
59	1255	598	658	9	6	2
60-64	**5945**	**2909**	**3036**	**32**	**28**	**5**
60	1341	657	684	4	3	2
61	1362	679	683	10	9	
62	1171	558	613	5	4	2
63	1160	559	602	5	5	
64	911	456	454	8	7	1
65及以上	**10333**	**4979**	**5354**	**39**	**31**	**8**

6-1a 续表 3

单位：人

年 龄	有配偶			离 婚			丧 偶		
	小计	男	女	小计	男	女	小计	男	女
40-44	**14260**	**7426**	**6834**	**383**	**164**	**219**	**75**	**13**	**62**
40	2774	1449	1325	59	23	36	6	1	5
41	2839	1427	1412	78	36	42	20	4	16
42	3007	1590	1417	78	42	36	18	4	14
43	2747	1432	1315	87	33	54	13	2	11
44	2893	1528	1365	81	31	50	19	2	17
45-49	**11972**	**6160**	**5813**	**310**	**142**	**169**	**151**	**23**	**128**
45	2756	1439	1317	74	30	44	19	5	14
46	2468	1219	1249	75	39	36	36	2	33
47	2586	1405	1181	64	29	34	32	9	23
48	1969	956	1012	53	25	28	22	2	19
49	2194	1140	1054	45	18	27	43	5	38
50-54	**9177**	**4891**	**4286**	**256**	**101**	**155**	**229**	**30**	**199**
50	2109	1119	990	69	28	41	35	5	30
51	2012	1067	944	50	20	30	44	3	40
52	2429	1302	1127	70	27	44	64	9	55
53	1672	911	761	41	16	25	63	9	54
54	955	491	464	26	10	16	23	3	20
55-59	**6135**	**3164**	**2971**	**146**	**71**	**75**	**367**	**62**	**304**
55	1209	628	581	36	16	21	70	9	62
56	1075	563	512	27	12	15	59	7	52
57	1280	652	629	35	21	14	65	16	49
58	1428	757	670	26	12	14	90	14	76
59	1143	564	579	20	10	10	83	17	66
60-64	**5331**	**2752**	**2579**	**89**	**48**	**41**	**493**	**81**	**412**
60	1230	633	597	19	9	11	88	13	75
61	1232	642	590	19	11	8	101	17	84
62	1043	534	508	19	7	11	105	13	92
63	1027	523	505	20	13	7	108	18	90
64	800	421	379	12	8	4	91	21	70
65及以上	**7217**	**4260**	**2957**	**100**	**47**	**53**	**2977**	**641**	**2336**

6-1b 全省分年龄、性别、婚姻状况的人口(镇)

单位：人

年 龄	合 计			未 婚		
	合计	男	女	小计	男	女
总 计	**91726**	**46392**	**45334**	**15247**	**9545**	**5702**
15-19	**5062**	**3032**	**2030**	**4989**	**3007**	**1982**
15	853	517	336	848	514	334
16	1152	679	473	1143	671	472
17	1337	776	561	1330	774	556
18	1041	679	362	1025	673	352
19	680	381	299	643	375	268
20-24	**6463**	**3406**	**3057**	**4966**	**2923**	**2042**
20	1128	622	506	1044	594	450
21	1110	576	534	951	530	422
22	1170	616	554	934	546	388
23	1326	689	637	953	581	372
24	1730	904	826	1084	673	411
25-29	**11503**	**5636**	**5867**	**3673**	**2382**	**1290**
25	2626	1270	1356	1301	799	502
26	2328	1165	1163	890	581	308
27	2216	1105	1111	685	464	221
28	2226	1072	1154	461	308	152
29	2108	1024	1084	337	230	107
30-34	**9218**	**4506**	**4712**	**735**	**519**	**216**
30	1973	965	1008	220	150	70
31	1950	968	982	188	137	51
32	1760	880	879	126	98	29
33	1892	877	1015	113	71	42
34	1643	815	828	87	63	24
35-39	**9084**	**4484**	**4600**	**253**	**201**	**52**
35	1445	711	734	71	58	13
36	1716	864	852	52	42	10
37	1834	871	963	52	42	10
38	1874	917	957	40	32	8
39	2215	1121	1094	38	26	11

6-1b 续表 1 单位：人

年 龄	有配偶			离 婚			丧 偶		
	小计	男	女	小计	男	女	小计	男	女
总 计	**70215**	**35033**	**35182**	**1161**	**669**	**492**	**5103**	**1145**	**3958**
15-19	**71**	**23**	**48**	**1**	**1**		**1**	**1**	
15	3	2	1				1	1	
16	9	8	1						
17	6	2	4	1	1				
18	16	6	10						
19	37	6	31						
20-24	**1487**	**481**	**1006**	**10**	**1**	**9**	**1**	**1**	
20	84	28	56						
21	158	46	112	1		1			
22	233	68	165	2	1	1	1	1	
23	373	108	266						
24	639	230	408	7		7			
25-29	**7724**	**3214**	**4510**	**97**	**38**	**59**	**10**	**2**	**8**
25	1311	467	845	14	5	9			
26	1427	580	847	9	4	5	3		3
27	1510	635	875	20	7	13	1		1
28	1734	749	986	26	13	13	4	2	2
29	1742	784	958	28	10	18	2		2
30-34	**8290**	**3890**	**4401**	**177**	**95**	**82**	**16**	**3**	**14**
30	1716	799	917	35	16	19	2		2
31	1716	807	909	41	23	18	4	1	3
32	1599	761	838	31	22	9	3		3
33	1737	786	951	42	20	22	1		1
34	1522	736	785	28	14	14	6	2	4
35-39	**8572**	**4144**	**4427**	**228**	**130**	**98**	**31**	**8**	**23**
35	1327	628	699	41	23	17	6	1	4
36	1622	800	822	37	21	16	5	1	4
37	1718	793	924	53	31	22	11	4	7
38	1779	854	925	51	28	22	3	2	1
39	2125	1069	1057	46	26	20	6		6

6-1b 续表 2

单位：人

年 龄	合 计			未 婚		
	合计	男	女	小计	男	女
40-44	**11227**	**5686**	**5541**	**182**	**127**	**56**
40	2043	1034	1010	42	29	13
41	2199	1151	1048	41	32	9
42	2366	1169	1197	22	16	6
43	2244	1129	1115	38	26	12
44	2376	1203	1173	39	23	16
45-49	**10541**	**5382**	**5159**	**94**	**79**	**15**
45	2269	1125	1144	27	22	5
46	2194	1154	1040	24	18	5
47	2275	1156	1119	19	17	2
48	1792	904	888	10	10	1
49	2011	1043	968	14	12	2
50-54	**8161**	**4163**	**3999**	**76**	**62**	**14**
50	1961	1031	930	18	16	2
51	1723	877	846	13	11	1
52	2194	1100	1094	20	15	4
53	1489	772	718	21	15	6
54	794	383	411	4	4	
55-59	**5801**	**3053**	**2748**	**54**	**50**	**3**
55	1067	563	504	6	5	2
56	1020	551	469	9	8	
57	1261	668	593	10	10	1
58	1340	702	639	12	11	1
59	1113	570	542	16	16	
60-64	**5045**	**2511**	**2534**	**85**	**64**	**21**
60	1160	580	580	21	11	10
61	1098	538	561	7	7	
62	999	500	499	18	12	6
63	972	479	493	15	10	4
64	815	414	401	24	23	1
65及以上	**9619**	**4532**	**5087**	**141**	**131**	**11**

6-1b 续表 3

单位：人

年龄	有配偶			离婚			丧偶		
	小计	男	女	小计	男	女	小计	男	女
40-44	**10731**	**5423**	**5308**	**201**	**114**	**87**	**113**	**23**	**90**
40	1944	972	972	44	28	16	14	5	9
41	2103	1096	1007	37	19	18	17	4	14
42	2296	1135	1161	35	16	19	13	2	11
43	2137	1072	1065	44	26	19	24	6	18
44	2252	1148	1103	41	25	16	44	7	37
45-49	**10076**	**5155**	**4921**	**182**	**108**	**74**	**189**	**39**	**150**
45	2169	1073	1096	44	26	17	29	4	25
46	2091	1094	996	47	33	14	33	9	24
47	2185	1123	1063	27	10	17	44	6	37
48	1718	869	849	30	18	11	34	7	27
49	1913	997	916	35	21	14	49	13	36
50-54	**7694**	**3971**	**3723**	**106**	**73**	**33**	**285**	**56**	**229**
50	1867	982	885	28	19	9	48	13	35
51	1624	838	786	20	14	6	66	14	53
52	2071	1058	1013	27	16	11	76	10	66
53	1394	723	671	23	18	5	51	16	35
54	737	370	367	9	6	2	44	3	41
55-59	**5308**	**2868**	**2440**	**63**	**42**	**21**	**376**	**92**	**283**
55	993	538	455	11	8	3	57	12	45
56	940	516	424	7	5	3	64	21	42
57	1156	632	524	13	8	6	81	18	63
58	1226	658	567	15	13	2	87	19	68
59	994	524	470	16	9	7	87	21	66
60-64	**4356**	**2279**	**2077**	**53**	**36**	**17**	**551**	**132**	**419**
60	1013	531	482	13	7	6	113	30	83
61	977	503	474	8	4	4	107	24	83
62	858	451	407	13	9	5	109	28	81
63	831	432	398	11	10	1	116	27	89
64	677	361	316	8	6	2	107	23	83
65及以上	**5906**	**3584**	**2322**	**43**	**30**	**13**	**3529**	**787**	**2742**

6-1c 全省分年龄、性别、婚姻状况的人口(乡村)

单位：人

年 龄	合 计			未 婚		
	合计	男	女	小计	男	女
总 计	**133596**	**67109**	**66487**	**22251**	**14019**	**8233**
15-19	**9267**	**5062**	**4205**	**9110**	**5020**	**4090**
15	2263	1190	1073	2255	1185	1070
16	2120	1132	988	2111	1129	981
17	1928	1042	886	1902	1033	869
18	1560	899	661	1526	886	640
19	1396	799	597	1317	787	530
20-24	**8962**	**4864**	**4099**	**6492**	**4081**	**2411**
20	1487	864	623	1339	829	510
21	1500	845	655	1275	797	478
22	1663	877	786	1236	757	479
23	1904	1004	900	1263	816	447
24	2408	1273	1135	1378	882	496
25-29	**12878**	**6064**	**6814**	**3777**	**2453**	**1324**
25	2895	1399	1496	1317	824	493
26	2671	1211	1460	933	601	332
27	2533	1167	1367	663	432	231
28	2469	1159	1310	507	339	169
29	2310	1128	1182	357	257	100
30-34	**11623**	**5807**	**5817**	**1105**	**830**	**275**
30	2467	1235	1232	327	246	80
31	2429	1168	1261	226	155	71
32	2265	1136	1129	209	165	44
33	2475	1265	1210	192	150	42
34	1987	1002	985	151	114	37
35-39	**10626**	**5362**	**5265**	**431**	**363**	**68**
35	1603	827	776	71	62	9
36	2045	1019	1026	93	79	14
37	2219	1073	1145	112	94	18
38	2280	1197	1083	75	61	14
39	2481	1246	1235	81	68	13

6-1c 续表 1

单位：人

年 龄	有配偶			离 婚			丧 偶		
	小计	男	女	小计	男	女	小计	男	女
总 计	**99866**	**49327**	**50540**	**1662**	**1164**	**498**	**9816**	**2599**	**7216**
15-19	**152**	**39**	**114**	**4**	**4**	**1**			
15	6	3	3	2	2				
16	10	3	7						
17	26	9	17						
18	33	13	20						
19	77	11	67	2	1	1			
20-24	**2440**	**772**	**1668**	**29**	**11**	**18**	**2**		**2**
20	147	35	112	1		1			
21	225	48	176	1		1			
22	423	118	305	3	2	1	1		1
23	632	184	448	9	4	5			
24	1014	387	627	15	4	10	1		1
25-29	**8932**	**3538**	**5394**	**159**	**71**	**88**	**10**	**2**	**9**
25	1551	570	981	26	5	21	2		2
26	1706	600	1105	31	10	21	2	1	1
27	1844	718	1126	26	17	9			
28	1926	800	1126	33	20	13	3	1	2
29	1906	851	1056	43	20	23	4		4
30-34	**10242**	**4818**	**5423**	**238**	**151**	**88**	**39**	**8**	**31**
30	2087	965	1123	48	24	25	5	1	4
31	2141	987	1154	55	26	28	7		7
32	2007	941	1066	41	29	12	8	1	7
33	2224	1075	1149	50	37	13	9	3	6
34	1782	850	931	44	34	10	10	3	7
35-39	**9895**	**4812**	**5083**	**232**	**168**	**64**	**68**	**18**	**50**
35	1494	735	760	32	29	3	6	1	5
36	1897	909	988	39	26	13	17	5	12
37	2041	940	1101	54	35	19	11	4	7
38	2138	1098	1041	50	34	15	16	4	12
39	2324	1130	1193	58	43	15	18	5	13

6-1c 续表 2 单位：人

年龄	合计			未婚		
	合计	男	女	小计	男	女
40-44	**13592**	**6829**	**6763**	**344**	**318**	**26**
40	2476	1270	1206	67	59	8
41	2525	1275	1250	73	67	6
42	2710	1400	1310	75	67	9
43	2776	1402	1374	61	61	
44	3105	1482	1623	68	65	3
45-49	**14216**	**7124**	**7092**	**271**	**253**	**18**
45	2912	1445	1467	66	62	4
46	2864	1421	1443	50	46	4
47	3002	1479	1524	71	64	7
48	2617	1319	1298	39	36	2
49	2821	1460	1361	46	45	1
50-54	**12301**	**6111**	**6190**	**173**	**167**	**6**
50	2857	1393	1464	39	39	
51	2548	1237	1310	35	34	1
52	3312	1693	1619	48	47	1
53	2353	1183	1170	37	33	4
54	1231	605	626	14	14	
55-59	**10490**	**5302**	**5188**	**128**	**122**	**6**
55	1828	905	923	24	21	3
56	1847	921	927	18	18	
57	2260	1149	1110	38	37	1
58	2593	1332	1261	30	27	3
59	1962	995	967	18	18	
60-64	**10166**	**5081**	**5084**	**153**	**148**	**5**
60	2247	1123	1124	33	31	2
61	2193	1088	1105	28	28	
62	1968	1011	957	32	30	2
63	2064	1027	1037	36	34	2
64	1694	833	861	25	25	
65及以上	**19473**	**9502**	**9971**	**268**	**264**	**4**

6-1c 续表 3 单位：人

年龄	有配偶			离婚			丧偶		
	小计	男	女	小计	男	女	小计	男	女
40-44	**12812**	**6262**	**6551**	**285**	**210**	**75**	**151**	**40**	**111**
40	2340	1175	1165	49	34	14	20	2	18
41	2353	1149	1204	67	52	15	32	7	24
42	2566	1286	1279	52	40	12	17	7	10
43	2636	1300	1335	50	31	19	30	11	19
44	2918	1352	1566	67	53	14	52	13	39
45-49	**13434**	**6647**	**6787**	**210**	**153**	**57**	**302**	**71**	**231**
45	2755	1341	1414	52	37	14	40	5	35
46	2720	1340	1380	39	25	14	55	10	44
47	2820	1356	1463	50	36	14	62	22	40
48	2483	1242	1241	34	25	9	61	17	45
49	2656	1368	1288	35	30	6	84	17	67
50-54	**11445**	**5682**	**5763**	**178**	**150**	**28**	**505**	**112**	**393**
50	2685	1301	1384	38	31	8	94	22	73
51	2375	1136	1239	51	44	7	87	23	64
52	3084	1583	1501	39	34	5	141	29	112
53	2165	1097	1068	34	27	7	117	27	90
54	1137	566	571	15	13	2	66	12	54
55-59	**9444**	**4856**	**4588**	**120**	**102**	**18**	**798**	**222**	**576**
55	1645	820	825	28	21	6	132	43	89
56	1675	851	823	25	17	8	130	34	95
57	2027	1048	979	22	20	2	172	44	129
58	2337	1221	1116	26	25	1	200	58	142
59	1760	915	844	20	19	1	164	43	121
60-64	**8894**	**4579**	**4315**	**71**	**53**	**17**	**1048**	**301**	**747**
60	2007	1029	978	14	9	5	193	54	139
61	1953	974	979	14	14		198	72	126
62	1723	917	806	17	13	4	196	51	145
63	1755	910	845	15	11	4	258	72	186
64	1456	750	706	11	7	4	203	51	152
65及以上	**12176**	**7320**	**4856**	**137**	**93**	**44**	**6892**	**1825**	**5067**

6-2 全省分性别、受教育程度、婚姻状况的人口

单位：人

受教育程度	合计			未婚		
	合计	男	女	小计	男	女
总 计	**359884**	**182766**	**177119**	**70328**	**42731**	**27597**
未上过学	26625	5232	21393	970	805	165
小 学	88932	39122	49810	2582	2097	484
初 中	129764	73904	55860	20057	13825	6232
普通高中	43591	26607	16985	17021	10293	6728
中 职	18990	9689	9301	7117	3738	3379
大学专科	24221	12230	11991	8887	4049	4838
大学本科	26078	15032	11046	13150	7647	5503
研究生	1683	949	734	544	276	268

6-2 续表

单位：人

受教育程度	有配偶			离婚			丧偶		
	小计	男	女	小计	男	女	小计	男	女
总 计	**265397**	**132685**	**132713**	**4888**	**2746**	**2142**	**19272**	**4605**	**14667**
未上过学	17280	3443	13837	208	84	124	8168	900	7267
小 学	77120	33849	43270	1162	721	441	8069	2454	5615
初 中	105543	57940	47603	2106	1270	836	2058	869	1189
普通高中	25401	15771	9630	628	340	289	541	203	339
中 职	11406	5770	5636	258	103	155	210	79	131
大学专科	14944	8021	6923	288	119	169	102	42	61
大学本科	12586	7222	5364	218	105	112	124	58	66
研究生	1119	669	449	21	4	16			

6-2a 全省分性别、受教育程度、婚姻状况的人口(城市)

单位：人

受教育程度	合计			未婚		
	合计	男	女	小计	男	女
总　计	**134563**	**69265**	**65298**	**32829**	**19167**	**13662**
未上过学	4610	831	3780	115	90	25
小　学	20226	8588	11637	589	457	132
初　中	43594	24087	19507	7275	5069	2206
普通高中	19989	11388	8601	6206	3709	2497
中　职	9938	4917	5021	3354	1779	1575
大学专科	15549	7569	7980	5479	2300	3179
大学本科	19120	11018	8103	9360	5535	3825
研究生	1536	867	669	450	228	222

6-2a 续表

单位：人

受教育程度	有配偶			离婚			丧偶		
	小计	男	女	小计	男	女	小计	男	女
总　计	**95316**	**48325**	**46991**	**2064**	**913**	**1152**	**4353**	**860**	**3493**
未上过学	3154	637	2517	53	13	41	1289	91	1197
小　学	17727	7677	10051	302	133	170	1607	322	1285
初　中	34809	18444	16365	708	337	372	801	237	564
普通高中	13051	7397	5654	412	195	217	320	87	233
中　职	6261	3035	3226	179	62	117	144	41	103
大学专科	9770	5150	4621	220	88	132	80	31	49
大学本科	9477	5350	4127	171	82	89	113	51	61
研究生	1067	636	431	19	3	16			

6-2b 全省分性别、受教育程度、婚姻状况的人口(镇)

单位：人

受教育程度	合计			未婚		
	合计	男	女	小计	男	女
总　计	**91726**	**46392**	**45334**	**15247**	**9545**	**5702**
未上过学	6698	1248	5450	286	227	60
小　学	23953	10216	13736	605	492	113
初　中	35617	19954	15663	4605	3166	1439
普通高中	10376	6846	3530	3644	2537	1108
中　职	5470	2819	2651	2317	1186	1130
大学专科	5196	2816	2380	1670	849	821
大学本科	4319	2439	1880	2059	1056	1004
研究生	97	54	43	60	32	29

6-2b 续表

单位：人

受教育程度	有配偶			离婚			丧偶		
	小计	男	女	小计	男	女	小计	男	女
总　计	**70215**	**35033**	**35182**	**1161**	**669**	**492**	**5103**	**1145**	**3958**
未上过学	4081	769	3311	37	13	24	2295	239	2056
小　学	20925	8944	11981	300	172	128	2123	608	1515
初　中	29952	16226	13726	573	354	219	487	208	279
普通高中	6479	4184	2295	120	67	52	133	58	75
中　职	3062	1592	1470	53	22	31	38	18	20
大学专科	3461	1936	1526	47	23	24	18	8	10
大学本科	2220	1360	860	31	17	14	9	5	3
研究生	35	22	14	1	1	1			

6-2c 全省分性别、受教育程度、婚姻状况的人口(乡村)

单位：人

受教育程度	合 计			未 婚		
	合计	男	女	小计	男	女
总 计	**133596**	**67109**	**66487**	**22251**	**14019**	**8233**
未上过学	15317	3154	12163	569	489	80
小 学	44754	20317	24437	1387	1148	239
初 中	50553	29863	20690	8177	5590	2586
普通高中	13227	8373	4854	7170	4047	3123
中 职	3582	1953	1629	1446	772	674
大学专科	3476	1846	1630	1738	900	838
大学本科	2638	1575	1063	1731	1056	674
研 究 生	50	28	22	33	16	17

6-2c 续表

单位：人

受教育程度	有配偶			离 婚			丧 偶		
	小计	男	女	小计	男	女	小计	男	女
总 计	**99866**	**49327**	**50540**	**1662**	**1164**	**498**	**9816**	**2599**	**7216**
未上过学	10045	2036	8009	118	59	59	4584	570	4014
小 学	38468	17229	21239	560	416	144	4339	1524	2815
初 中	40782	23270	17512	825	579	245	770	423	346
普通高中	5871	4191	1680	97	78	19	89	58	31
中 职	2082	1142	940	26	19	8	27	20	7
大学专科	1713	936	777	21	8	13	4	3	1
大学本科	889	511	378	16	7	9	3	1	1
研 究 生	17	11	5						

6-3 全省分性别、职业、婚姻状况的人口

单位：人

职业大类	合计			未婚		
	合计	男	女	小计	男	女
总 计	**222394**	**133427**	**88967**	**38335**	**24248**	**14086**
党的机关、国家机关、群众团体和社会组织、企事业单位负责人	5520	4306	1215	446	315	131
专业技术人员	23519	11127	12392	6601	2691	3910
办事人员和有关人员	11667	7146	4521	2344	1146	1198
社会生产服务和生活服务人员	72987	43290	29698	15399	9497	5902
农、林、牧、渔业生产及辅助人员	41488	24011	17477	2340	1909	431
生产制造及有关人员	67116	43487	23629	11159	8657	2502
不便分类的其他从业人员	97	62	35	45	34	12

6-3 续表

单位：人

职业大类	有配偶			离婚			丧偶		
	小计	男	女	小计	男	女	小计	男	女
总 计	**177525**	**105986**	**71539**	**3278**	**2025**	**1253**	**3257**	**1169**	**2089**
党的机关、国家机关、群众团体和社会组织、企事业单位负责人	4921	3911	1009	122	69	53	31	10	21
专业技术人员	16474	8278	8196	300	109	192	144	49	95
办事人员和有关人员	9070	5881	3189	189	88	102	63	31	32
社会生产服务和生活服务人员	55419	32860	22559	1299	674	625	870	259	612
农、林、牧、渔业生产及辅助人员	37096	21067	16030	513	448	64	1539	587	952
生产制造及有关人员	54497	33962	20535	851	635	216	610	233	376
不便分类的其他从业人员	47	26	22	3	2	1	1		1

6-3a 全省分性别、职业、婚姻状况的人口(城市)

单位：人

职业大类	合计			未婚		
	合计	男	女	小计	男	女
总 计	**86937**	**51050**	**35887**	**20165**	**12013**	**8152**
党的机关、国家机关、群众团体和社会组织、企事业单位负责人	3373	2538	835	284	195	89
专业技术人员	14373	6421	7952	4553	1912	2641
办事人员和有关人员	7884	4565	3319	1583	695	888
社会生产服务和生活服务人员	34103	19783	14320	8501	5090	3411
农、林、牧、渔业生产及辅助人员	1311	827	484	41	37	5
生产制造及有关人员	25851	16890	8962	5187	4075	1112
不便分类的其他从业人员	40	26	15	16	10	6

6-3a 续表

单位：人

职业大类	有配偶			离婚			丧偶		
	小计	男	女	小计	男	女	小计	男	女
总 计	**64970**	**38280**	**26690**	**1331**	**635**	**697**	**471**	**122**	**349**
党的机关、国家机关、群众团体和社会组织、企事业单位负责人	2990	2294	696	83	45	38	16	4	13
专业技术人员	9582	4447	5135	194	55	139	44	7	37
办事人员和有关人员	6134	3805	2329	133	51	82	33	13	20
社会生产服务和生活服务人员	24700	14356	10344	656	290	366	246	47	199
农、林、牧、渔业生产及辅助人员	1219	764	455	16	13	3	34	14	20
生产制造及有关人员	20321	12598	7723	247	180	68	96	36	60
不便分类的其他从业人员	24	16	8	1		1			

6-3b 全省分性别、职业、婚姻状况的人口(镇)

单位：人

职业大类	合计			未婚		
	合计	男	女	小计	男	女
总 计	**55548**	**34078**	**21470**	**7920**	**5165**	**2755**
党的机关、国家机关、群众团体和社会组织、企事业单位负责人	1199	976	224	83	57	26
专业技术人员	4942	2371	2571	936	322	614
办事人员和有关人员	2654	1787	867	488	284	204
社会生产服务和生活服务人员	20159	12005	8153	3347	2115	1232
农、林、牧、渔业生产及辅助人员	8051	4881	3170	410	332	78
生产制造及有关人员	18524	12044	6480	2645	2043	601
不便分类的其他从业人员	20	15	4	12	11	1

6-3b 续表

单位：人

职业大类	有配偶			离婚			丧偶		
	小计	男	女	小计	男	女	小计	男	女
总 计	**46042**	**28132**	**17910**	**812**	**513**	**299**	**774**	**269**	**506**
党的机关、国家机关、群众团体和社会组织、企事业单位负责人	1083	902	182	27	15	12	6	2	4
专业技术人员	3917	2011	1906	64	33	31	24	4	20
办事人员和有关人员	2106	1470	636	40	23	18	19	11	9
社会生产服务和生活服务人员	16183	9616	6567	354	188	166	276	86	189
农、林、牧、渔业生产及辅助人员	7290	4383	2908	86	79	8	264	87	177
生产制造及有关人员	15455	9746	5709	240	176	64	184	79	105
不便分类的其他从业人员	7	4	3				1		1

6-3c 全省分性别、职业、婚姻状况的人口(乡村)

单位：人

职业大类	合计			未婚		
	合计	男	女	小计	男	女
总计	**79909**	**48299**	**31610**	**10250**	**7070**	**3180**
党的机关、国家机关、群众团体和社会组织、企事业单位负责人	947	792	155	79	63	16
专业技术人员	4204	2335	1869	1112	456	655
办事人员和有关人员	1129	794	335	273	167	106
社会生产服务和生活服务人员	18725	11501	7224	3552	2292	1259
农、林、牧、渔业生产及辅助人员	32126	18303	13823	1888	1540	348
生产制造及有关人员	22741	14553	8188	3328	2538	790
不便分类的其他从业人员	37	21	16	18	13	5

6-3c 续表

单位：人

职业大类	有配偶			离婚			丧偶		
	小计	男	女	小计	男	女	小计	男	女
总计	**66513**	**39574**	**26939**	**1134**	**877**	**257**	**2012**	**778**	**1234**
党的机关、国家机关、群众团体和社会组织、企事业单位负责人	847	715	132	12	9	3	8	5	4
专业技术人员	2975	1820	1155	42	20	22	75	38	37
办事人员和有关人员	830	606	224	16	14	2	10	7	3
社会生产服务和生活服务人员	14537	8888	5649	288	195	93	348	125	223
农、林、牧、渔业生产及辅助人员	28587	15920	12667	410	357	53	1240	485	755
生产制造及有关人员	18721	11618	7103	363	279	84	330	118	212
不便分类的其他从业人员	17	6	11	2	2				

7 家庭

7-1 各地区家庭户规模

单位：户

地 区	家庭户户 数	一人户	二人户	三人户	四人户	五人户	六人户	七人户	八人户	九人户	十人及以上户
全 省	**128090**	**20322**	**30501**	**30769**	**23140**	**13236**	**6660**	**1922**	**845**	**381**	**315**
福州市	24912	3391	5782	6513	4827	2760	1118	307	114	59	41
福州市(不含平潭)	23431	3190	5388	6199	4495	2616	1065	284	104	52	38
平潭	1481	201	394	314	332	143	54	23	10	7	3
厦门市	14231	3603	3474	3565	2054	986	384	80	54	18	12
莆田市	8435	1063	1639	1655	1690	1178	702	271	120	63	54
三明市	8556	1103	2090	2193	1552	931	460	130	58	19	21
泉州市	27944	4809	6920	6152	4953	2746	1513	429	207	106	110
漳州市	15787	2072	3324	3818	3016	1969	1120	286	112	45	25
南平市	9262	1224	2519	2397	1576	890	452	130	43	17	15
龙岩市	9302	1589	2351	2297	1654	779	425	111	62	22	12
宁德市	9660	1468	2402	2178	1819	998	484	177	74	32	27

7-1a 各地区家庭户规模(城市)

单位：户

地 区	家庭户户 数	一人户	二人户	三人户	四人户	五人户	六人户	七人户	八人户	九人户	十人及以上户
全 省	**46802**	**9011**	**11399**	**12600**	**7388**	**4139**	**1550**	**391**	**176**	**81**	**66**
福州市	11670	1603	2719	3607	1966	1251	381	84	28	13	16
厦门市	12137	3246	2975	3006	1709	796	291	54	40	11	10
莆田市	2862	390	605	590	511	404	211	79	37	21	14
三明市	1825	270	485	556	304	146	46	11	4	1	1
泉州市	9274	2181	2507	2061	1312	723	346	76	36	17	15
漳州市	2418	369	481	766	401	252	105	29	9	4	2
南平市	2832	398	817	899	414	212	64	16	6	6	1
龙岩市	1855	344	417	565	346	131	36	8	5	2	2
宁德市	1928	210	394	550	425	225	69	33	11	6	4

7-1b 各地区家庭户规模(镇)

单位：户

地　区	家庭户户　数	一人户	二人户	三人户	四人户	五人户	六人户	七人户	八人户	九人户	十人及以上户
全　省	**32643**	**4390**	**7298**	**8040**	**6457**	**3608**	**1842**	**541**	**248**	**123**	**95**
福州市	4844	631	1037	1143	1052	561	285	81	31	13	10
福州市(不含平潭)	4264	564	918	1010	900	492	263	74	28	11	6
平潭	580	67	119	134	152	69	23	8	3	2	3
厦门市	649	197	173	136	81	38	15	5	2	1	
莆田市	1763	233	355	361	365	230	119	53	25	8	12
三明市	2977	357	672	860	560	308	146	36	18	8	9
泉州市	8727	1095	2023	2123	1776	949	475	144	67	47	27
漳州市	5898	814	1190	1464	1137	722	401	102	45	15	8
南平市	2234	294	594	573	407	218	96	28	12	5	6
龙岩市	2812	448	657	718	509	270	135	38	19	11	7
宁德市	2740	321	597	660	569	311	169	53	28	15	16

7-1c 各地区家庭户规模(乡村)

单位：户

地　区	家庭户户　数	一人户	二人户	三人户	四人户	五人户	六人户	七人户	八人户	九人户	十人及以上户
全　省	**48645**	**6920**	**11803**	**10130**	**9294**	**5489**	**3268**	**989**	**420**	**177**	**154**
福州市	8398	1157	2026	1763	1809	947	452	141	55	32	15
福州市(不含平潭)	7496	1023	1750	1583	1630	873	421	126	48	28	15
平潭	901	134	276	181	179	74	31	15	7	4	
厦门市	1445	160	326	424	263	153	78	21	12	6	1
莆田市	3810	441	679	704	813	544	372	139	58	34	28
三明市	3755	476	932	776	688	476	268	83	36	9	10
泉州市	9943	1532	2390	1969	1864	1073	692	209	104	42	68
漳州市	7471	890	1653	1588	1477	995	613	155	59	27	14
南平市	4196	532	1107	924	756	460	292	86	25	7	8
龙岩市	4635	796	1278	1014	799	378	255	65	38	9	4
宁德市	4992	937	1412	968	825	462	246	91	34	11	7

7-2　各地区家庭户类别

单位：户

地　区	家庭户户数	一代户	二代户	三代户	四代户	五代及以上户
全　省	**128090**	**45266**	**54888**	**26782**	**1154**	**1**
福州市	24912	7956	11807	5006	143	
福州市(不含平潭)	23431	7447	11057	4788	139	
平潭	1481	509	750	218	4	
厦门市	14231	6593	5612	1976	49	
莆田市	8435	2321	3358	2554	202	
三明市	8556	2755	3779	1924	99	
泉州市	27944	10629	11438	5662	215	
漳州市	15787	4849	6722	4037	179	
南平市	9262	3287	3934	1955	85	1
龙岩市	9302	3493	3957	1745	107	
宁德市	9660	3383	4281	1922	74	

7-2a　各地区家庭户类别(城市)

单位：户

地　区	家庭户户数	一代户	二代户	三代户	四代户	五代及以上户
全　省	**46802**	**18678**	**19950**	**7941**	**232**	
福州市	11670	3846	5599	2167	59	
厦门市	12137	5800	4701	1603	33	
莆田市	2862	896	1009	897	61	
三明市	1825	659	869	294	3	
泉州市	9274	4450	3427	1362	36	
漳州市	2418	775	1104	522	16	
南平市	2832	1061	1310	452	9	
龙岩市	1855	681	921	247	6	
宁德市	1928	510	1012	397	9	

7-2b　各地区家庭户类别(镇)

单位：户

地　　区	家庭户户数	一代户	二代户	三代户	四代户	五代及以上户
全　省	**32643**	**10182**	**14956**	**7181**	**324**	
福州市	4844	1420	2322	1065	38	
福州市(不含平潭)	4264	1264	1990	975	35	
平潭	580	156	332	90	2	
厦门市	649	353	222	68	6	
莆田市	1763	486	787	455	35	
三明市	2977	868	1472	611	27	
泉州市	8727	2730	4048	1857	93	
漳州市	5898	1789	2593	1468	48	
南平市	2234	782	973	460	18	
龙岩市	2812	964	1240	572	36	
宁德市	2740	791	1300	625	24	

7-2c　各地区家庭户类别(乡村)

单位：户

地　　区	家庭户户数	一代户	二代户	三代户	四代户	五代及以上户
全　省	**48645**	**16405**	**19981**	**11660**	**598**	**1**
福州市	8398	2690	3887	1774	47	
福州市(不含平潭)	7496	2337	3468	1645	45	
平潭	901	353	418	129	1	
厦门市	1445	440	690	305	10	
莆田市	3810	939	1563	1202	107	
三明市	3755	1228	1439	1020	69	
泉州市	9943	3449	3963	2444	87	
漳州市	7471	2286	3024	2046	115	
南平市	4196	1444	1651	1042	58	1
龙岩市	4635	1848	1795	926	65	
宁德市	4992	2081	1969	900	41	

7-3 各地区家庭户中民族混合户户数

单位：户、%

地 区	合 计	单一民族户		二个民族户		三个民族户		四个及以上民族户	
		户数	比重	户数	比重	户数	比重	户数	比重
全 省	**128090**	**125479**	**97.96**	**2601**	**2.03**	**10**	**0.01**	**1**	
福州市	24912	24488	98.30	422	1.69	3	0.01		
福州市(不含平潭)	23431	23115	98.65	313	1.34	3	0.01		
平潭	1481	1373	92.67	109	7.33				
厦门市	14231	13991	98.31	240	1.69				
莆田市	8435	8380	99.35	55	0.65				
三明市	8556	8398	98.15	157	1.83	1	0.02		
泉州市	27944	27202	97.34	739	2.65	3	0.01		
漳州市	15787	15539	98.42	246	1.56	1	0.01	1	0.01
南平市	9262	9122	98.49	139	1.50	1	0.01		
龙岩市	9302	9103	97.86	198	2.13	1	0.01		
宁德市	9660	9256	95.82	404	4.18				

7-3a 各地区家庭户中民族混合户户数(城市)

单位：户、%

地 区	合 计	单一民族户		二个民族户		三个民族户		四个及以上民族户	
		户数	比重	户数	比重	户数	比重	户数	比重
全 省	**46802**	**45864**	**98.00**	**936**	**2.00**	**1**		**1**	
福州市	11670	11546	98.94	124	1.06				
厦门市	12137	11923	98.24	214	1.76				
莆田市	2862	2828	98.80	34	1.20				
三明市	1825	1809	99.15	15	0.85				
泉州市	9274	8874	95.68	399	4.31	1	0.01		
漳州市	2418	2385	98.61	32	1.34			1	0.04
南平市	2832	2814	99.36	18	0.64				
龙岩市	1855	1838	99.04	18	0.96				
宁德市	1928	1847	95.82	81	4.18				

7-3b 各地区家庭户中民族混合户户数(镇)

单位：户、%

地　区	合　计	单一民族户		二个民族户		三个民族户		四个及以上民族户	
		户数	比重	户数	比重	户数	比重	户数	比重
全　省	**32643**	**32201**	**98.64**	**441**	**1.35**	**1**			
福州市	4844	4802	99.13	42	0.86	1	0.01		
福州市(不含平潭)	4264	4230	99.19	34	0.79	1	0.01		
平潭	580	572	98.64	8	1.36				
厦门市	649	637	98.26	11	1.74				
莆田市	1763	1757	99.67	6	0.33				
三明市	2977	2951	99.12	26	0.88				
泉州市	8727	8610	98.66	117	1.34				
漳州市	5898	5829	98.83	69	1.17				
南平市	2234	2202	98.57	31	1.41	1	0.02		
龙岩市	2812	2777	98.75	35	1.25				
宁德市	2740	2636	96.23	103	3.77				

7-3c 各地区家庭户中民族混合户户数(乡村)

单位：户、%

地　区	合　计	单一民族户		二个民族户		三个民族户		四个及以上民族户	
		户数	比重	户数	比重	户数	比重	户数	比重
全　省	**48645**	**47414**	**97.47**	**1223**	**2.51**	**8**	**0.02**		
福州市	8398	8139	96.93	256	3.05	2	0.02		
福州市(不含平潭)	7496	7339	97.90	155	2.07	2	0.03		
平潭	901	801	88.82	101	11.18				
厦门市	1445	1430	98.98	15	1.02				
莆田市	3810	3795	99.61	15	0.39				
三明市	3755	3638	96.90	115	3.07	1	0.04		
泉州市	9943	9719	97.74	223	2.24	2	0.02		
漳州市	7471	7325	98.04	145	1.94	1	0.02		
南平市	4196	4107	97.86	89	2.13	1	0.01		
龙岩市	4635	4489	96.85	145	3.13	1	0.01		
宁德市	4992	4772	95.59	220	4.41				

7-4 各地区分年龄、性别的一人户

单位：户

地 区	合 计			14岁及以下			15-19岁		
	小计	男	女	小计	男	女	小计	男	女
全 省	**20322**	**11624**	**8698**	**587**	**319**	**267**	**537**	**346**	**191**
福州市	3391	1876	1515	81	50	31	57	42	16
福州市(不含平潭)	3190	1798	1392	71	45	26	53	37	16
平潭	201	78	123	10	5	5	4	4	
厦门市	3603	2171	1432	47	23	23	161	98	63
莆田市	1063	506	556	66	30	35	38	25	14
三明市	1103	602	501	48	26	22	25	13	12
泉州市	4809	2785	2024	113	65	49	145	93	52
漳州市	2072	1185	887	51	25	26	35	28	7
南平市	1224	720	504	40	25	15	22	12	10
龙岩市	1589	889	700	80	42	38	35	26	10
宁德市	1468	890	578	61	33	28	17	10	7

7-4 续表 1

单位：户

地 区	20-24岁			25-29岁			30-34岁		
	小计	男	女	小计	男	女	小计	男	女
全 省	**1667**	**1012**	**654**	**2387**	**1545**	**842**	**1531**	**1031**	**500**
福州市	205	127	78	355	235	120	255	175	80
福州市(不含平潭)	202	125	77	347	233	115	251	173	79
平潭	3	2	1	7	2	5	4	2	2
厦门市	643	402	242	852	564	288	417	268	150
莆田市	56	30	27	82	41	41	57	35	22
三明市	53	22	31	86	49	37	47	28	19
泉州市	451	274	177	566	379	187	447	308	140
漳州市	106	72	34	183	124	59	119	80	39
南平市	34	20	14	53	30	24	45	32	13
龙岩市	69	37	32	141	81	61	86	60	25
宁德市	49	29	20	69	43	25	59	47	12

7-4 续表 2

单位：户

地 区	35-39岁			40-44岁			45-49岁		
	小计	男	女	小计	男	女	小计	男	女
全 省	**1319**	**922**	**396**	**1740**	**1094**	**645**	**1835**	**1143**	**692**
福州市	250	167	83	311	200	112	265	161	104
福州市(不含平潭)	245	162	83	303	197	106	246	152	94
平潭	5	5		8	2	6	19	9	10
厦门市	287	198	89	293	186	107	224	142	82
莆田市	60	37	23	77	40	37	94	41	53
三明市	54	38	16	101	53	48	124	71	53
泉州市	384	272	112	520	316	204	539	332	207
漳州市	107	78	29	139	97	42	194	139	54
南平市	43	29	13	92	61	31	138	92	46
龙岩市	69	52	17	111	77	34	127	84	43
宁德市	65	51	15	96	64	32	131	82	49

7-4 续表 3

单位：户

地 区	50-54岁			55-59岁			60-64岁			65岁及以上		
	小计	男	女	小计	男	女	小计	男	女	小计	男	女
全 省	**1519**	**921**	**598**	**1169**	**700**	**469**	**1233**	**719**	**513**	**4799**	**1870**	**2930**
福州市	240	148	92	185	99	86	223	110	113	965	365	600
福州市(不含平潭)	225	143	82	176	98	78	212	103	109	860	332	527
平潭	15	5	10	9	1	8	11	7	4	105	32	73
厦门市	161	86	75	115	65	50	77	42	35	325	97	229
莆田市	95	47	48	76	42	34	82	44	38	280	95	185
三明市	109	66	42	80	47	33	85	57	29	292	133	159
泉州市	363	232	131	220	118	102	221	116	105	839	281	559
漳州市	139	80	59	140	98	42	163	106	57	696	258	438
南平市	142	92	50	109	76	33	115	71	43	393	181	211
龙岩市	139	84	55	115	71	44	129	86	44	487	189	297
宁德市	133	87	46	128	84	43	138	88	50	523	273	251

7-4a 各地区分年龄、性别的一人户(城市)

单位：户

地　区	合　计			14岁及以下			15-19岁		
	小计	男	女	小计	男	女	小计	男	女
全　省	**9011**	**5342**	**3669**	**110**	**56**	**54**	**295**	**181**	**114**
福州市	1603	900	704	20	9	11	27	17	10
厦门市	3246	1952	1294	39	20	19	138	79	58
莆田市	390	207	183	9	5	4	11	6	4
三明市	270	127	143	5	3	2	6	3	3
泉州市	2181	1412	769	19	9	10	75	47	28
漳州市	369	217	152	4	3	1	13	10	3
南平市	398	212	186	5	2	3	9	4	5
龙岩市	344	205	139	2	2		12	10	1
宁德市	210	109	100	6	2	4	5	4	1

7-4a 续表 1

单位：户

地　区	20-24岁			25-29岁			30-34岁		
	小计	男	女	小计	男	女	小计	男	女
全　省	**1198**	**701**	**497**	**1741**	**1121**	**620**	**1037**	**679**	**358**
福州市	140	79	62	267	175	91	176	125	52
厦门市	598	363	234	806	525	281	391	247	144
莆田市	35	19	17	45	24	20	37	23	14
三明市	19	6	14	31	16	15	15	9	6
泉州市	275	163	112	404	266	138	295	195	100
漳州市	42	23	19	61	42	19	47	29	18
南平市	25	13	12	29	15	14	24	16	8
龙岩市	44	23	21	68	37	30	35	26	9
宁德市	20	12	7	30	19	10	18	12	7

7-4a　续表 2　　　　单位：户

地　区	35-39岁			40-44岁			45-49岁		
	小计	男	女	小计	男	女	小计	男	女
全　省	**777**	**519**	**258**	**896**	**574**	**322**	**748**	**473**	**276**
福州市	158	99	59	177	107	70	107	68	39
厦门市	266	181	85	271	171	99	203	129	74
莆田市	30	19	12	35	18	17	37	18	19
三明市	20	14	6	25	14	11	30	12	17
泉州市	224	158	67	272	191	82	238	166	72
漳州市	19	10	10	25	19	6	37	28	9
南平市	21	11	10	43	24	19	51	29	22
龙岩市	26	20	6	27	20	8	25	12	12
宁德市	12	8	4	22	10	11	22	10	12

7-4a　续表 3　　　　单位：户

地　区	50-54岁			55-59岁			60-64岁			65岁及以上		
	小计	男	女	小计	男	女	小计	男	女	小计	男	女
全　省	**546**	**314**	**232**	**364**	**220**	**144**	**297**	**162**	**135**	**1002**	**342**	**661**
福州市	104	56	48	66	33	33	78	39	39	284	94	190
厦门市	141	74	67	101	56	45	65	37	28	229	70	159
莆田市	34	19	15	25	18	7	25	14	11	67	24	43
三明市	25	16	10	15	8	7	13	6	7	66	20	47
泉州市	134	87	47	72	56	16	45	26	20	128	49	79
漳州市	23	13	10	14	10	4	18	8	10	65	22	43
南平市	44	26	18	31	18	12	27	18	9	90	36	54
龙岩市	22	14	7	27	16	10	12	8	4	45	16	29
宁德市	19	10	9	14	3	10	13	6	7	29	11	18

7-4b 各地区分年龄、性别的一人户(镇)

单位：户

地　区	合　计			14岁及以下			15-19岁		
	小计	男	女	小计	男	女	小计	男	女
全　省	**4390**	**2465**	**1925**	**108**	**58**	**49**	**109**	**76**	**33**
福州市	631	332	299	19	10	8	11	7	3
福州市(不含平潭)	564	305	259	17	10	8	11	7	3
平潭	67	28	39	2	1	1			
厦门市	197	146	51	1		1	22	17	5
莆田市	233	108	124	12	4	8	12	10	2
三明市	357	192	165	9	4	5	6	4	2
泉州市	1095	580	515	23	16	7	26	16	10
漳州市	814	514	301	10	4	6	14	12	3
南平市	294	156	138	9	5	4	4	3	1
龙岩市	448	251	197	18	9	8	6	4	3
宁德市	321	186	135	8	5	3	7	3	4

7-4b 续表 1

单位：户

地　区	20-24岁			25-29岁			30-34岁		
	小计	男	女	小计	男	女	小计	男	女
全　省	**276**	**179**	**98**	**421**	**262**	**158**	**294**	**193**	**101**
福州市	30	21	9	36	23	14	39	25	14
福州市(不含平潭)	29	20	9	33	22	11	37	25	12
平潭	2	1	1	3	1	2	2	1	2
厦门市	42	34	7	36	30	6	21	17	4
莆田市	9	6	3	23	10	12	14	9	5
三明市	25	13	12	35	24	11	21	11	10
泉州市	86	49	38	83	54	29	79	52	26
漳州市	44	34	11	111	72	38	60	39	20
南平市	5	3	2	15	7	7	12	8	4
龙岩市	15	7	8	60	30	29	33	19	13
宁德市	20	12	8	23	11	12	15	12	4

7-4b 续表 2

单位：户

地　区	35-39岁			40-44岁			45-49岁		
	小计	男	女	小计	男	女	小计	男	女
全　省	**276**	**196**	**80**	**411**	**244**	**167**	**467**	**283**	**184**
福州市	41	30	11	48	30	19	60	32	28
福州市(不含平潭)	39	28	11	44	27	17	49	27	22
平潭	2	2		4	2	2	11	5	6
厦门市	15	12	2	14	11	2	12	8	4
莆田市	16	8	8	20	10	11	18	9	10
三明市	23	14	9	40	20	20	40	22	17
泉州市	77	53	24	136	74	62	132	71	61
漳州市	58	47	12	76	52	24	89	67	22
南平市	6	4	2	18	9	9	33	18	15
龙岩市	24	16	8	41	28	13	49	33	16
宁德市	16	12	4	17	10	8	35	23	12

7-4b 续表 3

单位：户

地　区	50-54岁			55-59岁			60-64岁			65岁及以上		
	小计	男	女	小计	男	女	小计	男	女	小计	男	女
全　省	**386**	**242**	**144**	**254**	**155**	**99**	**299**	**172**	**127**	**1090**	**405**	**684**
福州市	50	32	18	28	15	13	48	24	24	219	82	137
福州市(不含平潭)	42	28	14	26	15	11	44	22	22	193	74	119
平潭	8	4	4	2		2	4	2	2	27	9	18
厦门市	10	6	4	4	2	1	5	1	4	15	6	10
莆田市	18	9	9	13	7	6	15	6	9	64	21	43
三明市	36	18	17	26	17	10	22	15	7	74	30	44
泉州市	100	68	32	49	20	29	61	31	29	243	75	169
漳州市	61	39	22	54	42	12	63	43	20	175	63	111
南平市	47	31	16	27	17	10	24	10	14	96	41	55
龙岩市	32	21	12	28	20	7	32	20	12	112	43	69
宁德市	33	17	16	25	15	10	29	20	9	92	45	47

7-4c 各地区分年龄、性别的一人户(乡村)

单位：户

地 区	合 计			14岁及以下			15-19岁		
	小计	男	女	小计	男	女	小计	男	女
全 省	**6920**	**3816**	**3104**	**369**	**205**	**164**	**133**	**89**	**45**
福州市	1157	644	513	42	31	11	19	18	2
福州市(不含平潭)	1023	594	429	34	26	7	15	13	2
平潭	134	50	84	8	4	4	4	4	
厦门市	160	72	88	6	3	3	1	1	
莆田市	441	191	250	45	21	23	15	8	7
三明市	476	283	193	34	19	15	13	6	7
泉州市	1532	793	739	72	40	32	44	30	14
漳州市	890	455	435	37	19	19	8	6	2
南平市	532	351	180	26	17	9	9	5	4
龙岩市	796	432	364	60	30	30	18	12	6
宁德市	937	595	342	47	26	21	5	3	2

7-4c 续表 1

单位：户

地 区	20-24岁			25-29岁			30-34岁		
	小计	男	女	小计	男	女	小计	男	女
全 省	**192**	**132**	**60**	**226**	**162**	**63**	**200**	**159**	**41**
福州市	34	27	7	52	37	15	39	25	15
福州市(不含平潭)	33	26	7	47	35	12	38	24	15
平潭	1	1		4	1	3	1	1	
厦门市	4	4		10	9	1	6	4	1
莆田市	12	5	7	14	6	9	6	3	3
三明市	9	4	5	20	9	11	11	8	3
泉州市	90	63	27	79	59	20	74	61	13
漳州市	20	15	5	12	9	2	12	11	
南平市	4	4		10	7	2	9	8	1
龙岩市	10	7	4	14	13	1	18	15	3
宁德市	9	4	5	16	13	3	25	23	2

7-4c 续表 2

单位：户

地 区	35-39岁			40-44岁			45-49岁		
	小计	男	女	小计	男	女	小计	男	女
全 省	**266**	**208**	**58**	**433**	**277**	**157**	**620**	**388**	**232**
福州市	51	38	13	87	63	24	98	61	37
福州市(不含平潭)	48	35	13	83	63	20	90	57	32
平潭	3	3		4		4	8	4	4
厦门市	6	5	1	9	4	5	10	5	4
莆田市	15	11	3	22	13	10	38	14	24
三明市	12	10	1	36	19	17	54	36	19
泉州市	82	61	21	111	51	60	170	95	75
漳州市	30	22	7	39	26	12	68	45	24
南平市	16	15	2	30	27	3	55	45	10
龙岩市	18	16	3	43	30	13	53	38	15
宁德市	37	30	7	57	44	13	74	48	25

7-4c 续表 3

单位：户

地 区	50-54岁			55-59岁			60-64岁			65岁及以上		
	小计	男	女	小计	男	女	小计	男	女	小计	男	女
全 省	**586**	**364**	**222**	**550**	**325**	**225**	**637**	**386**	**252**	**2708**	**1123**	**1585**
福州市	86	60	26	91	50	40	96	46	50	462	189	273
福州市(不含平潭)	79	59	20	84	49	35	89	42	47	383	165	218
平潭	7	1	6	7	1	6	7	4	3	78	24	55
厦门市	10	6	4	11	7	4	7	4	3	81	21	60
莆田市	43	19	24	39	17	22	42	24	18	150	50	100
三明市	48	32	16	38	22	16	50	36	14	151	83	68
泉州市	129	77	52	99	42	57	115	58	56	468	157	311
漳州市	55	28	26	72	46	26	82	54	28	456	172	284
南平市	51	35	16	51	41	11	64	44	20	207	104	102
龙岩市	85	48	37	61	35	26	86	58	28	330	130	200
宁德市	80	60	20	89	66	23	97	62	35	403	217	186

7-5 全省不同规模的家庭户类别

单位：户

户规模	家庭户户数	一代户	二代户	三代户	四代户	五代及以上户
总 计	**128090**	**45266**	**54888**	**26782**	**1154**	**1**
一人户	20322	20322				
二人户	30501	24176	6325			
三人户	30769	509	29111	1150		
四人户	23140	153	16235	6727	24	
五人户	13236	56	2714	10270	196	
六人户	6660	22	376	5832	430	
七人户	1922	13	73	1537	299	
八人户	845	6	30	700	108	1
九人户	381	4	12	316	49	
十人及以上户	315	6	11	250	48	

7-5a 全省不同规模的家庭户类别(城市)

单位：户

户规模	家庭户户数	一代户	二代户	三代户	四代户	五代及以上户
总 计	**46802**	**18678**	**19950**	**7941**	**232**	
一人户	9011	9011				
二人户	11399	9274	2125			
三人户	12600	253	12000	346		
四人户	7388	92	4942	2349	6	
五人户	4139	28	747	3330	34	
六人户	1550	10	103	1335	102	
七人户	391	3	17	321	51	
八人户	176	2	9	151	14	
九人户	81	2	4	63	13	
十人及以上户	66	2	4	47	13	

7-5b 全省不同规模的家庭户类别(镇)

单位：户

户规模	家庭户户数	一代户	二代户	三代户	四代户	五代及以上户
总 计	**32643**	**10182**	**14956**	**7181**	**324**	
一人户	4390	4390				
二人户	7298	5643	1655			
三人户	8040	97	7655	287		
四人户	6457	26	4718	1707	6	
五人户	3608	12	777	2756	64	
六人户	1842	8	119	1604	111	
七人户	541	5	19	434	84	
八人户	248	1	6	207	34	
九人户	123		3	106	14	
十人及以上户	95		5	79	11	

7-5c 全省不同规模的家庭户类别(乡村)

单位：户

户规模	家庭户户数	一代户	二代户	三代户	四代户	五代及以上户
总 计	**48645**	**16405**	**19981**	**11660**	**598**	**1**
一人户	6920	6920				
二人户	11803	9258	2545			
三人户	10130	158	9455	516		
四人户	9294	36	6576	2671	12	
五人户	5489	16	1191	4183	99	
六人户	3268	4	154	2893	217	
七人户	989	5	37	782	165	
八人户	420	3	15	343	59	1
九人户	177	2	5	148	22	
十人及以上户	154	3	2	124	24	

7-6 各地区有60岁及以上老年人口的家庭户

单位：户

地 区	合 计	一个60岁及以上老年人的户				二个60岁及以上老年人的户				其 他
		小 计	单身老人户	一个老年人与未成年的亲属户	其 他	小 计	只有一对老夫妇的户	一对老夫妇与未成年的亲属户	其 他	
全 省	**42763**	**24816**	**6032**	**418**	**18365**	**17454**	**6839**	**662**	**9953**	**493**
福州市	9035	4947	1187	39	3721	3997	1620	92	2286	91
福州市(不含平潭)	8449	4601	1071	36	3493	3759	1470	87	2203	90
平潭	586	346	116	3	227	239	150	5	83	1
厦门市	2952	1703	402	12	1289	1216	522	13	681	33
莆田市	3397	2035	362	55	1618	1302	351	70	882	60
三明市	3150	1820	377	60	1383	1301	462	89	749	29
泉州市	7574	4478	1060	86	3333	2997	1166	112	1719	98
漳州市	5738	3310	859	46	2405	2368	916	89	1363	60
南平市	3626	2060	507	48	1504	1523	630	74	819	43
龙岩市	3381	2091	616	49	1425	1253	563	74	616	38
宁德市	3907	2372	661	23	1688	1497	609	50	838	39

7-6a 各地区有60岁及以上老年人口的家庭户(城市)

单位：户

地 区	合 计	一个60岁及以上老年人的户				二个60岁及以上老年人的户				其 他
		小 计	单身老人户	一个老年人与未成年的亲属户	其 他	小 计	只有一对老夫妇的户	一对老夫妇与未成年的亲属户	其 他	
全 省	**11673**	**6508**	**1299**	**55**	**5154**	**5035**	**1741**	**99**	**3196**	**130**
福州市	3689	1862	362	10	1491	1786	629	38	1119	40
厦门市	2298	1350	294	10	1046	923	362	13	548	26
莆田市	1056	603	91	5	506	435	95	13	327	19
三明市	555	316	80	6	230	236	96	5	135	3
泉州市	1629	965	174	6	786	641	174	8	459	22
漳州市	668	397	83	2	312	264	72	6	186	6
南平市	872	483	117	12	354	377	172	8	197	11
龙岩市	390	227	57		170	162	70	3	90	1
宁德市	516	305	42	4	259	210	69	5	135	1

7-6b　各地区有60岁及以上老年人口的家庭户(镇)

单位：户

地　区	合　计	一个60岁及以上老年人的户				二个60岁及以上老年人的户				其　他
		小　计	单　身老人户	一个老年人与未成年的亲属户	其　他	小　计	只有一对老夫妇的户	一对老夫妇与未成年的亲属户	其　他	
全　省	**10405**	**6147**	**1388**	**121**	**4638**	**4142**	**1514**	**198**	**2430**	**117**
福州市	1746	1010	267	9	734	721	283	22	416	15
福州市(不含平潭)	1595	903	237	7	659	677	262	20	395	15
平潭	151	107	31	2	75	44	21	2	20	
厦门市	121	69	20	1	48	49	21		28	2
莆田市	621	383	78	12	293	231	75	14	142	7
三明市	921	559	96	19	443	356	113	30	212	6
泉州市	2380	1422	304	31	1087	927	350	48	529	31
漳州市	1859	1070	238	6	827	770	279	24	467	19
南平市	814	460	120	18	323	340	122	25	193	14
龙岩市	949	582	144	18	421	353	132	22	199	13
宁德市	994	591	121	7	463	394	137	13	244	9

7-6c　各地区有60岁及以上老年人口的家庭户(乡村)

单位：户

地　区	合　计	一个60岁及以上老年人的户				二个60岁及以上老年人的户				其　他
		小　计	单　身老人户	一个老年人与未成年的亲属户	其　他	小　计	只有一对老夫妇的户	一对老夫妇与未成年的亲属户	其　他	
全　省	**20685**	**12161**	**3345**	**243**	**8574**	**8277**	**3584**	**365**	**4328**	**246**
福州市	3601	2075	558	21	1496	1490	707	32	752	35
福州市(不含平潭)	3166	1836	473	19	1344	1296	578	29	689	34
平潭	435	239	85	1	153	195	129	3	63	1
厦门市	533	284	88	1	195	244	139		105	5
莆田市	1720	1049	192	37	820	637	180	43	414	34
三明市	1674	945	201	34	710	708	253	54	402	20
泉州市	3565	2091	582	49	1460	1429	642	57	731	45
漳州市	3211	1842	538	38	1266	1333	564	59	710	35
南平市	1940	1116	270	19	827	806	335	41	429	18
龙岩市	2042	1281	416	31	834	737	361	49	327	24
宁德市	2398	1477	499	12	966	893	403	31	458	29

7-7 各地区有65岁及以上老年人口的家庭户

单位：户

地区	合计	一个65岁及以上老年人的户				二个65岁及以上老年人的户				其他
		小计	单身老人户	一个老年人与未成年的亲属户	其他	小计	只有一对老夫妇的户	一对老夫妇与未成年的亲属户	其他	
全省	**30041**	**20760**	**4799**	**242**	**15718**	**9172**	**4035**	**225**	**4911**	**109**
福州市	6294	4180	965	21	3194	2093	948	33	1112	21
福州市(不含平潭)	5871	3904	860	20	3024	1947	851	29	1067	21
平潭	423	276	105	1	170	147	97	4	45	
厦门市	1979	1305	325	7	973	667	318	5	344	7
莆田市	2259	1639	280	33	1326	605	190	22	394	15
三明市	2354	1590	292	40	1258	760	285	37	439	4
泉州市	5233	3642	839	39	2764	1567	709	28	829	23
漳州市	4035	2791	696	33	2062	1230	545	33	651	14
南平市	2620	1799	393	27	1380	813	361	26	426	8
龙岩市	2474	1791	487	28	1276	676	343	27	307	7
宁德市	2793	2024	523	14	1487	760	336	15	409	9

7-7a 各地区有65岁及以上老年人口的家庭户(城市)

单位：户

地区	合计	一个65岁及以上老年人的户				二个65岁及以上老年人的户				其他
		小计	单身老人户	一个老年人与未成年的亲属户	其他	小计	只有一对老夫妇的户	一对老夫妇与未成年的亲属户	其他	
全省	**7929**	**5204**	**1002**	**27**	**4174**	**2694**	**1064**	**33**	**1597**	**31**
福州市	2535	1548	284	4	1260	978	377	14	587	9
厦门市	1518	1001	229	5	767	512	228	5	280	4
莆田市	682	489	67	3	420	186	50	2	133	7
三明市	434	277	66	2	208	156	67	3	86	1
泉州市	1091	748	128	4	616	336	113	2	221	7
漳州市	447	320	65		255	128	38	3	86	
南平市	617	409	90	6	313	206	104	2	99	3
龙岩市	277	185	45		140	92	50		42	
宁德市	329	228	29	3	197	100	36	1	62	1

7-7b 各地区有65岁及以上老年人口的家庭户(镇)

单位：户

地 区	合 计	一个65岁及以上老年人的户				二个65岁及以上老年人的户				其 他
		小 计	单 身老人户	一个老年人与未成年的亲属户	其 他	小 计	只有一对老夫妇的户	一对老夫妇与未成年的亲属户	其 他	
全 省	**7263**	**5070**	**1090**	**68**	**3913**	**2169**	**933**	**67**	**1169**	**23**
福州市	1206	843	219	5	619	357	167	6	184	6
福州市(不含平潭)	1103	763	193	4	566	334	155	5	174	6
平潭	104	80	27	1	53	24	12	2	10	
厦门市	81	59	15	1	42	22	9		14	
莆田市	418	295	64	9	223	121	42	6	73	2
三明市	666	468	74	11	383	197	76	14	107	
泉州市	1632	1136	243	17	875	491	220	16	255	5
漳州市	1289	879	175	5	700	406	182	8	216	3
南平市	584	399	96	8	295	182	78	10	94	3
龙岩市	695	506	112	9	386	187	82	4	100	2
宁德市	692	486	92	3	390	205	76	3	126	2

7-7c 各地区有65岁及以上老年人口的家庭户(乡村)

单位：户

地 区	合 计	一个65岁及以上老年人的户				二个65岁及以上老年人的户				其 他
		小 计	单 身老人户	一个老年人与未成年的亲属户	其 他	小 计	只有一对老夫妇的户	一对老夫妇与未成年的亲属户	其 他	
全 省	**14849**	**10485**	**2708**	**146**	**7631**	**4309**	**2039**	**125**	**2145**	**55**
福州市	2553	1789	462	12	1316	758	404	13	341	5
福州市(不含平潭)	2233	1593	383	12	1199	635	318	10	306	5
平潭	319	196	78		118	123	85	3	35	
厦门市	381	246	81	1	163	132	82		50	3
莆田市	1159	854	150	21	683	298	97	14	187	7
三明市	1255	845	151	27	667	407	141	20	246	3
泉州市	2510	1758	468	18	1273	740	376	10	353	12
漳州市	2299	1592	456	29	1107	696	325	22	349	11
南平市	1419	991	207	13	772	425	178	14	233	3
龙岩市	1502	1100	330	19	750	398	210	22	165	5
宁德市	1772	1310	403	8	900	455	224	10	221	7

7-8 全省家庭户户主年龄、性别构成

单位：人、%

年 龄	人口数			户 主			户主率		
	合计	男	女	合计	男	女	合计	男	女
总 计	**396932**	**199924**	**197008**	**121849**	**99609**	**22241**	**30.70**	**49.82**	**11.29**
14岁及以下	**76503**	**41452**	**35051**	**48**	**28**	**20**	**0.06**	**0.07**	**0.06**
15-19	**12173**	**6806**	**5367**	**362**	**236**	**126**	**2.98**	**3.47**	**2.35**
15	2948	1616	1332	22	14	8	0.74	0.85	0.61
16	2467	1399	1069	38	24	14	1.53	1.73	1.27
17	2252	1265	987	77	56	21	3.41	4.45	2.08
18	2273	1293	980	98	62	35	4.31	4.83	3.62
19	2232	1234	999	128	79	49	5.73	6.44	4.86
20-24	**20316**	**10518**	**9798**	**2403**	**1589**	**814**	**11.83**	**15.11**	**8.31**
20	3100	1734	1366	263	177	86	8.47	10.18	6.30
21	3268	1740	1528	340	216	124	10.40	12.42	8.10
22	3762	1915	1846	411	254	158	10.94	13.25	8.54
23	4474	2238	2237	600	401	198	13.41	17.94	8.87
24	5711	2890	2821	789	541	248	13.81	18.71	8.79
25-29	**37803**	**17893**	**19911**	**7675**	**5637**	**2038**	**20.30**	**31.51**	**10.23**
25	8021	3872	4149	1310	931	378	16.33	24.06	9.12
26	7734	3645	4089	1422	1020	402	18.39	27.99	9.83
27	7411	3486	3925	1501	1114	387	20.25	31.94	9.86
28	7541	3467	4074	1729	1281	448	22.93	36.95	11.01
29	7096	3422	3674	1713	1291	422	24.13	37.72	11.48
30-34	**33711**	**16246**	**17465**	**9647**	**7476**	**2171**	**28.62**	**46.02**	**12.43**
30	6889	3324	3566	1703	1310	393	24.71	39.40	11.02
31	6941	3305	3636	1852	1418	434	26.68	42.89	11.95
32	6596	3222	3374	1957	1515	442	29.66	47.01	13.10
33	7375	3516	3859	2209	1723	486	29.96	49.02	12.59
34	5909	2879	3029	1927	1511	416	32.61	52.48	13.72
35-39	**31950**	**15712**	**16238**	**12219**	**9938**	**2281**	**38.25**	**63.25**	**14.05**
35	5008	2446	2562	1718	1350	367	34.30	55.20	14.35
36	6193	3065	3128	2264	1827	437	36.56	59.61	13.97
37	6637	3119	3518	2433	1952	481	36.65	62.58	13.67
38	6695	3349	3346	2704	2231	473	40.39	66.60	14.15
39	7417	3732	3685	3101	2578	523	41.81	69.09	14.18

7-8 续表 单位：人、%

年龄	人口数			户主			户主率		
	合计	男	女	合计	男	女	合计	男	女
40-44	**37676**	**18809**	**18868**	**17160**	**14537**	**2623**	**45.55**	**77.29**	**13.90**
40	7057	3556	3501	3061	2558	503	43.38	71.94	14.36
41	7262	3607	3656	3184	2671	514	43.85	74.05	14.06
42	7747	3892	3855	3533	2996	536	45.60	76.99	13.91
43	7496	3726	3770	3497	2985	512	46.65	80.09	13.59
44	8114	4027	4086	3885	3327	558	47.89	82.62	13.66
45-49	**35391**	**17625**	**17767**	**17387**	**15019**	**2368**	**49.13**	**85.21**	**13.33**
45	7625	3793	3832	3624	3138	486	47.53	82.74	12.68
46	7329	3637	3692	3602	3096	506	49.15	85.14	13.71
47	7547	3784	3763	3679	3185	494	48.74	84.17	13.13
48	6153	2996	3157	3053	2626	427	49.62	87.65	13.52
49	6737	3415	3322	3429	2973	455	50.89	87.07	13.71
50-54	**29081**	**14507**	**14575**	**14770**	**12749**	**2022**	**50.79**	**87.88**	**13.87**
50	6796	3408	3388	3463	3004	459	50.95	88.13	13.54
51	6096	3003	3092	3006	2615	391	49.31	87.06	12.65
52	7777	3904	3873	4038	3451	587	51.92	88.38	15.16
53	5471	2759	2712	2794	2440	354	51.07	88.46	13.04
54	2941	1432	1509	1470	1239	231	49.98	86.51	15.29
55-59	**22531**	**11262**	**11269**	**11417**	**9872**	**1545**	**50.67**	**87.66**	**13.71**
55	4141	2059	2082	2133	1811	322	51.51	87.97	15.46
56	3950	1981	1970	2000	1739	261	50.63	87.81	13.24
57	4827	2428	2400	2436	2120	316	50.47	87.33	13.18
58	5356	2697	2659	2725	2363	363	50.89	87.62	13.63
59	4257	2098	2159	2123	1839	283	49.86	87.66	13.12
60-64	**20957**	**10345**	**10611**	**10361**	**8877**	**1484**	**49.44**	**85.81**	**13.98**
60	4713	2336	2376	2359	2034	325	50.05	87.04	13.68
61	4607	2270	2337	2265	1963	302	49.16	86.44	12.94
62	4097	2036	2061	2042	1730	312	49.84	84.98	15.12
63	4152	2027	2125	2022	1728	294	48.70	85.26	13.83
64	3388	1675	1713	1673	1422	251	49.38	84.90	14.66
65及以上	**38840**	**18751**	**20089**	**18400**	**13650**	**4750**	**47.37**	**72.80**	**23.64**

7-8a 全省家庭户户主年龄、性别构成(城市)

单位：人、%

年 龄	人口数			户 主			户主率		
	合计	男	女	合计	男	女	合计	男	女
总 计	**133343**	**67262**	**66081**	**46298**	**34198**	**12101**	**34.72**	**50.84**	**18.31**
14岁及以下	**24026**	**13136**	**10890**	**24**	**14**	**10**	**0.10**	**0.11**	**0.09**
15-19	**3194**	**1822**	**1372**	**228**	**142**	**86**	**7.13**	**7.79**	**6.26**
15	758	413	345	9	6	2	1.13	1.49	0.71
16	644	389	255	22	14	7	3.37	3.67	2.91
17	627	361	266	50	36	14	7.98	9.98	5.26
18	598	345	253	62	36	26	10.31	10.47	10.08
19	567	314	253	86	49	36	15.12	15.68	14.42
20-24	**6771**	**3439**	**3333**	**1727**	**1071**	**656**	**25.51**	**31.14**	**19.69**
20	940	525	415	189	118	71	20.10	22.39	17.20
21	1030	535	495	241	142	99	23.44	26.53	20.09
22	1280	641	639	296	169	126	23.09	26.41	19.76
23	1567	785	781	442	281	161	28.19	35.80	20.54
24	1954	952	1002	559	361	198	28.63	37.91	19.81
25-29	**15133**	**7327**	**7806**	**5005**	**3457**	**1547**	**33.07**	**47.18**	**19.82**
25	3011	1514	1497	883	612	272	29.33	40.40	18.14
26	3060	1475	1584	962	642	320	31.43	43.49	20.20
27	2947	1425	1522	983	683	300	33.37	47.93	19.73
28	3186	1481	1705	1128	779	349	35.41	52.60	20.48
29	2930	1432	1497	1049	742	307	35.80	51.82	20.47
30-34	**13846**	**6614**	**7232**	**5384**	**3848**	**1536**	**38.89**	**58.19**	**21.23**
30	2689	1295	1395	970	688	282	36.08	53.17	20.21
31	2799	1330	1470	1068	763	305	38.15	57.42	20.72
32	2743	1330	1413	1106	795	311	40.32	59.77	22.01
33	3181	1495	1686	1211	861	350	38.07	57.59	20.75
34	2433	1164	1268	1029	740	288	42.29	63.59	22.74
35-39	**13037**	**6433**	**6604**	**5799**	**4301**	**1498**	**44.48**	**66.86**	**22.68**
35	2103	1006	1097	892	639	253	42.43	63.53	23.08
36	2634	1310	1324	1136	845	290	43.11	64.54	21.91
37	2743	1305	1437	1204	872	332	43.90	66.82	23.09
38	2669	1329	1340	1224	920	304	45.85	69.23	22.66
39	2888	1483	1405	1343	1025	318	46.51	69.10	22.67

7-8a 续表 单位：人、%

年 龄	人口数			户 主			户主率		
	合计	男	女	合计	男	女	合计	男	女
40-44	**13846**	**7006**	**6840**	**6829**	**5246**	**1583**	**49.33**	**74.88**	**23.15**
40	2683	1361	1323	1276	978	298	47.55	71.87	22.53
41	2753	1346	1407	1318	978	340	47.88	72.68	24.16
42	2902	1503	1399	1463	1141	322	50.42	75.93	23.01
43	2678	1358	1320	1311	1008	303	48.97	74.23	22.99
44	2829	1437	1392	1461	1140	320	51.62	79.34	23.00
45-49	**11658**	**5870**	**5788**	**5859**	**4558**	**1302**	**50.26**	**77.64**	**22.49**
45	2699	1376	1323	1331	1042	289	49.33	75.78	21.83
46	2436	1192	1244	1204	924	280	49.42	77.48	22.53
47	2493	1314	1179	1274	1000	274	51.10	76.11	23.23
48	1936	929	1007	963	745	219	49.75	80.16	21.70
49	2094	1060	1034	1087	847	240	51.92	79.91	23.23
50-54	**9152**	**4663**	**4489**	**4673**	**3667**	**1006**	**51.06**	**78.64**	**22.42**
50	2105	1081	1024	1108	875	233	52.64	80.92	22.78
51	1966	1003	964	986	776	210	50.13	77.39	21.78
52	2418	1221	1196	1216	944	272	50.30	77.29	22.75
53	1708	879	828	871	695	176	50.99	79.07	21.21
54	955	479	476	492	377	115	51.55	78.79	24.18
55-59	**6534**	**3186**	**3348**	**3113**	**2435**	**679**	**47.65**	**76.41**	**20.27**
55	1285	623	663	623	479	144	48.49	76.95	21.75
56	1141	570	571	550	433	117	48.17	75.90	20.47
57	1361	663	699	627	491	136	46.06	74.15	19.43
58	1510	744	766	726	566	160	48.10	76.09	20.92
59	1236	587	650	587	465	122	47.47	79.30	18.72
60-64	**5857**	**2830**	**3027**	**2670**	**2099**	**571**	**45.59**	**74.18**	**18.87**
60	1331	646	685	610	488	122	45.85	75.55	17.82
61	1338	661	678	629	505	124	47.02	76.46	18.31
62	1149	537	612	510	390	120	44.42	72.71	19.58
63	1140	539	601	505	396	109	44.27	73.44	18.09
64	899	447	452	416	319	97	46.28	71.47	21.38
65及以上	**10289**	**4936**	**5353**	**4986**	**3359**	**1627**	**48.46**	**68.06**	**30.40**

7-8b 全省家庭户户主年龄、性别构成(镇)

单位：人、%

年 龄	人口数			户 主			户主率		
	合计	男	女	合计	男	女	合计	男	女
总 计	**104389**	**52483**	**51906**	**31354**	**25843**	**5511**	**30.04**	**49.24**	**10.62**
14岁及以下	**21281**	**11517**	**9764**	**5**	**3**	**2**	**0.02**	**0.02**	**0.02**
15-19	**2723**	**1557**	**1166**	**77**	**54**	**23**	**2.84**	**3.48**	**1.99**
15	672	369	303	4	2	2	0.62	0.64	0.60
16	567	326	241	10	5	5	1.76	1.67	1.88
17	516	296	220	17	13	4	3.31	4.39	1.87
18	497	293	204	24	19	5	4.78	6.41	2.44
19	471	274	197	22	15	8	4.75	5.34	3.95
20-24	**5124**	**2689**	**2436**	**417**	**301**	**117**	**8.15**	**11.19**	**4.79**
20	800	457	342	47	37	10	5.82	8.10	2.78
21	834	457	377	63	47	16	7.55	10.22	4.31
22	940	502	438	65	45	20	6.96	9.04	4.57
23	1125	548	578	100	73	27	8.92	13.32	4.75
24	1425	725	700	142	99	43	9.97	13.64	6.18
25-29	**10222**	**4839**	**5382**	**1640**	**1232**	**408**	**16.04**	**25.46**	**7.58**
25	2234	1037	1196	272	186	87	12.19	17.91	7.23
26	2082	1014	1068	296	228	68	14.23	22.47	6.41
27	1997	963	1034	303	236	67	15.18	24.54	6.46
28	1985	910	1075	365	278	87	18.39	30.55	8.10
29	1923	914	1009	403	304	99	20.96	33.26	9.82
30-34	**8529**	**4040**	**4488**	**2264**	**1771**	**493**	**26.54**	**43.82**	**10.99**
30	1808	855	954	415	328	87	22.95	38.36	9.14
31	1794	858	936	423	326	97	23.56	37.99	10.33
32	1636	791	845	444	343	101	27.15	43.39	11.97
33	1767	801	967	508	401	106	28.73	50.14	10.99
34	1523	736	787	474	372	102	31.12	50.55	12.94
35-39	**8537**	**4114**	**4423**	**3241**	**2661**	**580**	**37.96**	**64.67**	**13.11**
35	1343	648	695	438	355	83	32.61	54.80	11.91
36	1582	785	797	587	478	109	37.08	60.86	13.64
37	1720	776	944	596	483	114	34.66	62.22	12.03
38	1797	861	936	718	597	120	39.94	69.39	12.86
39	2095	1045	1051	902	748	154	43.06	71.59	14.69

7-8b 续表

单位：人、%

年 龄	人口数			户 主			户主率		
	合计	男	女	合计	男	女	合计	男	女
40-44	**10550**	**5204**	**5346**	**4826**	**4092**	**734**	**45.75**	**78.63**	**13.74**
40	1956	963	993	860	713	147	43.98	74.03	14.84
41	2038	1033	1005	898	768	130	44.06	74.30	12.95
42	2199	1051	1147	964	817	147	43.83	77.70	12.80
43	2103	1019	1084	984	829	155	46.79	81.39	14.27
44	2254	1138	1116	1121	965	155	49.71	84.83	13.91
45-49	**9939**	**4955**	**4984**	**4994**	**4340**	**654**	**50.24**	**87.59**	**13.12**
45	2138	1057	1081	1028	906	122	48.07	85.75	11.24
46	2086	1074	1012	1079	933	146	51.71	86.88	14.40
47	2140	1054	1086	1059	913	146	49.49	86.64	13.42
48	1666	801	865	850	729	120	51.02	91.09	13.92
49	1911	970	941	979	859	120	51.24	88.51	12.80
50-54	**7806**	**3895**	**3911**	**4041**	**3479**	**561**	**51.76**	**89.33**	**14.35**
50	1898	979	919	1005	870	135	52.92	88.81	14.67
51	1614	789	825	814	701	114	50.44	88.80	13.77
52	2102	1040	1062	1109	945	164	52.75	90.85	15.44
53	1420	720	700	728	646	82	51.26	89.74	11.68
54	772	366	405	385	318	67	49.87	86.73	16.54
55-59	**5602**	**2874**	**2728**	**2960**	**2581**	**379**	**52.83**	**89.79**	**13.90**
55	1046	546	499	574	496	78	54.90	90.82	15.61
56	985	515	470	534	471	63	54.24	91.45	13.48
57	1226	636	591	646	565	81	52.64	88.89	13.64
58	1274	645	629	663	579	84	52.03	89.79	13.29
59	1071	532	539	543	469	74	50.69	88.20	13.67
60-64	**4946**	**2446**	**2499**	**2562**	**2164**	**398**	**51.81**	**88.49**	**15.91**
60	1137	568	569	611	518	93	53.75	91.31	16.28
61	1081	525	556	540	453	87	49.96	86.21	15.71
62	986	489	497	504	423	81	51.15	86.61	16.31
63	955	472	483	493	421	72	51.67	89.20	15.00
64	788	393	395	414	350	64	52.51	88.94	16.24
65及以上	**9130**	**4352**	**4778**	**4328**	**3165**	**1162**	**47.40**	**72.74**	**24.32**

7-8c 全省家庭户户主年龄、性别构成(乡村)

单位：人、%

年 龄	人口数			户 主			户主率		
	合计	男	女	合计	男	女	合计	男	女
总 计	**159200**	**80180**	**79020**	**44197**	**39568**	**4629**	**27.76**	**49.35**	**5.86**
14岁及以下	**31196**	**16799**	**14397**	**19**	**11**	**8**	**0.06**	**0.07**	**0.05**
15-19	**6255**	**3426**	**2829**	**57**	**40**	**17**	**0.92**	**1.17**	**0.61**
15	1518	834	685	9	5	4	0.60	0.63	0.57
16	1256	684	572	6	4	2	0.48	0.65	0.29
17	1109	608	500	10	7	2	0.87	1.20	0.48
18	1178	655	523	12	8	5	1.06	1.15	0.95
19	1194	646	548	20	16	4	1.66	2.41	0.78
20-24	**8420**	**4391**	**4030**	**258**	**217**	**41**	**3.07**	**4.94**	**1.02**
20	1360	752	608	27	22	5	2.00	2.93	0.84
21	1404	748	656	36	27	8	2.53	3.67	1.24
22	1541	772	769	50	39	11	3.27	5.07	1.47
23	1783	905	878	58	47	10	3.24	5.23	1.19
24	2332	1214	1118	87	81	6	3.74	6.67	0.56
25-29	**12448**	**5726**	**6722**	**1030**	**948**	**82**	**8.27**	**16.55**	**1.22**
25	2776	1321	1456	154	134	20	5.56	10.15	1.40
26	2592	1156	1436	164	151	14	6.34	13.05	0.95
27	2466	1098	1369	214	194	20	8.68	17.68	1.46
28	2370	1076	1294	236	224	12	9.97	20.83	0.94
29	2244	1076	1168	261	245	16	11.63	22.74	1.38
30-34	**11336**	**5592**	**5745**	**1999**	**1857**	**142**	**17.64**	**33.22**	**2.47**
30	2391	1174	1217	317	293	24	13.27	24.97	1.98
31	2348	1118	1231	361	328	33	15.39	29.36	2.69
32	2217	1102	1116	407	377	30	18.33	34.21	2.66
33	2426	1220	1207	491	461	30	20.22	37.77	2.47
34	1953	979	974	424	398	25	21.70	40.71	2.60
35-39	**10375**	**5164**	**5211**	**3180**	**2976**	**204**	**30.65**	**57.63**	**3.91**
35	1561	792	769	387	356	31	24.80	44.93	4.08
36	1977	970	1007	542	504	38	27.41	51.94	3.77
37	2174	1038	1136	632	597	35	29.08	57.51	3.11
38	2229	1159	1070	762	713	49	34.20	61.51	4.61
39	2434	1204	1229	856	806	50	35.16	66.91	4.05

7-8c 续表 单位：人、%

年 龄	人口数			户 主			户主率		
	合计	男	女	合计	男	女	合计	男	女
40-44	**13281**	**6598**	**6682**	**5504**	**5199**	**306**	**41.45**	**78.79**	**4.57**
40	2418	1232	1185	925	867	57	38.25	70.38	4.84
41	2471	1227	1244	968	924	44	39.19	75.33	3.53
42	2647	1338	1309	1106	1038	68	41.78	77.62	5.16
43	2716	1350	1366	1202	1147	54	44.24	85.01	3.96
44	3030	1452	1578	1304	1221	83	43.04	84.15	5.23
45-49	**13794**	**6800**	**6994**	**6534**	**6121**	**412**	**47.37**	**90.02**	**5.90**
45	2789	1361	1428	1265	1190	75	45.37	87.43	5.28
46	2808	1371	1436	1320	1240	80	47.02	90.42	5.58
47	2914	1416	1498	1346	1271	74	46.18	89.79	4.97
48	2552	1267	1285	1240	1152	88	48.60	90.98	6.84
49	2732	1385	1347	1362	1268	95	49.87	91.54	7.02
50-54	**12123**	**5949**	**6174**	**6057**	**5602**	**454**	**49.96**	**94.17**	**7.36**
50	2793	1348	1444	1350	1259	91	48.34	93.42	6.27
51	2515	1212	1303	1206	1138	68	47.94	93.92	5.20
52	3258	1643	1615	1713	1562	151	52.57	95.07	9.35
53	2343	1159	1184	1195	1099	96	51.01	94.78	8.14
54	1215	587	627	593	544	49	48.81	92.66	7.75
55-59	**10395**	**5202**	**5194**	**5345**	**4857**	**487**	**51.41**	**93.38**	**9.38**
55	1810	890	920	935	836	100	51.69	93.93	10.84
56	1825	896	929	916	836	81	50.22	93.31	8.69
57	2239	1129	1110	1164	1064	100	51.97	94.19	9.01
58	2572	1308	1264	1336	1217	119	51.95	93.10	9.39
59	1950	980	970	993	905	88	50.92	92.38	9.08
60-64	**10154**	**5069**	**5085**	**5128**	**4613**	**515**	**50.50**	**91.00**	**10.13**
60	2245	1122	1122	1137	1027	110	50.67	91.50	9.83
61	2188	1085	1104	1096	1005	91	50.07	92.62	8.24
62	1962	1011	952	1027	917	111	52.36	90.71	11.62
63	2058	1016	1041	1024	912	113	49.78	89.70	10.83
64	1701	835	866	843	753	90	49.57	90.18	10.43
65及以上	**19421**	**9464**	**9957**	**9086**	**7126**	**1960**	**46.78**	**75.29**	**19.68**

8 生育

8-1 各地区分性别、孩次的出生人口
(2014.11.1-2015.10.31)

单位：人

地区	出生人数				第一孩			
	合计	男	女	性别比(女=100)	合计	男	女	性别比(女=100)
全省	**5124**	**2714**	**2410**	**112.63**	**2460**	**1241**	**1219**	**101.75**
福州市	818	437	381	114.45	420	237	183	129.06
福州市(不含平潭)	767	407	360	113.16	390	222	168	132.16
平潭	51	29	22	135.91	30	14	15	94.77
厦门市	609	326	282	115.61	313	161	152	106.04
莆田市	380	196	184	106.35	189	97	92	105.68
三明市	316	150	166	90.67	167	75	93	80.55
泉州市	1169	643	526	122.05	534	256	278	92.38
漳州市	767	417	351	118.77	322	155	166	93.21
南平市	287	149	138	108.13	136	63	73	85.52
龙岩市	399	198	201	98.74	179	92	87	105.00
宁德市	379	199	180	110.16	201	106	95	110.88

8-1 续表 1

单位：人

地区	第二孩				第三孩			
	合计	男	女	性别比(女=100)	合计	男	女	性别比(女=100)
全省	**2447**	**1320**	**1127**	**117.11**	**191**	**132**	**59**	**222.59**
福州市	372	183	189	96.33	21	13	9	146.42
福州市(不含平潭)	352	169	183	92.44	21	12	9	136.93
平潭	20	13	6	207.43	1	1		
厦门市	277	151	126	120.46	15	11	4	265.47
莆田市	165	82	83	98.05	24	16	9	177.17
三明市	142	73	69	107.22	6	2	4	62.84
泉州市	577	341	236	144.20	53	40	13	317.29
漳州市	410	234	176	133.10	31	23	8	277.16
南平市	144	83	61	135.62	7	4	4	100.96
龙岩市	202	96	105	91.73	14	7	7	108.72
宁德市	158	76	81	93.89	19	17	3	608.59

8-1　续表 2

单位：人

地　　区	第四孩				第五孩及以上			
	合计	男	女	性别比(女=100)	合计	男	女	性别比(女=100)
全　省	**22**	**18**	**4**	**509.97**	**4**	**3**		
福州市	5	5						
福州市(不含平潭)	4	4						
平潭	1	1						
厦门市	4	4						
莆田市					1	1		
三明市	1		1					
泉州市	4	4			2	2		
漳州市	4	4						
南平市								
龙岩市	4	2	1	197.48				
宁德市	1		1					

8-1a　各地区分性别、孩次的出生人口(2014.11.1-2015.10.31)(城市)

单位：人

地　　区	出生人数				第一孩			
	合计	男	女	性别比(女=100)	合计	男	女	性别比(女=100)
全　省	**1757**	**936**	**820**	**114.13**	**931**	**489**	**442**	**110.70**
福州市	395	207	188	109.74	218	124	95	130.63
厦门市	503	275	228	120.62	263	143	120	119.07
莆田市	145	77	68	112.83	78	41	36	113.99
三明市	58	26	32	81.06	29	13	16	77.08
泉州市	313	179	134	133.19	163	80	83	97.29
漳州市	111	50	62	80.54	58	24	34	71.48
南平市	74	40	34	115.96	37	17	20	83.83
龙岩市	79	39	40	95.81	38	21	17	121.93
宁德市	79	45	33	134.75	46	26	20	127.09

8-1a 续表 1

单位：人

地 区	第二孩				第三孩			
	合计	男	女	性别比（女=100）	合计	男	女	性别比（女=100）
全 省	**766**	**408**	**358**	**114.05**	**50**	**31**	**19**	**169.86**
福州市	167	79	88	88.80	8	3	5	51.87
厦门市	223	119	104	114.86	13	10	3	296.00
莆田市	61	32	29	112.72	7	3	3	101.19
三明市	27	13	14	96.60	2		2	
泉州市	135	87	48	180.57	13	10	3	281.62
漳州市	50	23	27	84.53	3	2	1	428.43
南平市	36	23	14	163.10				
龙岩市	37	15	22	69.90	1	1		
宁德市	30	17	12	139.46	3	2	1	273.86

8-1a 续表 2

单位：人

地 区	第四孩				第五孩及以上			
	合计	男	女	性别比（女=100）	合计	男	女	性别比（女=100）
全 省	**9**	**8**	**2**	**445.89**				
福州市	2	2						
厦门市	3	3						
莆田市								
三明市								
泉州市	2	2						
漳州市								
南平市								
龙岩市	2	1	1	95.47				
宁德市								

8-1b 各地区分性别、孩次的出生人口 (2014.11.1-2015.10.31)(镇)

单位：人

地区	出生人数				第一孩			
	合计	男	女	性别比 (女=100)	合计	男	女	性别比 (女=100)
全 省	**1403**	**748**	**655**	**114.14**	**663**	**326**	**337**	**96.64**
福州市	170	96	74	128.54	90	50	39	128.69
福州市(不含平潭)	142	81	61	133.19	74	43	31	138.47
平潭	28	14	13	107.25	16	8	8	92.01
厦门市	29	14	15	89.93	15	6	9	69.58
莆田市	67	28	39	72.40	36	17	20	84.21
三明市	123	64	59	110.11	68	35	33	103.20
泉州市	372	212	160	132.33	158	77	81	94.88
漳州市	282	153	129	118.42	120	59	61	97.74
南平市	83	37	46	82.19	43	17	26	66.87
龙岩市	141	70	71	99.34	60	28	32	85.11
宁德市	137	74	63	117.17	73	37	36	102.99

8-1b 续表 1

单位：人

地区	第二孩				第三孩			
	合计	男	女	性别比 (女=100)	合计	男	女	性别比 (女=100)
全 省	**674**	**373**	**302**	**123.69**	**59**	**43**	**17**	**258.96**
福州市	72	37	35	108.39	7	7	1	1310.94
福州市(不含平潭)	62	32	30	109.96	6	6	1	1150.96
平潭	10	5	5	99.24	1	1		
厦门市	13	6	6	102.48	1	1		
莆田市	27	8	18	46.75	3	2	1	167.23
三明市	53	28	24	115.59	2	2	1	269.54
泉州市	199	123	76	161.06	15	12	3	436.10
漳州市	146	84	62	134.22	13	7	6	125.83
南平市	35	18	17	104.88	5	2	3	85.12
龙岩市	72	37	35	106.16	7	4	3	128.87
宁德市	58	31	27	111.77	7	7		

8-1b 续表 2

单位：人

地 区	第四孩				第五孩及以上			
	合计	男	女	性别比(女=100)	合计	男	女	性别比(女=100)
全 省	**5**	**5**			**1**	**1**		
福州市	1	1						
福州市(不含平潭)								
平潭	1	1						
厦门市	1	1						
莆田市					1	1		
三明市								
泉州市								
漳州市	2	2						
南平市								
龙岩市	1	1						
宁德市								

8-1c 各地区分性别、孩次的出生人口(2014.11.1-2015.10.31)(乡村)

单位：人

地 区	出生人数				第一孩			
	合计	男	女	性别比(女=100)	合计	男	女	性别比(女=100)
全 省	**1965**	**1030**	**934**	**110.25**	**866**	**426**	**440**	**96.67**
福州市	253	134	119	113.10	112	62	49	126.34
福州市(不含平潭)	230	119	110	107.94	98	56	42	130.96
平潭	23	15	8	181.97	14	7	7	98.06
厦门市	77	38	39	96.36	35	12	23	51.86
莆田市	168	91	77	117.74	74	39	36	109.09
三明市	135	60	75	79.67	70	27	43	64.14
泉州市	485	252	232	108.55	214	99	114	87.05
漳州市	375	214	160	133.72	143	71	72	99.69
南平市	131	72	58	123.78	56	28	27	104.39
龙岩市	179	89	90	99.59	81	43	38	114.35
宁德市	163	79	84	95.01	82	43	39	109.64

8-1c　续表 1　　单位：人

地　区	第二孩				第三孩			
	合计	男	女	性别比（女=100）	合计	男	女	性别比（女=100）
全　省	**1007**	**539**	**468**	**115.21**	**82**	**58**	**24**	**238.13**
福州市	133	66	66	100.10	6	3	3	111.00
福州市(不含平潭)	123	58	65	89.45	6	3	3	111.00
平潭	10	8	1	609.65				
厦门市	42	26	16	164.29	1		1	
莆田市	78	41	37	111.82	15	11	4	235.99
三明市	62	32	30	105.34	2	1	1	55.51
泉州市	243	131	112	117.02	25	18	6	285.34
漳州市	214	128	87	147.38	16	14	2	636.19
南平市	73	43	30	140.36	2	1	1	155.68
龙岩市	92	44	48	91.20	6	2	4	56.23
宁德市	70	29	42	68.57	10	8	2	400.50

8-1c　续表 2　　单位：人

地　区	第四孩				第五孩及以上			
	合计	男	女	性别比（女=100）	合计	男	女	性别比（女=100）
全　省	**8**	**6**	**2**	**308.31**	**2**	**2**		
福州市	2	2						
福州市(不含平潭)	2	2						
平潭								
厦门市								
莆田市								
三明市	1		1					
泉州市	2	2			2	2		
漳州市	2	2						
南平市								
龙岩市								
宁德市	1		1					

8-2 全省育龄妇女分年龄、孩次的生育状况 (2014.11.1-2015.10.31)

单位：人、‰

年 龄	平均育龄妇女人数	出生人数	生育率	第一孩		第二孩		第三孩及以上	
				出生数	生育率	出生数	生育率	出生数	生育率
总 计	**121696**	**5126**	**42.12**	**2460**	**20.22**	**2449**	**20.12**	**217**	**1.78**
15-19	**10109**	**107**	**10.58**	**95**	**9.42**	**12**	**1.17**		
15	2031	4	1.93	4	1.93				
16	2210	7	3.23	7	3.23				
17	1951	15	7.64	15	7.64				
18	1729	28	16.16	25	14.66	3	1.49		
19	2188	53	24.27	44	20.06	9	4.21		
20-24	**15336**	**1207**	**78.71**	**874**	**57.02**	**320**	**20.88**	**13**	**0.82**
20	2495	96	38.29	80	32.22	15	6.07		
21	2483	151	60.88	125	50.30	25	10.19	1	0.39
22	2764	219	79.33	163	59.03	53	19.01	4	1.29
23	3275	300	91.76	212	64.88	85	25.87	3	1.01
24	4320	441	102.01	294	67.95	143	33.00	5	1.07
25-29	**22459**	**2300**	**102.40**	**1138**	**50.66**	**1092**	**48.61**	**70**	**3.13**
25	4970	558	112.20	337	67.86	212	42.64	8	1.70
26	4686	531	113.40	292	62.36	226	48.28	13	2.76
27	4537	450	99.20	211	46.47	224	49.40	15	3.33
28	4313	398	92.16	161	37.29	222	51.52	14	3.35
29	3952	363	91.91	137	34.58	207	52.45	19	4.89
30-34	**18100**	**1046**	**57.81**	**264**	**14.59**	**701**	**38.74**	**81**	**4.48**
30	3892	303	77.93	92	23.72	188	48.26	23	5.95
31	3768	235	62.41	53	13.98	165	43.76	18	4.67
32	3858	217	56.14	51	13.09	152	39.29	14	3.75
33	3639	177	48.61	43	11.74	119	32.68	15	4.20
34	2943	114	38.87	26	8.79	78	26.49	11	3.59
35-39	**17501**	**370**	**21.14**	**61**	**3.48**	**269**	**15.37**	**40**	**2.28**
35	3010	109	36.18	21	7.13	79	26.09	9	2.95
36	3479	102	29.38	14	4.01	79	22.66	9	2.72
37	3576	69	19.31	9	2.51	53	14.77	7	2.02
38	3685	51	13.94	10	2.63	35	9.47	7	1.84
39	3751	38	10.22	7	1.82	24	6.38	8	2.02
40-44	**19898**	**75**	**3.77**	**21**	**1.06**	**42**	**2.09**	**12**	**0.63**
40	3727	28	7.57	5	1.47	17	4.62	6	1.48
41	3930	22	5.65	7	1.70	13	3.21	3	0.73
42	3983	12	2.99	4	0.90	6	1.62	2	0.47
43	4102	7	1.64	2	0.55	3	0.74	1	0.35
44	4156	6	1.43	3	0.72	2	0.54	1	0.18
45-49	**18293**	**21**	**1.15**	**7**	**0.38**	**13**	**0.73**	**1**	**0.04**
45	3943	4	0.89	2	0.51	2	0.39		
46	3888	3	0.71	2	0.43	1	0.29		
47	3601	4	1.10	1	0.38	3	0.72		
48	3380	5	1.51	1	0.19	4	1.21		
49	3482	6	1.61	1	0.35	4	1.16		

8-2a 全省育龄妇女分年龄、孩次的生育状况 (2014.11.1-2015.10.31)(城市)

单位：人、‰

年 龄	平均育龄妇女人数	出生人数	生育率	第一孩		第二孩		第三孩及以上	
				出生数	生育率	出生数	生育率	出生数	生育率
总 计	**49475**	**1757**	**35.52**	**931**	**18.82**	**766**	**15.49**	**60**	**1.21**
15-19	**3962**	**22**	**5.58**	**21**	**5.23**	**1**	**0.34**		
15	586	1	1.36	1	1.36				
16	747	1	1.73	1	1.73				
17	706	3	4.36	3	4.36				
18	758	5	6.25	5	5.94				
19	1165	12	10.46	11	9.49	1	0.97		
20-24	**7231**	**311**	**42.98**	**250**	**34.56**	**59**	**8.12**	**2**	**0.30**
20	1325	23	16.98	21	15.96	1	1.02		
21	1204	30	25.18	26	21.55	4	3.63		
22	1309	50	38.26	38	29.03	11	8.62	1	0.62
23	1503	80	53.23	64	42.88	14	9.63	1	0.71
24	1889	128	67.68	100	53.12	27	14.42		
25-29	**9936**	**799**	**80.39**	**486**	**48.93**	**292**	**29.34**	**21**	**2.12**
25	2206	180	81.68	129	58.43	50	22.85	1	0.40
26	2099	186	88.49	127	60.58	55	26.13	4	1.78
27	2033	159	78.44	94	46.39	60	29.73	5	2.31
28	1927	143	74.40	71	36.60	68	35.37	5	2.43
29	1672	130	77.80	65	39.08	58	34.52	7	4.20
30-34	**7828**	**415**	**52.96**	**133**	**16.94**	**257**	**32.87**	**25**	**3.15**
30	1626	109	67.26	45	27.71	56	34.43	8	5.12
31	1625	96	58.94	25	15.56	64	39.40	6	3.98
32	1717	92	53.78	27	15.73	62	35.91	4	2.14
33	1597	70	43.55	22	13.77	44	27.58	4	2.19
34	1264	48	37.63	13	10.49	32	25.02	3	2.13
35-39	**7184**	**177**	**24.70**	**28**	**3.84**	**142**	**19.78**	**8**	**1.09**
35	1302	54	41.61	12	9.33	41	31.65	1	0.64
36	1472	49	33.18	6	4.11	42	28.36	1	0.70
37	1479	33	22.61	3	2.03	29	19.67	1	0.91
38	1475	25	17.27	4	2.51	19	13.14	2	1.62
39	1455	16	10.65	3	1.84	11	7.30	2	1.52
40-44	**7288**	**25**	**3.50**	**10**	**1.31**	**12**	**1.60**	**4**	**0.59**
40	1450	11	7.46	3	1.93	7	4.79	1	0.73
41	1501	8	5.30	4	2.38	3	1.95	1	0.97
42	1458	4	2.47	2	1.38		0.20	1	0.88
43	1443	1	0.94		0.21	1	0.41		
44	1435	2	1.22	1	0.61	1	0.62		
45-49	**6045**	**8**	**1.37**	**5**	**0.79**	**4**	**0.59**		
45	1371	2	1.49	1	1.06	1	0.43		
46	1298	1	0.90	1	0.90				
47	1167	1	0.75	1	0.75				
48	1106	2	1.68	1	0.58	1	1.10		
49	1103	2	2.15	1	0.57	2	1.57		

8-2b 全省育龄妇女分年龄、孩次的生育状况 (2014.11.1-2015.10.31)(镇)

单位：人、‰

年 龄	平均育龄妇女人数	出生人数	生育率	第一孩		第二孩		第三孩及以上	
				出生数	生育率	出生数	生育率	出生数	生育率
总 计	**31486**	**1403**	**44.56**	**663**	**21.06**	**674**	**21.42**	**66**	**2.08**
15-19	**2120**	**26**	**12.20**	**23**	**11.06**	**2**	**1.15**		
15	406		0.88		0.88				
16	518	1	2.34	1	2.34				
17	462	4	8.13	4	8.13				
18	331	6	18.85	6	18.27				
19	403	14	35.48	12	29.92	2	5.55		
20-24	**3505**	**331**	**94.45**	**238**	**67.81**	**88**	**25.03**	**6**	**1.61**
20	522	28	54.34	25	47.09	4	7.25		
21	547	41	74.96	36	66.03	4	7.14	1	1.79
22	600	58	96.76	43	71.16	14	22.96	2	2.65
23	737	74	100.27	49	66.78	24	32.02	1	1.46
24	1099	130	118.02	85	77.39	43	38.82	2	1.80
25-29	**5745**	**649**	**112.90**	**324**	**56.38**	**310**	**53.88**	**15**	**2.64**
25	1268	177	139.16	108	84.81	66	52.38	3	1.97
26	1148	153	133.07	82	71.18	68	59.12	3	2.77
27	1145	121	105.94	58	50.43	61	52.97	3	2.55
28	1129	103	90.92	44	39.37	56	49.35	2	2.20
29	1055	95	90.46	32	30.75	59	55.84	4	3.87
30-34	**4605**	**288**	**62.44**	**60**	**13.09**	**203**	**44.01**	**25**	**5.34**
30	1002	86	85.75	21	20.82	59	59.28	6	5.65
31	936	67	71.81	14	14.70	49	52.43	4	4.68
32	954	57	60.03	11	11.65	42	43.84	4	4.54
33	926	47	50.85	8	8.82	33	35.69	6	6.34
34	786	30	38.18	6	8.12	19	24.53	4	5.53
35-39	**4771**	**83**	**17.47**	**13**	**2.64**	**56**	**11.79**	**15**	**3.04**
35	797	23	28.61	5	6.18	14	17.48	4	4.94
36	912	21	23.26	3	2.76	15	16.81	3	3.69
37	969	14	14.85	1	1.23	11	11.13	2	2.50
38	1034	12	11.21	2	1.75	8	7.54	2	1.92
39	1059	13	12.59	2	2.03	8	7.94	3	2.63
40-44	**5649**	**22**	**3.89**	**5**	**0.80**	**13**	**2.22**	**5**	**0.88**
40	1036	9	8.51	1	1.27	5	4.81	3	2.44
41	1130	5	4.85	1	0.99	4	3.44		
42	1164	3	2.90	1	0.44	3	2.23		
43	1152	2	2.12	1	0.68	1	0.59	1	0.85
44	1166	2	1.62	1	0.67			1	0.62
45-49	**5090**	**5**	**0.91**	**1**	**0.11**	**3**	**0.65**	**1**	**0.15**
45	1101								
46	1090		0.27						
47	1009	2	1.63			2	1.63		
48	933	2	1.85			1	1.45		
49	956	1	0.99	1	0.60				

8-2c 全省育龄妇女分年龄、孩次的生育状况 (2014.11.1-2015.10.31)(乡村)

单位：人、‰

年龄	平均育龄妇女人数	出生人数	生育率	第一孩		第二孩		第三孩及以上	
				出生数	生育率	出生数	生育率	出生数	生育率
总计	**40736**	**1966**	**48.26**	**866**	**21.26**	**1008**	**24.75**	**91**	**2.25**
15-19	**4027**	**59**	**14.66**	**51**	**12.67**	**8**	**1.99**		
15	1039	3	2.65	3	2.65				
16	945	5	4.91	5	4.91				
17	783	8	10.31	8	10.31				
18	641	17	26.48	15	23.11	2	3.37		
19	619	27	42.97	21	33.54	6	9.44		
20-24	**4600**	**565**	**122.89**	**387**	**84.09**	**174**	**37.77**	**5**	**1.03**
20	648	45	68.95	35	53.51	10	15.44		
21	731	80	109.14	63	85.87	17	23.27		
22	855	111	129.97	82	96.44	28	32.16	1	1.37
23	1034	147	141.70	99	95.50	47	45.07	1	1.13
24	1332	183	137.51	108	81.18	73	54.54	2	1.79
25-29	**6777**	**852**	**125.77**	**328**	**48.35**	**491**	**72.40**	**34**	**5.03**
25	1495	201	134.35	101	67.38	95	63.59	5	3.38
26	1439	193	134.02	83	57.93	104	71.92	6	4.17
27	1359	169	124.56	59	43.24	103	75.79	8	5.52
28	1258	152	120.48	46	36.49	98	78.20	7	5.79
29	1225	138	112.41	39	31.72	91	73.98	8	6.71
30-34	**5667**	**344**	**60.75**	**71**	**12.56**	**241**	**42.57**	**32**	**5.62**
30	1264	108	85.45	26	20.88	72	57.32	9	7.25
31	1207	72	59.80	14	11.29	52	42.92	7	5.60
32	1188	67	56.42	12	10.45	48	40.52	6	5.46
33	1116	60	54.01	13	11.25	42	37.47	6	5.30
34	893	37	41.23	6	6.97	27	30.31	4	3.95
35-39	**5546**	**109**	**19.67**	**21**	**3.74**	**71**	**12.75**	**18**	**3.17**
35	910	32	35.04	4	4.82	23	25.70	4	4.52
36	1095	32	29.38	5	4.91	22	19.86	5	4.61
37	1128	21	18.79	5	4.25	13	11.47	3	3.07
38	1176	14	12.17	4	3.56	8	6.57	2	2.04
39	1237	10	7.69	2	1.62	5	3.98	3	2.09
40-44	**6961**	**28**	**3.96**	**7**	**0.99**	**17**	**2.50**	**3**	**0.46**
40	1241	9	6.93	1	1.10	5	4.26	2	1.57
41	1298	9	6.75	2	1.54	6	4.48	1	0.73
42	1360	5	3.64	1	0.77	4	2.62		
43	1507	3	1.96	1	0.79	2	1.17		
44	1554	2	1.49	1	0.85	1	0.64		
45-49	**7158**	**8**	**1.13**	**2**	**0.21**	**7**	**0.91**		
45	1470	1	1.01	1	0.37	1	0.63		
46	1500	1	0.88			1	0.55		
47	1424	1	1.02			1	0.68		
48	1341	2	1.13			2	1.13		
49	1422	2	1.61			2	1.61		

8-3 各地区按活产子女数分的15-50岁妇女人数

单位：人

地　区	合　计	活产0个	活产1个	活产2个	活产3个	活产4个	活产5个及以上	妇女平均活产子女数
全　省	**123352**	**34432**	**42164**	**39429**	**6470**	**750**	**107**	**1.17**
福州市	23381	7107	8293	6768	1095	111	9	1.09
福州市(不含平潭)	22127	6726	8071	6274	955	93	8	1.08
平潭	1254	381	221	494	139	18	1	1.36
厦门市	14523	5277	5545	3262	380	48	9	0.93
莆田市	8888	2498	2424	3306	594	56	10	1.25
三明市	7260	1487	2804	2477	436	53	4	1.28
泉州市	30566	8915	9168	10371	1867	211	34	1.19
漳州市	15499	3978	5627	5100	676	97	21	1.18
南平市	7181	1320	3011	2508	305	32	5	1.27
龙岩市	7898	1762	2831	2824	432	46	3	1.26
宁德市	8155	2087	2461	2813	686	95	13	1.30

8-4 全省按年龄和活产子女数分的15-50岁妇女人数

单位：人

年 龄	合 计	活产0个	活产1个	活产2个	活产3个	活产4个	活产5个及以上
总 计	**123352**	**34432**	**42164**	**39429**	**6470**	**750**	**107**
15-19	**9686**	**9529**	**140**	**16**			
15	1861	1859	2				
16	2175	2167	7				
17	2221	2204	16	2			
18	1654	1626	25	3			
19	1774	1673	90	11			
20-24	**13997**	**10936**	**2380**	**645**	**34**	**2**	
20	2576	2398	153	25			
21	2382	2078	261	41	2		
22	2546	2052	396	93	5		
23	2940	2123	620	186	11	1	
24	3554	2285	951	300	17	1	
25-29	**22858**	**8879**	**8997**	**4606**	**350**	**24**	**1**
25	5021	2774	1587	627	29	4	
26	4835	2255	1774	755	50		
27	4442	1615	1807	940	73	7	
28	4544	1382	1947	1126	86	3	
29	4016	852	1882	1159	112	10	1
30-34	**18496**	**2358**	**8325**	**6977**	**756**	**71**	**8**
30	3821	648	1753	1276	131	11	
31	3896	575	1761	1407	145	8	
32	3588	423	1645	1356	148	13	3
33	4048	449	1816	1586	176	16	5
34	3143	263	1350	1352	156	23	
35-39	**16898**	**1065**	**7279**	**7406**	**1009**	**122**	**17**
35	2687	199	1181	1139	152	14	2
36	3289	222	1407	1409	227	21	3
37	3616	225	1548	1580	227	30	6
38	3469	213	1488	1571	181	15	1
39	3837	206	1655	1707	223	42	4
40-44	**19534**	**873**	**8117**	**9062**	**1338**	**130**	**15**
40	3607	193	1430	1702	252	24	5
41	3791	149	1640	1746	225	28	2
42	3995	202	1711	1805	255	18	4
43	3892	153	1686	1769	248	34	2
44	4250	175	1649	2039	358	26	3
45-49	**18422**	**672**	**6004**	**9024**	**2376**	**301**	**44**
45	4006	156	1567	1876	365	36	6
46	3812	149	1347	1845	419	44	8
47	3891	129	1224	1917	548	62	13
48	3258	117	945	1634	475	82	5
49	3455	121	921	1754	569	77	13
50	**3461**	**120**	**922**	**1692**	**606**	**100**	**22**

8-5 各地区按存活子女数分的15-50岁妇女人数

单位：人

地 区	合 计	存活0个	存活1个	存活2个	存活3个	存活4个	存活5个及以上	妇女平均存活子女数
全 省	**123352**	**34688**	**42225**	**39257**	**6366**	**719**	**97**	**1.16**
福州市	23381	7140	8298	6752	1081	101	9	1.09
福州市(不含平潭)	22127	6758	8075	6259	943	83	8	1.08
平潭	1254	382	222	493	138	18	1	1.35
厦门市	14523	5308	5548	3241	371	47	8	0.92
莆田市	8888	2520	2425	3295	586	57	6	1.24
三明市	7260	1508	2808	2461	434	49	2	1.27
泉州市	30566	8986	9195	10312	1834	207	33	1.19
漳州市	15499	3999	5633	5083	670	95	19	1.18
南平市	7181	1333	3021	2495	297	30	4	1.26
龙岩市	7898	1788	2840	2814	411	41	3	1.25
宁德市	8155	2106	2457	2804	684	92	13	1.29

8-6 全省按年龄和存活子女数分的15-50岁妇女人数

单位：人

年 龄	合计	存活0个	存活1个	存活2个	存活3个	存活4个	存活5个及以上
总 计	**123352**	**34688**	**42225**	**39257**	**6366**	**719**	**97**
15-19	**9686**	**9529**	**140**	**16**			
15	1861	1859	2				
16	2175	2167	7				
17	2221	2204	16	2			
18	1654	1626	25	3			
19	1774	1673	90	11			
20-24	**13997**	**10949**	**2374**	**639**	**33**	**2**	
20	2576	2399	153	24			
21	2382	2082	258	42			
22	2546	2053	397	91	5		
23	2940	2127	618	184	11	1	
24	3554	2288	949	298	17	1	
25-29	**22858**	**8911**	**9007**	**4574**	**342**	**23**	**1**
25	5021	2782	1586	621	27	4	
26	4835	2261	1775	751	48		
27	4442	1623	1813	927	73	6	
28	4544	1389	1948	1120	84	3	
29	4016	856	1884	1154	110	10	1
30-34	**18496**	**2408**	**8314**	**6963**	**733**	**70**	**8**
30	3821	662	1745	1277	126	11	
31	3896	585	1760	1401	142	8	
32	3588	434	1642	1356	142	13	3
33	4048	458	1820	1577	172	16	5
34	3143	270	1348	1351	151	23	
35-39	**16898**	**1110**	**7289**	**7372**	**995**	**118**	**14**
35	2687	206	1182	1133	151	14	2
36	3289	234	1403	1410	218	21	3
37	3616	235	1551	1572	225	29	5
38	3469	219	1493	1561	180	15	1
39	3837	217	1661	1697	220	40	3
40-44	**19534**	**926**	**8135**	**9027**	**1313**	**122**	**13**
40	3607	201	1435	1696	250	21	5
41	3791	164	1641	1740	219	25	2
42	3995	215	1712	1795	252	19	2
43	3892	165	1687	1765	240	32	1
44	4250	181	1659	2031	350	25	2
45-49	**18422**	**726**	**6033**	**8987**	**2346**	**290**	**40**
45	4006	163	1568	1875	358	35	6
46	3812	166	1349	1836	414	39	8
47	3891	138	1224	1918	543	61	9
48	3258	130	957	1621	467	79	5
49	3455	129	936	1737	564	76	13
50	**3461**	**129**	**932**	**1680**	**605**	**94**	**21**

8-7 全省按年龄分的15-50岁妇女平均活产子女数和平均存活子女数

单位：人

年 龄	活产子女总数			存活子女总数			存活子女数占活产子女数的百分比	妇女平均活产子女数	妇女平均存活子女数
	合计	男	女	合计	男	女			
总 计	**143995**	**79159**	**64836**	**143214**	**78726**	**64488**	**99.46**	**1.17**	**1.16**
15-19	**173**	**77**	**96**	**173**	**77**	**96**	**100.00**	**0.02**	**0.02**
15	2	2		2	2		100.00		
16	8	3	4	8	3	4	100.00		
17	20	9	11	20	9	11	100.00	0.01	0.01
18	30	20	11	30	20	11	100.00	0.02	0.02
19	113	43	70	113	43	70	100.00	0.06	0.06
20-24	**3780**	**2009**	**1772**	**3758**	**2002**	**1756**	**99.41**	**0.27**	**0.27**
20	203	113	90	201	112	89	99.04	0.08	0.08
21	348	201	147	342	200	142	98.28	0.15	0.14
22	597	312	285	594	310	284	99.50	0.23	0.23
23	1027	533	494	1021	532	489	99.45	0.35	0.35
24	1606	849	756	1600	848	752	99.64	0.45	0.45
25-29	**19361**	**10533**	**8828**	**19277**	**10488**	**8788**	**99.57**	**0.85**	**0.84**
25	2944	1616	1328	2928	1606	1322	99.44	0.59	0.58
26	3436	1856	1579	3421	1845	1576	99.57	0.71	0.71
27	3933	2148	1785	3909	2140	1770	99.41	0.89	0.88
28	4468	2411	2057	4450	2401	2049	99.61	0.98	0.98
29	4580	2502	2078	4568	2496	2072	99.73	1.14	1.14
30-34	**24873**	**13634**	**11239**	**24759**	**13566**	**11193**	**99.54**	**1.34**	**1.34**
30	4745	2612	2133	4720	2595	2126	99.48	1.24	1.24
31	5041	2793	2248	5020	2780	2240	99.57	1.29	1.29
32	4869	2688	2182	4842	2675	2167	99.44	1.36	1.35
33	5605	3060	2545	5581	3045	2536	99.57	1.38	1.38
34	4612	2481	2132	4596	2471	2124	99.64	1.47	1.46
35-39	**25699**	**14253**	**11445**	**25562**	**14164**	**11398**	**99.47**	**1.52**	**1.51**
35	3983	2197	1785	3965	2189	1776	99.57	1.48	1.48
36	5006	2722	2284	4978	2703	2275	99.44	1.52	1.51
37	5549	3123	2426	5510	3093	2416	99.29	1.53	1.52
38	5238	2886	2353	5221	2877	2344	99.68	1.51	1.51
39	5923	3325	2597	5887	3301	2586	99.40	1.54	1.53
40-44	**30859**	**16931**	**13928**	**30682**	**16846**	**13835**	**99.43**	**1.58**	**1.57**
40	5715	3072	2643	5688	3060	2628	99.53	1.58	1.58
41	5929	3320	2610	5887	3302	2585	99.29	1.56	1.55
42	6176	3379	2797	6145	3363	2782	99.50	1.55	1.54
43	6116	3366	2749	6075	3347	2728	99.33	1.57	1.56
44	6924	3794	3130	6887	3774	3113	99.47	1.63	1.62
45-49	**32617**	**18008**	**14609**	**32413**	**17891**	**14523**	**99.38**	**1.77**	**1.76**
45	6589	3682	2906	6565	3665	2900	99.63	1.64	1.64
46	6512	3620	2892	6460	3588	2872	99.20	1.71	1.69
47	7016	3812	3204	6975	3791	3184	99.42	1.80	1.79
48	5994	3292	2702	5943	3269	2674	99.16	1.84	1.82
49	6506	3602	2905	6470	3577	2893	99.45	1.88	1.87
50	**6633**	**3715**	**2919**	**6590**	**3692**	**2899**	**99.35**	**1.92**	**1.90**

8-8 全省按年龄、夫妇为独生子女情况和存活子女数分的15-50岁妇女人数

单位：人

年龄	合计							双独	
	合计	存活0个	存活1个	存活2个	存活3个	存活4个	存活5个及以上	小计	存活0个
总计	**93095**	**6909**	**40747**	**38450**	**6196**	**699**	**94**	**1161**	**249**
15-19	**207**	**52**	**140**	**16**				**4**	**1**
15	6	4	2						
16	10	3	7						
17	23	5	16	2				1	1
18	42	15	25	3					
19	126	25	89	11				2	
20-24	**3958**	**935**	**2350**	**638**	**33**	**2**		**61**	**22**
20	256	79	153	24				5	2
21	409	111	256	42				4	1
22	668	177	394	91	5			4	1
23	1060	251	614	184	11	1		23	9
24	1565	317	934	297	17	1		26	9
25-29	**16448**	**2669**	**8866**	**4547**	**342**	**23**	**1**	**382**	**162**
25	2822	612	1559	621	27	4		74	44
26	3174	624	1753	749	48			75	42
27	3333	541	1789	924	73	6		68	27
28	3669	552	1921	1110	84	3		86	28
29	3450	340	1845	1144	110	10	1	79	20
30-34	**16894**	**1129**	**8063**	**6895**	**732**	**67**	**8**	**406**	**52**
30	3394	291	1707	1262	125	9		99	19
31	3493	262	1696	1386	142	8		79	12
32	3309	207	1599	1346	142	13	3	86	8
33	3738	224	1753	1568	172	16	5	95	9
34	2959	145	1308	1333	151	22		47	4
35-39	**16117**	**744**	**7002**	**7255**	**985**	**117**	**14**	**130**	**4**
35	2555	128	1143	1117	150	14	2	35	1
36	3135	151	1351	1393	216	20	3	21	
37	3440	153	1489	1543	221	29	5	26	1
38	3312	159	1424	1534	179	15	1	21	1
39	3675	152	1595	1667	219	40	3	27	1
40-44	**18693**	**682**	**7767**	**8824**	**1286**	**122**	**13**	**92**	**3**
40	3462	145	1380	1664	248	21	5	18	
41	3624	113	1569	1701	214	25	2	23	1
42	3857	169	1652	1767	247	19	2	10	1
43	3716	119	1606	1724	233	32	1	23	1
44	4034	137	1559	1968	343	25	2	18	
45-49	**17520**	**582**	**5690**	**8682**	**2247**	**281**	**39**	**72**	**5**
45	3828	122	1487	1828	352	33	6	26	4
46	3625	130	1281	1765	404	39	7	11	
47	3707	111	1155	1855	519	58	9	14	
48	3103	107	893	1571	450	77	5	13	1
49	3258	113	874	1664	520	73	13	8	
50	**3258**	**116**	**871**	**1593**	**572**	**87**	**20**	**13**	

8-8 续表 1 单位：人

年 龄	双独					单独			
	存活1个	存活2个	存活3个	存活4个	存活5个及以上	小 计	存活0个	存活1个	存活2个
总 计	**651**	**246**	**14**	**1**		**4167**	**601**	**2648**	**854**
15-19	**2**					**20**	**2**	**18**	
15									
16						3		3	
17						2	1	1	
18						5	1	4	
19	2					10		9	
20-24	**33**	**5**				**410**	**104**	**256**	**45**
20	3					25	4	20	2
21	2	1				50	13	34	2
22	2	1				59	20	33	6
23	11	3				115	30	71	13
24	16	1				161	36	98	22
25-29	**188**	**32**	**1**			**1345**	**329**	**811**	**202**
25	26	4				273	93	151	28
26	25	8				251	64	151	35
27	38	3				247	63	154	29
28	48	8	1			277	59	166	51
29	50	9				298	50	188	60
30 34	**282**	**69**	**2**	**1**		**1289**	**116**	**871**	**285**
30	71	7		1		257	28	173	50
31	59	8				272	27	177	64
32	62	15	1			268	27	182	55
33	60	26	1			288	21	189	75
34	30	13				205	13	150	41
35-39	**70**	**52**	**5**			**645**	**32**	**412**	**193**
35	20	15				133	8	81	42
36	16	3	2			173	6	113	52
37	12	12	1			132	4	86	39
38	11	8	1			117	9	74	34
39	11	14	1			91	4	58	26
40-44	**39**	**48**	**3**			**261**	**9**	**164**	**74**
40	10	6	2			68	3	47	16
41	7	15				57	3	30	19
42	6	3				55	2	34	15
43	9	12	1			37		23	11
44	7	12				45	1	31	13
45-49	**31**	**33**	**3**			**179**	**9**	**105**	**50**
45	9	11	1			35	3	23	9
46	6	6				36	3	21	11
47	6	7				54	1	32	13
48	2	8	2			31	2	18	8
49	7	1				23		11	9
50	**6**	**7**	**1**			**18**	**1**	**11**	**4**

8-8 续表 2

单位：人

年 龄	单 独			均非独生子女						
	存活3个	存活4个	存活5个及以上	小 计	存活0个	存活1个	存活2个	存活3个	存活4个	存活5个及以上
总 计	**60**	**4**	**1**	**87767**	**6059**	**37447**	**37351**	**6122**	**694**	**94**
15-19				**184**	**49**	**120**	**15**			
15				6	4	2				
16				8	3	4				
17				19	3	15	2			
18				38	14	21	3			
19				114	25	78	11			
20-24	**4**	**1**		**3487**	**809**	**2061**	**587**	**29**	**1**	
20				225	73	130	22			
21				356	96	220	39			
22				604	156	358	85	5		
23		1		923	212	532	167	11		
24	4			1378	271	820	273	13	1	
25-29	**3**			**14721**	**2178**	**7867**	**4313**	**338**	**23**	**1**
25	1			2476	475	1381	589	26	4	
26				2848	518	1576	706	48		
27	1			3018	451	1597	892	72	6	
28	1			3306	465	1706	1051	81	3	
29				3072	269	1607	1075	110	10	1
30-34	**17**	**1**		**15199**	**961**	**6910**	**6541**	**712**	**66**	**8**
30	5	1		3038	243	1463	1204	120	8	
31	5			3143	223	1461	1314	137	8	
32	4			2956	172	1356	1276	137	13	3
33	3			3355	195	1504	1468	168	16	5
34	1			2708	129	1127	1279	151	22	
35-39	**8**			**15342**	**709**	**6519**	**7010**	**972**	**117**	**14**
35	2			2387	120	1042	1061	149	14	2
36	1			2941	145	1221	1338	213	20	3
37	3			3283	148	1392	1492	217	29	5
38				3174	149	1339	1492	177	15	1
39	2			3557	147	1525	1627	216	40	3
40-44	**12**	**2**		**18339**	**670**	**7563**	**8703**	**1271**	**120**	**13**
40	1	1		3376	141	1323	1642	245	20	5
41	5			3544	109	1532	1668	209	25	2
42	4			3792	166	1612	1749	243	19	2
43	2	1		3656	118	1574	1701	230	31	1
44				3971	135	1522	1943	343	25	2
45-49	**12**	**1**	**1**	**17269**	**568**	**5553**	**8598**	**2232**	**280**	**39**
45				3767	114	1455	1807	352	33	6
46	1			3578	127	1254	1748	404	39	7
47	7		1	3639	109	1116	1835	513	58	8
48	2	1		3058	104	873	1555	446	76	5
49	3			3226	113	856	1654	518	73	13
50	**3**			**3227**	**115**	**854**	**1583**	**568**	**87**	**20**

9 老年人口

9-1 各地区分性别、身体健康状况的60岁及以上老年人口

单位：人

地区	合计			健康		
	合计	男	女	小计	男	女
全省	**60581**	**29514**	**31067**	**27166**	**14578**	**12588**
福州市	13111	6462	6648	5649	3103	2547
福州市(不含平潭)	12305	6065	6241	5421	2967	2454
平潭	806	398	408	228	136	93
厦门市	4142	1921	2221	2601	1268	1334
莆田市	4762	2209	2553	2043	1075	968
三明市	4523	2268	2256	2261	1201	1061
泉州市	10666	5007	5659	4220	2245	1975
漳州市	8125	3875	4250	4036	2112	1924
南平市	5152	2611	2541	2401	1339	1063
龙岩市	4667	2260	2408	1942	1060	882
宁德市	5432	2902	2531	2013	1177	836

9 1 续表

单位：人

地区	基本健康			不健康，但生活能自理			生活不能自理		
	小计	男	女	小计	男	女	小计	男	女
全省	**25007**	**11242**	**13765**	**7094**	**3118**	**3977**	**1314**	**577**	**737**
福州市	5776	2656	3120	1505	614	891	181	90	91
福州市(不含平潭)	5383	2489	2894	1339	531	808	163	78	85
平潭	393	168	226	166	83	83	18	12	6
厦门市	1176	499	677	247	99	148	118	55	63
莆田市	2040	874	1167	593	226	367	86	35	51
三明市	1729	796	933	436	222	213	98	49	49
泉州市	4732	2005	2727	1495	651	844	219	106	113
漳州市	3081	1332	1750	808	360	449	200	71	129
南平市	2150	992	1158	486	232	253	115	48	67
龙岩市	1937	861	1076	632	283	349	156	56	100
宁德市	2385	1227	1158	893	430	463	141	67	74

9-1a 各地区分性别、身体健康状况的60岁及以上老年人口(城市)

单位：人

地区	合计			健康		
	合计	男	女	小计	男	女
全省	**16279**	**7888**	**8391**	**9229**	**4750**	**4479**
福州市	5278	2600	2677	2747	1437	1309
厦门市	3127	1462	1665	2063	1010	1054
莆田市	1490	700	790	796	397	399
三明市	766	347	419	464	225	239
泉州市	2279	1124	1155	1266	675	592
漳州市	901	438	463	537	289	248
南平市	1205	589	615	684	359	325
龙岩市	542	272	270	318	168	150
宁德市	692	356	336	353	190	164

9-1a 续表

单位：人

地区	基本健康			不健康，但生活能自理			生活不能自理		
	小计	男	女	小计	男	女	小计	男	女
全省	**5835**	**2597**	**3238**	**967**	**421**	**546**	**248**	**121**	**128**
福州市	2260	1039	1221	224	102	121	48	21	27
厦门市	854	361	494	155	63	93	54	29	25
莆田市	511	222	288	157	68	89	26	13	13
三明市	235	94	141	47	20	27	20	8	12
泉州市	785	347	438	192	86	107	35	16	19
漳州市	304	120	184	45	20	24	15	8	7
南平市	439	193	246	60	26	34	23	12	11
龙岩市	180	84	96	29	14	16	14	6	8
宁德市	268	137	131	58	23	35	13	7	6

9-1b 各地区分性别、身体健康状况的60岁及以上老年人口(镇)

单位：人

地区	合计			健康		
	合计	男	女	小计	男	女
全省	**14664**	**7043**	**7621**	**6699**	**3596**	**3103**
福州市	2715	1247	1467	1079	590	488
福州市(不含平潭)	2530	1162	1368	1031	563	468
平潭	185	86	99	48	27	20
厦门市	166	74	93	107	49	58
莆田市	827	388	439	379	194	185
三明市	1325	669	657	762	398	364
泉州市	3258	1506	1753	1317	709	609
漳州市	2595	1251	1344	1420	747	673
南平市	1133	559	573	562	308	254
龙岩市	1294	638	656	629	337	292
宁德市	1350	712	638	444	265	179

9-1b 续表

单位：人

地区	基本健康			不健康，但生活能自理			生活不能自理		
	小计	男	女	小计	男	女	小计	男	女
全省	**5895**	**2599**	**3296**	**1768**	**714**	**1054**	**301**	**134**	**167**
福州市	1057	476	581	532	157	375	47	24	23
福州市(不含平潭)	960	435	526	493	141	352	45	23	22
平潭	97	42	56	38	16	23	2	1	1
厦门市	48	20	29	8	4	4	3	1	1
莆田市	353	161	193	81	29	52	14	4	10
三明市	424	187	237	103	61	43	36	23	13
泉州市	1498	615	883	378	151	227	65	31	34
漳州市	909	386	523	208	100	108	59	19	40
南平市	456	196	260	99	49	50	15	6	9
龙岩市	469	208	261	162	78	84	34	15	20
宁德市	680	350	330	197	86	111	29	11	18

9-1c 各地区分性别、身体健康状况的60岁及以上老年人口(乡村)

单位：人

地区	合计			健康		
	合计	男	女	小计	男	女
全省	**29639**	**14583**	**15055**	**11239**	**6232**	**5007**
福州市	5118	2615	2503	1824	1075	749
福州市(不含平潭)	4497	2302	2195	1643	967	677
平潭	621	312	309	181	108	73
厦门市	849	386	463	431	209	222
莆田市	2445	1121	1324	868	484	385
三明市	2432	1252	1181	1035	578	457
泉州市	5129	2378	2751	1636	862	774
漳州市	4629	2185	2444	2079	1076	1003
南平市	2815	1462	1352	1156	672	484
龙岩市	2831	1350	1481	994	555	440
宁德市	3390	1834	1556	1216	722	493

9-1c 续表

单位：人

地区	基本健康			不健康，但生活能自理			生活不能自理		
	小计	男	女	小计	男	女	小计	男	女
全省	**13277**	**6046**	**7231**	**4359**	**1983**	**2376**	**764**	**322**	**442**
福州市	2459	1141	1318	749	355	395	86	44	42
福州市(不含平潭)	2163	1015	1148	622	287	334	69	34	36
平潭	296	126	170	128	67	60	16	11	6
厦门市	274	119	154	83	33	51	61	25	36
莆田市	1176	491	685	354	129	225	46	18	28
三明市	1070	515	555	286	142	144	42	17	25
泉州市	2449	1043	1406	925	415	510	119	58	61
漳州市	1868	825	1043	556	240	316	126	45	81
南平市	1255	603	652	327	157	170	77	30	47
龙岩市	1289	569	720	441	191	250	107	35	72
宁德市	1437	740	697	638	322	316	99	49	50

9-2 全省分年龄、性别、身体健康状况的60岁及以上老年人口

单位：人

年 龄	合 计			健 康		
	合计	男	女	小计	男	女
总 计	**60581**	**29514**	**31067**	**27166**	**14578**	**12588**
60-64	**21156**	**10501**	**10655**	**12931**	**6814**	**6117**
60	4748	2360	2388	3149	1665	1485
61	4654	2305	2349	2870	1492	1378
62	4138	2069	2069	2537	1328	1208
63	4196	2064	2132	2486	1322	1164
64	3420	1703	1717	1889	1007	882
65-69	**14225**	**7308**	**6917**	**7042**	**3909**	**3133**
65	3395	1748	1647	1832	1018	815
66	3234	1665	1568	1652	902	750
67	2703	1354	1349	1296	719	577
68	2551	1325	1226	1219	663	556
69	2342	1215	1127	1043	608	435
70-74	**9282**	**4761**	**4521**	**3523**	**1983**	**1539**
70	1999	1007	992	847	452	396
71	1983	1052	930	798	453	345
72	1840	940	900	712	406	305
73	1734	891	844	596	352	244
74	1727	872	855	570	320	250
75-79	**7552**	**3599**	**3953**	**2158**	**1153**	**1006**
75	1533	785	748	489	277	212
76	1464	686	777	431	217	214
77	1530	726	804	428	233	195
78	1562	741	821	412	223	189
79	1464	661	803	399	203	196
80-84	**4860**	**2138**	**2723**	**1026**	**525**	**501**
80	1212	582	630	286	146	140
81	1061	473	588	240	118	122
82	1040	455	586	200	112	89
83	841	357	483	155	80	75
84	707	271	436	145	70	75
85-89	**2531**	**929**	**1602**	**398**	**170**	**228**
85	759	292	467	133	57	76
86	506	208	298	76	36	39
87	555	206	349	82	33	50
88	407	113	293	67	27	40
89	305	110	195	40	16	24
90-94	**820**	**245**	**575**	**74**	**20**	**54**
90	295	98	197	33	9	24
91	211	65	146	21	6	14
92	129	35	95	8	2	6
93	104	22	82	7		7
94	81	25	56	6	2	4
95-99	**143**	**31**	**112**	**12**	**2**	**9**
95	54	7	47	2	1	1
96	45	12	33	5	1	3
97	25	5	20	3		3
98	7	2	5	1		1
99	11	4	7			
100及以上	**12**	**1**	**11**	**1**		**1**

9-2 续表 单位：人

年 龄	基本健康			不健康，但生活能自理			生活不能自理		
	小计	男	女	小计	男	女	小计	男	女
总 计	**25007**	**11242**	**13765**	**7094**	**3118**	**3977**	**1314**	**577**	**737**
60-64	**7102**	**3099**	**4003**	**995**	**515**	**480**	**128**	**73**	**54**
60	1418	598	821	165	88	77	15	10	6
61	1527	669	857	231	129	102	27	15	12
62	1379	620	759	187	104	84	34	16	18
63	1475	623	851	208	102	106	27	17	10
64	1304	588	715	203	92	111	23	15	8
65-69	**5927**	**2773**	**3154**	**1117**	**547**	**570**	**139**	**79**	**59**
65	1318	593	725	212	119	93	33	19	14
66	1311	640	670	238	111	127	33	12	21
67	1145	507	638	238	113	125	24	15	9
68	1098	534	564	216	112	103	19	16	3
69	1055	498	557	213	92	121	31	18	13
70-74	**4454**	**2114**	**2340**	**1150**	**570**	**580**	**155**	**94**	**61**
70	933	440	493	197	103	94	21	11	10
71	926	456	470	231	122	109	28	21	6
72	861	410	450	234	104	130	33	19	14
73	872	407	465	233	111	121	33	20	13
74	862	400	462	255	129	126	40	23	17
75-79	**3761**	**1733**	**2028**	**1406**	**611**	**795**	**228**	**103**	**124**
75	759	370	389	250	124	127	35	14	21
76	752	347	405	246	107	140	35	16	19
77	744	341	403	308	125	183	51	28	23
78	783	365	418	310	129	181	56	24	33
79	723	310	413	291	125	165	51	22	29
80-84	**2333**	**987**	**1346**	**1236**	**510**	**726**	**265**	**116**	**150**
80	592	275	317	276	133	143	57	27	30
81	488	209	280	272	113	159	60	34	27
82	502	205	296	278	116	163	60	22	38
83	409	175	235	226	85	141	50	18	33
84	341	122	219	184	64	121	37	15	22
85-89	**1057**	**418**	**640**	**842**	**271**	**572**	**233**	**71**	**162**
85	305	141	164	254	74	180	66	19	47
86	235	96	139	155	60	96	40	15	24
87	212	84	127	206	73	133	55	16	39
88	172	49	124	123	30	93	45	7	37
89	133	47	86	103	34	69	28	13	15
90-94	**330**	**109**	**221**	**284**	**79**	**205**	**132**	**36**	**95**
90	121	54	67	92	24	68	48	11	38
91	78	26	53	74	24	50	38	9	29
92	52	10	42	48	11	37	21	11	10
93	43	11	33	40	7	32	14	4	10
94	35	9	26	29	12	17	10	1	9
95-99	**43**	**10**	**33**	**57**	**15**	**42**	**31**	**3**	**28**
95	26	5	21	17	1	16	9		9
96	8	1	7	19	7	12	13	3	11
97	4	2	1	13	3	10	5		5
98	1		1	4	2	2	1		1
99	4	2	2	4	2	3	3	1	2
100及以上				**7**	**1**	**7**	**4**		**4**

9-2a 全省分年龄、性别、身体健康状况的60岁及以上老年人口(城市)

单位：人

年龄	合计			健康		
	合计	男	女	小计	男	女
总计	**16279**	**7888**	**8391**	**9229**	**4750**	**4479**
60-64	**5945**	**2909**	**3036**	**4195**	**2105**	**2091**
60	1341	657	684	996	503	494
61	1362	679	683	955	497	458
62	1171	558	613	821	390	430
63	1160	559	602	813	408	405
64	911	456	454	610	307	304
65-69	**4060**	**2023**	**2037**	**2462**	**1298**	**1164**
65	950	466	484	602	315	287
66	979	473	506	611	312	299
67	755	372	382	444	235	209
68	722	370	352	431	222	209
69	654	342	312	373	214	160
70-74	**2384**	**1196**	**1188**	**1277**	**672**	**605**
70	530	251	279	298	141	157
71	564	284	281	307	153	153
72	486	251	234	275	154	121
73	424	212	212	213	122	91
74	381	199	182	184	101	83
75-79	**1885**	**902**	**983**	**783**	**425**	**357**
75	376	180	197	169	96	73
76	380	196	185	162	91	71
77	384	194	190	168	94	74
78	385	178	207	140	76	64
79	359	155	204	143	68	75
80-84	**1224**	**559**	**665**	**357**	**178**	**179**
80	303	142	161	105	45	60
81	271	122	149	80	39	41
82	274	129	145	71	41	30
83	197	92	106	53	30	23
84	178	75	103	48	23	25
85-89	**564**	**231**	**334**	**122**	**57**	**64**
85	160	68	92	36	17	19
86	118	51	68	24	12	12
87	131	54	77	31	14	17
88	93	34	59	18	9	9
89	63	23	39	13	6	8
90-94	**173**	**61**	**113**	**29**	**12**	**17**
90	66	29	38	15	7	8
91	51	18	33	8	3	5
92	20	7	13	1		1
93	20	4	16	2		2
94	16	4	12	3	2	2
95-99	**38**	**8**	**30**	**4**	**2**	**1**
95	18	3	16	1	1	
96	8	2	6	1	1	
97	2	1	1			
98	6	2	4	1		1
99	4		4			
100及以上	**4**		**4**			

9-2a 续表 单位：人

年龄	基本健康			不健康，但生活能自理			生活不能自理		
	小计	男	女	小计	男	女	小计	男	女
总　计	**5835**	**2597**	**3238**	**967**	**421**	**546**	**248**	**121**	**128**
60-64	**1577**	**698**	**879**	**147**	**86**	**61**	**26**	**20**	**5**
60	316	133	184	25	18	6	4	3	1
61	360	153	207	41	24	18	6	5	1
62	313	145	168	30	17	13	7	6	2
63	323	135	188	21	12	9	4	4	
64	265	132	132	30	15	15	5	2	3
65-69	**1414**	**641**	**773**	**166**	**73**	**93**	**19**	**11**	**8**
65	310	131	178	35	18	17	3	1	2
66	326	141	185	37	18	19	6	3	3
67	280	124	156	29	12	17	1	1	
68	256	131	126	32	14	18	3	3	
69	243	115	128	32	11	22	6	3	3
70-74	**956**	**453**	**503**	**124**	**59**	**65**	**27**	**12**	**15**
70	204	93	111	20	13	7	6	3	4
71	222	109	113	30	17	13	6	4	2
72	186	90	97	21	7	15	3	1	2
73	185	81	104	23	9	14	3		3
74	159	81	78	29	13	16	8	3	5
75-79	**872**	**373**	**499**	**182**	**78**	**104**	**48**	**25**	**23**
75	173	66	107	25	11	14	9	7	2
76	175	82	93	33	17	15	10	5	5
77	173	79	94	35	17	18	8	4	5
78	187	79	108	45	16	29	13	6	7
79	164	66	98	45	17	27	8	3	4
80-84	**645**	**285**	**360**	**166**	**66**	**100**	**56**	**30**	**26**
80	152	73	79	34	19	16	12	5	7
81	132	59	73	46	16	30	13	8	4
82	148	64	84	40	15	25	15	9	6
83	107	49	59	27	9	17	10	4	7
84	105	40	65	19	8	11	6	4	2
85-89	**271**	**118**	**153**	**125**	**42**	**83**	**47**	**14**	**33**
85	76	38	38	37	10	27	12	4	8
86	58	27	32	29	10	19	7	2	5
87	54	23	31	35	14	21	11	3	7
88	49	20	30	15	4	11	11	1	10
89	34	11	23	9	3	6	6	3	3
90-94	**87**	**27**	**60**	**36**	**13**	**23**	**21**	**9**	**12**
90	30	14	17	11	5	6	10	3	7
91	26	7	19	12	6	6	5	2	3
92	10	3	7	5	1	4	3	3	
93	13	3	10	4		4	1	1	
94	7	1	6	3	1	2	2		2
95-99	**12**	**2**	**11**	**18**	**4**	**14**	**4**		**4**
95	9	2	7	7		7	2		2
96	2		2	3	1	2	2		2
97				2	1	1			
98	1		1	4	2	2			
99	1		1	3		3	1		1
100及以上				**3**		**3**	**1**		**1**

9-2b 全省分年龄、性别、身体健康状况的60岁及以上老年人口(镇)

单位：人

年 龄	合 计			健 康		
	合计	男	女	小计	男	女
总 计	**14664**	**7043**	**7621**	**6699**	**3596**	**3103**
60-64	**5045**	**2511**	**2534**	**3163**	**1682**	**1481**
60	1160	580	580	804	426	379
61	1098	538	561	690	345	345
62	999	500	499	611	330	281
63	972	479	493	591	320	270
64	815	414	401	467	261	206
65-69	**3366**	**1732**	**1634**	**1694**	**954**	**740**
65	789	400	389	447	257	189
66	757	400	357	384	214	170
67	636	322	314	321	181	141
68	639	317	322	293	149	144
69	545	293	251	249	152	96
70-74	**2205**	**1106**	**1099**	**857**	**472**	**385**
70	486	250	236	227	121	106
71	455	239	216	199	117	82
72	424	209	215	163	91	72
73	425	215	210	138	75	63
74	414	193	221	130	69	61
75-79	**1857**	**855**	**1002**	**572**	**295**	**277**
75	347	171	176	120	70	51
76	375	171	204	122	53	69
77	388	186	202	108	64	45
78	369	165	203	113	56	57
79	378	162	216	109	53	56
80-84	**1196**	**515**	**681**	**259**	**135**	**124**
80	268	130	138	58	32	26
81	236	108	127	65	36	30
82	276	113	163	57	27	30
83	216	90	126	41	21	19
84	200	73	127	38	19	19
85-89	**692**	**243**	**450**	**120**	**49**	**70**
85	223	76	147	46	20	25
86	126	60	67	23	13	10
87	150	58	92	21	7	14
88	106	27	79	21	6	15
89	86	22	64	9	3	7
90-94	**249**	**68**	**182**	**27**	**8**	**20**
90	90	25	64	12	2	10
91	71	17	54	8	3	5
92	36	8	27	4	2	2
93	35	8	27	2		2
94	18	9	9	1	1	
95-99	**51**	**13**	**39**	**5**		**5**
95	12	1	11			
96	19	7	11	3		3
97	17	2	16	2		2
98						
99	3	2				
100及以上	**3**		**2**	**1**		**1**

9-2b 续表

单位：人

年 龄	基本健康			不健康，但生活能自理			生活不能自理		
	小计	男	女	小计	男	女	小计	男	女
总 计	**5895**	**2599**	**3296**	**1768**	**714**	**1054**	**301**	**134**	**167**
60-64	**1638**	**698**	**940**	**224**	**119**	**105**	**20**	**11**	**9**
60	317	132	185	35	20	15	4	2	2
61	351	162	189	53	29	25	4	2	2
62	341	145	196	40	20	20	6	4	2
63	337	130	208	41	29	12	3	1	2
64	292	129	163	54	21	32	3	2	1
65-69	**1390**	**642**	**748**	**246**	**113**	**133**	**36**	**23**	**13**
65	286	109	176	51	29	22	6	5	2
66	314	163	151	51	20	31	7	2	5
67	253	115	137	52	19	33	10	7	3
68	285	136	150	54	27	27	7	5	2
69	252	119	133	38	18	20	6	4	1
70-74	**1069**	**487**	**581**	**243**	**124**	**118**	**36**	**22**	**14**
70	215	105	109	40	24	16	4		4
71	202	98	104	49	19	30	5	5	
72	198	84	114	54	30	24	9	5	4
73	228	109	120	52	26	26	7	6	2
74	226	92	135	48	25	22	10	7	4
75-79	**905**	**411**	**495**	**335**	**129**	**206**	**44**	**20**	**24**
75	168	79	89	52	21	30	7	1	6
76	176	86	90	67	26	41	9	5	4
77	188	86	102	80	29	51	12	7	5
78	178	77	102	71	31	40	6	2	5
79	195	82	113	65	22	43	9	5	4
80-84	**545**	**224**	**322**	**321**	**129**	**193**	**70**	**28**	**43**
80	144	61	83	56	32	24	10	6	5
81	105	43	62	47	19	28	19	11	8
82	122	52	71	73	30	43	23	4	19
83	89	37	52	77	29	48	9	4	6
84	85	31	54	68	20	49	9	3	6
85-89	**256**	**106**	**151**	**267**	**67**	**200**	**49**	**21**	**28**
85	74	33	41	86	16	70	18	7	11
86	56	27	29	40	15	25	7	4	3
87	50	24	26	69	23	45	10	3	7
88	39	12	27	41	8	33	6	1	4
89	37	10	28	32	5	28	7	5	2
90-94	**80**	**29**	**51**	**106**	**23**	**83**	**36**	**8**	**28**
90	31	16	15	32	5	27	14	3	12
91	14	6	8	35	6	29	14	3	11
92	19	2	17	10	2	7	3	2	2
93	12	5	6	19	3	17	2		2
94	5	1	5	10	7	3	2	1	2
95-99	**11**	**2**	**10**	**25**	**9**	**15**	**10**	**2**	**9**
95	6	1	5	2		2	4		4
96	3		3	9	6	4	4	2	2
97	1		1	12	2	10	3		3
98									
99				2	2				
100及以上				**2**		**2**			

9-2c 全省分年龄、性别、身体健康状况的60岁及以上老年人口(乡村)

单位：人

年龄	合计			健康		
	合计	男	女	小计	男	女
总　计	**29639**	**14583**	**15055**	**11239**	**6232**	**5007**
60-64	**10166**	**5081**	**5084**	**5572**	**3027**	**2546**
60	2247	1123	1124	1349	736	612
61	2193	1088	1105	1225	650	575
62	1968	1011	957	1105	608	497
63	2064	1027	1037	1082	593	489
64	1694	833	861	812	440	373
65-69	**6798**	**3553**	**3246**	**2887**	**1657**	**1229**
65	1655	882	773	783	445	338
66	1498	792	706	657	375	282
67	1312	660	652	531	304	227
68	1189	638	551	495	291	203
69	1144	580	563	421	242	179
70-74	**4693**	**2459**	**2234**	**1388**	**839**	**549**
70	984	507	477	322	190	132
71	963	529	434	292	183	109
72	930	479	451	274	162	112
73	885	464	421	245	155	90
74	931	480	451	255	149	106
75-79	**3811**	**1843**	**1968**	**803**	**432**	**371**
75	809	434	375	199	111	88
76	708	320	389	147	73	74
77	758	347	411	151	75	76
78	808	398	410	159	91	68
79	727	343	383	147	82	65
80-84	**2441**	**1064**	**1377**	**410**	**213**	**197**
80	640	310	330	123	69	54
81	554	242	312	95	43	52
82	491	213	278	72	44	28
83	428	176	252	61	29	32
84	328	123	205	59	28	31
85-89	**1274**	**456**	**818**	**157**	**63**	**94**
85	375	147	228	52	20	32
86	261	97	164	29	11	18
87	274	94	180	30	12	18
88	208	52	155	28	12	16
89	156	65	91	18	8	10
90-94	**398**	**116**	**281**	**18**	**1**	**18**
90	139	44	95	5		5
91	90	30	60	5	1	4
92	74	20	54	3		3
93	49	10	38	3		3
94	47	12	35	2		2
95-99	**54**	**11**	**43**	**3**		**3**
95	23	3	20	1		1
96	18	3	15	1		1
97	6	2	4	1		1
98	1		1			
99	5	2	3			
100及以上	**6**	**1**	**5**			

9-2c 续表

单位：人

年 龄	基本健康			不健康，但生活能自理			生活不能自理		
	小计	男	女	小计	男	女	小计	男	女
总 计	**13277**	**6046**	**7231**	**4359**	**1983**	**2376**	**764**	**322**	**442**
60-64	**3887**	**1703**	**2184**	**624**	**310**	**314**	**82**	**42**	**40**
60	785	333	452	105	49	55	8	4	4
61	816	354	461	136	77	59	17	8	9
62	725	330	395	117	67	50	21	6	15
63	815	359	456	146	61	85	21	13	8
64	747	326	420	119	56	64	15	11	5
65-69	**3123**	**1489**	**1634**	**704**	**360**	**344**	**85**	**46**	**39**
65	723	352	370	126	72	54	24	13	11
66	671	337	334	150	74	77	19	7	13
67	612	268	345	156	82	75	13	7	6
68	556	268	288	129	70	59	9	9	1
69	561	265	296	142	63	80	19	11	8
70-74	**2429**	**1173**	**1256**	**784**	**387**	**397**	**92**	**60**	**32**
70	514	241	273	137	67	70	11	9	2
71	502	249	253	153	86	67	17	12	5
72	477	237	239	159	68	91	20	13	8
73	459	218	242	157	76	81	23	15	8
74	477	228	249	178	91	87	21	12	9
75-79	**1983**	**949**	**1034**	**888**	**403**	**486**	**136**	**59**	**77**
75	418	225	193	174	92	82	19	6	12
76	400	178	222	146	63	83	16	6	10
77	383	175	208	193	80	113	30	17	14
78	418	209	208	194	82	112	37	15	21
79	364	162	203	181	86	95	34	14	20
80-84	**1143**	**478**	**665**	**749**	**315**	**434**	**139**	**58**	**81**
80	296	141	155	185	83	102	36	17	19
81	251	107	144	179	78	101	29	14	15
82	232	90	142	165	71	94	22	8	13
83	213	89	124	123	47	76	31	10	20
84	151	51	100	97	36	61	22	8	14
85-89	**529**	**194**	**336**	**450**	**162**	**288**	**138**	**37**	**101**
85	156	71	85	132	48	84	35	8	27
86	121	43	78	86	34	52	25	9	16
87	107	37	70	103	35	67	34	10	24
88	84	17	67	68	18	50	28	5	23
89	62	26	35	62	26	36	15	5	10
90-94	**163**	**54**	**110**	**142**	**43**	**99**	**74**	**19**	**55**
90	60	24	36	49	14	34	24	6	19
91	39	13	26	27	12	15	19	4	15
92	24	6	18	33	8	25	14	6	8
93	18	3	16	17	5	12	11	3	8
94	23	8	15	16	4	12	5		5
95-99	**19**	**7**	**12**	**15**	**2**	**13**	**16**	**2**	**15**
95	11	2	9	8	1	7	4		4
96	3	1	2	7	1	6	7	1	6
97	2	2					2		2
98							1		1
99	3	1	2				2	1	1
100及以上				**3**	**1**	**2**	**3**		**3**

9-3 各地区分性别、主要生活来源的60岁及以上老年人口

单位：人

地区	合计			劳动收入			离退休金养老金		
	合计	男	女	小计	男	女	小计	男	女
全省	**60581**	**29514**	**31067**	**11340**	**8127**	**3212**	**12395**	**7158**	**5237**
福州市	13111	6462	6648	1684	1346	339	4085	2245	1840
福州市(不含平潭)	12305	6065	6241	1542	1223	319	4026	2195	1831
平潭	806	398	408	142	123	19	59	50	9
厦门市	4142	1921	2221	413	304	109	2371	1188	1183
莆田市	4762	2209	2553	706	455	251	448	340	108
三明市	4523	2268	2256	960	690	270	945	526	419
泉州市	10666	5007	5659	2086	1397	689	1217	811	406
漳州市	8125	3875	4250	1821	1279	543	1065	681	385
南平市	5152	2611	2541	1218	935	282	1021	560	461
龙岩市	4667	2260	2408	882	590	292	609	417	192
宁德市	5432	2902	2531	1569	1131	438	635	391	244

9-3 续表

单位：人

地区	最低生活保障金			财产性收入			家庭其他成员供养			其他		
	小计	男	女	小计	男	女	小计	男	女	小计	男	女
全省	**1673**	**977**	**696**	**449**	**279**	**170**	**33018**	**12096**	**20922**	**1707**	**877**	**830**
福州市	285	161	124	96	68	28	6559	2424	4135	401	219	182
福州市(不含平潭)	261	148	113	93	65	27	6016	2237	3780	366	197	170
平潭	24	12	11	4	3	1	543	188	355	35	22	13
厦门市	37	18	19	46	25	20	1128	334	794	149	52	97
莆田市	78	37	41	54	30	24	3322	1268	2054	154	78	76
三明市	150	100	51	19	12	7	2367	904	1463	83	36	47
泉州市	287	144	143	100	60	40	6662	2430	4232	313	165	149
漳州市	280	154	125	30	24	6	4750	1629	3122	179	108	70
南平市	119	71	49	25	16	9	2673	984	1690	97	46	51
龙岩市	216	136	79	48	27	21	2763	1007	1756	149	82	67
宁德市	221	156	65	31	16	15	2794	1116	1678	182	91	91

9-3a 各地区分性别、主要生活来源的60岁及以上老年人口(城市)

单位：人

地区	合计			劳动收入			离退休金养老金		
	合计	男	女	小计	男	女	小计	男	女
全省	**16279**	**7888**	**8391**	**1342**	**979**	**362**	**8821**	**4688**	**4133**
福州市	5278	2600	2677	234	181	53	3618	1892	1726
厦门市	3127	1462	1665	202	155	47	2123	1061	1061
莆田市	1490	700	790	168	102	65	285	191	94
三明市	766	347	419	42	35	7	553	271	282
泉州市	2279	1124	1155	358	259	100	610	350	260
漳州市	901	438	463	79	52	26	401	227	174
南平市	1205	589	615	118	86	32	706	382	324
龙岩市	542	272	270	61	53	8	240	146	94
宁德市	692	356	336	80	57	23	285	168	117

9-3a 续表

单位：人

地区	最低生活保障金			财产性收入			家庭其他成员供养			其他		
	小计	男	女	小计	男	女	小计	男	女	小计	男	女
全省	**191**	**88**	**103**	**260**	**154**	**106**	**5268**	**1812**	**3456**	**398**	**167**	**231**
福州市	65	23	42	45	31	14	1168	409	759	148	65	83
厦门市	27	11	15	41	23	18	653	189	464	81	22	59
莆田市	21	12	10	45	23	22	937	355	582	34	17	17
三明市	12	3	8	2	1	1	148	32	115	9	5	4
泉州市	32	18	14	56	32	25	1162	431	731	60	34	27
漳州市	7	3	4	15	12	2	384	137	247	15	6	9
南平市	14	9	6	16	11	5	336	98	238	15	4	11
龙岩市	4	3	1	25	13	13	202	55	147	9	3	7
宁德市	9	6	3	15	7	7	278	106	172	25	12	14

9-3b 各地区分性别、主要生活来源的60岁及以上老年人口(镇)

单位：人

地区	合计			劳动收入			离退休金养老金		
	合计	男	女	小计	男	女	小计	男	女
全省	**14664**	**7043**	**7621**	**2454**	**1803**	**651**	**2247**	**1476**	**771**
福州市	2715	1247	1467	360	280	80	284	198	87
福州市(不含平潭)	2530	1162	1368	340	260	79	260	180	81
平潭	185	86	99	21	20	1	24	18	6
厦门市	166	74	93	35	25	10	39	20	19
莆田市	827	388	439	70	52	18	70	63	7
三明市	1325	669	657	171	128	43	331	204	128
泉州市	3258	1506	1753	563	396	167	357	264	93
漳州市	2595	1251	1344	553	389	164	430	274	156
南平市	1133	559	573	219	177	42	247	138	109
龙岩市	1294	638	656	207	142	66	254	172	83
宁德市	1350	712	638	276	216	60	234	144	90

9-3b 续表

单位：人

地区	最低生活保障金			财产性收入			家庭其他成员供养			其他		
	小计	男	女	小计	男	女	小计	男	女	小计	男	女
全省	**366**	**216**	**150**	**106**	**68**	**38**	**9072**	**3254**	**5818**	**418**	**225**	**193**
福州市	57	31	27	38	24	14	1909	678	1231	66	38	29
福州市(不含平潭)	57	31	27	35	22	13	1774	634	1139	63	35	29
平潭				2	1	1	135	43	92	3	3	
厦门市	3	2	1	4	2	2	81	24	57	4	1	3
莆田市	10	4	6	4	4		619	241	378	54	24	30
三明市	57	46	12	6	4	2	737	277	460	23	10	13
泉州市	64	24	40	33	21	12	2172	763	1410	69	38	31
漳州市	52	31	21	6	4	2	1476	505	971	78	49	29
南平市	16	9	7	2	2		618	218	400	31	16	16
龙岩市	43	29	14	5	3	2	730	264	465	55	28	27
宁德市	64	42	22	9	4	4	730	284	446	37	22	15

9-3c 各地区分性别、主要生活来源的60岁及以上老年人口(乡村)

单位：人

地 区	合 计			劳动收入			离退休金养老金		
	合计	男	女	小计	男	女	小计	男	女
全 省	**29639**	**14583**	**15055**	**7544**	**5344**	**2199**	**1327**	**994**	**333**
福州市	5118	2615	2503	1090	885	205	182	155	28
福州市(不含平潭)	4497	2302	2195	968	782	187	148	123	25
平潭	621	312	309	121	103	18	35	32	3
厦门市	849	386	463	175	124	51	209	106	102
莆田市	2445	1121	1324	468	301	167	92	86	6
三明市	2432	1252	1181	747	527	220	61	52	9
泉州市	5129	2378	2751	1165	743	422	250	196	54
漳州市	4629	2185	2444	1190	837	352	234	180	54
南平市	2815	1462	1352	881	673	208	68	40	28
龙岩市	2831	1350	1481	614	396	218	115	100	15
宁德市	3390	1834	1556	1214	859	355	116	80	37

9-3c 续表

单位：人

地 区	最低生活保障金			财产性收入			家庭其他成员供养			其 他		
	小计	男	女	小计	男	女	小计	男	女	小计	男	女
全 省	**1116**	**673**	**443**	**83**	**57**	**26**	**18678**	**7030**	**11648**	**891**	**485**	**406**
福州市	163	107	56	14	14		3483	1338	2144	187	117	70
福州市(不含平潭)	139	94	44	12	12		3075	1194	1881	155	97	58
平潭	24	12	11	1	1		408	145	263	32	19	13
厦门市	7	5	3	1	1	1	393	121	272	63	29	34
莆田市	46	21	25	5	3	2	1766	673	1093	67	38	29
三明市	81	51	31	11	7	4	1482	595	887	51	21	29
泉州市	191	102	89	11	8	3	3328	1236	2092	184	93	91
漳州市	221	121	100	9	7	1	2890	987	1904	85	53	32
南平市	89	53	36	7	2	5	1720	668	1052	50	26	24
龙岩市	169	105	64	18	11	7	1831	687	1144	85	51	34
宁德市	148	109	39	7	4	3	1785	725	1059	120	57	62

9-4 全省分年龄、性别、主要生活来源的60岁及以上老年人口

单位：人

年龄	合计			劳动收入			离退休金养老金		
	合计	男	女	小计	男	女	小计	男	女
总　计	**60581**	**29514**	**31067**	**11340**	**8127**	**3212**	**12395**	**7158**	**5237**
60-64	**21156**	**10501**	**10655**	**7204**	**4955**	**2249**	**3755**	**1985**	**1770**
60	4748	2360	2388	1893	1266	626	786	410	376
61	4654	2305	2349	1660	1141	518	869	456	412
62	4138	2069	2069	1398	973	425	735	382	353
63	4196	2064	2132	1322	901	421	755	401	354
64	3420	1703	1717	932	673	259	610	335	275
65-69	**14225**	**7308**	**6917**	**2832**	**2142**	**690**	**3138**	**1812**	**1326**
65	3395	1748	1647	870	646	224	708	389	319
66	3234	1665	1568	714	525	189	726	389	336
67	2703	1354	1349	520	396	125	568	332	236
68	2551	1325	1226	401	316	85	582	349	233
69	2342	1215	1127	327	260	67	554	352	202
70-74	**9282**	**4761**	**4521**	**929**	**734**	**195**	**2232**	**1342**	**891**
70	1999	1007	992	253	206	48	488	277	211
71	1983	1052	930	216	173	43	505	290	215
72	1840	940	900	173	127	46	441	274	166
73	1734	891	844	155	124	31	379	239	140
74	1727	872	855	131	105	27	420	262	158
75-79	**7552**	**3599**	**3953**	**305**	**247**	**58**	**1714**	**1068**	**647**
75	1533	785	748	96	73	23	360	215	145
76	1464	686	777	63	54	9	332	213	119
77	1530	726	804	51	45	6	343	230	113
78	1562	741	821	61	47	14	360	221	139
79	1464	661	803	34	28	6	319	188	131
80-84	**4860**	**2138**	**2723**	**50**	**34**	**16**	**1002**	**610**	**392**
80	1212	582	630	13	11	3	274	160	114
81	1061	473	588	17	11	6	216	130	86
82	1040	455	586	9	8	1	222	140	82
83	841	357	483	1	1		161	106	55
84	707	271	436	10	4	6	129	74	55
85-89	**2531**	**929**	**1602**	**17**	**12**	**4**	**432**	**275**	**157**
85	759	292	467	7	7		138	88	49
86	506	208	298	3	1	2	88	62	26
87	555	206	349	4	2	2	92	61	31
88	407	113	293	1		1	71	40	31
89	305	110	195	3	3		43	24	18
90-94	**820**	**245**	**575**	**2**	**2**		**98**	**56**	**42**
90	295	98	197	2	2		40	24	16
91	211	65	146				27	15	12
92	129	35	95				10	7	3
93	104	22	82				13	6	7
94	81	25	56				9	4	5
95-99	**143**	**31**	**112**	**1**		**1**	**22**	**10**	**12**
95	54	7	47				10	4	6
96	45	12	33	1		1	7	4	3
97	25	5	20				2	2	
98	7	2	5				2		2
99	11	4	7				1		1
100及以上	**12**	**1**	**11**				**2**		**2**

9-4 续表

单位：人

年 龄	最低生活保障金			财产性收入			家庭其他成员供养			其 他		
	小计	男	女	小计	男	女	小计	男	女	小计	男	女
总 计	**1673**	**977**	**696**	**449**	**279**	**170**	**33018**	**12096**	**20922**	**1707**	**877**	**830**
60-64	**392**	**227**	**165**	**213**	**130**	**83**	**8931**	**2853**	**6079**	**661**	**352**	**309**
60	62	34	28	60	39	22	1790	532	1258	158	79	79
61	85	45	40	45	25	19	1847	572	1275	148	65	83
62	81	44	36	43	28	14	1762	569	1193	119	71	47
63	87	56	31	35	18	17	1875	618	1257	122	71	52
64	78	48	30	30	20	10	1658	561	1096	113	66	47
65-69	**363**	**233**	**130**	**136**	**94**	**42**	**7329**	**2797**	**4532**	**427**	**230**	**198**
65	70	39	31	34	20	13	1604	601	1003	109	53	56
66	92	67	25	47	32	15	1576	613	963	79	40	40
67	67	40	27	20	17	3	1439	524	916	88	46	42
68	75	53	22	19	13	6	1409	549	861	65	45	19
69	59	34	25	16	12	4	1300	510	789	87	46	40
70-74	**301**	**203**	**98**	**44**	**26**	**18**	**5536**	**2332**	**3205**	**240**	**125**	**114**
70	63	38	25	13	9	5	1132	453	679	50	24	25
71	67	53	14	7	6	2	1137	505	632	50	27	24
72	59	37	22	9	5	4	1111	468	643	47	29	18
73	54	41	13	5	2	2	1094	464	630	47	20	27
74	58	34	24	9	4	5	1063	442	620	45	25	20
75-79	**279**	**149**	**131**	**33**	**17**	**16**	**5035**	**2024**	**3011**	**185**	**95**	**90**
75	59	37	22	10	7	4	977	434	543	31	18	13
76	45	22	23	5	2	3	979	378	600	40	17	23
77	52	25	27	7	4	3	1035	397	638	42	26	17
78	63	28	35	6	2	4	1031	426	606	41	17	24
79	61	37	24	5	2	3	1013	389	624	31	16	15
80-84	**188**	**110**	**78**	**17**	**10**	**7**	**3495**	**1324**	**2171**	**108**	**49**	**59**
80	46	32	13	7	5	2	845	358	487	26	15	11
81	43	21	22	5	3	2	761	299	462	19	9	10
82	46	26	20	1	1	1	742	274	468	21	6	15
83	31	17	13	4	1	3	622	221	400	22	10	12
84	22	13	10				526	172	354	20	8	11
85-89	**105**	**41**	**65**	**5**	**2**	**3**	**1912**	**579**	**1333**	**60**	**20**	**40**
85	24	12	13	2	1	1	570	177	393	17	7	11
86	21	9	12				376	128	248	19	8	11
87	27	8	18	2		2	419	133	286	11	1	10
88	16	3	13	1	1		310	67	242	8	2	6
89	18	8	9				237	73	164	5	2	3
90-94	**41**	**15**	**27**	**1**		**1**	**659**	**166**	**493**	**19**	**5**	**13**
90	12	4	8	1		1	236	68	168	4		4
91	7	5	2				173	44	129	5	1	4
92	10	1	9				105	24	81	4	2	2
93	7	1	6				79	13	66	5	2	3
94	6	4	2				65	17	48	1		1
95-99	**1**		**1**				**111**	**20**	**91**	**8**	**1**	**7**
95	1		1				42	3	38	2		2
96	1		1				33	8	25	4		4
97							23	3	20	1	1	
98							5	2	3			
99							9	4	5	1		1
100及以上	**1**		**1**				**10**	**1**	**8**			

9-4a　全省分年龄、性别、主要生活来源的60岁及以上老年人口(城市)

单位：人

年龄	合计			劳动收入			离退休金养老金		
	合计	男	女	小计	男	女	小计	男	女
总　计	**16279**	**7888**	**8391**	**1342**	**979**	**362**	**8821**	**4688**	**4133**
60-64	**5945**	**2909**	**3036**	**959**	**685**	**274**	**2838**	**1433**	**1404**
60	1341	657	684	277	195	82	584	288	296
61	1362	679	683	239	174	65	674	338	336
62	1171	558	613	179	135	44	554	272	282
63	1160	559	602	158	107	52	571	292	279
64	911	456	454	106	74	32	455	244	211
65-69	**4060**	**2023**	**2037**	**291**	**225**	**66**	**2253**	**1202**	**1051**
65	950	466	484	79	58	21	515	262	253
66	979	473	506	89	67	22	528	258	270
67	755	372	382	42	36	6	417	229	189
68	722	370	352	45	37	9	422	238	184
69	654	342	312	36	28	8	371	215	156
70-74	**2384**	**1196**	**1188**	**66**	**51**	**16**	**1471**	**790**	**681**
70	530	251	279	19	12	7	321	158	164
71	564	284	281	19	15	3	344	180	165
72	486	251	234	11	7	4	305	172	132
73	424	212	212	8	8		247	137	110
74	381	199	182	10	8	2	254	143	111
75-79	**1885**	**902**	**983**	**18**	**16**	**2**	**1172**	**669**	**503**
75	376	180	197	7	5	1	236	127	109
76	380	196	185	4	4		237	143	93
77	384	194	190	4	4		233	144	89
78	385	178	207	2	2	1	243	137	106
79	359	155	204	1	1		224	118	106
80-84	**1224**	**559**	**665**	**6**	**3**	**3**	**709**	**391**	**317**
80	303	142	161				193	102	92
81	271	122	149	2	2		154	86	68
82	274	129	145	1		1	161	95	67
83	197	92	106	1	1		106	62	44
84	178	75	103	3	1	2	94	47	47
85-89	**564**	**231**	**334**				**290**	**159**	**131**
85	160	68	92				92	55	37
86	118	51	68				58	33	25
87	131	54	77				55	30	25
88	93	34	59				52	27	26
89	63	23	39				32	14	18
90-94	**173**	**61**	**113**				**72**	**38**	**34**
90	66	29	38				32	19	13
91	51	18	33				20	9	11
92	20	7	13				6	4	2
93	20	4	16				8	3	6
94	16	4	12				6	3	2
95-99	**38**	**8**	**30**	**1**		**1**	**15**	**6**	**9**
95	18	3	16				7	3	4
96	8	2	6	1		1	4	2	2
97	2	1	1				1	1	
98	6	2	4				2		2
99	4		4				1		1
100及以上	**4**		**4**				**1**		**1**

9-4a 续表 单位：人

年 龄	最低生活保障金			财产性收入			家庭其他成员供养			其 他		
	小计	男	女	小计	男	女	小计	男	女	小计	男	女
总 计	**191**	**88**	**103**	**260**	**154**	**106**	**5268**	**1812**	**3456**	**398**	**167**	**231**
60-64	**54**	**29**	**25**	**129**	**79**	**50**	**1804**	**609**	**1194**	**162**	**73**	**89**
60	11	7	4	37	21	16	400	129	270	32	16	15
61	14	6	8	24	15	9	374	133	241	38	14	24
62	6	3	3	30	19	11	365	112	254	37	17	20
63	14	7	7	20	11	9	369	127	242	28	15	13
64	9	6	3	17	12	5	296	109	187	28	12	16
65-69	**32**	**17**	**15**	**75**	**50**	**25**	**1307**	**481**	**826**	**102**	**48**	**54**
65	5	3	1	21	12	9	305	117	187	26	14	13
66	10	5	5	26	17	9	304	118	186	22	9	13
67	5	2	3	13	10	3	261	87	174	16	7	9
68	8	5	4	5	2	3	224	81	143	18	8	10
69	4	2	2	9	9	1	214	78	136	20	10	10
70-74	**25**	**17**	**8**	**25**	**10**	**15**	**743**	**304**	**440**	**54**	**25**	**29**
70	2		2	8	4	4	173	74	99	8	3	5
71	8	7		5	3	1	177	74	103	11	4	8
72	7	3	4	5	2	3	144	57	86	14	10	5
73	5	4	2	3	1	2	149	58	91	12	4	7
74	3	3		5		5	101	40	61	9	4	4
75-79	**36**	**8**	**28**	**19**	**8**	**10**	**600**	**185**	**415**	**40**	**16**	**24**
75	2		2	5	2	3	121	43	78	6	2	4
76	8	1	7	2	1	2	114	42	72	15	5	10
77	3	1	3	3	2	2	133	39	94	7	4	3
78	9	2	7	4	2	2	120	34	87	7	2	4
79	13	5	9	4	1	2	112	27	85	6	3	3
80-84	**24**	**10**	**14**	**9**	**5**	**4**	**456**	**146**	**310**	**19**	**3**	**17**
80	4	1	3	3	2	1	96	36	60	6		6
81	5	1	3	2	1	1	106	31	76	3	1	2
82	7	3	3	1	1		101	30	71	3		3
83	6	1	5	3	1	2	80	26	55	1	1	1
84	3	3					72	23	49	5	1	4
85-89	**15**	**5**	**10**	**3**	**1**	**2**	**244**	**65**	**179**	**13**	**1**	**12**
85	3		3	1	1		58	13	46	5		5
86	5	2	3				53	16	37	2		2
87	3	2	1	2		2	66	21	46	4		4
88	2		2				37	7	30	1	1	1
89	2	1	1				29	8	20			
90-94	**3**	**1**	**1**	**1**		**1**	**92**	**20**	**72**	**6**	**1**	**4**
90	1	1	1	1		1	30	9	22	2		2
91							28	8	20	2		2
92	1		1				13	3	10			
93							11		11	1	1	
94							10	1	10			
95-99	**1**		**1**				**20**	**2**	**18**	**1**		**1**
95	1		1				11		11			
96							2		2	1		1
97							1		1			
98							4	2	2			
99							3		3			
100及以上	**1**		**1**				**2**		**2**			

9-4b 全省分年龄、性别、主要生活来源的60岁及以上老年人口(镇)

单位：人

年 龄	合 计			劳动收入			离退休金养老金		
	合计	男	女	小计	男	女	小计	男	女
总 计	**14664**	**7043**	**7621**	**2454**	**1803**	**651**	**2247**	**1476**	**771**
60-64	**5045**	**2511**	**2534**	**1578**	**1133**	**445**	**612**	**351**	**261**
60	1160	580	580	433	298	136	147	81	66
61	1098	538	561	356	258	99	137	81	56
62	999	500	499	314	223	91	117	63	54
63	972	479	493	266	191	74	124	74	50
64	815	414	401	208	163	45	88	52	36
65-69	**3366**	**1732**	**1634**	**603**	**454**	**149**	**576**	**383**	**193**
65	789	400	389	188	142	46	131	83	49
66	757	400	357	150	111	38	131	88	43
67	636	322	314	117	90	27	100	65	35
68	639	317	322	80	56	24	103	66	37
69	545	293	251	68	54	14	111	81	30
70-74	**2205**	**1106**	**1099**	**206**	**162**	**44**	**445**	**299**	**146**
70	486	250	236	57	44	13	104	69	35
71	455	239	216	54	45	9	88	57	32
72	424	209	215	41	30	11	80	55	25
73	425	215	210	29	24	5	82	58	24
74	414	193	221	25	19	6	91	60	30
75-79	**1857**	**855**	**1002**	**55**	**45**	**10**	**335**	**230**	**105**
75	347	171	176	19	15	4	74	48	26
76	375	171	204	11	10		67	49	17
77	388	186	202	11	10	1	69	49	20
78	369	165	203	11	7	4	74	47	27
79	378	162	216	4	2	1	52	37	15
80-84	**1196**	**515**	**681**	**6**	**5**	**1**	**179**	**132**	**47**
80	268	130	138	1	1		42	26	15
81	236	108	127	1	1		38	27	11
82	276	113	163	1	1		40	31	9
83	216	90	126	1	1		34	29	6
84	200	73	127	1		1	25	20	5
85-89	**692**	**243**	**450**	**5**	**3**	**1**	**76**	**61**	**15**
85	223	76	147	2	2		28	19	9
86	126	60	67				19	18	1
87	150	58	92	1		1	14	13	1
88	106	27	79	1		1	11	8	3
89	86	22	64	2	2		4	4	
90-94	**249**	**68**	**182**	**2**	**2**		**19**	**16**	**3**
90	90	25	64	2	2		6	4	2
91	71	17	54				6	5	1
92	36	8	27				3	3	1
93	35	8	27				3	3	
94	18	9	9				1	1	
95-99	**51**	**13**	**39**				**4**	**4**	**1**
95	12	1	11				1	1	
96	19	7	11				2	2	1
97	17	2	16				1	1	
98									
99	3	2							
100及以上	**3**		**2**				**1**		**1**

9-4b 续表 单位：人

年龄	最低生活保障金			财产性收入			家庭其他成员供养			其他		
	小计	男	女	小计	男	女	小计	男	女	小计	男	女
总计	366	216	150	106	68	38	9072	3254	5818	418	225	193
60-64	81	46	35	54	32	22	2553	857	1696	167	91	76
60	9	6	3	13	9	4	518	167	351	41	19	21
61	16	5	11	14	7	7	537	173	364	39	14	25
62	25	14	10	9	6	3	503	174	328	31	20	12
63	12	8	4	11	7	4	530	180	349	30	18	11
64	19	13	6	7	3	4	466	163	304	27	20	7
65-69	85	55	31	29	19	10	1968	758	1210	104	63	41
65	16	5	11	6	3	3	422	157	265	26	10	16
66	27	19	8	10	6	3	419	159	260	22	17	5
67	11	8	3	5	4	1	381	140	241	22	15	8
68	23	16	7	8	6	2	409	160	250	15	13	2
69	9	7	2				337	142	195	19	9	10
70-74	77	52	25	12	11	1	1410	557	853	55	26	29
70	21	12	8	4	4		292	118	174	8	2	6
71	12	10	2	2	2		284	118	167	15	9	6
72	18	14	4	2	2	1	276	106	170	7	3	4
73	12	10	2	1	1		291	118	173	11	5	6
74	15	6	8	3	3		267	98	169	13	6	7
75-79	48	25	23	5	4	1	1367	526	841	46	25	22
75	8	4	4	4	4		235	97	137	9	3	5
76	7	4	3				283	103	180	8	4	4
77	10	5	5	1		1	284	114	170	13	8	5
78	12	6	6				260	98	162	11	7	4
79	11	6	5				305	114	192	5	3	3
80-84	44	26	18	5	2	3	936	335	601	26	16	11
80	12	10	2	1	1		207	86	121	5	5	
81	7	3	4	2	1	1	181	74	107	7	4	3
82	16	9	8	1		1	211	71	141	6	1	4
83	6	4	2	1		1	171	55	115	3	2	2
84	3	1	2				166	49	117	5	4	1
85-89	20	11	9	1		1	579	163	416	12	5	7
85	6	4	1	1		1	186	50	135	1	1	
86	1	1					100	39	62	6	2	4
87	8	2	6				126	41	84	2	1	1
88	2	1	1				90	17	73	2	1	1
89	3	2	1				77	15	62	1		1
90-94	11	1	10				212	48	163	6		6
90	5		5				75	20	56	2		2
91	1		1				63	12	51	1		1
92	1		1				31	6	26			
93	2		2				27	5	23	3		3
94	1	1					15	6	8	1		1
95-99							46	9	36	2		2
95							9		9	2		2
96							16	6	11			
97							17	1	16			
98												
99							3	2				
100及以上							2		2			

9-4c 全省分年龄、性别、主要生活来源的60岁及以上老年人口(乡村)

单位：人

年 龄	合 计			劳动收入			离退休金养老金		
	合计	男	女	小计	男	女	小计	男	女
总 计	**29639**	**14583**	**15055**	**7544**	**5344**	**2199**	**1327**	**994**	**333**
60-64	**10166**	**5081**	**5084**	**4667**	**3137**	**1530**	**305**	**200**	**105**
60	2247	1123	1124	1182	774	408	56	42	14
61	2193	1088	1105	1065	709	355	58	37	21
62	1968	1011	957	904	615	289	65	48	17
63	2064	1027	1037	898	603	295	60	35	25
64	1694	833	861	618	436	182	66	39	28
65-69	**6798**	**3553**	**3246**	**1937**	**1463**	**474**	**309**	**227**	**81**
65	1655	882	773	602	446	156	62	44	18
66	1498	792	706	475	347	128	67	44	23
67	1312	660	652	361	269	92	51	38	13
68	1189	638	551	276	223	53	57	45	12
69	1144	580	563	223	178	45	72	56	16
70-74	**4693**	**2459**	**2234**	**657**	**522**	**136**	**316**	**253**	**63**
70	984	507	477	178	150	28	63	50	12
71	963	529	434	144	113	30	72	53	19
72	930	479	451	121	90	32	56	47	9
73	885	464	421	118	92	27	51	45	6
74	931	480	451	96	77	19	75	58	17
75-79	**3811**	**1843**	**1968**	**232**	**187**	**46**	**206**	**168**	**39**
75	809	434	375	70	53	17	50	41	10
76	708	320	389	49	40	9	29	21	8
77	758	347	411	36	30	5	41	37	5
78	808	398	410	47	38	9	43	37	6
79	727	343	383	30	25	5	43	33	10
80-84	**2441**	**1064**	**1377**	**37**	**26**	**11**	**114**	**87**	**28**
80	640	310	330	12	9	3	39	32	7
81	554	242	312	14	8	6	25	18	7
82	491	213	278	6	6		20	14	6
83	428	176	252				21	15	6
84	328	123	205	5	3	2	9	7	2
85-89	**1274**	**456**	**818**	**12**	**9**	**3**	**66**	**55**	**11**
85	375	147	228	5	5		18	15	3
86	261	97	164	3	1	2	11	11	
87	274	94	180	3	2	1	23	18	5
88	208	52	155				8	5	2
89	156	65	91	1	1		6	6	
90-94	**398**	**116**	**281**	**1**	**1**		**7**	**3**	**5**
90	139	44	95	1	1		2	1	2
91	90	30	60				1	1	
92	74	20	54				1	1	
93	49	10	38				1		1
94	47	12	35				2		2
95-99	**54**	**11**	**43**				**3**	**1**	**2**
95	23	3	20				2		2
96	18	3	15				1	1	
97	6	2	4						
98	1		1						
99	5	2	3						
100及以上	**6**	**1**	**5**						

9-4c 续表 单位：人

年 龄	最低生活保障金			财产性收入			家庭其他成员供养			其 他		
	小计	男	女	小计	男	女	小计	男	女	小计	男	女
总 计	**1116**	**673**	**443**	**83**	**57**	**26**	**18678**	**7030**	**11648**	**891**	**485**	**406**
60-64	**257**	**151**	**106**	**30**	**19**	**11**	**4575**	**1386**	**3189**	**331**	**187**	**144**
60	41	20	21	10	8	2	872	236	636	86	43	43
61	55	34	21	7	3	4	937	267	670	72	38	34
62	50	27	23	4	4		894	283	611	51	35	16
63	62	41	21	5		5	976	311	665	64	37	27
64	49	29	20	6	4	1	896	290	606	58	34	24
65-69	**246**	**162**	**85**	**32**	**24**	**8**	**4054**	**1558**	**2496**	**221**	**119**	**102**
65	50	30	19	6	5	1	878	327	551	57	30	27
66	56	44	12	11	8	3	854	336	517	35	14	22
67	51	30	21	3	3		797	296	501	49	23	26
68	43	33	11	5	4	1	776	308	468	31	25	6
69	46	25	22	6	4	2	748	290	458	48	28	21
70-74	**199**	**135**	**65**	**6**	**4**	**2**	**3383**	**1471**	**1912**	**131**	**75**	**56**
70	41	26	15	2	1	1	667	261	406	34	19	15
71	47	36	12	1		1	676	313	363	24	14	10
72	34	21	14	2	1		691	304	387	25	17	9
73	36	27	9	1	1		655	289	366	24	10	14
74	41	25	16	1	1		694	304	390	23	14	9
75-79	**195**	**115**	**80**	**10**	**5**	**5**	**3069**	**1314**	**1755**	**98**	**54**	**44**
75	49	33	16	1	1	1	621	294	328	17	13	4
76	29	16	13	2	1	1	581	233	349	17	9	8
77	38	20	19	2	2		618	244	374	22	14	8
78	42	20	22	2	1	1	651	294	357	23	8	15
79	36	26	10	2	1	1	596	249	347	19	10	9
80-84	**119**	**74**	**46**	**4**	**3**	**1**	**2103**	**843**	**1260**	**63**	**31**	**32**
80	30	21	9	3	2	1	542	236	306	15	10	5
81	31	17	14	1	1		474	194	279	9	4	5
82	23	14	9				429	173	257	12	5	7
83	19	12	7				370	140	230	17	8	9
84	16	9	7				288	100	187	9	4	6
85-89	**70**	**25**	**45**	**1**	**1**		**1089**	**351**	**738**	**36**	**15**	**21**
85	15	7	8	1	1		326	114	212	10	6	5
86	14	6	9				222	74	148	11	6	5
87	15	4	12				227	71	156	6		5
88	12	2	10	1	1		182	43	139	5	1	4
89	13	6	7				132	50	82	4	2	2
90-94	**28**	**12**	**16**				**355**	**97**	**257**	**7**	**4**	**3**
90	5	3	2				130	40	91			
91	5	4	1				81	23	58	2	1	1
92	8	1	7				61	16	45	4	2	2
93	5	1	4				41	9	33	1	1	1
94	4	2	2				40	10	31			
95-99	**1**		**1**				**46**	**9**	**36**	**5**	**1**	**4**
95							21	3	18			
96	1		1				15	2	12	3		3
97							5	1	4	1	1	
98							1		1			
99							3	2	2	1		1
100及以上							**6**	**1**	**5**			

9-5 各地区分性别、婚姻状况的60岁及以上老年人口

单位：人

地区	合计			未婚		
	合计	男	女	小计	男	女
全省	**60581**	**29514**	**31067**	**718**	**665**	**53**
福州市	13111	6462	6648	112	91	20
福州市(不含平潭)	12305	6065	6241	110	90	20
平潭	806	398	408	1	1	
厦门市	4142	1921	2221	24	20	4
莆田市	4762	2209	2553	20	16	4
三明市	4523	2268	2256	53	53	
泉州市	10666	5007	5659	84	82	3
漳州市	8125	3875	4250	139	123	16
南平市	5152	2611	2541	35	35	
龙岩市	4667	2260	2408	84	83	1
宁德市	5432	2902	2531	167	161	5

9-5 续表

单位：人

地区	有配偶			离婚			丧偶		
	小计	男	女	小计	男	女	小计	男	女
全省	**43881**	**24775**	**19106**	**492**	**307**	**185**	**15490**	**3767**	**11724**
福州市	9804	5571	4233	136	86	51	3059	715	2344
福州市(不含平潭)	9200	5219	3981	131	83	48	2864	673	2190
平潭	604	352	252	5	3	2	195	41	154
厦门市	3071	1685	1386	52	20	32	995	196	799
莆田市	3485	1902	1583	26	13	13	1231	278	953
三明市	3203	1775	1428	46	31	15	1221	408	813
泉州市	7550	4270	3280	52	28	25	2979	628	2351
漳州市	5815	3242	2572	40	21	19	2131	488	1643
南平市	3818	2167	1651	53	36	17	1246	373	873
龙岩市	3227	1851	1376	41	34	8	1315	292	1023
宁德市	3908	2311	1597	46	40	6	1312	389	923

9-5a　各地区分性别、婚姻状况的60岁及以上老年人口(城市)

单位：人

地　区	合　计			未　婚		
	合计	男	女	小计	男	女
全　省	**16279**	**7888**	**8391**	**71**	**59**	**12**
福州市	5278	2600	2677	12	9	3
厦门市	3127	1462	1665	18	14	4
莆田市	1490	700	790	10	9	2
三明市	766	347	419	1	1	
泉州市	2279	1124	1155	16	15	2
漳州市	901	438	463	5	3	2
南平市	1205	589	615	4	4	
龙岩市	542	272	270	1	1	
宁德市	692	356	336	3	3	1

9-5a　续表

单位：人

地　区	有配偶			离　婚			丧　偶		
	小计	男	女	小计	男	女	小计	男	女
全　省	**12548**	**7012**	**5536**	**189**	**95**	**94**	**3471**	**722**	**2748**
福州市	4210	2340	1870	63	31	31	994	220	774
厦门市	2365	1298	1067	48	19	29	695	130	565
莆田市	1139	611	527	8	5	3	332	75	258
三明市	551	297	254	15	6	9	199	43	155
泉州市	1720	1004	716	11	4	6	532	101	431
漳州市	673	384	289	14	8	7	208	43	165
南平市	918	514	404	16	10	6	267	61	206
龙岩市	422	245	177	8	8		112	19	93
宁德市	550	320	231	6	4	3	132	30	102

9-5b 各地区分性别、婚姻状况的60岁及以上老年人口(镇)

单位：人

地区	合计			未婚		
	合计	男	女	小计	男	女
全省	**14664**	**7043**	**7621**	**226**	**194**	**31**
福州市	2715	1247	1467	42	24	18
福州市(不含平潭)	2530	1162	1368	42	24	18
平潭	185	86	99			
厦门市	166	74	93	1	1	
莆田市	827	388	439	2	2	
三明市	1325	669	657	30	30	
泉州市	3258	1506	1753	21	20	1
漳州市	2595	1251	1344	68	58	10
南平市	1133	559	573	4	4	
龙岩市	1294	638	656	23	22	1
宁德市	1350	712	638	34	32	1

9-5b 续表

单位：人

地区	有配偶			离婚			丧偶		
	小计	男	女	小计	男	女	小计	男	女
全省	**10263**	**5864**	**4399**	**95**	**66**	**29**	**4080**	**919**	**3161**
福州市	1764	1011	753	20	15	5	889	197	692
福州市(不含平潭)	1641	937	704	19	15	4	828	186	642
平潭	124	74	49	1		1	60	11	49
厦门市	111	61	50				53	11	42
莆田市	604	334	270	6	3	3	215	49	166
三明市	892	505	387	16	13	3	388	121	267
泉州市	2272	1297	975	12	7	5	953	181	772
漳州市	1873	1060	813	9	4	5	645	129	516
南平市	846	481	365	14	10	3	269	64	205
龙岩市	910	523	387	11	8	3	349	84	265
宁德市	990	592	399	7	5	2	319	82	237

9-5c　各地区分性别、婚姻状况的60岁及以上老年人口(乡村)

单位：人

地　区	合　计			未　婚		
	合计	男	女	小计	男	女
全　省	**29639**	**14583**	**15055**	**421**	**412**	**9**
福州市	5118	2615	2503	58	58	
福州市(不含平潭)	4497	2302	2195	57	57	
平潭	621	312	309	1	1	
厦门市	849	386	463	4	4	
莆田市	2445	1121	1324	8	5	2
三明市	2432	1252	1181	22	22	
泉州市	5129	2378	2751	47	47	
漳州市	4629	2185	2444	66	62	4
南平市	2815	1462	1352	27	27	
龙岩市	2831	1350	1481	60	60	
宁德市	3390	1834	1556	129	126	3

9-5c　续表

单位：人

地　区	有配偶			离　婚			丧　偶		
	小计	男	女	小计	男	女	小计	男	女
全　省	**21070**	**11899**	**9171**	**208**	**146**	**61**	**7940**	**2126**	**5814**
福州市	3830	2220	1610	54	39	15	1177	298	879
福州市(不含平潭)	3349	1942	1408	49	36	13	1042	268	774
平潭	480	278	202	4	3	1	135	30	105
厦门市	594	326	269	3	1	2	247	55	192
莆田市	1741	957	785	11	4	7	684	155	529
三明市	1760	974	786	15	13	3	635	244	392
泉州市	3558	1969	1589	30	16	14	1494	346	1148
漳州市	3268	1798	1470	16	9	7	1278	315	963
南平市	2054	1172	882	23	15	8	710	247	463
龙岩市	1895	1083	812	23	18	5	854	189	665
宁德市	2367	1400	968	32	31	2	861	277	584

9-6 全省分年龄、性别、婚姻状况的60岁及以上老年人口

单位：人

年 龄	合 计			未 婚		
	合计	男	女	小计	男	女
总 计	**60581**	**29514**	**31067**	**718**	**665**	**53**
60-64	**21156**	**10501**	**10655**	**270**	**239**	**31**
60	4748	2360	2388	58	45	13
61	4654	2305	2349	45	45	
62	4138	2069	2069	55	46	9
63	4196	2064	2132	56	49	6
64	3420	1703	1717	56	55	2
65-69	**14225**	**7308**	**6917**	**165**	**156**	**9**
65	3395	1748	1647	32	27	5
66	3234	1665	1568	38	38	1
67	2703	1354	1349	30	29	1
68	2551	1325	1226	42	41	1
69	2342	1215	1127	23	22	1
70-74	**9282**	**4761**	**4521**	**140**	**131**	**9**
70	1999	1007	992	23	22	1
71	1983	1052	930	33	29	3
72	1840	940	900	27	26	1
73	1734	891	844	28	28	
74	1727	872	855	29	26	3
75-79	**7552**	**3599**	**3953**	**73**	**72**	**1**
75	1533	785	748	26	26	
76	1464	686	777	5	5	
77	1530	726	804	16	15	1
78	1562	741	821	16	16	
79	1464	661	803	10	10	
80-84	**4860**	**2138**	**2723**	**46**	**46**	
80	1212	582	630	16	16	
81	1061	473	588	11	11	
82	1040	455	586	9	9	
83	841	357	483	6	6	
84	707	271	436	3	3	
85-89	**2531**	**929**	**1602**	**18**	**17**	**1**
85	759	292	467	8	7	1
86	506	208	298	5	5	
87	555	206	349	3	3	
88	407	113	293	1	1	
89	305	110	195	1	1	
90-94	**820**	**245**	**575**	**6**	**4**	**2**
90	295	98	197	2	2	
91	211	65	146	2	2	
92	129	35	95			
93	104	22	82	2		2
94	81	25	56			
95-99	**143**	**31**	**112**			
95	54	7	47			
96	45	12	33			
97	25	5	20			
98	7	2	5			
99	11	4	7			
100及以上	**12**	**1**	**11**			

9-6 续表

单位：人

年龄	有配偶			离婚			丧偶		
	小计	男	女	小计	男	女	小计	男	女
总计	**43881**	**24775**	**19106**	**492**	**307**	**185**	**15490**	**3767**	**11724**
60-64	**18582**	**9611**	**8971**	**212**	**137**	**75**	**2092**	**514**	**1578**
60	4250	2193	2057	47	25	22	394	97	296
61	4162	2118	2043	40	29	12	406	113	293
62	3624	1902	1722	49	29	20	410	92	318
63	3613	1865	1748	46	33	12	482	117	366
64	2933	1532	1401	31	22	9	401	95	306
65-69	**11505**	**6506**	**5000**	**125**	**78**	**47**	**2429**	**568**	**1861**
65	2853	1596	1257	32	15	17	479	110	369
66	2648	1470	1178	29	17	12	519	141	378
67	2198	1204	994	22	13	9	452	108	344
68	2003	1164	839	22	17	5	483	103	381
69	1803	1072	731	21	16	5	495	106	389
70-74	**6617**	**4010**	**2606**	**61**	**40**	**21**	**2465**	**581**	**1884**
70	1480	861	619	16	7	9	481	118	363
71	1450	905	544	8	5	3	492	113	380
72	1323	781	542	12	8	4	477	125	352
73	1223	757	465	10	8	1	474	97	377
74	1141	706	435	16	11	4	540	128	412
75-79	**4312**	**2691**	**1621**	**41**	**30**	**10**	**3127**	**806**	**2321**
75	1002	615	386	7	7	1	498	136	361
76	868	512	356	7	5	1	585	165	420
77	881	552	329	12	9	3	621	150	470
78	838	560	279	7	5	2	700	161	540
79	723	452	270	8	5	3	723	193	530
80-84	**2089**	**1395**	**693**	**35**	**15**	**19**	**2692**	**681**	**2010**
80	605	405	200	10	3	7	580	158	422
81	490	322	169	8	1	7	551	139	412
82	428	279	149	5	3	2	598	163	435
83	321	226	96	2	1	1	511	124	386
84	243	164	80	9	7	2	451	97	354
85-89	**659**	**463**	**195**	**13**	**5**	**9**	**1841**	**444**	**1397**
85	229	155	74	6	4	2	516	126	390
86	151	106	45				350	97	253
87	126	90	35	3	1	2	423	111	312
88	85	60	25	4		4	316	52	264
89	67	52	15	2		2	236	58	178
90-94	**111**	**94**	**17**	**6**	**2**	**4**	**698**	**145**	**553**
90	52	46	7	5	2	3	235	48	187
91	23	22	1				186	41	146
92	19	14	5	1		1	110	21	89
93	9	8	1				93	15	78
94	7	4	3				73	20	53
95-99	**8**	**4**	**3**				**135**	**27**	**109**
95	3	2	1				51	6	46
96	4	1	3				42	12	30
97							25	5	20
98							7	2	5
99	2	2					10	2	7
100及以上							**12**	**1**	**11**

9-6a 全省分年龄、性别、婚姻状况的60岁及以上老年人口(城市)

单位：人

年 龄	合 计			未 婚		
	合计	男	女	小计	男	女
总 计	**16279**	**7888**	**8391**	**71**	**59**	**12**
60-64	**5945**	**2909**	**3036**	**32**	**28**	**5**
60	1341	657	684	4	3	2
61	1362	679	683	10	9	
62	1171	558	613	5	4	2
63	1160	559	602	5	5	
64	911	456	454	8	7	1
65-69	**4060**	**2023**	**2037**	**23**	**16**	**6**
65	950	466	484	4	2	2
66	979	473	506	5	4	1
67	755	372	382	5	3	1
68	722	370	352	6	5	1
69	654	342	312	3	2	1
70-74	**2384**	**1196**	**1188**	**11**	**9**	**1**
70	530	251	279	2	2	
71	564	284	281	3	2	1
72	486	251	234	3	3	
73	424	212	212	1	1	
74	381	199	182	1	1	
75-79	**1885**	**902**	**983**	**1**	**1**	
75	376	180	197			
76	380	196	185			
77	384	194	190			
78	385	178	207	1	1	
79	359	155	204			
80-84	**1224**	**559**	**665**	**3**	**3**	
80	303	142	161	2	2	
81	271	122	149			
82	274	129	145			
83	197	92	106			
84	178	75	103	1	1	
85-89	**564**	**231**	**334**			
85	160	68	92			
86	118	51	68			
87	131	54	77			
88	93	34	59			
89	63	23	39			
90-94	**173**	**61**	**113**	**1**	**1**	
90	66	29	38			
91	51	18	33	1	1	
92	20	7	13			
93	20	4	16			
94	16	4	12			
95-99	**38**	**8**	**30**			
95	18	3	16			
96	8	2	6			
97	2	1	1			
98	6	2	4			
99	4		4			
100及以上	**4**		**4**			

9-6a 续表 单位：人

年 龄	有配偶			离 婚			丧 偶		
	小计	男	女	小计	男	女	小计	男	女
总 计	**12548**	**7012**	**5536**	**189**	**95**	**94**	**3471**	**722**	**2748**
60-64	**5331**	**2752**	**2579**	**89**	**48**	**41**	**493**	**81**	**412**
60	1230	633	597	19	9	11	88	13	75
61	1232	642	590	19	11	8	101	17	84
62	1043	534	508	19	7	11	105	13	92
63	1027	523	505	20	13	7	108	18	90
64	800	421	379	12	8	4	91	21	70
65-69	**3380**	**1856**	**1524**	**50**	**24**	**26**	**607**	**127**	**480**
65	814	437	377	14	4	9	119	22	96
66	824	438	386	14	7	7	136	24	112
67	635	333	301	11	5	6	104	30	74
68	583	335	248	8	5	4	125	25	100
69	523	312	212	3	3	1	124	25	99
70-74	**1806**	**1069**	**736**	**16**	**9**	**8**	**552**	**109**	**443**
70	406	224	182	4	3	1	117	22	96
71	425	255	170	4	2	2	132	25	107
72	378	226	152	3	1	3	101	21	80
73	315	189	125	3	2	1	106	20	86
74	282	175	107	2	1	1	96	22	74
75-79	**1187**	**752**	**434**	**9**	**6**	**3**	**688**	**142**	**546**
75	258	156	102	2	1	1	116	22	94
76	258	160	98	1	1	1	121	35	86
77	250	160	90	3	3		131	30	101
78	215	146	70	2	1	1	167	31	136
79	205	130	74	1	1	1	153	24	129
80-84	**614**	**409**	**205**	**14**	**5**	**9**	**593**	**142**	**451**
80	170	111	59	4	1	3	127	28	99
81	134	89	45	4		4	133	33	100
82	134	89	45	2	2	1	137	38	99
83	104	70	34				93	21	72
84	71	49	22	3	3	1	103	22	81
85-89	**193**	**140**	**53**	**8**	**2**	**6**	**363**	**89**	**274**
85	66	45	20	3	2	1	91	21	71
86	39	26	13				79	25	55
87	43	33	10				87	20	67
88	31	24	7	4		4	58	10	48
89	14	11	3	2		2	47	13	34
90-94	**34**	**32**	**3**	**3**	**2**	**1**	**135**	**26**	**109**
90	18	16	2	3	2	1	46	11	35
91	9	9	1				40	8	32
92	6	6					14	1	13
93	1	1					19	3	16
94							16	4	12
95-99	**3**	**2**	**1**				**35**	**6**	**29**
95	2	2					17	1	16
96	1		1				7	2	5
97							2	1	1
98							6	2	4
99							4		4
100及以上							**4**		**4**

9-6b 全省分年龄、性别、婚姻状况的60岁及以上老年人口(镇)

单位：人

年 龄	合 计			未 婚		
	合计	男	女	小计	男	女
总 计	**14664**	**7043**	**7621**	**226**	**194**	**31**
60-64	**5045**	**2511**	**2534**	**85**	**64**	**21**
60	1160	580	580	21	11	10
61	1098	538	561	7	7	
62	999	500	499	18	12	6
63	972	479	493	15	10	4
64	815	414	401	24	23	1
65-69	**3366**	**1732**	**1634**	**43**	**42**	**1**
65	789	400	389	5	3	1
66	757	400	357	13	13	
67	636	322	314	7	7	
68	639	317	322	12	12	
69	545	293	251	6	6	
70-74	**2205**	**1106**	**1099**	**46**	**40**	**5**
70	486	250	236	6	6	
71	455	239	216	12	10	2
72	424	209	215	9	9	
73	425	215	210	12	12	
74	414	193	221	7	4	3
75-79	**1857**	**855**	**1002**	**23**	**23**	**1**
75	347	171	176	6	6	
76	375	171	204	1	1	
77	388	186	202	4	3	1
78	369	165	203	7	7	
79	378	162	216	5	5	
80-84	**1196**	**515**	**681**	**18**	**18**	
80	268	130	138	6	6	
81	236	108	127	5	5	
82	276	113	163	6	6	
83	216	90	126	1	1	
84	200	73	127			
85-89	**692**	**243**	**450**	**8**	**7**	**1**
85	223	76	147	3	2	1
86	126	60	67	4	4	
87	150	58	92	1	1	
88	106	27	79			
89	86	22	64			
90-94	**249**	**68**	**182**	**2**		**2**
90	90	25	64			
91	71	17	54			
92	36	8	27			
93	35	8	27	2		2
94	18	9	9			
95-99	**51**	**13**	**39**			
95	12	1	11			
96	19	7	11			
97	17	2	16			
98						
99	3	2				
100及以上	**3**		**2**			

9-6b 续表

单位：人

年 龄	有配偶			离 婚			丧 偶		
	小计	男	女	小计	男	女	小计	男	女
总 计	**10263**	**5864**	**4399**	**95**	**66**	**29**	**4080**	**919**	**3161**
60-64	**4356**	**2279**	**2077**	**53**	**36**	**17**	**551**	**132**	**419**
60	1013	531	482	13	7	6	113	30	83
61	977	503	474	8	4	4	107	24	83
62	858	451	407	13	9	5	109	28	81
63	831	432	398	11	10	1	116	27	89
64	677	361	316	8	6	2	107	23	83
65-69	**2696**	**1559**	**1137**	**16**	**9**	**7**	**611**	**122**	**489**
65	660	376	284	3	1	2	122	20	102
66	609	351	258	4	2	2	131	34	97
67	518	292	226	2	1	2	108	22	86
68	489	279	210	3	3		135	23	112
69	420	261	158	4	2	2	115	23	91
70-74	**1516**	**915**	**602**	**14**	**12**	**1**	**629**	**139**	**490**
70	367	217	150	1	1		112	25	87
71	330	204	126	1	1		112	24	88
72	287	167	120	4	4	1	124	30	94
73	277	172	105	4	4		132	28	105
74	255	154	101	4	3	1	149	32	116
75-79	**1033**	**652**	**381**	**9**	**7**	**1**	**792**	**173**	**619**
75	229	140	90	1	1		111	25	86
76	210	130	80	2	1	1	162	38	123
77	227	144	83	2	2	1	155	37	118
78	197	128	68	2	2		163	28	135
79	170	110	60	2	2		202	46	156
80-84	**480**	**322**	**158**	**2**	**1**		**696**	**174**	**522**
80	125	86	39	1	1		137	38	99
81	121	82	38				110	21	89
82	102	63	39	1	1		167	43	124
83	68	46	22	1			146	42	104
84	64	44	20				135	29	107
85-89	**155**	**117**	**38**	**1**		**1**	**528**	**118**	**410**
85	51	38	13	1		1	169	36	133
86	37	29	8				85	26	59
87	31	22	9				118	34	84
88	21	17	4				85	9	75
89	15	10	5				71	12	59
90-94	**22**	**18**	**4**	**2**		**2**	**223**	**49**	**174**
90	9	8	2	1		1	79	18	62
91	5	5					66	13	54
92	5	3	1	1		1	30	5	25
93	2	2					31	6	25
94	2	1	1				16	8	8
95-99	**4**	**2**	**2**				**47**	**11**	**36**
95	1		1				12	1	10
96	2		2				17	7	10
97							17	2	16
98									
99	2	2					1		
100及以上							**3**		**2**

9-6c 全省分年龄、性别、婚姻状况的60岁及以上老年人口(乡村)

单位：人

年 龄	合 计			未 婚		
	合计	男	女	小计	男	女
总 计	**29639**	**14583**	**15055**	**421**	**412**	**9**
60-64	**10166**	**5081**	**5084**	**153**	**148**	**5**
60	2247	1123	1124	33	31	2
61	2193	1088	1105	28	28	
62	1968	1011	957	32	30	2
63	2064	1027	1037	36	34	2
64	1694	833	861	25	25	
65-69	**6798**	**3553**	**3246**	**99**	**98**	**1**
65	1655	882	773	23	22	1
66	1498	792	706	20	20	
67	1312	660	652	19	19	
68	1189	638	551	24	24	
69	1144	580	563	14	14	
70-74	**4693**	**2459**	**2234**	**83**	**81**	**2**
70	984	507	477	15	13	1
71	963	529	434	17	17	
72	930	479	451	15	14	1
73	885	464	421	15	15	
74	931	480	451	21	21	
75-79	**3811**	**1843**	**1968**	**49**	**49**	
75	809	434	375	20	20	
76	708	320	389	3	3	
77	758	347	411	12	12	
78	808	398	410	8	8	
79	727	343	383	5	5	
80-84	**2441**	**1064**	**1377**	**24**	**24**	
80	640	310	330	9	9	
81	554	242	312	7	7	
82	491	213	278	2	2	
83	428	176	252	5	5	
84	328	123	205	2	2	
85-89	**1274**	**456**	**818**	**9**	**9**	
85	375	147	228	5	5	
86	261	97	164			
87	274	94	180	2	2	
88	208	52	155	1	1	
89	156	65	91	1	1	
90-94	**398**	**116**	**281**	**3**	**3**	
90	139	44	95	2	2	
91	90	30	60	1	1	
92	74	20	54			
93	49	10	38			
94	47	12	35			
95-99	**54**	**11**	**43**			
95	23	3	20			
96	18	3	15			
97	6	2	4			
98	1		1			
99	5	2	3			
100及以上	**6**	**1**	**5**			

9-6c 续表 单位：人

年龄	有配偶			离婚			丧偶		
	小计	男	女	小计	男	女	小计	男	女
总计	**21070**	**11899**	**9171**	**208**	**146**	**61**	**7940**	**2126**	**5814**
60-64	**8894**	**4579**	**4315**	**71**	**53**	**17**	**1048**	**301**	**747**
60	2007	1029	978	14	9	5	193	54	139
61	1953	974	979	14	14		198	72	126
62	1723	917	806	17	13	4	196	51	145
63	1755	910	845	15	11	4	258	72	186
64	1456	750	706	11	7	4	203	51	152
65-69	**5430**	**3091**	**2339**	**58**	**44**	**14**	**1211**	**319**	**892**
65	1379	783	596	15	10	5	239	68	170
66	1215	681	534	11	8	3	252	83	169
67	1045	578	467	8	7	1	241	56	185
68	931	550	381	11	10	1	223	55	169
69	860	499	361	13	10	3	256	57	199
70-74	**3295**	**2027**	**1268**	**31**	**19**	**12**	**1284**	**333**	**951**
70	707	419	288	11	4	7	252	71	181
71	695	446	248	3	2	1	248	64	185
72	658	387	271	4	3	1	252	74	178
73	631	396	234	3	3	1	236	50	186
74	605	378	227	9	7	2	296	74	222
75-79	**2092**	**1287**	**806**	**23**	**17**	**5**	**1647**	**490**	**1157**
75	514	320	194	4	4		271	89	181
76	399	221	178	4	4		302	92	210
77	404	248	157	7	4	2	335	84	252
78	426	286	141	3	2	1	370	102	268
79	348	212	136	5	3	2	369	123	245
80-84	**994**	**664**	**330**	**19**	**9**	**10**	**1403**	**366**	**1037**
80	310	208	102	5	1	4	316	92	224
81	235	150	85	4	1	3	308	84	224
82	192	127	65	2	1	1	294	82	211
83	149	109	40	2	1	1	272	61	211
84	108	70	37	6	4	1	213	47	167
85-89	**310**	**206**	**104**	**5**	**3**	**2**	**950**	**237**	**712**
85	113	72	42	2	2		255	69	186
86	75	51	24				186	46	140
87	52	35	17	3	1	2	218	57	161
88	33	19	14				174	33	141
89	37	31	7				117	33	85
90-94	**54**	**44**	**10**	**2**	**1**	**1**	**339**	**69**	**270**
90	26	23	3	2	1	1	110	19	90
91	9	9					80	20	60
92	8	5	3				66	15	51
93	6	4	1				43	6	37
94	6	4	2				41	8	33
95-99	**1**	**1**					**53**	**10**	**43**
95							23	3	20
96	1	1					18	2	15
97							6	2	4
98							1		1
99							5	2	3
100及以上							**6**	**1**	**5**

9-7 各地区分性别、受教育程度的60岁及以上老年人口

单位：人

地 区	60岁及以上人口			未上过学			小 学		
	合计	男	女	小计	男	女	小计	男	女
全 省	**60964**	**29715**	**31248**	**16890**	**3511**	**13380**	**28543**	**15215**	**13328**
福州市	13315	6572	6743	2689	570	2119	5949	3032	2917
福州市(不含平潭)	12494	6166	6328	2446	506	1940	5488	2789	2698
平潭	820	405	415	242	63	179	461	243	218
厦门市	4179	1938	2241	1007	188	819	1416	693	723
莆田市	4775	2215	2560	1576	194	1382	1959	1020	938
三明市	4535	2273	2262	1312	311	1000	2429	1379	1050
泉州市	10682	5018	5665	3008	492	2515	5274	2646	2628
漳州市	8141	3881	4259	2714	494	2220	3829	2103	1727
南平市	5190	2632	2558	1210	342	869	2876	1551	1325
龙岩市	4696	2274	2422	1308	173	1135	2204	1168	1036
宁德市	5450	2913	2537	2067	747	1321	2607	1623	984

9-7 续表 1

单位：人

地 区	初 中			普通高中			中 职		
	小计	男	女	小计	男	女	小计	男	女
全 省	**9531**	**6815**	**2715**	**2852**	**2004**	**848**	**1299**	**782**	**518**
福州市	2445	1563	882	953	588	366	409	199	210
福州市(不含平潭)	2352	1482	870	938	576	362	404	196	208
平潭	93	81	12	15	12	4	4	3	2
厦门市	834	474	360	333	210	123	206	103	103
莆田市	924	742	182	192	159	33	62	47	15
三明市	519	376	143	155	115	41	64	42	22
泉州市	1649	1302	348	419	331	88	153	104	49
漳州市	1189	945	243	217	179	38	118	98	20
南平市	711	469	242	210	145	65	98	58	40
龙岩市	763	597	166	229	175	54	113	87	26
宁德市	497	348	149	144	102	42	77	44	32

9-7 续表 2

单位：人

地区	大学专科			大学本科			研究生及以上		
	小计	男	女	小计	男	女	小计	男	女
全省	**982**	**746**	**236**	**847**	**629**	**218**	**19**	**14**	**5**
福州市	386	281	105	473	330	142	12	9	3
福州市(不含平潭)	382	277	105	472	330	142	12	9	3
平潭	4	4		1	1				
厦门市	202	134	68	175	133	42	6	4	2
莆田市	45	38	7	18	15	2			
三明市	36	34	2	20	16	4			
泉州市	106	79	26	73	63	10	1	1	
漳州市	47	41	6	27	21	6			
南平市	60	50	10	24	16	8			
龙岩市	59	54	5	21	20	1			
宁德市	42	35	6	16	13	2			

9-7a 各地区分性别、受教育程度的60岁及以上老年人口(城市)

单位：人

地区	60岁及以上人口			未上过学			小学		
	合计	男	女	小计	男	女	小计	男	女
全省	**16402**	**7949**	**8452**	**2615**	**471**	**2144**	**5616**	**2478**	**3138**
福州市	5344	2636	2709	529	110	419	1442	598	844
厦门市	3163	1477	1685	557	89	468	983	441	542
莆田市	1495	703	793	333	30	303	544	214	330
三明市	767	348	420	104	16	88	354	138	216
泉州市	2280	1124	1156	532	117	415	983	470	513
漳州市	901	438	463	147	18	129	392	187	205
南平市	1211	594	618	155	25	130	483	214	269
龙岩市	547	275	273	87	15	72	164	73	91
宁德市	693	356	337	170	50	120	272	144	128

9-7a 续表 1 单位：人

地区	初中			普通高中			中职		
	小计	男	女	小计	男	女	小计	男	女
全省	**4075**	**2413**	**1662**	**1700**	**1037**	**663**	**833**	**409**	**424**
福州市	1471	785	686	752	424	328	338	147	191
厦门市	737	395	342	314	192	122	196	94	102
莆田市	423	310	113	114	87	26	32	19	13
三明市	191	116	74	64	39	25	25	14	11
泉州市	438	315	122	140	98	42	64	30	34
漳州市	243	149	95	62	42	20	21	13	8
南平市	307	175	132	129	84	45	68	42	27
龙岩市	157	98	59	61	29	32	41	24	16
宁德市	108	68	39	66	42	24	47	25	22

9-7a 续表 2 单位：人

地区	大学专科			大学本科			研究生及以上		
	小计	男	女	小计	男	女	小计	男	女
全省	**782**	**574**	**208**	**762**	**553**	**209**	**19**	**14**	**5**
福州市	350	253	97	450	309	141	12	9	3
厦门市	194	129	65	175	133	42	6	4	2
莆田市	37	30	7	13	12	1			
三明市	16	14	2	14	10	4			
泉州市	66	46	20	55	46	9	1	1	
漳州市	23	20	3	13	9	4			
南平市	47	39	8	22	14	7			
龙岩市	28	25	3	11	11				
宁德市	22	19	3	8	7	1			

9-7b 各地区分性别、受教育程度的60岁及以上老年人口(镇)

单位：人

地区	60岁及以上人口			未上过学			小学		
	合计	男	女	小计	男	女	小计	男	女
全省	**14735**	**7085**	**7650**	**4222**	**822**	**3400**	**7136**	**3690**	**3445**
福州市	2758	1274	1484	751	133	618	1428	710	718
福州市(不含平潭)	2572	1187	1385	716	127	589	1326	668	658
平潭	186	86	99	35	6	29	102	42	60
厦门市	166	74	93	52	8	44	79	39	39
莆田市	827	388	439	288	36	252	359	200	159
三明市	1328	670	658	304	70	234	720	378	342
泉州市	3265	1511	1753	912	124	787	1584	793	792
漳州市	2601	1253	1348	894	175	720	1148	630	518
南平市	1140	564	577	251	74	177	585	288	297
龙岩市	1298	639	659	343	58	285	582	277	305
宁德市	1351	712	639	427	144	283	651	376	274

9-7b 续表 1

单位：人

地区	初中			普通高中			中职		
	小计	男	女	小计	男	女	小计	男	女
全省	**2293**	**1728**	**565**	**614**	**475**	**139**	**270**	**199**	**71**
福州市	404	303	101	101	75	26	38	24	14
福州市(不含平潭)	370	275	95	90	68	22	35	22	13
平潭	33	28	5	11	7	4	3	1	2
厦门市	25	17	7	6	6		3	1	1
莆田市	146	122	24	22	20	2	8	7	1
三明市	186	130	56	66	50	16	26	17	9
泉州市	511	390	120	157	122	35	59	45	14
漳州市	404	321	83	76	61	15	49	41	8
南平市	215	139	76	56	41	15	21	11	10
龙岩市	233	186	47	74	60	13	40	35	6
宁德市	170	118	52	56	39	17	26	17	9

9-7b 续表 2

单位：人

地　区	大学专科			大学本科			研究生及以上		
	小计	男	女	小计	男	女	小计	男	女
全　省	**140**	**118**	**21**	**61**	**53**	**8**			
福州市	22	16	6	14	13	2			
福州市(不含平潭)	22	15	6	14	12	2			
平潭	1	1		1	1				
厦门市	1	1							
莆田市	3	3		2	1	1			
三明市	19	19		6	6				
泉州市	29	25	5	13	12	1			
漳州市	18	15	3	11	10	1			
南平市	11	9	2	2	2				
龙岩市	19	17	2	8	6	1			
宁德市	18	14	4	3	3				

9-7c 各地区分性别、受教育程度的60岁及以上老年人口(乡村)

单位：人

地　区	60岁及以上人口			未上过学			小　学		
	合计	男	女	小计	男	女	小计	男	女
全　省	**29827**	**14682**	**15146**	**10053**	**2217**	**7836**	**15791**	**9046**	**6745**
福州市	5212	2662	2550	1408	327	1082	3079	1725	1355
福州市(不含平潭)	4578	2343	2234	1201	269	931	2720	1524	1196
平潭	635	319	316	208	57	150	359	201	158
厦门市	850	387	463	397	90	307	354	212	142
莆田市	2453	1125	1328	955	128	827	1056	606	450
三明市	2440	1256	1185	904	225	679	1355	864	491
泉州市	5138	2383	2755	1564	251	1313	2706	1383	1323
漳州市	4639	2190	2449	1673	302	1371	2289	1285	1004
南平市	2838	1474	1364	805	243	562	1808	1049	759
龙岩市	2851	1360	1491	877	100	778	1459	819	640
宁德市	3405	1844	1561	1470	552	918	1685	1103	581

9-7c　续表 1　　单位：人

地　区	初　中			普通高中			中　职		
	小计	男	女	小计	男	女	小计	男	女
全　省	**3163**	**2675**	**487**	**539**	**492**	**47**	**197**	**174**	**23**
福州市	570	474	96	101	89	12	32	28	4
福州市(不含平潭)	510	422	88	97	85	12	31	26	4
平潭	60	53	7	4	4		1	1	
厦门市	72	61	11	12	12		7	7	
莆田市	355	310	45	57	52	5	23	21	2
三明市	142	130	12	25	25		13	11	2
泉州市	701	596	105	123	112	11	30	29	2
漳州市	541	475	66	79	76	3	47	44	4
南平市	189	155	34	25	20	5	9	5	3
龙岩市	373	313	60	95	86	9	32	28	4
宁德市	219	161	58	22	20	2	3	2	1

9-7c　续表 2　　单位：人

地　区	大学专科			大学本科			研究生及以上		
	小计	男	女	小计	男	女	小计	男	女
全　省	**60**	**54**	**7**	**25**	**23**	**2**			
福州市	14	12	2	8	8				
福州市(不含平潭)	11	9	2	8	8				
平潭	3	3							
厦门市	7	4	3						
莆田市	6	6		2	2				
三明市	1	1							
泉州市	10	8	2	4	4				
漳州市	6	6		3	2	1			
南平市	2	2							
龙岩市	12	12		3	3				
宁德市	2	2		4	3	1			

9-8 全省分年龄、性别、受教育程度的60岁及以上老年人口

单位：人

年龄	60岁及以上人口			未上过学			小学		
	合计	男	女	小计	男	女	小计	男	女
总计	**60964**	**29715**	**31248**	**16890**	**3511**	**13380**	**28543**	**15215**	**13328**
60-64	**21331**	**10597**	**10734**	**3825**	**638**	**3187**	**11274**	**5595**	**5679**
60	4791	2384	2407	808	117	690	2529	1239	1290
61	4697	2330	2367	759	113	646	2495	1229	1266
62	4178	2094	2084	794	154	640	2213	1131	1082
63	4220	2074	2145	759	118	642	2242	1113	1130
64	3445	1715	1730	706	137	569	1795	883	912
65-69	**14305**	**7357**	**6947**	**2921**	**584**	**2336**	**7196**	**3834**	**3362**
65	3412	1760	1653	624	117	507	1749	891	858
66	3243	1668	1574	635	138	497	1665	884	781
67	2725	1368	1357	571	102	469	1400	746	655
68	2566	1334	1231	540	112	428	1254	690	564
69	2359	1226	1132	550	115	435	1128	623	505
70-74	**9326**	**4780**	**4546**	**2646**	**619**	**2026**	**4124**	**2341**	**1783**
70	2012	1014	997	486	122	365	949	494	455
71	1990	1055	935	516	124	392	869	521	348
72	1844	942	903	543	125	418	770	425	345
73	1746	896	850	564	134	430	761	456	306
74	1734	873	860	536	116	421	774	445	329
75-79	**7596**	**3616**	**3979**	**2958**	**686**	**2271**	**3119**	**1818**	**1302**
75	1539	788	751	531	138	393	669	404	265
76	1473	690	784	553	123	430	586	320	266
77	1539	728	811	620	144	475	609	354	255
78	1577	749	828	624	143	481	651	388	263
79	1468	662	806	631	139	492	605	352	253
80-84	**4886**	**2151**	**2734**	**2388**	**587**	**1801**	**1806**	**1062**	**744**
80	1215	584	631	550	150	399	461	285	176
81	1069	478	591	523	131	391	406	242	164
82	1046	457	590	504	124	380	394	225	169
83	847	360	486	425	105	321	312	172	140
84	708	272	436	386	77	309	233	137	96
85-89	**2542**	**934**	**1608**	**1482**	**292**	**1191**	**792**	**439**	**353**
85	762	294	468	422	84	338	248	137	110
86	509	208	301	272	60	212	185	106	79
87	557	207	350	349	77	273	154	88	66
88	409	114	294	255	32	223	109	55	54
89	305	110	195	184	39	145	97	53	45
90-94	**822**	**247**	**575**	**556**	**90**	**466**	**204**	**115**	**90**
90	295	98	197	198	34	164	73	48	25
91	213	66	146	136	27	109	60	29	31
92	129	35	95	93	9	84	30	20	10
93	104	22	82	75	8	67	20	10	10
94	81	25	56	54	11	43	21	9	12
95-99	**144**	**31**	**113**	**105**	**13**	**92**	**25**	**10**	**15**
95	55	7	47	40	1	38	11	4	8
96	45	12	33	32	7	25	9	3	6
97	25	5	20	20	1	19	4	3	1
98	7	2	5	3		3			
99	11	4	7	11	3	7	1	1	
100及以上	**12**	**1**	**11**	**9**		**9**	**3**	**1**	**2**

9-8 续表 1

单位：人

年 龄	初 中			普通高中			中 职		
	小计	男	女	小计	男	女	小计	男	女
总 计	**9531**	**6815**	**2715**	**2852**	**2004**	**848**	**1299**	**782**	**518**
60-64	**4149**	**2968**	**1181**	**1180**	**804**	**376**	**311**	**169**	**141**
60	913	657	256	324	225	99	63	40	23
61	932	659	272	306	198	108	70	37	32
62	770	553	217	226	150	76	63	27	36
63	862	601	261	193	137	57	65	36	29
64	673	498	175	130	95	36	50	29	21
65-69	**2688**	**1909**	**779**	**694**	**479**	**216**	**375**	**219**	**157**
65	750	551	199	128	94	34	82	46	36
66	604	430	174	157	100	57	74	40	34
67	459	317	142	149	102	47	67	39	28
68	463	318	145	144	98	46	82	53	30
69	412	293	119	116	84	31	69	41	28
70-74	**1444**	**1021**	**423**	**494**	**364**	**130**	**293**	**185**	**108**
70	324	218	106	130	91	39	45	28	17
71	359	253	106	99	65	34	64	36	27
72	309	227	81	91	69	22	64	43	22
73	236	171	65	80	61	19	66	41	25
74	216	153	63	94	78	16	54	37	17
75-79	**727**	**519**	**208**	**279**	**201**	**79**	**205**	**142**	**63**
75	162	107	55	72	54	17	46	34	12
76	167	125	42	48	34	14	45	29	16
77	138	101	37	52	37	15	53	34	19
78	146	104	41	61	41	20	39	28	11
79	114	81	33	47	35	13	23	17	6
80-84	**351**	**268**	**83**	**129**	**93**	**36**	**85**	**48**	**37**
80	98	79	19	38	28	10	33	17	16
81	71	53	18	24	18	6	19	12	8
82	87	63	24	29	22	7	9	7	3
83	53	43	10	19	17	3	15	7	8
84	42	30	11	19	8	11	9	5	3
85-89	**129**	**100**	**29**	**59**	**50**	**9**	**24**	**15**	**9**
85	45	36	9	24	19	5	6	6	1
86	23	19	3	10	9	1	8	5	3
87	25	18	7	13	13		3	2	1
88	22	13	9	8	6	2	4	2	2
89	15	14	1	3	3		2		2
90-94	**33**	**24**	**10**	**16**	**12**	**4**	**7**	**4**	**3**
90	11	8	3	7	5	2	3	2	1
91	10	8	2	2	1	1	3	1	2
92	5	4	1	2	2				
93	4	1	3	3	2	1			
94	4	3	1	1	1		1	1	
95-99	**9**	**7**	**2**	**1**	**1**				
95	3	3							
96	3	2	1						
97				1	1				
98	3	2	1						
99									
100及以上									

9-8 续表 2

单位：人

年 龄	大学专科			大学本科			研究生及以上		
	小计	男	女	小计	男	女	小计	男	女
总 计	**982**	**746**	**236**	**847**	**629**	**218**	**19**	**14**	**5**
60-64	**388**	**276**	**112**	**195**	**140**	**55**	**10**	**6**	**4**
60	101	69	32	48	33	15	6	4	2
61	92	66	26	43	27	16	1		1
62	76	54	22	36	24	12	1	1	
63	60	41	18	36	28	8	2	1	1
64	59	46	13	32	28	4			
65-69	**257**	**202**	**55**	**170**	**126**	**43**	**4**	**4**	
65	50	40	9	26	16	10	3	3	
66	74	55	19	33	22	12	1	1	
67	43	35	8	36	28	8			
68	50	39	11	32	23	8			
69	41	32	9	43	37	6			
70-74	**148**	**112**	**35**	**175**	**134**	**41**	**3**	**2**	**1**
70	36	30	7	41	32	10			
71	40	25	15	41	29	12	2	2	
72	29	20	9	37	33	4	1		1
73	18	18		20	15	5			
74	24	20	4	35	25	10			
75-79	**122**	**106**	**16**	**184**	**144**	**40**	**1**	**1**	
75	29	29	1	30	21	9			
76	33	25	7	41	32	8	1	1	
77	27	23	4	42	35	6			
78	21	18	3	36	27	9			
79	12	11	1	36	28	9			
80-84	**44**	**35**	**9**	**84**	**59**	**25**			
80	11	8	3	25	17	8			
81	10	9	1	16	13	3			
82	5	4	1	18	11	7			
83	10	8	2	12	8	4			
84	6	5	1	13	10	4			
85-89	**22**	**15**	**7**	**33**	**23**	**10**	**1**	**1**	
85	5	2	3	12	11	1			
86	5	5	1	6	3	3			
87	6	5	1	6	4	2	1	1	
88	4	2	1	6	4	3			
89	2	1	1	2	1	1			
90-94	**1**		**1**	**5**	**2**	**2**			
90				2	1	1			
91	1		1	2	1	1			
92									
93				1	1				
94									
95-99	**1**		**1**	**2**		**2**			
95	1		1						
96				1		1			
97									
98				1		1			
99									
100及以上									

9-8a 全省分年龄、性别、受教育程度的60岁及以上老年人口(城市)

单位：人

年 龄	60岁及以上人口			未上过学			小 学		
	合计	男	女	小计	男	女	小计	男	女
总 计	**16402**	**7949**	**8452**	**2615**	**471**	**2144**	**5616**	**2478**	**3138**
60-64	**5989**	**2930**	**3059**	**662**	**114**	**548**	**2240**	**974**	**1267**
60	1350	660	690	140	15	125	531	251	280
61	1373	686	687	149	30	119	494	230	264
62	1182	562	620	145	29	116	460	195	265
63	1168	562	606	115	21	94	435	175	260
64	915	459	456	112	18	94	321	123	198
65-69	**4092**	**2042**	**2050**	**486**	**86**	**400**	**1395**	**623**	**772**
65	955	468	487	118	19	99	308	129	179
66	983	476	507	101	19	82	371	157	214
67	761	376	385	91	11	80	261	120	141
68	729	374	355	80	15	65	244	114	130
69	664	348	317	96	23	73	211	103	108
70-74	**2400**	**1202**	**1198**	**350**	**65**	**285**	**733**	**330**	**403**
70	536	253	282	67	10	57	171	68	103
71	568	285	283	79	18	61	168	84	84
72	486	251	234	75	18	56	131	53	78
73	426	213	213	64	9	56	145	65	80
74	386	200	186	64	9	55	118	60	58
75-79	**1906**	**910**	**997**	**434**	**80**	**355**	**586**	**251**	**335**
75	379	181	199	78	16	62	116	48	68
76	383	197	187	75	15	60	106	45	60
77	390	195	195	89	17	72	112	51	61
78	392	182	210	95	19	76	123	53	70
79	362	155	207	97	12	85	129	54	75
80-84	**1230**	**565**	**665**	**368**	**78**	**290**	**407**	**192**	**215**
80	305	144	161	73	16	57	93	38	54
81	273	124	149	82	14	67	94	45	48
82	275	129	146	88	20	67	96	49	47
83	198	92	106	61	12	49	69	35	35
84	179	76	103	65	16	49	55	24	31
85-89	**569**	**233**	**336**	**215**	**36**	**179**	**196**	**85**	**111**
85	163	70	93	51	6	45	61	27	34
86	118	51	68	44	10	34	45	21	24
87	131	54	77	58	12	46	42	20	22
88	94	35	59	35	3	31	29	11	18
89	63	23	39	27	6	21	20	7	13
90-94	**173**	**61**	**113**	**78**	**13**	**65**	**50**	**21**	**28**
90	66	29	38	30	7	24	16	9	7
91	51	18	33	21	5	15	18	6	12
92	20	7	13	11	1	10	6	4	2
93	20	4	16	10		10	4	2	3
94	16	4	12	7		7	5		4
95-99	**38**	**8**	**30**	**19**		**19**	**8**	**1**	**6**
95	18	3	16	11		11	3		3
96	8	2	6	1		1	4	1	3
97	2	1	1	1		1			
98	6	2	4	2		2			
99	4		4	4		4			
100及以上	**4**		**4**	**3**		**3**	**1**		**1**

9-8a 续表 1

单位：人

年 龄	初 中			普通高中			中 职		
	小计	男	女	小计	男	女	小计	男	女
总 计	**4075**	**2413**	**1662**	**1700**	**1037**	**663**	**833**	**409**	**424**
60-64	**1707**	**1009**	**698**	**683**	**402**	**281**	**193**	**82**	**111**
60	347	194	153	177	105	72	32	17	16
61	385	228	158	192	106	86	38	17	22
62	310	190	120	128	68	60	39	11	28
63	372	211	161	116	73	43	48	24	24
64	292	186	106	71	50	21	35	14	21
65-69	**1165**	**681**	**484**	**443**	**266**	**177**	**237**	**110**	**127**
65	322	190	133	86	61	26	53	20	33
66	269	160	109	104	56	48	47	21	26
67	204	120	84	100	57	43	36	14	23
68	190	109	81	84	50	35	60	34	26
69	181	103	77	68	43	25	40	21	19
70-74	**593**	**337**	**255**	**282**	**182**	**100**	**177**	**91**	**86**
70	135	73	62	76	43	33	28	14	14
71	148	83	66	64	40	24	39	15	24
72	129	77	52	55	37	18	40	23	17
73	96	57	39	44	30	14	42	23	19
74	84	48	37	43	32	11	28	16	13
75-79	**329**	**198**	**131**	**160**	**96**	**64**	**138**	**82**	**56**
75	70	36	34	37	22	15	31	19	11
76	79	53	26	28	17	12	29	16	13
77	67	43	24	32	20	12	36	20	16
78	61	36	25	35	18	17	27	16	11
79	53	31	22	28	19	10	16	10	6
80-84	**185**	**122**	**64**	**87**	**57**	**30**	**70**	**35**	**35**
80	53	36	17	27	19	8	28	13	15
81	38	22	16	17	11	5	17	10	8
82	45	30	15	16	10	6	8	5	3
83	26	19	7	14	11	3	10	3	7
84	22	14	8	14	6	8	8	4	3
85-89	**64**	**44**	**19**	**32**	**25**	**7**	**12**	**7**	**6**
85	22	15	7	11	8	4	3	3	
86	11	9	3	5	3	1	3	1	2
87	10	6	4	6	6		3	2	1
88	12	8	4	7	5	2	2	1	1
89	7	6	1	3	3		2		2
90-94	**24**	**15**	**9**	**12**	**8**	**4**	**4**	**2**	**3**
90	9	6	3	7	5	2	2	1	1
91	7	6	1	1		1	2		2
92	2	1	1	1	1				
93	3		3	2	1	1			
94	3	2	1				1	1	
95-99	**8**	**5**	**2**	**1**	**1**				
95	3	3							
96	2	1	1						
97				1	1				
98	3	2	1						
99									
100及以上									

9-8a 续表 2 单位：人

年 龄	大学专科			大学本科			研究生及以上		
	小计	男	女	小计	男	女	小计	男	女
总 计	**782**	**574**	**208**	**762**	**553**	**209**	**19**	**14**	**5**
60-64	**316**	**216**	**100**	**177**	**126**	**52**	**10**	**6**	**4**
60	74	44	30	44	30	13	6	4	2
61	75	52	23	39	23	16	1		1
62	64	44	20	35	24	11	1	1	
63	49	35	15	30	22	8	2	1	1
64	54	42	12	31	26	4			
65-69	**209**	**159**	**49**	**153**	**112**	**41**	**4**	**4**	
65	41	33	7	23	14	10	3	3	
66	60	43	17	31	19	12	1	1	
67	37	30	7	32	25	7			
68	42	31	10	29	21	8			
69	30	22	9	37	33	4			
70-74	**107**	**78**	**29**	**155**	**117**	**38**	**3**	**2**	**1**
70	24	19	4	35	26	10			
71	31	17	14	36	26	10	2	2	
72	21	14	7	34	30	4	1		1
73	13	13		20	15	5			
74	18	15	3	30	20	9			
75-79	**95**	**79**	**16**	**162**	**122**	**40**	**1**	**1**	
75	20	19	1	28	19	9			
76	28	20	7	37	29	8	1	1	
77	21	17	4	34	28	6			
78	17	14	3	35	26	9			
79	9	8	1	29	20	9			
80-84	**38**	**30**	**7**	**75**	**51**	**24**			
80	10	7	3	21	14	7			
81	10	9	1	16	13	3			
82	5	4	1	16	10	7			
83	8	7	2	10	6	4			
84	4	4		11	8	4			
85-89	**16**	**12**	**4**	**33**	**23**	**10**	**1**	**1**	
85	2	1	1	12	11	1			
86	4	3	1	6	3	3			
87	5	4	1	6	4	2	1	1	
88	2	2		6	4	3			
89	2	1	1	2	1	1			
90-94	**1**		**1**	**5**	**2**	**2**			
90				2	1	1			
91	1		1	2	1	1			
92									
93				1	1				
94									
95-99	**1**		**1**	**2**		**2**			
95	1		1						
96				1		1			
97									
98				1		1			
99									
100及以上									

9-8b　全省分年龄、性别、受教育程度的60岁及以上老年人口(镇)

单位：人

年　龄	60岁及以上人口			未上过学			小　学		
	合计	男	女	小计	男	女	小计	男	女
总　计	**14735**	**7085**	**7650**	**4222**	**822**	**3400**	**7136**	**3690**	**3445**
60-64	**5087**	**2534**	**2552**	**873**	**153**	**720**	**2854**	**1368**	**1486**
60	1173	587	586	190	29	161	629	301	328
61	1106	542	565	169	22	147	632	294	338
62	1011	506	505	180	37	143	580	289	290
63	976	483	494	173	31	142	550	259	291
64	820	417	404	161	35	127	463	224	239
65-69	**3379**	**1741**	**1638**	**685**	**129**	**556**	**1752**	**888**	**864**
65	794	403	392	141	23	118	422	203	219
66	757	400	358	146	37	109	409	201	208
67	638	323	314	136	21	114	331	171	160
68	642	319	323	151	28	124	318	166	152
69	548	296	252	112	21	91	271	147	124
70-74	**2213**	**1110**	**1103**	**642**	**130**	**512**	**1016**	**564**	**452**
70	487	251	237	121	29	92	221	110	111
71	458	240	218	120	25	94	224	134	90
72	426	211	215	130	24	105	185	101	84
73	426	215	211	138	35	103	194	110	83
74	415	193	222	133	16	117	193	109	84
75-79	**1861**	**859**	**1002**	**752**	**156**	**596**	**795**	**454**	**340**
75	348	172	176	108	24	84	171	93	78
76	376	172	204	144	26	118	161	89	72
77	388	186	202	161	38	122	162	93	69
78	371	168	203	154	27	127	151	91	60
79	378	162	216	185	40	145	149	89	60
80-84	**1197**	**516**	**681**	**619**	**145**	**474**	**443**	**259**	**184**
80	268	130	138	124	32	93	109	70	39
81	236	108	127	121	34	87	92	55	37
82	277	114	163	142	31	111	100	55	45
83	216	90	126	113	26	87	78	42	36
84	200	73	127	119	22	97	64	38	27
85-89	**694**	**243**	**451**	**431**	**79**	**352**	**206**	**119**	**87**
85	223	76	147	135	20	116	62	35	27
86	128	60	68	69	16	52	45	32	14
87	151	59	92	107	24	83	39	30	9
88	106	27	79	64	9	54	34	14	21
89	86	22	64	56	9	47	26	9	17
90-94	**249**	**68**	**182**	**176**	**22**	**154**	**60**	**33**	**27**
90	90	25	64	59	5	53	28	17	11
91	71	17	54	56	8	48	11	6	5
92	36	8	27	22	1	21	10	4	6
93	35	8	27	25	2	23	8	4	4
94	18	9	9	13	6	8	3	1	1
95-99	**52**	**13**	**39**	**42**	**8**	**34**	**10**	**5**	**5**
95	13	1	12	8		8	5	1	3
96	19	7	11	16	6	11	2	2	1
97	17	2	16	14		14	3	2	1
98									
99	3	2		3	2				
100及以上	**3**		**2**	**3**		**2**			

9-8b 续表 1　　　　单位：人

年 龄	初中			普通高中			中职		
	小计	男	女	小计	男	女	小计	男	女
总 计	**2293**	**1728**	**565**	**614**	**475**	**139**	**270**	**199**	**71**
60-64	**983**	**736**	**247**	**248**	**181**	**67**	**67**	**45**	**21**
60	239	174	65	70	49	22	21	14	7
61	214	157	57	63	46	17	15	12	3
62	180	128	53	52	42	10	10	4	6
63	189	147	42	38	26	12	14	9	5
64	161	130	31	25	18	7	7	7	
65-69	**650**	**492**	**158**	**155**	**127**	**28**	**86**	**61**	**25**
65	174	133	41	30	22	8	18	15	3
66	137	111	26	33	28	5	19	11	8
67	116	87	29	28	24	4	18	13	6
68	116	79	37	34	28	6	14	10	3
69	107	82	26	29	24	5	17	12	5
70-74	**351**	**256**	**96**	**108**	**84**	**24**	**62**	**47**	**15**
70	94	67	27	29	25	4	10	9	2
71	76	52	23	16	10	7	14	11	3
72	75	58	17	17	13	4	13	10	4
73	56	39	17	24	19	5	14	10	3
74	50	39	11	22	17	5	10	7	3
75-79	**182**	**137**	**46**	**60**	**46**	**14**	**38**	**33**	**5**
75	37	26	12	12	11	2	11	11	
76	37	28	9	15	12	3	13	10	3
77	34	29	5	14	11	3	7	5	2
78	46	33	12	11	8	3	5	5	
79	28	20	8	8	5	3	2	2	
80-84	**86**	**72**	**14**	**26**	**21**	**5**	**11**	**9**	**2**
80	22	20	2	5	3	2	4	3	1
81	17	15	2	4	3	1	1	1	
82	22	16	6	9	8	1	1	1	
83	14	12	2	6	6		4	3	1
84	10	9	2	3	2	1	1	1	
85-89	**32**	**28**	**4**	**14**	**12**	**2**	**6**	**3**	**3**
85	11	10		11	9	2	1		1
86	8	7	1	2	2		2	1	1
87	4	3	1	1	1				
88	5	3	2				2	1	1
89	4	4							
90-94	**8**	**8**	**1**	**3**	**3**		**1**	**1**	
90	1	1					1	1	
91	2	2	1	1	1				
92	3	3							
93	1	1		1	1				
94	1	1		1	1				
95-99									
95									
96									
97									
98									
99									
100及以上									

9-8b 续表 2

单位：人

年 龄	大学专科			大学本科			研究生及以上		
	小计	男	女	小计	男	女	小计	男	女
总 计	**140**	**118**	**21**	**61**	**53**	**8**			
60-64	**50**	**42**	**8**	**12**	**9**	**3**			
60	21	19	2	2	1	1			
61	11	9	3	2	2	1			
62	9	6	2	1		1			
63	8	6	2	4	4				
64	1	1		2	2				
65-69	**36**	**30**	**6**	**16**	**13**	**2**			
65	7	4	2	2	2				
66	12	9	2	2	2				
67	5	4	1	3	3				
68	7	6	1	3	2				
69	6	6		6	4	2			
70-74	**24**	**21**	**3**	**10**	**9**	**1**			
70	8	7	1	4	4				
71	6	6		2	1	1			
72	5	3	2	1	1				
73	2	2							
74	4	3	1	3	2	1			
75-79	**19**	**19**		**14**	**14**				
75	6	6		1	1				
76	2	2		4	4				
77	5	5		5	5				
78	3	3		1	1				
79	2	2		4	4				
80-84	**4**	**3**	**1**	**8**	**7**	**1**			
80	1	1		4	2	1			
81	1	1							
82				2	2				
83				2	2				
84	2	1	1	1	1				
85-89	**6**	**3**	**3**	**1**	**1**				
85	2	1	2	1	1				
86	2	2							
87									
88	1		1						
89									
90-94									
90									
91									
92									
93									
94									
95-99									
95									
96									
97									
98									
99									
100及以上									

9-8c 全省分年龄、性别、受教育程度的60岁及以上老年人口(乡村)

单位：人

年 龄	60岁及以上人口			未上过学			小 学		
	合计	男	女	小计	男	女	小计	男	女
总 计	**29827**	**14682**	**15146**	**10053**	**2217**	**7836**	**15791**	**9046**	**6745**
60-64	**10256**	**5133**	**5122**	**2290**	**371**	**1919**	**6180**	**3254**	**2926**
60	2268	1136	1131	478	73	404	1369	687	682
61	2217	1102	1115	441	60	381	1369	705	664
62	1985	1026	959	469	88	381	1174	647	526
63	2075	1029	1046	471	65	405	1258	679	578
64	1710	839	870	432	84	348	1011	536	475
65-69	**6834**	**3574**	**3260**	**1749**	**369**	**1381**	**4049**	**2323**	**1726**
65	1663	889	774	365	76	290	1019	559	460
66	1503	793	710	389	82	307	884	526	359
67	1326	669	657	345	70	275	808	454	354
68	1195	641	554	309	70	239	692	410	281
69	1146	583	564	342	71	271	646	373	272
70-74	**4713**	**2468**	**2245**	**1654**	**425**	**1229**	**2375**	**1447**	**927**
70	989	510	479	298	82	216	558	316	241
71	965	530	435	317	80	237	477	304	174
72	933	480	453	338	82	256	454	271	182
73	894	467	427	362	90	272	422	280	142
74	932	481	452	339	91	248	463	276	188
75-79	**3828**	**1848**	**1980**	**1771**	**451**	**1320**	**1738**	**1112**	**626**
75	812	435	376	344	98	247	381	262	119
76	714	321	393	333	81	252	319	186	133
77	762	348	414	370	89	281	335	211	125
78	813	399	414	374	97	278	377	245	132
79	728	344	383	349	86	263	326	209	117
80-84	**2459**	**1071**	**1388**	**1400**	**364**	**1036**	**956**	**611**	**345**
80	641	310	332	352	103	249	259	177	82
81	561	245	315	320	83	237	220	142	78
82	495	214	281	274	72	201	198	121	77
83	433	178	255	252	67	185	165	96	69
84	329	124	205	203	39	164	114	75	39
85-89	**1279**	**458**	**821**	**836**	**177**	**660**	**390**	**235**	**156**
85	376	148	228	236	59	177	125	75	50
86	263	97	166	159	34	125	94	53	41
87	275	94	180	185	41	144	74	39	35
88	208	53	155	157	20	137	46	31	15
89	156	65	91	100	23	76	52	37	15
90-94	**399**	**118**	**281**	**302**	**55**	**247**	**94**	**60**	**34**
90	139	44	95	109	22	87	28	21	7
91	91	31	60	59	14	45	31	17	14
92	74	20	54	60	8	52	13	12	2
93	49	10	38	40	6	34	8	4	4
94	47	13	35	34	6	28	13	7	7
95-99	**54**	**11**	**43**	**45**	**5**	**40**	**7**	**4**	**3**
95	23	3	20	20	1	19	3	2	1
96	18	3	15	14	2	13	3		3
97	6	2	4	5	1	4	1	1	
98	1		1	1		1			
99	5	2	3	4	1	3	1	1	
100及以上	**6**	**1**	**5**	**4**		**4**	**2**	**1**	**1**

9-8c　续表 1　　　　　　　　　　　　　　　　　　　　　　　　单位：人

年　龄	初　中			普通高中			中　职		
	小计	男	女	小计	男	女	小计	男	女
总　计	**3163**	**2675**	**487**	**539**	**492**	**47**	**197**	**174**	**23**
60-64	**1459**	**1223**	**236**	**249**	**221**	**28**	**51**	**42**	**9**
60	327	288	39	77	71	6	10	10	
61	333	275	58	51	47	5	16	8	8
62	279	235	44	47	40	7	13	12	2
63	301	243	58	39	37	2	3	3	
64	220	182	38	35	26	8	9	9	
65-69	**872**	**735**	**137**	**97**	**86**	**11**	**53**	**47**	**5**
65	253	229	25	12	12		11	11	
66	198	159	39	20	15	5	8	7	1
67	139	110	29	21	21		12	12	
68	158	130	28	26	20	5	9	8	1
69	124	108	16	18	17	1	12	9	4
70-74	**500**	**428**	**71**	**104**	**98**	**5**	**54**	**47**	**7**
70	95	78	17	25	23	2	7	6	1
71	135	117	17	18	15	3	11	10	1
72	105	93	12	20	19	1	11	10	1
73	84	74	10	12	12		10	7	3
74	82	66	16	29	29		15	15	1
75-79	**215**	**184**	**32**	**59**	**58**	**1**	**29**	**28**	**1**
75	55	46	9	22	21	1	4	4	
76	51	44	8	5	5		3	3	
77	37	30	7	6	6		10	9	1
78	39	35	4	15	15		7	7	
79	33	29	3	11	11		5	5	
80-84	**80**	**75**	**5**	**16**	**15**	**1**	**3**	**3**	
80	23	23		6	6		1	1	
81	15	15		3	3		1	1	
82	20	17	3	4	4				
83	13	12	1				1	1	
84	9	8	1	2	1	1			
85-89	**33**	**27**	**6**	**14**	**14**		**6**	**6**	
85	11	10	2	2	2		2	2	
86	3	3		4	4		3	3	
87	10	9	1	6	6				
88	5	2	3	1	1				
89	3	3		1	1				
90-94	**1**	**1**		**1**	**1**		**1**	**1**	
90	1	1							
91							1	1	
92				1	1				
93									
94									
95-99	**1**	**1**							
95									
96	1	1							
97									
98									
99									
100及以上									

9-8c 续表 2

单位：人

年 龄	大学专科			大学本科			研究生及以上		
	小计	男	女	小计	男	女	小计	男	女
总 计	**60**	**54**	**7**	**25**	**23**	**2**			
60-64	**21**	**18**	**3**	**6**	**6**				
60	6	6		2	2				
61	5	5		2	2				
62	4	4							
63	2		2	2	2				
64	4	2	1						
65-69	**13**	**13**		**1**	**1**				
65	3	3							
66	3	3		1	1				
67	1	1							
68	2	2							
69	4	4							
70-74	**16**	**13**	**3**	**10**	**8**	**2**			
70	5	3	2	2	2				
71	3	1	1	4	2	2			
72	3	3		2	2				
73	3	3							
74	3	3		2	2				
75-79	**8**	**8**		**7**	**7**				
75	3	3		1	1				
76	3	3							
77	1	1		3	3				
78	1	1							
79	1	1		4	4				
80-84	**2**	**2**		**1**	**1**				
80									
81									
82									
83	2	2							
84				1	1				
85-89									
85									
86									
87									
88									
89									
90-94									
90									
91									
92									
93									
94									
95-99									
95									
96									
97									
98									
99									
100及以上									

10

死亡

10-1 各地区分年龄、性别的死亡人口
(2014.11.1-2015.10.31)

单位：人

地 区	死亡人口			0岁			1-4岁		
	合计	男	女	小计	男	女	小计	男	女
全 省	**2063**	**1233**	**831**	**11**	**6**	**4**	**2**	**1**	**1**
福州市	378	223	156				1		1
福州市(不含平潭)	353	212	141				1		1
平潭	25	10	15						
厦门市	102	60	42						
莆田市	169	98	72	1		1	1	1	
三明市	152	81	71	1		1			
泉州市	407	238	170	5	4	1			
漳州市	279	170	109	2	1	1			
南平市	195	125	69						
龙岩市	196	109	87						
宁德市	185	130	55	1	1				

10-1 续表 1

单位：人

地 区	5-9岁			10-14岁			15-19岁			20-24岁		
	小计	男	女	小计	男	女	小计	男	女	小计	男	女
全 省				**3**	**3**		**5**	**5**	**1**	**12**	**10**	**2**
福州市										1	1	
福州市(不含平潭)										1	1	
平潭												
厦门市				1	1					2		2
莆田市				1	1							
三明市										1	1	
泉州市				1	1		1	1		6	6	
漳州市							2	2		1	1	
南平市							1	1		1	1	
龙岩市							1	1				
宁德市							1		1			

10-1　续表 2　　　　单位：人

地　区	25-29岁			30-34岁			35-39岁			40-44岁		
	小计	男	女	小计	男	女	小计	男	女	小计	男	女
全　省	**17**	**13**	**4**	**18**	**12**	**7**	**30**	**24**	**6**	**46**	**25**	**21**
福州市	2		2	1	1		3	2	1	2	1	1
福州市(不含平潭)	2		2	1	1		1	1		1	1	
平潭							2	1	1	1		1
厦门市	1	1		1	1		1		1	3	2	1
莆田市	1		1	1		1	1	1	1	4	3	1
三明市	2	2		3	1	3				3	2	1
泉州市				1	1		8	8		19	11	8
漳州市	4	4		2	1	1	4	4		6	3	3
南平市	2	1	1	4	4		4	4		1		1
龙岩市	4	4		3	2	1	3	1	2	7	2	5
宁德市	1	1		2	2		4	3	1	2	2	

10-1　续表 3　　　　单位：人

地　区	45-49岁			50-54岁			55-59岁			60-64岁		
	小计	男	女	小计	男	女	小计	男	女	小计	男	女
全　省	**54**	**35**	**19**	**98**	**77**	**21**	**122**	**92**	**30**	**174**	**121**	**53**
福州市	8	5	3	10	5	5	13	10	3	41	32	9
福州市(不含平潭)	7	5	2	9	5	4	13	10	3	41	32	9
平潭	1		1	1		1						
厦门市	3	2	1	7	7	1	8	5	3	8	4	4
莆田市	3	2	1	9	9		10	9	1	15	11	4
三明市	8	5	3	16	10	6	9	6	4	7	3	4
泉州市	9	6	3	21	19	2	32	27	5	37	25	12
漳州市	8	7	1	6	4	3	10	8	3	20	16	4
南平市	4	3	1	10	5	4	10	8	3	18	10	8
龙岩市	7	3	4	9	9		9	6	3	15	13	2
宁德市	5	2	3	11	10	1	19	14	5	13	8	5

10-1 续表 4

单位：人

地 区	65-69岁			70-74岁			75-79岁			80-84岁		
	小计	男	女	小计	男	女	小计	男	女	小计	男	女
全 省	**169**	**112**	**57**	**196**	**132**	**64**	**293**	**175**	**118**	**306**	**168**	**138**
福州市	37	26	12	41	33	8	36	20	16	55	28	27
福州市(不含平潭)	34	23	12	38	30	8	36	20	16	50	28	22
平潭	3	3		3	3					5		5
厦门市	6	2	5	9	6	3	13	10	4	15	10	5
莆田市	17	12	5	12	7	4	20	11	8	30	10	20
三明市	10	6	4	16	11	5	26	14	12	24	12	12
泉州市	41	27	14	44	27	17	55	27	28	51	30	20
漳州市	25	19	6	24	12	12	46	29	17	40	22	18
南平市	11	7	5	22	17	5	37	26	12	33	21	12
龙岩市	7	3	4	18	12	6	35	22	13	31	14	17
宁德市	14	11	3	10	7	3	25	17	7	27	20	7

10-1 续表 5

单位：人

地 区	85-89岁			90-94岁			95-99岁			100岁及以上		
	小计	男	女	小计	男	女	小计	男	女	小计	男	女
全 省	**320**	**157**	**164**	**143**	**49**	**93**	**36**	**13**	**23**	**7**	**2**	**5**
福州市	77	40	37	38	14	24	9	5	4	2		2
福州市(不含平潭)	75	39	36	36	12	23	5	4	1	2		2
平潭	2	1	1	2	1	1	4	1	3			
厦门市	14	8	7	7	1	5	2		2			
莆田市	29	15	15	13	6	6	2	1	1			
三明市	18	9	9	4		4	3	1	3	1		1
泉州市	55	15	40	19	2	17	3		3			
漳州市	50	28	21	21	7	15	6	2	4	2		2
南平市	23	13	10	8	4	3	4	1	3	2	2	
龙岩市	27	13	14	17	3	14	3	1	2			
宁德市	28	17	11	18	12	6	3	2	1			

10-1a　各地区分年龄、性别的死亡人口
(2014.11.1-2015.10.31)(城市)

单位：人

地　区	死亡人口			0岁			1-4岁		
	合计	男	女	小计	男	女	小计	男	女
全　省	**409**	**238**	**171**						
福州市	121	69	52						
厦门市	66	41	25						
莆田市	35	21	14						
三明市	21	12	9						
泉州市	58	34	24						
漳州市	34	20	14						
南平市	41	23	18						
龙岩市	16	7	9						
宁德市	17	11	6						

10-1a　续表 1

单位：人

地　区	5-9岁			10-14岁			15-19岁			20-24岁		
	小计	男	女	小计	男	女	小计	男	女	小计	男	女
全　省				**2**	**2**		**2**	**1**	**1**	**1**	**1**	
福州市												
厦门市				1	1							
莆田市												
三明市												
泉州市				1	1		1	1				
漳州市										1	1	
南平市												
龙岩市												
宁德市							1		1			

10-1a 续表 2

单位：人

地区	25-29岁			30-34岁			35-39岁			40-44岁		
	小计	男	女	小计	男	女	小计	男	女	小计	男	女
全 省	**4**	**2**	**2**	**3**	**2**	**1**	**4**	**3**	**1**	**2**	**1**	**1**
福州市	2		2							1	1	
厦门市	1	1					1		1			
莆田市				1		1						
三明市	1	1										
泉州市				1	1		1	1				
漳州市										1		1
南平市				1	1							
龙岩市												
宁德市							2	2				

10-1a 续表 3

单位：人

地区	45-49岁			50-54岁			55-59岁			60-64岁		
	小计	男	女	小计	男	女	小计	男	女	小计	男	女
全 省	**9**	**6**	**3**	**23**	**21**	**3**	**18**	**11**	**6**	**34**	**22**	**12**
福州市	3	2	1				3	2	1	14	9	6
厦门市	2	1	1	6	5	1	6	5	2	5	3	2
莆田市				5	5		1	1	1	4	3	1
三明市	1	1		3	3	1	1	1		1		1
泉州市	2	1	1	5	5		2	2		3	3	
漳州市							2	1	1	2	1	1
南平市				3	2	1	1		1	3	2	1
龙岩市							1		1			
宁德市	1	1		1	1					1	1	

10-1a 续表 4

单位：人

地　区	65-69岁			70-74岁			75-79岁			80-84岁		
	小计	男	女	小计	男	女	小计	男	女	小计	男	女
全　省	**36**	**26**	**10**	**35**	**20**	**15**	**65**	**36**	**29**	**66**	**37**	**30**
福州市	14	10	4	11	6	5	19	7	12	15	12	3
厦门市	4	2	2	8	6	2	9	8	1	8	5	3
莆田市	6	5	1	2	1	1	2	1	2	6	2	4
三明市	1		1	5	3	1	4	1	3	3	2	1
泉州市	3	3		2		2	9	6	3	12	5	7
漳州市	2	2		2		2	4	2	1	5	2	3
南平市	2	1	1	5	4	1	10	7	2	8	3	5
龙岩市	2	1	1				5	2	2	5	2	2
宁德市	1	1		2	1	1	4	2	2	3	2	1

10-1a 续表 5

单位：人

地　区	85-89岁			90-94岁			95-99岁			100岁及以上		
	小计	男	女	小计	男	女	小计	男	女	小计	男	女
全　省	**62**	**32**	**29**	**33**	**12**	**21**	**8**	**3**	**5**	**1**		**1**
福州市	24	13	11	13	6	7	1	1		1		1
厦门市	11	5	6	4		4						
莆田市	4	2	2	3	1	2	1		1			
三明市	1		1									
泉州市	9	3	6	7	2	5						
漳州市	9	7	2	2	1	1	3	2	1			
南平市	2	2		2	1	1	3		3			
龙岩市	2	1	1									
宁德市				2		2						

10-1b 各地区分年龄、性别的死亡人口
(2014.11.1-2015.10.31)(镇)

单位：人

地区	死亡人口			0岁			1-4岁		
	合计	男	女	小计	男	女	小计	男	女
全省	**458**	**279**	**179**	**3**	**2**	**1**	**1**		**1**
福州市	78	50	28				1		1
福州市(不含平潭)	73	49	25				1		1
平潭	5	2	3						
厦门市	9	4	5						
莆田市	24	14	10						
三明市	40	19	21						
泉州市	130	78	51	1		1			
漳州市	70	42	28	1	1				
南平市	35	25	11						
龙岩市	41	25	16						
宁德市	31	20	11	1	1				

10-1b 续表 1

单位：人

地区	5-9岁			10-14岁			15-19岁			20-24岁		
	小计	男	女	小计	男	女	小计	男	女	小计	男	女
全省				**1**	**1**					**2**	**2**	
福州市												
福州市(不含平潭)												
平潭												
厦门市												
莆田市				1	1							
三明市												
泉州市										2	2	
漳州市												
南平市												
龙岩市												
宁德市												

10-1b 续表 2

单位：人

地　区	25-29岁			30-34岁			35-39岁			40-44岁		
	小计	男	女	小计	男	女	小计	男	女	小计	男	女
全　省	**4**	**3**	**1**	**2**	**2**		**6**	**5**	**1**	**8**	**4**	**4**
福州市							1		1			
福州市(不含平潭)												
平潭							1		1			
厦门市												
莆田市												
三明市												
泉州市							1	1		6	3	3
漳州市	2	2		1	1		1	1				
南平市	1		1				3	3				
龙岩市	1	1		1	1					2	1	1
宁德市				1								

10-1b 续表 3

单位：人

地　区	45-49岁			50-54岁			55-59岁			60-64岁		
	小计	男	女	小计	男	女	小计	男	女	小计	男	女
全　省	**9**	**7**	**2**	**30**	**22**	**8**	**26**	**22**	**4**	**41**	**25**	**16**
福州市	2	2		6	4	2	3	3		8	7	1
福州市(不含平潭)	2	2		5	4	1	3	3		8	7	1
平潭				1		1						
厦门市	1	1					1	1		1	1	1
莆田市				1	1		1	1		3	1	2
三明市	1		1	3	1	2	2	2		3	1	2
泉州市	2	2		12	11	2	7	6	1	15	10	5
漳州市	1	1					3	2	1	4	2	2
南平市				2	1	1	2	2		5	2	2
龙岩市	1	1	1	3	3		2	2	1	1	1	
宁德市	1		1	3	2	1	4	3	2	2		1

10-1b 续表 4

单位：人

地 区	65-69岁			70-74岁			75-79岁			80-84岁		
	小计	男	女	小计	男	女	小计	男	女	小计	男	女
全 省	**38**	**27**	**11**	**54**	**35**	**20**	**54**	**35**	**19**	**76**	**46**	**30**
福州市	4	2	2	10	9	1	6	4	1	10	4	5
福州市(不含平潭)	4	2	2	10	9	1	6	4	1	9	4	4
平潭										1		1
厦门市	2		2				1	1	1	1	1	
莆田市	2	2		1		1	2	1	1	5	2	3
三明市	2	1	1	6	3	3	4	3	2	8	4	4
泉州市	13	9	4	19	11	8	16	7	9	18	12	6
漳州市	9	7	2	9	4	5	8	8		12	8	5
南平市	3	3		3	3		9	6	2	6	4	2
龙岩市	2	1	1	6	4	2	3	2	2	11	7	5
宁德市	1	1		1		1	5	4	1	5	4	1

10-1b 续表 5

单位：人

地 区	85-89岁			90-94岁			95-99岁			100岁及以上		
	小计	男	女	小计	男	女	小计	男	女	小计	男	女
全 省	**60**	**31**	**30**	**28**	**8**	**20**	**11**	**3**	**9**	**3**		**3**
福州市	15	9	6	11	4	7	2	1	1			
福州市(不含平潭)	14	8	6	10	4	7	1		1			
平潭	1	1		1		1	1	1				
厦门市	2	1	1	1		1	1		1			
莆田市	5	3	2	1	1		1		1			
三明市	5	4	2	1		1	3	1	3	1		1
泉州市	15	5	9	3		3	2		2			
漳州市	8	4	4	7	2	5	2		2	2		2
南平市	2		2									
龙岩市	4	2	2	3	1	2						
宁德市	4	2	2	1	1		1	1				

10-1c　各地区分年龄、性别的死亡人口
(2014.11.1-2015.10.31)(乡村)

单位：人

地　区	死亡人口			0岁			1-4岁		
	合计	男	女	小计	男	女	小计	男	女
全　省	**1197**	**716**	**481**	**8**	**4**	**4**	**1**	**1**	
福州市	179	103	76						
福州市(不含平潭)	158	94	64						
平潭	20	9	12						
厦门市	27	15	13						
莆田市	110	62	48	1		1	1	1	
三明市	91	50	41	1		1			
泉州市	220	125	94	4	4				
漳州市	175	108	67	1		1			
南平市	118	77	41						
龙岩市	139	76	63						
宁德市	137	99	38						

10-1c　续表 1

单位：人

地　区	5-9岁			10-14岁			15-19岁			20-24岁		
	小计	男	女	小计	男	女	小计	男	女	小计	男	女
全　省							**4**	**4**		**9**	**7**	**2**
福州市										1	1	
福州市(不含平潭)										1	1	
平潭												
厦门市										2		2
莆田市												
三明市										1	1	
泉州市										4	4	
漳州市							2	2				
南平市							1	1		1	1	
龙岩市							1	1				
宁德市												

10-1c 续表 2

单位：人

地区	25-29岁			30-34岁			35-39岁			40-44岁		
	小计	男	女	小计	男	女	小计	男	女	小计	男	女
全 省	**9**	**9**	**1**	**13**	**8**	**6**	**20**	**16**	**4**	**36**	**20**	**16**
福州市				1	1		2	2		2		1
福州市(不含平潭)				1	1		1	1				
平潭							1	1		1		1
厦门市				1	1					3	2	1
莆田市	1		1	1		1	1	1	1	4	3	1
三明市	1	1		3	1	3				3	2	1
泉州市							6	6		13	7	6
漳州市	2	2		1		1	3	3		5	3	2
南平市	1	1		3	3		1	1		1		1
龙岩市	4	4		3	1	1	3	1	2	5	2	3
宁德市	1	1		1	1		2	1	1	2	2	

10-1c 续表 3

单位：人

地区	45-49岁			50-54岁			55-59岁			60-64岁		
	小计	男	女	小计	男	女	小计	男	女	小计	男	女
全 省	**36**	**22**	**14**	**45**	**35**	**10**	**78**	**58**	**20**	**99**	**75**	**25**
福州市	2		2	4	1	3	7	5	3	18	16	2
福州市(不含平潭)	1		1	4	1	3	7	5	3	18	16	2
平潭	1		1									
厦门市	1	1		1	1		1		1	1		1
莆田市	3	2	1	3	3		8	7	1	8	7	1
三明市	5	3	2	10	7	3	6	3	4	4	2	1
泉州市	5	3	2	4	4		23	19	4	19	12	7
漳州市	7	7	1	6	4	3	6	4	1	13	13	
南平市	4	3	1	4	3	2	6	5	1	10	6	5
龙岩市	6	2	3	5	5		6	4	2	14	12	2
宁德市	3	1	2	7	7		15	12	3	11	7	4

10-1c　续表 4　　单位：人

地　区	65-69岁			70-74岁			75-79岁			80-84岁		
	小计	男	女	小计	男	女	小计	男	女	小计	男	女
全　省	**95**	**59**	**36**	**106**	**77**	**29**	**174**	**104**	**70**	**164**	**86**	**78**
福州市	20	13	6	20	17	2	12	9	3	30	11	19
福州市(不含平潭)	17	10	6	17	14	2	12	9	3	26	11	15
平潭	3	3		3	3					4		4
厦门市	1		1	1	1	1	3	1	2	6	4	2
莆田市	9	4	5	9	6	2	15	9	6	19	6	13
三明市	7	5	2	6	4	1	17	10	7	13	5	7
泉州市	25	15	10	23	15	8	30	15	16	20	13	7
漳州市	14	10	4	13	8	5	35	19	16	23	12	11
南平市	6	3	3	15	11	4	19	12	7	19	14	5
龙岩市	2		2	13	8	4	27	17	9	15	5	10
宁德市	12	9	3	7	6	2	15	11	4	19	14	5

10-1c　续表 5　　单位：人

地　区	85-89岁			90-94岁			95-99岁			100岁及以上		
	小计	男	女	小计	男	女	小计	男	女	小计	男	女
全　省	**199**	**94**	**105**	**82**	**29**	**52**	**16**	**7**	**10**	**3**	**2**	**1**
福州市	38	18	20	14	4	9	6	3	3	1		1
福州市(不含平潭)	36	18	19	12	3	9	3	3		1		1
平潭	1		1	1	1		3		3			
厦门市	2	1	1	2	1	1	1		1			
莆田市	20	9	11	8	4	5	1	1				
三明市	12	5	6	3		3						
泉州市	31	7	24	9		9	2		2			
漳州市	32	18	14	12	4	8						
南平市	19	10	9	5	3	2	1	1		2	2	
龙岩市	21	10	11	13	2	11	3	1	2			
宁德市	24	15	9	15	11	3	2	1	1			

10-2 全省分年龄、性别的死亡人口状况 (2014.11.1-2015.10.31)

单位：人、‰

年龄	2015年5月1日人口			死亡人口			死亡率		
	合计	男	女	合计	男	女	合计	男	女
总 计	**438325**	**225335**	**212990**	**2063**	**1233**	**831**	**4.71**	**5.47**	**3.90**
0-4	**29405**	**16151**	**13255**	**12**	**7**	**5**	**0.41**	**0.42**	**0.41**
0	3393	1784	1609	11	6	4	3.10	3.40	2.78
1	6642	3713	2929	1		1	0.14		0.32
2	6521	3519	3002	1	1		0.11	0.20	
3	6994	3953	3042						
4	5855	3183	2673						
5-9	**24402**	**13241**	**11162**						
5	4867	2633	2234						
6	5216	2873	2344						
7	5004	2704	2300						
8	4752	2549	2203						
9	4562	2482	2080						
10-14	**20726**	**11096**	**9630**	**3**	**3**		**0.16**	**0.30**	
10	4594	2426	2168	1	1		0.24	0.45	
11	4365	2335	2030	1	1		0.31	0.58	
12	3918	2128	1790						
13	3841	2071	1771	1	1		0.23	0.42	
14	4008	2137	1871						
15-19	**22121**	**12368**	**9753**	**5**	**5**	**1**	**0.25**	**0.38**	**0.08**
15	4092	2219	1873	2	2		0.49	0.91	
16	4831	2642	2190						
17	5058	2827	2231						
18	4188	2517	1670						
19	3952	2163	1789	3	2	1	0.75	1.02	0.41
20-24	**30950**	**16849**	**14101**	**12**	**10**	**2**	**0.38**	**0.60**	**0.11**
20	5942	3356	2587	2	2		0.32	0.56	
21	5425	3022	2403	3	3		0.48	0.87	
22	5653	3091	2563						
23	6356	3390	2966	5	3	2	0.74	0.90	0.55
24	7574	3991	3583	3	3		0.35	0.66	
25-29	**45712**	**22652**	**23060**	**17**	**13**	**4**	**0.37**	**0.58**	**0.17**
25	10334	5275	5059	8	6	3	0.79	1.06	0.52
26	9656	4773	4882	1	1		0.05	0.11	
27	8860	4370	4490	2	2		0.18	0.36	
28	8765	4182	4583	3	3		0.31	0.64	
29	8097	4052	4045	4	3	1	0.49	0.67	0.30

10-2 续表 1　　　　单位：人、‰

年 龄	2015年5月1日人口			死亡人口			死亡率		
	合计	男	女	合计	男	女	合计	男	女
30-34	**37161**	**18485**	**18677**	**18**	**12**	**7**	**0.50**	**0.64**	**0.36**
30	7771	3910	3861						
31	7705	3782	3923	4	4		0.54	1.01	
32	7257	3642	3615	7	4	3	0.92	1.11	0.73
33	8042	3938	4104	3	1	2	0.37	0.33	0.42
34	6386	3212	3175	5	3	2	0.72	0.82	0.62
35-39	**34388**	**17346**	**17043**	**30**	**24**	**6**	**0.87**	**1.38**	**0.35**
35	5461	2750	2711						
36	6698	3388	3310	1	1	1	0.22	0.19	0.25
37	7152	3502	3650	11	9	1	1.47	2.61	0.37
38	7145	3642	3503	6	5	1	0.78	1.28	0.27
39	7932	4063	3869	12	9	3	1.55	2.33	0.73
40-44	**40229**	**20514**	**19715**	**46**	**25**	**21**	**1.16**	**1.23**	**1.07**
40	7509	3868	3641	10	5	6	1.37	1.21	1.53
41	7803	3983	3821	5	2	4	0.65	0.38	0.93
42	8338	4293	4045	11	4	7	1.31	0.95	1.69
43	7985	4059	3926	5	3	2	0.68	0.74	0.63
44	8594	4311	4282	15	12	3	1.72	2.80	0.63
45-49	**37691**	**19113**	**18578**	**54**	**35**	**19**	**1.44**	**1.84**	**1.03**
45	8154	4120	4034	9	4	5	1.09	1.06	1.12
46	7751	3895	3855	12	9	3	1.55	2.28	0.83
47	8056	4133	3923	7	7		0.90	1.75	
48	6535	3255	3280	13	11	2	1.91	3.24	0.60
49	7196	3711	3485	14	4	10	1.89	1.10	2.73
50-54	**30504**	**15516**	**14989**	**98**	**77**	**21**	**3.22**	**4.98**	**1.40**
50	7115	3631	3484	21	17	4	2.94	4.71	1.09
51	6452	3250	3202	19	16	3	2.93	5.03	0.80
52	8191	4204	3987	24	18	6	2.98	4.25	1.63
53	5685	2919	2766	14	9	5	2.48	3.16	1.77
54	3061	1511	1550	20	17	3	6.49	11.03	2.06
55-59	**23243**	**11826**	**11417**	**122**	**92**	**30**	**5.24**	**7.76**	**2.63**
55	4263	2155	2108	29	22	8	6.86	10.08	3.56
56	4081	2084	1997	17	13	3	4.05	6.31	1.69
57	4968	2547	2421	24	19	6	4.89	7.30	2.34
58	5546	2850	2696	19	16	3	3.40	5.70	0.96
59	4385	2191	2195	33	22	11	7.50	10.05	4.96
60-64	**21413**	**10651**	**10761**	**174**	**121**	**53**	**8.14**	**11.39**	**4.92**
60	4806	2394	2413	41	28	14	8.56	11.50	5.64
61	4708	2336	2372	26	14	12	5.47	6.01	4.93
62	4199	2106	2093	40	31	10	9.61	14.56	4.63
63	4237	2087	2149	36	25	11	8.57	12.07	5.18
64	3463	1728	1735	31	24	7	8.87	13.81	3.95

10-2 续表 2

单位：人、‰

年龄	2015年5月1日人口			死亡人口			死亡率		
	合计	男	女	合计	男	女	合计	男	女
65-69	**14390**	**7413**	**6977**	**169**	**112**	**57**	**11.71**	**15.05**	**8.17**
65	3432	1773	1658	41	29	12	11.82	16.17	7.17
66	3255	1677	1579	30	19	11	9.29	11.24	7.22
67	2735	1377	1359	29	25	5	10.73	17.95	3.42
68	2581	1343	1238	30	19	11	11.65	14.02	9.08
69	2387	1244	1144	38	21	18	16.06	16.49	15.58
70-74	**9436**	**4854**	**4582**	**196**	**132**	**64**	**20.76**	**27.14**	**13.99**
70	2031	1029	1003	30	22	7	14.68	21.82	7.36
71	2017	1069	948	41	24	17	20.49	22.43	18.31
72	1872	964	907	46	36	10	24.77	37.30	11.45
73	1771	912	859	47	30	17	26.50	33.17	19.43
74	1746	880	866	31	19	12	17.99	21.70	14.22
75-79	**7742**	**3707**	**4035**	**293**	**175**	**118**	**37.86**	**47.33**	**29.16**
75	1562	806	756	47	32	14	29.87	40.32	18.74
76	1504	704	800	48	24	24	32.24	34.10	30.59
77	1573	748	825	69	39	30	43.65	51.46	36.56
78	1611	771	840	67	41	26	41.59	53.02	31.09
79	1491	678	814	62	40	23	41.74	58.36	27.90
80-84	**5038**	**2235**	**2803**	**306**	**168**	**138**	**60.79**	**75.26**	**49.26**
80	1248	600	649	64	32	32	51.48	53.13	49.95
81	1103	499	604	63	32	31	57.58	65.17	51.31
82	1072	472	600	63	39	24	58.76	83.20	39.53
83	878	379	499	60	34	26	68.69	90.20	52.37
84	737	286	451	55	30	25	74.94	106.35	55.03
85-89	**2693**	**1003**	**1690**	**320**	**157**	**164**	**119.00**	**156.35**	**96.84**
85	787	306	481	59	28	32	75.14	90.10	65.61
86	543	217	326	75	30	45	138.25	139.83	137.20
87	589	223	366	71	41	30	120.87	183.49	82.68
88	436	127	309	53	24	29	121.53	186.78	94.79
89	338	129	208	62	34	28	183.78	264.48	133.74
90-94	**897**	**277**	**620**	**143**	**49**	**93**	**159.23**	**178.35**	**150.69**
90	315	108	207	43	16	27	135.50	145.09	130.47
91	225	71	155	26	9	18	116.41	123.01	113.40
92	144	44	100	29	11	18	202.88	248.43	183.12
93	123	25	98	33	9	23	264.70	365.22	238.95
94	89	29	60	12	5	7	135.26	170.43	118.15
95-99	**166**	**38**	**128**	**36**	**13**	**23**	**215.23**	**339.10**	**178.52**
95	67	11	56	15	5	10	230.66	497.50	178.23
96	48	13	34	6	2	4	126.04	133.27	123.25
97	27	7	20	7	4	3	265.80	683.65	132.19
98	12	3	10	6		5	484.69		562.76
99	13	5	8	1	1	1	103.56	148.22	77.33
100及以上	**17**	**2**	**15**	**7**	**2**	**5**	**422.68**	**1028.03**	**354.10**

10-2a 全省分年龄、性别的死亡人口状况 (2014.11.1-2015.10.31)(城市)

单位：人、‰

年 龄	2015年5月1日人口			死亡人口			死亡率		
	合计	男	女	合计	男	女	合计	男	女
总 计	**159173**	**82700**	**76473**	**409**	**238**	**171**	**2.57**	**2.88**	**2.23**
0-4	**9769**	**5403**	**4365**						
0	1129	607	522						
1	2089	1172	917						
2	2165	1124	1041						
3	2417	1397	1020						
4	1969	1103	865						
5-9	**7385**	**4052**	**3333**						
5	1435	779	656						
6	1586	895	691						
7	1498	821	676						
8	1476	799	677						
9	1391	757	634						
10-14	**6436**	**3467**	**2968**	**2**	**2**		**0.35**	**0.64**	
10	1430	764	666						
11	1430	761	669	1	1		0.95	1.78	
12	1187	662	525						
13	1221	673	548	1	1		0.72	1.30	
14	1168	607	561						
15-19	**7652**	**4187**	**3465**	**2**	**1**	**1**	**0.21**	**0.21**	**0.21**
15	949	494	455	1	1		0.92	1.77	
16	1532	815	717						
17	1774	996	777						
18	1553	918	635						
19	1844	963	881	1		1	0.40		0.84
20-24	**15329**	**8465**	**6865**	**1**	**1**		**0.08**	**0.15**	
20	3288	1837	1450						
21	2784	1584	1200						
22	2791	1582	1208						
23	3085	1675	1410	1	1		0.41	0.75	
24	3381	1786	1595						
25-29	**21062**	**10826**	**10236**	**4**	**2**	**2**	**0.18**	**0.18**	**0.17**
25	4754	2569	2185	3	1	2	0.55	0.33	0.81
26	4609	2380	2229	1	1		0.11	0.21	
27	4037	2068	1968						
28	4028	1930	2097	1	1		0.16	0.33	
29	3634	1878	1756						

10-2a 续表 1

单位：人、‰

年 龄	2015年5月1日人口			死亡人口			死亡率		
	合计	男	女	合计	男	女	合计	男	女
30-34	**16056**	**8024**	**8032**	**3**	**2**	**1**	**0.17**	**0.26**	**0.08**
30	3267	1680	1587						
31	3277	1612	1665	1	1		0.27	0.54	
32	3181	1595	1586	1	1		0.39	0.77	
33	3614	1767	1848	1		1	0.17		0.33
34	2716	1370	1347						
35-39	**14467**	**7390**	**7077**	**4**	**3**	**1**	**0.30**	**0.39**	**0.19**
35	2384	1203	1181						
36	2909	1486	1423						
37	3054	1532	1522	1		1	0.44		0.89
38	2941	1505	1436	2	2		0.62	1.21	
39	3179	1664	1515	1	1		0.34	0.65	
40-44	**15143**	**7859**	**7285**	**2**	**1**	**1**	**0.12**	**0.08**	**0.16**
40	2929	1534	1395	1	1		0.21	0.41	
41	3040	1535	1505	1		1	0.37		0.76
42	3186	1688	1497						
43	2926	1507	1419						
44	3063	1596	1467						
45-49	**12688**	**6474**	**6214**	**9**	**6**	**3**	**0.72**	**0.92**	**0.51**
45	2921	1516	1405	3	1	2	1.15	0.83	1.49
46	2630	1290	1340	2	1	1	0.61	0.41	0.81
47	2723	1466	1258						
48	2088	1011	1077	4	4		1.71	3.53	
49	2325	1191	1135	1	1		0.27	0.53	
50-54	**9849**	**5141**	**4708**	**23**	**21**	**3**	**2.37**	**4.01**	**0.57**
50	2251	1180	1071	4	4	1	1.84	2.97	0.59
51	2146	1114	1031	4	4		2.00	3.84	
52	2624	1379	1245	6	4	2	2.43	3.12	1.66
53	1808	952	857	4	4		2.19	4.15	
54	1020	515	504	5	5		4.47	8.83	
55-59	**6761**	**3358**	**3403**	**18**	**11**	**6**	**2.65**	**3.41**	**1.90**
55	1333	661	672	4	2	2	3.18	3.74	2.63
56	1186	600	585	3	2	1	2.83	3.20	2.45
57	1407	703	704	3	1	2	2.29	1.93	2.65
58	1565	790	775	3	3	1	1.96	3.21	0.68
59	1270	603	666	4	3	1	3.17	5.23	1.30
60-64	**6005**	**2938**	**3067**	**34**	**22**	**12**	**5.65**	**7.42**	**3.95**
60	1353	661	692	5	2	3	4.06	3.57	4.53
61	1375	686	688	5	3	2	3.92	4.24	3.61
62	1186	564	622	7	5	2	5.62	8.50	3.02
63	1171	564	607	8	6	2	6.91	10.71	3.38
64	920	462	458	8	6	3	9.01	12.34	5.64

10-2a 续表 2

单位：人、‰

年 龄	2015年5月1日人口			死亡人口			死亡率		
	合计	男	女	合计	男	女	合计	男	女
65-69	**4115**	**2060**	**2055**	**36**	**26**	**10**	**8.64**	**12.58**	**4.68**
65	958	470	488	5	3	2	5.73	6.42	5.06
66	988	481	507	9	7	2	9.52	14.78	4.54
67	763	377	385	3	3	1	4.19	6.80	1.64
68	732	375	357	7	4	3	9.75	11.57	7.83
69	674	356	318	10	9	1	15.30	24.96	4.50
70-74	**2423**	**1218**	**1205**	**35**	**20**	**15**	**14.54**	**16.63**	**12.43**
70	541	257	284	5	3	2	9.24	12.05	6.70
71	571	287	284	7	3	3	11.84	11.89	11.80
72	491	255	235	7	5	2	13.59	19.20	7.50
73	434	219	215	15	8	7	34.85	36.50	33.17
74	386	200	186	2	1	1	4.30	4.20	4.41
75-79	**1932**	**926**	**1005**	**65**	**36**	**29**	**33.89**	**39.16**	**29.04**
75	384	184	200	9	6	2	22.55	35.25	10.83
76	389	199	190	9	4	6	24.23	17.88	30.87
77	393	197	196	13	7	7	34.13	33.88	34.37
78	397	185	212	17	9	8	41.97	46.72	37.85
79	369	162	207	17	11	6	46.94	67.62	30.85
80-84	**1263**	**583**	**679**	**66**	**37**	**30**	**52.64**	**62.66**	**44.04**
80	315	148	167	15	6	9	48.51	41.23	54.93
81	281	132	149	14	9	5	51.51	69.83	35.31
82	278	131	147	16	10	6	57.24	73.31	42.99
83	201	95	107	7	5	2	32.67	50.52	16.84
84	187	79	109	14	7	7	75.92	87.78	67.34
85-89	**599**	**251**	**348**	**62**	**32**	**29**	**102.88**	**128.14**	**84.67**
85	168	74	94	11	6	4	63.73	83.82	47.85
86	126	54	72	19	9	9	149.74	175.02	130.78
87	139	59	79	14	9	5	103.07	151.10	67.27
88	98	37	61	9	4	5	95.12	117.47	81.61
89	68	27	42	8	3	5	122.93	119.69	125.00
90-94	**195**	**70**	**125**	**33**	**12**	**21**	**170.64**	**169.38**	**171.34**
90	74	34	40	14	8	7	195.72	220.40	174.59
91	55	18	36	7	1	6	122.49	27.38	170.15
92	24	8	15	6	2	4	249.60	251.22	248.74
93	23	5	18	2	1	1	108.20	205.99	80.31
94	20	4	15	4	1	3	188.41	169.41	193.99
95-99	**42**	**9**	**33**	**8**	**3**	**5**	**192.87**	**379.12**	**143.91**
95	21	4	17	4	2	2	214.61	585.20	132.28
96	8	2	6	1		1	88.73		116.89
97	2	1	1	1	1		693.83	1146.34	
98	7	2	5	1		1	172.99		243.50
99	5		5	1		1	133.85		133.85
100及以上	**5**		**5**	**1**		**1**	**271.76**		**271.76**

10-2b 全省分年龄、性别的死亡人口状况 (2014.11.1-2015.10.31)(镇)

单位：人、‰

年 龄	2015年5月1日人口			死亡人口			死亡率		
	合计	男	女	合计	男	女	合计	男	女
总 计	**113342**	**58101**	**55241**	**458**	**279**	**179**	**4.04**	**4.79**	**3.24**
0-4	**8547**	**4628**	**3919**	**4**	**2**	**2**	**0.44**	**0.42**	**0.45**
0	946	485	461	3	2	1	2.95	4.00	1.85
1	1998	1133	865	1		1	0.46		1.07
2	1836	1009	827						
3	2066	1123	942						
4	1702	877	825						
5-9	**6419**	**3528**	**2891**						
5	1242	695	547						
6	1362	767	595						
7	1361	731	629						
8	1232	675	558						
9	1222	660	561						
10-14	**5835**	**3128**	**2707**	**1**	**1**		**0.19**	**0.35**	
10	1297	686	612	1	1		0.84	1.58	
11	1235	678	557						
12	1103	605	498						
13	1073	562	511						
14	1125	597	528						
15-19	**5085**	**3050**	**2035**						
15	856	520	337						
16	1157	683	475						
17	1339	779	561						
18	1048	686	363						
19	683	384	299						
20-24	**6519**	**3443**	**3076**	**2**	**2**		**0.26**	**0.49**	
20	1137	630	507						
21	1121	584	536	2	2		1.50	2.88	
22	1176	618	558						
23	1342	700	642						
24	1744	910	833						
25-29	**11589**	**5669**	**5920**	**4**	**3**	**1**	**0.33**	**0.45**	**0.21**
25	2643	1278	1366						
26	2341	1170	1171						
27	2236	1111	1125						
28	2241	1077	1164	2	2		0.91	1.90	
29	2128	1034	1094	2	1	1	0.82	0.50	1.12

10-2b 续表 1 单位：人、‰

年 龄	2015年5月1日人口			死亡人口			死亡率		
	合计	男	女	合计	男	女	合计	男	女
30-34	**9282**	**4539**	**4743**	**2**	**2**		**0.26**	**0.46**	
30	1990	972	1017						
31	1962	976	986						
32	1771	885	886	1	1		0.82	1.63	
33	1908	887	1021						
34	1650	819	832	1	1		0.39	0.78	
35-39	**9152**	**4519**	**4633**	**6**	**5**	**1**	**0.67**	**1.17**	**0.18**
35	1455	714	741						
36	1727	872	855	1		1	0.49		0.98
37	1849	879	970	2	2		1.28	2.69	
38	1890	922	968						
39	2231	1132	1099	3	3		1.30	2.57	
40-44	**11306**	**5720**	**5586**	**8**	**4**	**4**	**0.73**	**0.76**	**0.70**
40	2061	1042	1019	1	1	1	0.71	0.82	0.61
41	2210	1156	1054						
42	2388	1180	1208	3		3	1.21		2.10
43	2255	1132	1123	2	1	1	0.98	1.27	0.69
44	2394	1211	1183	2	2		0.70	1.39	
45-49	**10619**	**5422**	**5196**	**9**	**7**	**2**	**0.86**	**1.25**	**0.45**
45	2287	1138	1150						
46	2216	1163	1053	4	3	1	1.96	2.82	1.00
47	2289	1162	1127	1	1		0.62	1.22	
48	1801	908	893	2	1	1	1.19	0.92	1.46
49	2025	1051	974	1	1		0.61	1.18	
50-54	**8227**	**4200**	**4027**	**30**	**22**	**8**	**3.66**	**5.23**	**2.02**
50	1982	1042	940	8	4	3	3.81	4.21	3.37
51	1735	884	851	8	6	2	4.38	6.69	1.99
52	2214	1110	1103	8	8	1	3.81	6.84	0.76
53	1498	777	721	2	1		1.08	1.59	
54	799	386	412	5	3	2	6.10	7.32	4.96
55-59	**5847**	**3075**	**2772**	**26**	**22**	**4**	**4.38**	**7.15**	**1.29**
55	1079	570	509	7	5	2	6.31	8.83	3.50
56	1027	553	474	4	4		3.52	6.54	
57	1272	674	598	3	2	1	2.40	2.56	2.21
58	1350	705	644	5	5		3.79	7.25	
59	1120	573	547	7	7		6.25	11.38	
60-64	**5108**	**2548**	**2560**	**41**	**25**	**16**	**8.08**	**9.79**	**6.37**
60	1177	589	588	11	4	7	9.68	7.01	12.35
61	1111	544	567	5	2	2	4.18	4.24	4.12
62	1014	507	506	9	8	2	9.19	15.01	3.35
63	984	489	495	11	7	4	11.10	13.69	8.55
64	823	419	404	5	4	1	6.08	10.05	1.95

10-2b 续表 2

单位：人、‰

年 龄	2015年5月1日人口			死亡人口			死亡率		
	合计	男	女	合计	男	女	合计	男	女
65-69	**3397**	**1753**	**1644**	**38**	**27**	**11**	**11.26**	**15.33**	**6.93**
65	797	406	392	10	8	2	12.79	20.50	4.81
66	760	400	360	7	2	4	8.73	5.50	12.33
67	640	325	315	5	4	1	7.69	11.58	3.67
68	644	321	323	7	6	1	10.63	19.69	1.63
69	556	302	254	10	6	3	17.39	20.82	13.33
70-74	**2244**	**1130**	**1113**	**54**	**35**	**20**	**24.22**	**30.68**	**17.66**
70	493	253	240	9	6	3	18.73	23.65	13.54
71	465	243	221	9	6	3	20.14	24.23	15.64
72	435	219	217	15	10	5	34.95	46.68	23.09
73	434	222	212	11	10	1	25.96	46.23	4.76
74	417	193	224	9	2	7	22.23	12.04	31.03
75-79	**1888**	**876**	**1012**	**54**	**35**	**19**	**28.48**	**40.11**	**18.42**
75	352	174	178	9	5	4	26.85	29.06	24.67
76	379	175	205	5	4	1	13.10	25.49	2.54
77	392	188	204	12	8	5	31.40	41.06	22.50
78	381	174	207	15	10	5	38.36	55.60	23.87
79	383	165	218	12	8	4	32.39	49.83	19.25
80-84	**1230**	**534**	**696**	**76**	**46**	**30**	**61.54**	**86.10**	**42.71**
80	275	133	142	17	9	8	62.81	67.20	58.70
81	242	113	130	13	9	4	54.01	76.70	34.33
82	278	114	164	9	4	5	33.43	36.97	30.96
83	229	98	131	21	15	6	92.52	153.83	46.81
84	205	76	129	15	9	6	72.27	119.79	44.26
85-89	**723**	**254**	**469**	**60**	**31**	**30**	**82.96**	**119.96**	**62.91**
85	225	76	148	11	6	5	49.08	80.02	33.15
86	134	61	73	10	3	7	77.26	55.32	95.56
87	161	64	97	19	11	8	120.41	173.75	85.49
88	113	29	84	9	4	5	77.56	145.97	54.20
89	91	25	66	11	6	5	115.53	234.08	71.50
90-94	**260**	**71**	**190**	**28**	**8**	**20**	**107.82**	**113.58**	**105.68**
90	95	25	69	10	2	8	106.88	88.11	113.70
91	74	20	55	6	3	3	78.86	170.91	46.07
92	38	8	29	7		7	180.64		230.93
93	36	9	27	3	1	1	71.78	156.59	44.78
94	18	9	9	3	1	2	151.64	122.52	180.82
95-99	**59**	**14**	**45**	**11**	**3**	**9**	**190.34**	**191.96**	**189.84**
95	15	1	14	3	1	3	211.72	576.79	178.60
96	19	7	11	2	1	1	89.94	113.87	74.29
97	19	3	16	3	1	2	144.61	238.54	129.64
98	4		4	4		3	914.68	1000.00	902.81
99	3	2							
100及以上	**5**		**4**	**3**		**3**	**645.73**		**714.36**

10-2c 全省分年龄、性别的死亡人口状况 (2014.11.1-2015.10.31)(乡村)

单位：人、‰

年 龄	2015年5月1日人口			死亡人口			死亡率		
	合计	男	女	合计	男	女	合计	男	女
总 计	**165810**	**84534**	**81276**	**1197**	**716**	**481**	**7.22**	**8.47**	**5.91**
0-4	**11090**	**6119**	**4970**	**8**	**5**	**4**	**0.76**	**0.79**	**0.73**
0	1318	692	627	8	4	4	5.87	5.95	5.77
1	2556	1408	1148						
2	2520	1386	1134	1	1		0.27	0.50	
3	2511	1432	1079						
4	2184	1202	982						
5-9	**10598**	**5661**	**4937**						
5	2191	1159	1031						
6	2268	1211	1058						
7	2146	1151	994						
8	2044	1076	969						
9	1950	1064	885						
10-14	**8455**	**4501**	**3954**						
10	1867	976	891						
11	1699	896	804						
12	1627	861	767						
13	1547	835	711						
14	1715	933	782						
15-19	**9384**	**5131**	**4253**	**4**	**4**		**0.41**	**0.75**	
15	2286	1205	1080	1	1		0.50	0.95	
16	2142	1144	998						
17	1945	1052	893						
18	1587	914	673						
19	1425	816	608	2	2		1.55	2.71	
20-24	**9102**	**4942**	**4160**	**9**	**7**	**2**	**0.97**	**1.47**	**0.39**
20	1517	888	629	2	2		1.24	2.12	
21	1520	854	666	1	1		0.62	1.10	
22	1687	890	797						
23	1929	1015	914	3	2	2	1.78	1.78	1.77
24	2449	1295	1154	3	3		1.07	2.02	
25-29	**13061**	**6157**	**6904**	**9**	**9**	**1**	**0.72**	**1.38**	**0.12**
25	2937	1428	1509	6	5	1	1.90	3.31	0.55
26	2706	1224	1482						
27	2588	1191	1397	2	2		0.61	1.32	
28	2496	1174	1322						
29	2334	1140	1194	2	2		0.95	1.94	

10-2c 续表 1

单位：人、‰

年 龄	2015年5月1日人口			死亡人口			死亡率		
	合计	男	女	合计	男	女	合计	男	女
30-34	**11823**	**5921**	**5902**	**13**	**8**	**6**	**1.13**	**1.28**	**0.97**
30	2514	1258	1256						
31	2466	1194	1272	3	3		1.20	2.47	
32	2305	1162	1143	4	1	3	1.74	1.18	2.30
33	2519	1284	1235	2	1	1	0.94	1.00	0.89
34	2020	1023	997	4	2	2	1.97	1.95	1.98
35-39	**10770**	**5437**	**5333**	**20**	**16**	**4**	**1.81**	**2.90**	**0.71**
35	1622	833	789						
36	2063	1030	1032	1	1		0.32	0.64	
37	2248	1091	1157	7	7		3.02	6.23	
38	2315	1215	1099	4	3	1	1.63	2.33	0.85
39	2522	1267	1255	8	5	3	3.29	4.32	2.26
40-44	**13780**	**6935**	**6845**	**36**	**20**	**16**	**2.65**	**2.93**	**2.35**
40	2519	1293	1226	8	3	5	3.25	2.49	4.05
41	2554	1293	1262	4	2	2	1.54	1.16	1.92
42	2765	1424	1340	8	4	4	2.90	2.60	3.22
43	2805	1420	1384	3	2	2	1.15	1.09	1.22
44	3137	1505	1633	13	10	3	4.17	6.90	1.66
45-49	**14385**	**7217**	**7168**	**36**	**22**	**14**	**2.50**	**3.10**	**1.90**
45	2946	1466	1480	6	3	2	1.88	2.13	1.62
46	2905	1442	1462	6	5	1	2.10	3.50	0.72
47	3043	1504	1539	6	6		1.91	3.86	
48	2646	1336	1310	7	6	1	2.57	4.60	0.50
49	2845	1469	1376	12	2	10	4.12	1.51	6.91
50-54	**12429**	**6175**	**6254**	**45**	**35**	**10**	**3.60**	**5.62**	**1.62**
50	2881	1408	1473	9	9		3.20	6.54	
51	2572	1252	1320	7	6	1	2.73	4.91	0.66
52	3354	1715	1639	10	6	4	2.85	3.49	2.19
53	2379	1190	1189	9	4	5	3.59	3.39	3.79
54	1243	609	633	10	9	1	8.39	15.23	1.81
55-59	**10635**	**5393**	**5242**	**78**	**58**	**20**	**7.36**	**10.81**	**3.81**
55	1850	924	927	18	14	4	9.82	15.39	4.26
56	1868	930	938	10	8	2	5.12	8.19	2.08
57	2289	1170	1119	18	16	2	7.86	13.26	2.22
58	2632	1355	1277	11	9	2	4.05	6.35	1.61
59	1996	1015	981	22	12	10	10.96	12.16	9.72
60-64	**10299**	**5165**	**5134**	**99**	**75**	**25**	**9.62**	**14.43**	**4.78**
60	2276	1144	1132	24	21	3	10.65	18.40	2.83
61	2223	1106	1117	16	9	7	7.07	7.98	6.17
62	1999	1035	964	24	18	6	12.19	17.64	6.35
63	2082	1035	1047	17	12	5	8.31	12.04	4.63
64	1720	847	873	17	14	3	10.14	16.47	3.99

10-2c 续表 2

单位：人、‰

年 龄	2015年5月1日人口			死亡人口			死亡率		
	合计	男	女	合计	男	女	合计	男	女
65-69	**6878**	**3601**	**3278**	**95**	**59**	**36**	**13.78**	**16.33**	**10.98**
65	1677	898	779	25	17	8	14.84	19.31	9.69
66	1507	796	711	14	10	5	9.42	11.99	6.54
67	1333	674	658	21	18	3	15.94	27.28	4.34
68	1204	646	558	16	8	8	13.36	12.63	14.20
69	1158	586	571	18	5	13	15.85	9.13	22.76
70-74	**4770**	**2506**	**2264**	**106**	**77**	**29**	**22.29**	**30.65**	**13.02**
70	998	519	479	16	13	2	15.63	25.76	4.65
71	981	539	442	25	15	11	25.70	27.24	23.83
72	946	490	455	24	21	4	25.89	42.54	7.96
73	903	471	432	21	12	9	22.75	25.47	19.78
74	943	488	456	20	16	5	21.72	32.69	9.98
75-79	**3922**	**1905**	**2017**	**174**	**104**	**70**	**44.32**	**54.61**	**34.60**
75	826	447	379	29	21	8	34.57	46.79	20.13
76	736	331	405	34	16	18	46.33	48.40	44.64
77	788	363	425	43	24	19	54.49	66.40	44.32
78	833	412	420	36	23	13	42.88	54.75	31.24
79	740	352	388	33	20	12	43.99	58.10	31.20
80-84	**2545**	**1117**	**1428**	**164**	**86**	**78**	**64.48**	**76.65**	**54.95**
80	658	319	339	32	17	15	48.16	52.78	43.82
81	579	254	325	36	15	21	62.01	57.64	65.43
82	516	227	289	38	25	12	73.23	112.16	42.63
83	448	186	262	33	14	18	72.69	76.93	69.66
84	344	131	213	26	14	12	76.00	109.70	55.27
85-89	**1370**	**497**	**873**	**199**	**94**	**105**	**145.08**	**189.20**	**119.94**
85	395	156	239	37	15	22	94.83	98.02	92.74
86	282	102	180	46	18	28	162.02	171.60	156.61
87	289	100	189	37	21	17	129.65	208.82	87.71
88	225	61	164	35	15	20	155.02	247.83	120.47
89	178	78	100	43	25	18	242.04	323.53	178.67
90-94	**442**	**136**	**306**	**82**	**29**	**52**	**184.48**	**216.56**	**170.20**
90	147	49	98	18	6	12	123.58	121.98	124.38
91	96	33	64	14	5	9	141.92	147.76	138.91
92	83	27	56	17	9	8	199.68	322.20	139.65
93	65	11	53	28	7	21	426.87	593.79	391.04
94	51	16	36	6	3	3	109.31	198.50	70.31
95-99	**65**	**15**	**50**	**16**	**7**	**10**	**252.41**	**450.00**	**191.37**
95	31	6	25	8	3	5	250.57	426.21	208.65
96	21	4	17	4	1	3	173.23	236.71	158.42
97	7	3	4	3	3	1	496.26	910.95	165.87
98	1		1	1		1	988.80		988.80
99	5	2	3	1	1		129.19	285.83	
100及以上	**7**	**1**	**6**	**3**	**2**	**1**	**381.09**	**1407.75**	**148.99**

10-3 各地区分性别、受教育程度的6岁及以上死亡人口
(2014.11.1-2015.10.31)

单位：人

地 区	6岁及以上死亡人口			未上过学			小 学		
	合计	男	女	小计	男	女	小计	男	女
全 省	**2051**	**1226**	**825**	**680**	**230**	**449**	**941**	**635**	**306**
福州市	377	223	155	105	37	68	185	117	68
福州市(不含平潭)	352	212	140	94	34	60	174	113	61
平潭	25	10	15	11	3	8	11	4	7
厦门市	102	60	42	32	10	23	44	29	15
莆田市	167	97	71	70	17	53	68	54	15
三明市	150	81	70	50	16	34	67	39	28
泉州市	402	234	169	119	31	88	199	124	75
漳州市	277	169	108	96	25	71	120	91	29
南平市	195	125	69	57	27	30	101	71	30
龙岩市	196	109	87	71	19	52	73	48	25
宁德市	184	129	55	80	49	31	81	61	20

10-3 续表 1

单位：人

地 区	初 中			普通高中			中 职		
	小计	男	女	小计	男	女	小计	男	女
全 省	**306**	**261**	**46**	**69**	**54**	**15**	**16**	**11**	**4**
福州市	58	49	9	15	10	6	1		1
福州市(不含平潭)	55	46	9	15	10	6	1		1
平潭	3	3							
厦门市	13	12	1	8	6	2			
莆田市	26	24	2	3	3				
三明市	24	17	7	3	3		3	3	
泉州市	63	60	3	9	7	2	4	4	1
漳州市	49	43	6	8	7	1			
南平市	25	19	6	7	4	2	2	1	1
龙岩市	33	24	9	11	11		3	1	1
宁德市	15	12	3	4	3	1	2	2	

10-3 续表 2

单位：人

地　　区	大学专科			大学本科			研究生		
	小计	男	女	小计	男	女	小计	男	女
全　省	**17**	**14**	**3**	**23**	**21**	**2**			
福州市	2	1	1	10	8	2			
福州市(不含平潭)	2	1	1	10	8	2			
平潭									
厦门市	2	1	1	2	2				
莆田市									
三明市	1	1		2	2				
泉州市	5	5		3	3				
漳州市	3	3							
南平市	2	2		1	1				
龙岩市	1	1		4	4				
宁德市				1	1				

10-4　各地区分性别、婚姻状况的15岁及以上死亡人口(2014.11.1-2015.10.31)

单位：人

地　　区	15岁及以上死亡人口			未　婚		
	合计	男	女	小计	男	女
全　省	**2047**	**1222**	**825**	**64**	**60**	**5**
福州市	377	223	155	6	6	
福州市(不含平潭)	352	212	140	6	6	
平潭	25	10	15			
厦门市	100	58	42	2	2	
莆田市	166	96	71	3	3	1
三明市	150	81	70	5	5	
泉州市	401	233	169	14	14	
漳州市	277	169	108	5	4	1
南平市	195	125	69	4	2	1
龙岩市	196	109	87	12	12	1
宁德市	184	129	55	14	13	1

10-4 续表

单位：人

地区	有配偶			离婚			丧偶		
	小计	男	女	小计	男	女	小计	男	女
全省	**1195**	**854**	**341**	**31**	**26**	**5**	**757**	**282**	**475**
福州市	212	151	61	5	5		155	61	94
福州市(不含平潭)	193	141	51	5	5		149	60	88
平潭	19	10	10				6	1	5
厦门市	62	44	18	2	1	1	34	11	23
莆田市	90	66	23	1	1		72	26	47
三明市	90	58	32	5	3	2	50	15	36
泉州市	245	174	70	4	4		140	41	99
漳州市	162	120	42	3	3		107	43	65
南平市	115	82	33	8	7	1	69	34	35
龙岩市	114	76	38	2	1	1	68	21	48
宁德市	106	83	23	2	2		62	31	30

11

住房

11-1 各地区家庭户按住房间数分的户数

单位：户、间/户

地 区	合 计	住房间数										平均每户住房间数
		一间	二间	三间	四间	五间	六间	七间	八间	九间	十 间及以上	
全 省	**119839**	**16228**	**21682**	**28354**	**16793**	**8557**	**10081**	**3784**	**5367**	**2637**	**6356**	**3.94**
福州市	23724	2735	4739	7198	3320	1207	1408	359	714	548	1496	3.78
福州市(不含平潭)	22293	2562	4313	6940	3061	1089	1338	338	670	519	1462	3.80
平潭	1431	173	425	257	259	118	70	21	44	29	34	3.46
厦门市	13481	4768	3191	3079	832	336	457	196	219	184	220	2.60
莆田市	8108	598	862	1498	1202	610	1058	279	647	402	953	5.09
三明市	8270	468	1381	2091	1505	624	861	262	492	161	425	4.27
泉州市	24038	3589	2927	4915	2985	2117	2305	1207	1557	590	1847	4.38
漳州市	15224	2382	3525	3119	2427	1307	1172	397	397	182	317	3.47
南平市	8946	428	1885	2472	1408	685	873	303	398	184	311	4.02
龙岩市	8757	543	1557	2011	1157	796	1056	449	536	216	437	4.38
宁德市	9292	719	1615	1971	1959	876	891	331	407	171	351	4.10

11-1a 各地区家庭户按住房间数分的户数(城市)

单位：户、间/户

地 区	合 计	住房间数										平均每户住房间数
		一间	二间	三间	四间	五间	六间	七间	八间	九间	十 间及以上	
全 省	**43219**	**10134**	**10044**	**14027**	**3684**	**1300**	**1236**	**408**	**644**	**475**	**1267**	**2.91**
福州市	11329	1736	2562	4841	1181	227	200	63	84	78	358	2.99
厦门市	11503	4475	2944	2798	566	203	196	57	71	67	125	2.26
莆田市	2688	373	267	766	393	140	214	49	155	72	258	4.31
三明市	1800	204	648	740	121	40	19	8	13	3	4	2.64
泉州市	7116	2362	954	1695	629	324	291	133	164	173	390	3.22
漳州市	2346	418	748	600	191	127	143	36	39	16	27	2.97
南平市	2771	231	906	1192	231	66	58	14	37	11	24	2.87
龙岩市	1773	177	598	733	83	32	38	24	39	19	28	2.95
宁德市	1892	156	415	662	289	140	76	25	41	34	54	3.51

11-1b 各地区家庭户按住房间数分的户数(镇)

单位：户、间/户

地　区	合　计	住房间数										平均每户住房间数
		一间	二间	三间	四间	五间	六间	七间	八间	九间	十　间及以上	
全　省	**30552**	**3169**	**5090**	**7408**	**4841**	**2457**	**2893**	**966**	**1418**	**678**	**1632**	**4.09**
福州市	4548	394	707	1193	810	315	362	65	165	132	403	4.26
福州市(不含平潭)	3973	332	646	1080	649	244	334	55	150	109	375	4.28
平潭	574	62	61	113	161	72	28	10	15	24	28	4.15
厦门市	574	201	79	117	39	18	30	15	24	26	26	3.35
莆田市	1685	136	200	282	282	131	218	61	173	72	131	4.89
三明市	2901	204	521	916	527	154	224	68	110	40	137	3.89
泉州市	7943	845	1067	1950	1030	685	712	411	489	201	552	4.38
漳州市	5574	947	1217	1284	978	455	379	82	95	52	85	3.29
南平市	2118	89	447	538	312	151	240	61	111	60	110	4.25
龙岩市	2550	160	466	617	344	241	360	86	134	56	85	4.20
宁德市	2661	194	385	510	520	309	368	116	117	39	103	4.31

11-1c 各地区家庭户按住房间数分的户数(乡村)

单位：户、间/户

地　区	合　计	住房间数										平均每户住房间数
		一间	二间	三间	四间	五间	六间	七间	八间	九间	十　间及以上	
全　省	**46068**	**2925**	**6548**	**6919**	**8268**	**4800**	**5952**	**2410**	**3305**	**1485**	**3456**	**4.79**
福州市	7848	605	1470	1164	1330	665	846	232	465	338	735	4.65
福州市(不含平潭)	6991	494	1106	1020	1232	619	804	221	435	332	729	4.85
平潭	857	111	364	144	98	46	42	11	29	6	6	3.00
厦门市	1404	91	167	164	228	114	231	124	124	91	69	5.10
莆田市	3735	89	394	450	527	339	627	168	319	258	564	5.75
三明市	3569	60	212	434	858	430	617	187	370	118	284	5.39
泉州市	8979	381	906	1269	1325	1108	1302	663	904	216	905	5.29
漳州市	7304	1017	1561	1235	1258	725	650	280	263	113	204	3.77
南平市	4057	108	532	743	864	468	575	228	250	113	177	4.69
龙岩市	4434	205	492	661	729	524	657	338	362	141	324	5.06
宁德市	4739	369	815	798	1150	428	447	190	249	98	194	4.21

11-2 各地区家庭户按人均住房面积分的户数

单位：户

地 区	合 计	人均住房建筑面积(平方米)									
		8及以下	9-12	13-16	17-19	20-29	30-39	40-49	50-59	60-69	70及以上
全 省	**119839**	**6378**	**5923**	**7628**	**3448**	**20318**	**17241**	**13143**	**9351**	**8935**	**27474**
福州市	23724	1327	1251	1842	894	4905	3980	2645	1664	1279	3936
福州市(不含平潭)	22293	1257	1144	1722	858	4615	3777	2464	1570	1180	3705
平潭	1431	70	107	120	36	290	203	181	94	99	231
厦门市	13481	1847	1544	1566	697	2383	1713	1024	683	612	1413
莆田市	8108	207	235	362	168	1254	1164	985	658	703	2372
三明市	8270	195	225	421	286	1572	1371	1096	693	636	1775
泉州市	24038	1750	1011	1081	373	3002	2822	2493	1933	2004	7568
漳州市	15224	505	831	1006	405	2751	2129	1784	1327	1253	3233
南平市	8946	172	243	460	252	1567	1407	995	813	774	2263
龙岩市	8757	216	306	453	201	1434	1188	977	749	752	2483
宁德市	9292	158	277	436	172	1450	1467	1144	832	923	2432

11-2a 各地区家庭户按人均住房面积分的户数(城市)

单位：户

地 区	合 计	人均住房建筑面积(平方米)									
		8及以下	9-12	13-16	17-19	20-29	30-39	40-49	50-59	60-69	70及以上
全 省	**43219**	**4436**	**3248**	**3685**	**1888**	**8656**	**6681**	**4587**	**2656**	**2147**	**5234**
福州市	11329	946	608	893	544	2528	1984	1284	721	520	1301
厦门市	11503	1805	1493	1457	641	2208	1471	823	469	386	749
莆田市	2688	123	122	154	73	492	455	334	228	198	510
三明市	1800	69	66	137	137	454	363	197	141	74	162
泉州市	7116	1183	560	521	114	927	787	886	436	394	1309
漳州市	2346	98	120	117	102	564	403	300	189	144	310
南平市	2771	108	103	197	134	653	541	288	223	176	348
龙岩市	1773	69	102	112	82	451	324	219	99	88	227
宁德市	1892	35	74	97	62	378	354	256	151	167	318

11-2b 各地区家庭户按人均住房面积分的户数(镇)

单位：户

地 区	合 计	人均住房建筑面积(平方米)									
		8及以下	9-12	13-16	17-19	20-29	30-39	40-49	50-59	60-69	70及以上
全 省	**30552**	**1177**	**1252**	**1699**	**755**	**4960**	**4384**	**3571**	**2491**	**2587**	**7676**
福州市	4548	172	207	276	143	855	767	596	308	298	925
福州市(不含平潭)	3973	156	188	254	134	744	654	510	285	249	798
平潭	574	16	19	22	9	111	112	86	24	49	127
厦门市	574	31	32	77	46	61	81	37	50	38	122
莆田市	1685	67	75	84	34	223	217	251	125	178	430
三明市	2901	70	87	147	86	580	496	418	240	217	561
泉州市	7943	435	295	318	168	1114	1036	765	658	684	2470
漳州市	5574	244	310	364	118	973	822	624	480	484	1156
南平市	2118	39	59	88	49	336	280	253	203	200	611
龙岩市	2550	49	94	187	61	431	303	290	214	218	704
宁德市	2661	70	95	157	51	388	384	336	211	271	697

11-2c 各地区家庭户按人均住房面积分的户数(乡村)

单位：户

地 区	合 计	人均住房建筑面积(平方米)									
		8及以下	9-12	13-16	17-19	20-29	30-39	40-49	50-59	60-69	70及以上
全 省	**46068**	**766**	**1422**	**2245**	**804**	**6703**	**6175**	**4985**	**4204**	**4201**	**14565**
福州市	7848	210	436	673	206	1523	1229	765	635	460	1710
福州市(不含平潭)	6991	155	348	575	180	1344	1138	670	565	410	1606
平潭	857	55	88	98	27	179	91	95	70	50	104
厦门市	1404	11	19	32	10	114	161	164	164	187	542
莆田市	3735	18	38	124	61	538	492	400	305	327	1433
三明市	3569	57	72	137	63	538	512	481	311	345	1053
泉州市	8979	132	157	242	91	961	1000	841	840	926	3788
漳州市	7304	163	402	525	185	1214	905	860	658	625	1767
南平市	4057	25	81	174	70	578	586	455	386	398	1304
龙岩市	4434	97	110	155	58	553	561	467	435	446	1552
宁德市	4739	54	107	182	59	684	729	551	470	485	1416

11-3 各地区家庭户按代数和住房间数分的户数

单位：户

地 区	合 计	一代户				
		一间	二间	三间	四间	五 间及以上
全 省	**119839**	**11773**	**7613**	**7408**	**4401**	**8230**
福州市	23724	1897	1663	1818	808	1081
福州市(不含平潭)	22293	1797	1493	1753	748	1005
平潭	1431	100	170	65	61	77
厦门市	13481	3856	990	815	197	293
莆田市	8108	428	329	350	260	722
三明市	8270	264	510	598	398	758
泉州市	24038	2649	1008	1195	757	2094
漳州市	15224	1485	1078	688	508	652
南平市	8946	299	776	753	500	754
龙岩市	8757	379	621	622	391	1051
宁德市	9292	516	639	567	582	826

11-3 续表 1

单位：户

地 区	二代户					三代户				
	一间	二间	三间	四间	五 间及以上	一间	二间	三间	四间	五 间及以上
全 省	**4136**	**11176**	**14577**	**7605**	**15240**	**314**	**2840**	**6206**	**4600**	**12568**
福州市	785	2442	3781	1619	2728	53	625	1558	873	1848
福州市(不含平潭)	722	2224	3626	1477	2569	43	588	1521	817	1770
平潭	63	218	155	143	159	10	38	37	56	78
厦门市	879	1728	1571	413	767	33	465	683	219	525
莆田市	158	391	700	533	1495	11	137	425	381	1586
三明市	195	718	1075	669	1071	8	153	406	416	934
泉州市	913	1571	2692	1416	3934	26	345	1010	779	3432
漳州市	738	1769	1511	1045	1541	155	660	888	836	1490
南平市	120	913	1198	532	1086	9	191	511	359	862
龙岩市	158	833	1028	494	1342	5	102	356	259	1009
宁德市	190	812	1022	883	1275	14	162	369	479	883

11-3 续表 2

单位：户

地　区	四代户					五代及以上户				
	一间	二间	三间	四间	五间及以上	一间	二间	三间	四间	五间及以上
全　省	**5**	**52**	**163**	**187**	**743**					**1**
福州市		8	40	19	75					
福州市(不含平潭)		8	40	19	71					
平潭					4					
厦门市		8	9	3	27					
莆田市		5	24	29	145					
三明市	1	1	11	23	62					
泉州市		3	17	32	162					
漳州市	4	19	31	37	88					
南平市		6	11	17	51					1
龙岩市		1	5	12	89					
宁德市		1	14	15	44					

11-3a 各地区家庭户按代数和住房间数分的户数(城市)

单位：户

地　区	合　计	一代户				
		一间	二间	三间	四间	五间及以上
全　省	**43219**	**7783**	**3181**	**3484**	**783**	**898**
福州市	11329	1228	818	1178	248	180
厦门市	11503	3606	880	717	117	125
莆田市	2688	282	92	182	87	125
三明市	1800	128	257	215	30	15
泉州市	7116	1830	272	365	99	215
漳州市	2346	297	224	137	32	34
南平市	2771	164	347	368	76	57
龙岩市	1773	143	182	179	24	85
宁德市	1892	105	109	143	72	63

11-3a 续表 1

单位：户

地 区	二代户					三代户				
	一间	二间	三间	四间	五 间 及以上	一间	二间	三间	四间	五 间 及以上
全 省	**2268**	**5486**	**7343**	**1797**	**2141**	**83**	**1358**	**3140**	**1068**	**2174**
福州市	494	1360	2523	587	504	14	377	1111	336	315
厦门市	838	1606	1426	302	301	32	451	647	145	278
莆田市	88	133	342	140	266	4	42	231	157	458
三明市	72	320	381	50	36	4	71	144	41	33
泉州市	520	550	951	358	595	12	131	372	166	643
漳州市	112	414	313	80	164	9	110	149	78	178
南平市	61	469	593	97	82	6	90	229	54	68
龙岩市	33	370	421	44	40	1	45	131	15	53
宁德市	50	265	392	140	152	2	41	126	76	149

11-3a 续表 2

单位：户

地 区	四代户					五代及以上户				
	一间	二间	三间	四间	五 间 及以上	一间	二间	三间	四间	五 间 及以上
仝 省		**19**	**60**	**35**	**117**					
福州市		8	29	11	11					
厦门市		7	8	2	15					
莆田市		1	11	10	40					
三明市			1		2					
泉州市		1	7	5	22					
漳州市		1	1	1	12					
南平市			1	4	4					
龙岩市		1	1		4					
宁德市			2	1	6					

11-3b 各地区家庭户按代数和住房间数分的户数(镇)

单位：户

地　区	合　计	一代户				
		一间	二间	三间	四间	五　间及以上
全　省	**30552**	**2054**	**1582**	**1827**	**1160**	**2074**
福州市	4548	304	234	286	171	247
福州市(不含平潭)	3973	263	218	260	136	213
平潭	574	41	16	26	35	35
厦门市	574	181	28	43	9	27
莆田市	1685	81	73	67	71	140
三明市	2901	107	164	243	128	166
泉州市	7943	554	291	447	260	629
漳州市	5574	554	338	281	185	180
南平市	2118	54	174	143	117	216
龙岩市	2550	95	155	183	93	227
宁德市	2661	123	125	133	125	243

11-3b 续表 1

单位：户

地　区	二代户					三代户				
	一间	二间	三间	四间	五　间及以上	一间	二间	三间	四间	五　间及以上
全　省	**1030**	**2876**	**3997**	**2263**	**4249**	**83**	**623**	**1544**	**1365**	**3503**
福州市	85	379	653	417	682	5	93	248	220	487
福州市(不含平潭)	66	338	579	322	582	3	89	234	189	447
平潭	20	42	74	95	100	2	4	13	31	40
厦门市	19	44	58	19	72		6	14	11	37
莆田市	49	98	133	143	346	7	29	80	64	272
三明市	95	308	504	262	289	1	49	163	131	263
泉州市	282	648	1141	480	1283	10	126	358	274	1069
漳州市	337	656	638	435	461	54	220	353	344	491
南平市	34	239	280	119	269		34	112	76	233
龙岩市	63	276	323	140	393	2	36	108	108	313
宁德市	67	229	268	249	454	4	31	108	140	338

11-3b 续表 2

单位：户

地 区	四代户					五代及以上户				
	一间	二间	三间	四间	五 间 及以上	一间	二间	三间	四间	五 间 及以上
全 省	**2**	**9**	**40**	**53**	**218**					
福州市		1	6	2	28					
福州市(不含平潭)		1	6	2	26					
平潭					2					
厦门市			2		3					
莆田市		1	2	4	27					
三明市		1	6	5	15					
泉州市		2	5	16	70					
漳州市	2	4	12	14	16					
南平市			3	1	15					
龙岩市			3	4	29					
宁德市			2	5	16					

11-3c 各地区家庭户按代数和住房间数分的户数(乡村)

单位：户

地 区	合 计	一代户				
		一间	二间	三间	四间	五 间 及以上
全 省	**46068**	**1937**	**2850**	**2096**	**2457**	**5258**
福州市	7848	365	611	355	390	655
福州市(不含平潭)	6991	306	457	316	364	613
平潭	857	59	154	39	25	42
厦门市	1404	69	82	55	71	142
莆田市	3735	66	164	100	101	457
三明市	3569	29	89	140	240	577
泉州市	8979	265	444	383	397	1251
漳州市	7304	634	517	270	292	437
南平市	4057	80	254	242	307	480
龙岩市	4434	141	284	260	274	739
宁德市	4739	288	404	292	385	520

11-3c 续表 1

单位：户

地 区	二代户					三代户				
	一间	二间	三间	四间	五 间及以上	一间	二间	三间	四间	五 间及以上
全 省	**838**	**2815**	**3238**	**3545**	**8849**	**148**	**859**	**1523**	**2167**	**6892**
福州市	206	704	605	616	1543	34	155	199	318	1047
福州市(不含平潭)	163	527	524	568	1484	26	122	175	293	1009
平潭	43	176	81	48	59	8	34	24	25	38
厦门市	22	77	87	93	393	1	8	22	63	210
莆田市	22	161	225	250	883	1	66	114	161	856
三明市	27	90	190	356	747	2	33	99	244	638
泉州市	111	373	600	579	2056	5	88	280	338	1720
漳州市	289	699	560	531	916	93	331	387	414	821
南平市	25	205	325	316	735	3	67	170	229	561
龙岩市	63	187	284	310	909	2	21	117	136	643
宁德市	73	319	362	494	669	8	90	135	263	396

11-3c 续表 2

单位：户

地 区	四代户					五代及以上户				
	一间	二间	三间	四间	五 间及以上	一间	二间	三间	四间	五 间及以上
全 省	**3**	**24**	**62**	**100**	**408**					**1**
福州市			5	7	35					
福州市(不含平潭)			5	7	34					
平潭					1					
厦门市				1	9					
莆田市		3	11	15	79					
三明市	1		5	17	44					
泉州市			6	11	70					
漳州市	2	14	18	22	59					
南平市		6	7	12	33					1
龙岩市			1	8	56					
宁德市		1	10	8	22					

11-4 全省按户主的受教育程度分的家庭户住房状况

受教育程度	户 数 (户)	人 数 (人)	平均每户住房间数 (间/户)	人均住房建筑面积 (平方米/人)	人均住房间 数 (间/人)
总 计	**28961**	**91249**	**4.43**	**48.07**	**1.41**
未上过学	4901	12091	3.81	52.55	1.54
小 学	14450	47724	4.60	47.18	1.39
初 中	6083	20702	4.75	48.58	1.40
普通高中	1725	5546	4.43	47.40	1.38
中 职	640	1891	4.01	45.82	1.36
大学专科	601	1771	3.59	43.76	1.22
大学本科	547	1489	3.24	43.21	1.19
研 究 生	14	34	3.31	48.20	1.40

11-4a 全省按户主的受教育程度分的家庭户住房状况(城市)

受教育程度	户 数 (户)	人 数 (人)	平均每户住房间数 (间/户)	人均住房建筑面积 (平方米/人)	人均住房间 数 (间/人)
总 计	**7855**	**24570**	**3.85**	**42.28**	**1.23**
未上过学	840	2251	4.03	51.14	1.50
小 学	2565	8492	4.28	44.37	1.29
初 中	2170	7103	3.93	40.43	1.20
普通高中	919	2873	3.46	38.26	1.11
中 职	378	1101	3.08	36.86	1.06
大学专科	473	1371	3.13	39.61	1.08
大学本科	495	1346	3.04	39.62	1.12
研 究 生	14	34	3.31	48.20	1.40

11-4b 全省按户主的受教育程度分的家庭户住房状况(镇)

受教育程度	户　数 (户)	人　数 (人)	平均每户 住房间数 (间/户)	人均住房 建筑面积 (平方米/人)	人均住房 间　　数 (间/人)
总　　计	**7082**	**22833**	**4.61**	**51.07**	**1.43**
未上过学	1143	2932	4.02	54.37	1.57
小　　学	3643	12317	4.60	48.67	1.36
初　　中	1586	5369	4.86	51.75	1.43
普通高中	407	1276	5.28	59.89	1.68
中　　职	160	504	4.54	54.05	1.44
大学专科	102	322	5.13	56.56	1.62
大学本科	41	113	4.31	66.37	1.56
研 究 生					

11-4c 全省按户主的受教育程度分的家庭户住房状况(乡村)

受教育程度	户　数 (户)	人　数 (人)	平均每户 住房间数 (间/户)	人均住房 建筑面积 (平方米/人)	人均住房 间　　数 (间/人)
总　　计	**14024**	**43846**	**4.66**	**49.74**	**1.49**
未上过学	2918	6908	3.67	52.23	1.55
小　　学	8243	26916	4.69	47.39	1.44
初　　中	2326	8230	5.45	53.55	1.54
普通高中	399	1396	5.81	54.82	1.66
中　　职	101	287	6.66	65.77	2.35
大学专科	26	78	6.01	63.81	1.96
大学本科	12	30	7.98	115.93	3.09
研 究 生					

11-5 各地区按住房类型、建筑层数分的家庭户户数

单位：户

地 区	住房类型				建筑层数				
	普通住宅	集体宿舍和工棚	工作地住宿	无住房	平房	2-3层楼房	4-6层楼房	7-9层楼房	10层以上楼房
全 省	**119839**	**3927**	**2460**	**238**	**16160**	**54563**	**27972**	**13651**	**7493**
福州市	23724	181	221	25	2667	8281	6328	4644	1804
福州市(不含平潭)	22293	178	220	24	2376	7440	6210	4463	1804
平潭	1431	3	2	1	291	841	118	181	
厦门市	13481	401	171	10	828	3068	4923	2519	2143
莆田市	8108	134	111	11	1062	4562	1534	611	339
三明市	8270	138	77	16	851	3560	2167	1346	345
泉州市	24038	2471	1280	45	4052	12224	4317	2025	1420
漳州市	15224	300	122	80	3095	9089	1873	730	436
南平市	8946	57	102	25	1555	4163	1623	870	736
龙岩市	8757	132	287	15	967	5125	2166	373	127
宁德市	9292	114	89	11	1084	4491	3041	533	142

11-5a 各地区按住房类型、建筑层数分的家庭户户数(城市)

单位：户

地 区	住房类型				建筑层数				
	普通住宅	集体宿舍和工棚	工作地住宿	无住房	平房	2-3层楼房	4-6层楼房	7-9层楼房	10层以上楼房
全 省	**43219**	**1851**	**1252**	**48**	**2083**	**9060**	**14953**	**10882**	**6240**
福州市	11329	75	95	8	437	1756	3419	4209	1508
厦门市	11503	338	123	9	428	1799	4710	2473	2092
莆田市	2688	77	68	5	156	1081	681	540	231
三明市	1800	1	5	7	33	208	639	732	189
泉州市	7116	1258	874	10	704	2547	1875	1075	914
漳州市	2346	43	21	4	128	699	498	606	415
南平市	2771	6	39		100	478	896	661	636
龙岩市	1773	40	21	6	43	309	1040	255	126
宁德市	1892	13	5		53	183	1195	331	129

11-5b 各地区按住房类型、建筑层数分的家庭户户数(镇)

单位：户

地 区	住房类型				建筑层数				
	普通住宅	集体宿舍和工棚	工作地住宿	无住房	平房	2-3层楼房	4-6层楼房	7-9层楼房	10层以上楼房
全 省	**30552**	**1026**	**659**	**90**	**3749**	**14023**	**8866**	**2672**	**1241**
福州市	4548	50	61	3	432	1871	1540	415	291
福州市(不含平潭)	3973	49	59	3	384	1633	1431	234	291
平潭	574	2	2		48	237	108	181	
厦门市	574	46	27	1	57	298	125	43	51
莆田市	1685	52	24		328	774	407	68	108
三明市	2901	16	52	2	107	823	1218	595	157
泉州市	7943	548	174	26	1156	3686	1650	945	506
漳州市	5574	205	60	37	885	3266	1277	124	21
南平市	2118	29	50	7	258	1070	521	171	98
龙岩市	2550	34	203	5	318	1257	857	117	
宁德市	2661	46	10	9	208	978	1272	193	10

11-5c 各地区按住房类型、建筑层数分的家庭户户数(乡村)

单位：户

地 区	住房类型				建筑层数				
	普通住宅	集体宿舍和工棚	工作地住宿	无住房	平房	2-3层楼房	4-6层楼房	7-9层楼房	10层以上楼房
全 省	**46068**	**1050**	**548**	**99**	**10328**	**31480**	**4152**	**96**	**11**
福州市	7848	56	66	14	1799	4654	1369	21	5
福州市(不含平潭)	6991	55	66	13	1555	4051	1359	21	5
平潭	857	1		1	244	603	10		
厦门市	1404	17	21		343	971	88	2	
莆田市	3735	5	18	6	577	2707	447	3	1
三明市	3569	121	20	8	711	2529	310	20	
泉州市	8979	665	232	9	2192	5991	792	4	
漳州市	7304	52	41	39	2081	5124	99		
南平市	4057	22	13	18	1196	2615	206	37	2
龙岩市	4434	57	63	3	606	3559	269	1	
宁德市	4739	55	74	2	823	3330	574	9	3

11-6 各地区家庭户按住房建成时间分的住房状况

单位：户、间、平方米

地 区	合 计			1949年以前			1949-1959年		
	户数	间数	面积	户数	间数	面积	户数	间数	面积
全 省	**119839**	**486477**	**17318927**	**2616**	**6438**	**171734**	**1126**	**3430**	**94437**
福州市	23724	93548	2857344	417	1141	26372	200	558	13441
福州市(不含平潭)	22293	88540	2689845	414	1131	25843	184	532	12522
平潭	1431	5007	167499	3	10	529	16	25	919
厦门市	13481	35670	1169928	444	755	17458	41	110	2588
莆田市	8108	44137	1576576	116	288	7116	71	174	4368
三明市	8270	36089	1130722	106	404	10158	95	367	8869
泉州市	24038	109312	4354585	377	1137	31993	229	796	24762
漳州市	15224	53315	2227223	347	577	19403	162	341	9655
南平市	8946	36552	1284186	88	264	8427	91	279	8266
龙岩市	8757	39080	1319727	261	618	12473	116	454	11203
宁德市	9292	38774	1398636	460	1254	38335	121	353	11284

11-6 续表 1

单位：户、间、平方米

地 区	1960-1969年			1970-1979年			1980-1989年		
	户数	间数	面积	户数	间数	面积	户数	间数	面积
全 省	**2515**	**8065**	**220507**	**5924**	**20290**	**583175**	**16846**	**65090**	**2038273**
福州市	590	1818	39307	1445	4334	108795	3306	12886	347728
福州市(不含平潭)	534	1683	35481	1329	4042	98929	2912	11695	306944
平潭	56	135	3826	116	292	9867	395	1192	40784
厦门市	97	231	5257	164	445	13189	1558	4141	122466
莆田市	126	418	12363	425	1785	56587	1305	6361	203429
三明市	166	630	17636	433	1761	45922	1373	5160	144920
泉州市	387	1499	42801	998	4191	125357	3190	14354	501825
漳州市	317	632	21150	653	1416	52232	2018	5826	219338
南平市	378	1301	39527	891	2930	84840	1711	6543	218455
龙岩市	198	591	13682	445	1667	40958	1103	4792	120688
宁德市	256	945	28784	470	1761	55293	1282	5026	159425

11-6 续表 2

单位：户、间、平方米

地区	1990-1999年			2000-2009年			2010年以后		
	户数	间数	面积	户数	间数	面积	户数	间数	面积
全省	**30396**	**128118**	**4518415**	**43857**	**177323**	**6668032**	**16558**	**77724**	**3024354**
福州市	6973	27121	800280	8845	34879	1165112	1949	10810	356308
福州市(不含平潭)	6593	25523	745880	8536	33493	1117087	1792	10441	347160
平潭	380	1599	54400	309	1386	48026	157	369	9148
厦门市	3144	9489	314999	6368	15667	520388	1665	4832	173583
莆田市	2207	13079	450849	2382	13844	513807	1475	8189	328056
三明市	2137	8783	291551	2471	11440	375075	1490	7545	236591
泉州市	6378	31382	1227535	9238	41367	1719610	3241	14587	680702
漳州市	3014	10530	438099	5847	21872	930032	2865	12121	537314
南平市	2335	9214	328695	2099	8954	341556	1355	7068	254418
龙岩市	1739	7666	271349	3406	15573	571697	1488	7720	277679
宁德市	2469	10854	395057	3201	13728	530755	1031	4852	179702

11-6a 各地区家庭户按住房建成时间分的住房状况(城市)

单位：户、间、平方米

地区	合计			1949年以前			1949-1959年		
	户数	间数	面积	户数	间数	面积	户数	间数	面积
全省	**43219**	**129514**	**4451845**	**697**	**1614**	**36137**	**124**	**378**	**8980**
福州市	11329	34782	1136122	160	576	13013	10	37	947
厦门市	11503	26374	818353	402	631	14064	27	60	1257
莆田市	2688	12419	413114	25	111	1921	31	83	1617
三明市	1800	4746	162393	9	23	612	2	3	86
泉州市	7116	24086	927483	59	194	4727	41	157	4282
漳州市	2346	7031	280607	6	9	324			
南平市	2771	8015	285660	1	2	71	3	11	188
龙岩市	1773	5312	172606	1	1	10			
宁德市	1892	6747	255507	33	68	1395	10	28	603

11-6a 续表 1

单位：户、间、平方米

地 区	1960-1969年			1970-1979年			1980-1989年		
	户数	间数	面积	户数	间数	面积	户数	间数	面积
全 省	**333**	**967**	**24076**	**1291**	**3629**	**98300**	**5524**	**17392**	**490729**
福州市	71	146	3945	409	1010	24136	1123	4299	112059
厦门市	70	147	2611	91	200	5325	1298	3110	85453
莆田市	33	108	2678	125	552	18047	496	2370	65356
三明市	14	28	915	64	161	4538	496	1110	30212
泉州市	97	400	10448	171	629	18576	942	2618	84928
漳州市	2	6	386	31	116	4492	298	1074	36794
南平市	41	120	2824	288	708	16508	349	937	29811
龙岩市	2	4	62	93	184	4086	286	1167	22408
宁德市	3	8	207	17	69	2592	236	706	23707

11-6a 续表 2

单位：户、间、平方米

地 区	1990-1999年			2000-2009年			2010年以后		
	户数	间数	面积	户数	间数	面积	户数	间数	面积
全 省	**11983**	**39470**	**1357353**	**19367**	**54778**	**2018566**	**3900**	**11286**	**417705**
福州市	3789	11843	367620	5333	15555	565236	435	1317	49167
厦门市	2718	7412	238499	5623	11913	374587	1274	2901	96557
莆田市	755	4073	132485	828	3588	129355	395	1534	61656
三明市	441	1244	45693	485	1387	53069	288	792	27268
泉州市	1820	7245	286948	3279	10537	422407	707	2306	95167
漳州市	506	1540	67143	1152	3339	138409	351	947	33059
南平市	960	2666	92954	852	2593	107101	277	978	36204
龙岩市	418	1228	41824	958	2683	102415	15	45	1800
宁德市	576	2219	84187	856	3184	125987	160	467	16829

11-6b 各地区家庭户按住房建成时间分的住房状况(镇)

单位：户、间、平方米

地区	合计			1949年以前			1949-1959年		
	户数	间数	面积	户数	间数	面积	户数	间数	面积
全省	**30552**	**128879**	**4820652**	**581**	**1437**	**38405**	**267**	**730**	**18978**
福州市	4548	20466	632664	58	118	3250	34	67	1979
福州市(不含平潭)	3973	18035	548351	57	115	3085	31	60	1484
平潭	574	2431	84313	2	3	165	3	7	495
厦门市	574	1976	70280	6	14	399	4	7	196
莆田市	1685	8558	293666	66	133	2922	24	49	1600
三明市	2901	11659	386965	33	109	2452	9	29	564
泉州市	7943	35893	1454661	149	426	11243	62	167	3690
漳州市	5574	18617	818180	96	170	5295	37	73	1949
南平市	2118	9191	336089	11	33	687	5	15	271
龙岩市	2550	10852	400290	59	132	2830	46	210	5026
宁德市	2661	11667	427857	103	301	9326	46	114	3702

11-6b 续表 1

单位：户、间、平方米

地区	1960-1969年			1970-1979年			1980-1989年		
	户数	间数	面积	户数	间数	面积	户数	间数	面积
全省	**404**	**1243**	**34885**	**1151**	**3910**	**116314**	**3934**	**16105**	**544553**
福州市	95	266	6571	232	690	20120	609	2519	67099
福州市(不含平潭)	81	220	5036	198	584	16663	539	2252	57705
平潭	14	46	1535	34	106	3456	70	266	9394
厦门市	3	9	393	13	36	1228	38	156	5104
莆田市	15	59	1612	64	216	5211	193	739	25733
三明市	20	59	2059	87	345	10050	353	1513	45727
泉州市	75	234	6239	287	1184	35695	1030	5048	185859
漳州市	66	171	5059	210	480	17101	713	2126	83273
南平市	64	264	7862	118	434	13177	463	1900	63356
龙岩市	30	81	1715	62	222	6413	254	979	32470
宁德市	34	101	3375	78	303	7319	282	1126	35931

11-6b 续表 2

单位：户、间、平方米

地　区	1990-1999年			2000-2009年			2010年以后		
	户数	间数	面积	户数	间数	面积	户数	间数	面积
全　省	**8391**	**36650**	**1347725**	**11106**	**48421**	**1896887**	**4719**	**20384**	**822906**
福州市	1437	6523	194012	1635	7946	258465	447	2338	81168
福州市(不含平潭)	1224	5574	161756	1410	6959	223743	433	2273	78878
平潭	213	949	32256	225	987	34722	14	65	2290
厦门市	120	439	17030	258	953	34009	133	362	11921
莆田市	493	2631	92166	468	2834	94205	362	1897	70218
三明市	954	3616	125002	899	3537	122024	544	2449	79086
泉州市	2317	10968	422150	2948	13555	582884	1075	4311	206899
漳州市	1223	4139	180677	2329	8038	357083	900	3421	167743
南平市	561	2630	100306	490	2085	82690	405	1831	67739
龙岩市	648	2795	110278	971	4430	169506	481	2004	72052
宁德市	638	2908	106104	1108	5042	196021	372	1772	66080

11-6c 各地区家庭户按住房建成时间分的住房状况(乡村)

单位：户、间、平方米

地　区	合　计			1949年以前			1949-1959年		
	户数	间数	面积	户数	间数	面积	户数	间数	面积
全　省	**46068**	**228085**	**8046430**	**1337**	**3387**	**97193**	**735**	**2323**	**66479**
福州市	7848	38299	1088558	198	448	10108	156	454	10516
福州市(不含平潭)	6991	35723	1005372	197	441	9744	144	436	10092
平潭	857	2577	83185	1	7	364	13	18	424
厦门市	1404	7320	281295	36	110	2995	10	44	1135
莆田市	3735	23160	869796	25	44	2273	16	42	1151
三明市	3569	19684	581364	64	272	7094	84	335	8219
泉州市	8979	49332	1972441	169	517	16023	126	471	16790
漳州市	7304	27666	1128436	245	397	13784	125	268	7706
南平市	4057	19345	662437	76	228	7668	82	253	7807
龙岩市	4434	22916	746832	201	486	9633	70	244	6176
宁德市	4739	20360	715271	323	885	27614	65	211	6979

11-6c 续表 1　　单位：户、间、平方米

地区	1960-1969年			1970-1979年			1980-1989年		
	户数	间数	面积	户数	间数	面积	户数	间数	面积
全　省	**1779**	**5855**	**161546**	**3483**	**12751**	**368562**	**7389**	**31593**	**1002992**
福州市	424	1406	28791	804	2635	64540	1575	6069	168570
福州市(不含平潭)	382	1318	26500	722	2449	58130	1250	5144	137180
平潭	42	88	2291	83	186	6410	325	925	31390
厦门市	24	75	2253	60	209	6636	221	875	31908
莆田市	79	250	8074	235	1016	33329	616	3252	112340
三明市	131	543	14662	281	1255	31334	524	2537	68981
泉州市	214	865	26114	539	2378	71086	1218	6688	231037
漳州市	250	455	15705	412	821	30639	1008	2626	99271
南平市	273	917	28842	485	1788	55155	898	3706	125288
龙岩市	167	506	11905	290	1260	30459	564	2646	65810
宁德市	218	837	25202	376	1389	45383	765	3195	99787

11-6c 续表 2　　单位：户、间、平方米

地区	1990-1999年			2000-2009年			2010年以后		
	户数	间数	面积	户数	间数	面积	户数	间数	面积
全　省	**10022**	**51998**	**1813337**	**13384**	**74124**	**2752579**	**7939**	**46055**	**1783743**
福州市	1746	8755	238648	1876	11378	341411	1067	7155	225973
福州市(不含平潭)	1580	8106	216504	1792	10979	328108	925	6851	219115
平潭	167	649	22144	84	399	13304	143	304	6858
厦门市	307	1637	59470	487	2801	111792	259	1570	65105
莆田市	959	6375	226199	1086	7422	290247	719	4759	196183
三明市	742	3923	120855	1086	6516	199982	657	4304	130238
泉州市	2242	13168	518438	3012	17275	714318	1459	7970	378636
漳州市	1285	4851	190279	2366	10495	434540	1614	7753	336513
南平市	813	3918	135435	757	4275	151765	673	4259	150476
龙岩市	674	3643	119246	1477	8460	299776	992	5671	203827
宁德市	1255	5727	204766	1237	5502	208747	499	2614	96794

11-7 各地区家庭户住房设施状况

单位：户

地 区	合 计	住房内有无厨房			住房内有无厕所				
		本 户 独立使用	本户与其 他户合用	无	独立使用抽 水/冲水式	合用抽水 /冲水式	独立使用 其他样式	合 用 其他样式	无
全 省	**119839**	**107904**	**5217**	**6719**	**99185**	**5544**	**3735**	**2808**	**8567**
福州市	23724	22039	991	694	20845	959	593	349	978
福州市(不含平潭)	22293	20906	763	624	19931	805	360	252	944
平潭	1431	1133	228	69	913	155	233	97	34
厦门市	13481	11884	646	951	12200	694	148	166	272
莆田市	8108	7232	313	563	6379	679	328	163	559
三明市	8270	7789	256	226	6608	214	544	228	675
泉州市	24038	20318	1875	1845	19719	1842	401	591	1485
漳州市	15224	13579	217	1428	12561	307	610	204	1541
南平市	8946	8426	318	202	6740	277	375	330	1225
龙岩市	8757	7972	218	568	6987	256	310	306	897
宁德市	9292	8665	383	244	7147	316	426	469	934

11-7a 各地区家庭户住房设施状况(城市)

单位：户

地 区	合 计	住房内有无厨房			住房内有无厕所				
		本 户 独立使用	本户与其 他户合用	无	独立使用抽 水/冲水式	合用抽水 /冲水式	独立使用 其他样式	合 用 其他样式	无
全 省	**43219**	**38653**	**1996**	**2570**	**39240**	**2121**	**575**	**503**	**779**
福州市	11329	10722	333	274	10792	358	35	38	106
厦门市	11503	10203	471	829	10572	527	134	135	134
莆田市	2688	2414	118	157	2312	168	75	73	59
三明市	1800	1722	31	47	1751	32	8	4	5
泉州市	7116	5390	844	882	5744	814	127	115	316
漳州市	2346	2155	37	154	2159	36	83	33	36
南平市	2771	2589	72	110	2500	71	44	76	81
龙岩市	1773	1688	15	69	1695	48		16	13
宁德市	1892	1772	74	47	1714	68	69	12	29

11-7b 各地区家庭户住房设施状况(镇)

单位：户

地 区	合 计	住房内有无厨房			住房内有无厕所				
		本户独立使用	本户与其他户合用	无	独立使用抽水/冲水式	合用抽水/冲水式	独立使用其他样式	合用其他样式	无
全 省	**30552**	**27665**	**1181**	**1706**	**26488**	**1372**	**499**	**614**	**1579**
福州市	4548	4303	119	126	4278	109	42	48	70
福州市(不含平潭)	3973	3813	78	82	3784	85	32	14	58
平潭	574	490	41	44	494	24	10	34	13
厦门市	574	493	52	30	498	51	3	5	17
莆田市	1685	1458	45	182	1227	187	31	57	184
三明市	2901	2694	136	70	2582	148	40	73	57
泉州市	7943	6931	497	515	6823	527	72	205	317
漳州市	5574	4959	110	504	4875	115	144	68	372
南平市	2118	2013	72	33	1780	66	33	9	230
龙岩市	2550	2295	86	168	2108	84	73	87	198
宁德市	2661	2518	64	78	2318	85	61	63	133

11-7c 各地区家庭户住房设施状况(乡村)

单位：户

地 区	合 计	住房内有无厨房			住房内有无厕所				
		本户独立使用	本户与其他户合用	无	独立使用抽水/冲水式	合用抽水/冲水式	独立使用其他样式	合用其他样式	无
全 省	**46068**	**41586**	**2040**	**2443**	**33458**	**2050**	**2661**	**1691**	**6209**
福州市	7848	7014	539	294	5775	493	516	263	801
福州市(不含平潭)	6991	6371	352	269	5355	362	293	200	780
平潭	857	644	188	25	420	130	223	63	21
厦门市	1404	1188	124	92	1129	116	11	26	121
莆田市	3735	3360	150	224	2840	324	221	34	316
三明市	3569	3373	88	109	2275	34	497	151	613
泉州市	8979	7998	533	448	7152	501	202	272	853
漳州市	7304	6465	70	769	5528	157	383	103	1133
南平市	4057	3825	174	58	2461	140	298	245	914
龙岩市	4434	3988	116	330	3184	124	237	204	686
宁德市	4739	4374	245	119	3114	163	296	394	772

11-8 各地区家庭户按住房来源分的户数

单位：户

地 区	合 计	购买新建商品房	购买二手房	购买原公有住房	购买经济适用房、两限房	自建住房	租赁廉租房、公租房	租赁其他住房	其 他
全 省	**119839**	**13583**	**4962**	**3343**	**1979**	**70814**	**1870**	**19539**	**3749**
福州市	23724	4047	1305	1052	329	11788	242	3547	1414
福州市(不含平潭)	22293	3883	1265	1051	329	10780	232	3472	1282
平潭	1431	164	39	1		1008	11	75	132
厦门市	13481	1549	1063	611	466	2882	710	5875	325
莆田市	8108	516	122	35	228	6028	118	866	195
三明市	8270	1150	446	564	158	4872	86	853	141
泉州市	24038	2321	391	135	278	15676	329	4403	505
漳州市	15224	1300	425	184	190	11392	130	1305	297
南平市	8946	1200	546	544	78	5241	121	963	254
龙岩市	8757	715	280	112	252	6207	84	873	234
宁德市	9292	785	384	105		6728	50	854	386

11-8a 各地区家庭户按住房来源分的户数(城市)

单位：户

地 区	合 计	购买新建商品房	购买二手房	购买原公有住房	购买经济适用房、两限房	自建住房	租赁廉租房、公租房	租赁其他住房	其 他
全 省	**43219**	**9381**	**3488**	**2957**	**1459**	**8612**	**1187**	**14124**	**2011**
福州市	11329	3334	1081	995	249	1709	136	2892	932
厦门市	11503	1476	1052	607	466	1276	680	5629	316
莆田市	2688	333	92	23	222	1144	101	651	122
三明市	1800	481	192	430	44	223	49	335	46
泉州市	7116	1264	191	130	186	2236	120	2716	273
漳州市	2346	585	166	135	133	652	47	475	153
南平市	2771	937	338	456	36	347	31	521	106
龙岩市	1773	472	156	92	123	416	7	487	21
宁德市	1892	499	218	89		610	16	417	43

11-8b 各地区家庭户按住房来源分的户数(镇)

单位：户

地 区	合 计	购买新建商品房	购买二手房	购买原公有住房	购买经济适用房、两限房	自建住房	租赁廉租房、公租房	租赁其他住房	其 他
全 省	**30552**	**4044**	**1197**	**354**	**438**	**18998**	**491**	**4267**	**762**
福州市	4548	696	178	56	77	2864	73	494	109
福州市(不含平潭)	3973	532	150	56	77	2560	73	422	105
平潭	574	164	28			304	1	72	5
厦门市	574	64	7	3		294	13	190	2
莆田市	1685	174	21	11	3	1242	7	168	58
三明市	2901	658	202	133	112	1253	25	451	67
泉州市	7943	1018	198		91	5011	196	1265	164
漳州市	5574	709	241	46	13	3663	61	754	88
南平市	2118	220	118	72	39	1231	34	338	66
龙岩市	2550	238	97	17	103	1685	75	236	99
宁德市	2661	267	134	16		1756	8	371	108

11-8c 各地区家庭户按住房来源分的户数(乡村)

单位：户

地 区	合 计	购买新建商品房	购买二手房	购买原公有住房	购买经济适用房、两限房	自建住房	租赁廉租房、公租房	租赁其他住房	其 他
全 省	**46068**	**158**	**278**	**31**	**82**	**43203**	**192**	**1148**	**975**
福州市	7848	17	45	1	3	7215	33	160	373
福州市(不含平潭)	6991	17	34		3	6511	23	158	245
平潭	857		11	1		704	10	3	127
厦门市	1404	8	3	1		1312	18	55	6
莆田市	3735	9	9	1	3	3643	10	47	15
三明市	3569	11	52	1	3	3396	12	67	28
泉州市	8979	39	3	5	1	8429	13	422	68
漳州市	7304	7	18	4	44	7077	22	76	56
南平市	4057	43	90	16	3	3664	56	104	82
龙岩市	4434	5	27	3	26	4107	2	151	114
宁德市	4739	19	31			4361	26	66	235

11-9 全省按户主的受教育程度、住房来源分的家庭户户数

单位：户

受教育程度	合 计	购买新建商品房	购买二手房	购买原公有住房	购买经济适用房、两限房	自建住房	租赁廉租房、公租房	租赁其他住房	其 他
总 计	**114497**	**13395**	**4883**	**3281**	**1964**	**66074**	**1841**	**19370**	**3689**
未上过学	6753	206	125	64	67	5513	68	488	222
小 学	34965	1561	766	436	390	26709	406	3775	922
初 中	43776	3578	1300	835	532	26385	769	8970	1407
普通高中	11919	2195	697	616	337	5059	232	2357	425
中 职	4399	1114	337	307	138	1092	120	1124	167
大学专科	6216	2194	680	456	240	887	127	1412	221
大学本科	5860	2363	872	516	197	420	98	1141	251
研 究 生	609	182	106	52	63	8	20	103	74

11-9a 全省按户主的受教育程度、住房来源分的家庭户户数(城市)

单位：户

受教育程度	合 计	购买新建商品房	购买二手房	购买原公有住房	购买经济适用房、两限房	自建住房	租赁廉租房、公租房	租赁其他住房	其 他
总 计	**42657**	**9274**	**3438**	**2904**	**1452**	**8425**	**1170**	**14005**	**1989**
未上过学	1306	119	53	57	53	665	41	263	54
小 学	7398	776	307	369	200	2911	195	2286	354
初 中	14858	2210	780	707	351	3367	452	6275	716
普通高中	6138	1614	523	556	283	861	159	1847	294
中 职	2846	800	267	274	109	251	102	918	125
大学专科	4651	1655	598	401	207	240	112	1254	183
大学本科	4864	1923	803	489	186	126	87	1061	189
研 究 生	597	177	106	52	63	4	20	101	73

11-9b 全省按户主的受教育程度、住房来源分的家庭户户数(镇)

单位：户

受教育程度	合计	购买新建商品房	购买二手房	购买原公有住房	购买经济适用房、两限房	自建住房	租赁廉租房、公租房	租赁其他住房	其他
总计	**29420**	**3970**	**1178**	**350**	**435**	**18020**	**482**	**4229**	**756**
未上过学	1659	83	45	6	14	1263	15	172	61
小学	9432	735	324	52	158	6686	132	1154	191
初中	12102	1296	436	117	151	7466	238	2098	301
普通高中	3023	565	159	60	40	1657	61	402	80
中职	1037	313	67	33	29	362	15	185	35
大学专科	1268	534	80	55	33	381	12	142	32
大学本科	889	439	67	28	11	205	10	75	56
研究生	9	5						2	1

11-9c 全省按户主的受教育程度、住房来源分的家庭户户数(乡村)

单位：户

受教育程度	合计	购买新建商品房	购买二手房	购买原公有住房	购买经济适用房、两限房	自建住房	租赁廉租房、公租房	租赁其他住房	其他
总计	**42420**	**150**	**267**	**27**	**77**	**39630**	**189**	**1137**	**944**
未上过学	3789	4	27	1		3586	12	53	106
小学	18135	50	135	15	32	17111	79	335	377
初中	16816	72	84	11	30	15553	79	598	389
普通高中	2758	15	16	1	15	2541	11	108	52
中职	516	2	3			479	3	21	7
大学专科	298	5	1			266	3	16	6
大学本科	106	1	2			90	1	6	6
研究生	3					3			

11-10 全省按户主的职业、住房来源分的家庭户户数

单位：户

职 业	合 计	购买新建商品房	购买二手房	购买原公有住房	购买经济适用房、两限房	自建住房	租赁廉租房、公租房	租赁其他住房	其 他
总 计	**80478**	**9091**	**3450**	**1201**	**1269**	**45160**	**1371**	**16746**	**2191**
党的机关、国家机关、群众团体和社会组织、企事业单位负责人	2828	807	270	47	70	999	45	521	69
专业技术人员	6829	1997	722	296	258	1688	150	1353	366
办事人员和有关人员	4488	1497	472	272	164	1102	89	737	156
社会生产服务和生活服务人员	25056	3447	1329	382	456	11143	577	7036	685
农、林、牧、渔业生产及辅助人员	19504	250	216	27	62	18248	47	364	290
生产制造及有关人员	21749	1092	438	175	259	11969	462	6730	623
不便分类的其他从业人员	24	2	4	2	1	10		5	1

11-10a 全省按户主的职业、住房来源分的家庭户户数(城市)

单位：户

职 业	合 计	购买新建商品房	购买二手房	购买原公有住房	购买经济适用房、两限房	自建住房	租赁廉租房、公租房	租赁其他住房	其 他
总 计	**29595**	**6244**	**2438**	**997**	**933**	**4845**	**837**	**12212**	**1089**
党的机关、国家机关、群众团体和社会组织、企事业单位负责人	1720	625	233	40	59	242	27	438	56
专业技术人员	4387	1470	617	253	220	285	121	1162	259
办事人员和有关人员	3096	1151	406	224	143	338	76	646	111
社会生产服务和生活服务人员	11973	2298	919	312	340	1967	370	5376	390
农、林、牧、渔业生产及辅助人员	658	62	20	5	15	470	2	79	6
生产制造及有关人员	7750	635	240	162	155	1543	240	4507	268
不便分类的其他从业人员	11	2	2	2	1			4	

11-10b 全省按户主的职业、住房来源分的家庭户户数(镇)

单位：户

职业	合计	购买新建商品房	购买二手房	购买原公有住房	购买经济适用房、两限房	自建住房	租赁廉租房、公租房	租赁其他住房	其他
总计	**20406**	**2730**	**817**	**187**	**282**	**11981**	**376**	**3536**	**496**
党的机关、国家机关、群众团体和社会组织、企事业单位负责人	626	179	34	7	11	305	16	65	10
专业技术人员	1556	522	99	43	36	585	22	153	96
办事人员和有关人员	997	342	65	48	19	392	10	84	37
社会生产服务和生活服务人员	7173	1107	351	66	108	3818	164	1414	145
农、林、牧、渔业生产及辅助人员	3879	166	103	11	19	3365	15	137	64
生产制造及有关人员	6168	414	164	13	89	3513	149	1683	143
不便分类的其他从业人员	7		2			3		1	1

11-10c 全省按户主的职业、住房来源分的家庭户户数(乡村)

单位：户

职业	合计	购买新建商品房	购买二手房	购买原公有住房	购买经济适用房、两限房	自建住房	租赁廉租房、公租房	租赁其他住房	其他
总计	**30478**	**117**	**195**	**16**	**55**	**28334**	**158**	**997**	**606**
党的机关、国家机关、群众团体和社会组织、企事业单位负责人	482	3	2			453	2	19	3
专业技术人员	886	5	6	1	1	818	7	37	12
办事人员和有关人员	395	3	1		2	372	3	7	8
社会生产服务和生活服务人员	5909	42	59	4	8	5358	43	246	149
农、林、牧、渔业生产及辅助人员	14967	22	93	11	29	14413	30	149	221
生产制造及有关人员	7831	43	34		16	6913	73	540	213
不便分类的其他从业人员	7					7			

11-11 全省按户主的职业分的家庭户住房状况

职业	户数(户)	人数(人)	平均每户住房间数(间/户)	人均住房建筑面积(平方米/人)	人均住房间数(间/人)
总计	**80478**	**263381**	**3.94**	**43.34**	**1.20**
党的机关、国家机关、群众团体和社会组织、企事业单位负责人	2828	9579	3.97	46.44	1.17
专业技术人员	6829	20176	3.34	41.63	1.13
办事人员和有关人员	4488	13449	3.39	41.94	1.13
社会生产服务和生活服务人员	25056	80180	3.68	42.01	1.15
农、林、牧、渔业生产及辅助人员	19504	69874	4.84	46.54	1.35
生产制造及有关人员	21749	70052	3.74	42.01	1.16
不便分类的其他从业人员	24	72	3.06	37.20	1.04

11-11a 全省按户主的职业分的家庭户住房状况(城市)

职业	户数(户)	人数(人)	平均每户住房间数(间/户)	人均住房建筑面积(平方米/人)	人均住房间数(间/人)
总计	**29595**	**84592**	**2.75**	**32.84**	**0.96**
党的机关、国家机关、群众团体和社会组织、企事业单位负责人	1720	5570	3.19	38.20	0.99
专业技术人员	4387	12282	2.70	34.47	0.96
办事人员和有关人员	3096	9000	3.00	37.89	1.03
社会生产服务和生活服务人员	11973	34258	2.73	32.28	0.95
农、林、牧、渔业生产及辅助人员	658	2439	4.72	44.42	1.27
生产制造及有关人员	7750	21012	2.46	27.86	0.91
不便分类的其他从业人员	11	30	2.13	28.25	0.77

11-11b 全省按户主的职业分的家庭户住房状况(镇)

职业	户数(户)	人数(人)	平均每户住房间数(间/户)	人均住房建筑面积(平方米/人)	人均住房间数(间/人)
总计	**20406**	**68919**	**4.08**	**45.93**	**1.21**
党的机关、国家机关、群众团体和社会组织、企事业单位负责人	626	2141	4.33	52.24	1.27
专业技术人员	1556	4720	3.85	49.46	1.27
办事人员和有关人员	997	3013	3.89	49.04	1.29
社会生产服务和生活服务人员	7173	24204	4.01	45.48	1.19
农、林、牧、渔业生产及辅助人员	3879	14343	4.69	46.28	1.27
生产制造及有关人员	6168	20474	3.82	44.31	1.15
不便分类的其他从业人员	7	24	3.31	28.62	0.93

11-11c 全省按户主的职业分的家庭户住房状况(乡村)

职业	户数(户)	人数(人)	平均每户住房间数(间/户)	人均住房建筑面积(平方米/人)	人均住房间数(间/人)
总计	**30478**	**109870**	**5.00**	**49.80**	**1.39**
党的机关、国家机关、群众团体和社会组织、企事业单位负责人	482	1868	6.29	64.36	1.62
专业技术人员	886	3173	5.64	57.72	1.57
办事人员和有关人员	395	1435	5.22	52.40	1.44
社会生产服务和生活服务人员	5909	21718	5.18	53.49	1.41
农、林、牧、渔业生产及辅助人员	14967	53092	4.88	46.71	1.38
生产制造及有关人员	7831	28566	4.93	50.77	1.35
不便分类的其他从业人员	7	18	4.24	63.27	1.65

11-12　全省按户主职业、人均住房面积分的家庭户户数

单位：户

职　　业	合　计	人均住房面积(平方米)									
		8及以下	9-12	13-16	17-19	20-29	30-39	40-49	50-59	60-69	70及以上
总　计	**80478**	**5506**	**4651**	**5576**	**2350**	**14002**	**11737**	**8740**	**6049**	**5823**	**16045**
党的机关、国家机关、群众团体和社会组织、企事业单位负责人	2828	66	90	147	119	582	523	337	207	193	563
专业技术人员	6829	234	256	406	266	1300	1363	933	555	431	1084
办事人员和有关人员	4488	152	166	229	126	895	807	722	377	332	683
社会生产服务和生活服务人员	25056	1942	1621	1969	821	4602	3644	2527	1733	1603	4594
农、林、牧、渔业生产及辅助人员	19504	326	592	1103	424	3224	2853	2292	1843	1884	4963
生产制造及有关人员	21749	2784	1924	1720	592	3395	2542	1926	1332	1379	4154
不便分类的其他从业人员	24	2	2	2	2	3	5	2	2	2	4

11-12a　全省按户主职业、人均住房面积分的家庭户户数(城市)

单位：户

职　　业	合　计	人均住房面积(平方米)									
		8及以下	9-12	13-16	17-19	20-29	30-39	40-49	50-59	60-69	70及以上
总　计	**29595**	**3966**	**2681**	**2777**	**1257**	**5900**	**4387**	**2957**	**1592**	**1212**	**2867**
党的机关、国家机关、群众团体和社会组织、企事业单位负责人	1720	54	61	100	98	424	358	226	110	79	210
专业技术人员	4387	195	194	315	225	959	938	604	331	215	413
办事人员和有关人员	3096	128	134	173	104	696	589	493	241	186	352
社会生产服务和生活服务人员	11973	1537	1108	1261	529	2493	1728	1053	606	478	1180
农、林、牧、渔业生产及辅助人员	658	23	16	51	15	144	94	76	55	46	137
生产制造及有关人员	7750	2029	1166	876	284	1181	678	505	249	208	574
不便分类的其他从业人员	11		1	1	1	3	2	1	1		1

11-12b 全省按户主职业、人均住房面积分的家庭户户数(镇)

单位：户

职业	合计	人均住房面积(平方米)									
		8及以下	9-12	13-16	17-19	20-29	30-39	40-49	50-59	60-69	70及以上
总计	**20406**	**967**	**971**	**1270**	**538**	**3437**	**3027**	**2351**	**1604**	**1718**	**4522**
党的机关、国家机关、群众团体和社会组织、企事业单位负责人	626	6	15	32	12	115	105	67	45	75	154
专业技术人员	1556	27	37	66	28	220	307	255	142	131	343
办事人员和有关人员	997	16	26	43	17	147	162	189	83	98	216
社会生产服务和生活服务人员	7173	302	318	439	200	1288	1127	810	574	568	1548
农、林、牧、渔业生产及辅助人员	3879	60	112	208	88	697	587	456	368	402	901
生产制造及有关人员	6168	556	463	481	191	970	739	573	392	444	1359
不便分类的其他从业人员	7	2		1	1		1	1			1

11-12c 全省按户主职业、人均住房面积分的家庭户户数(乡村)

单位：户

职业	合计	人均住房面积(平方米)									
		8及以下	9-12	13-16	17-19	20-29	30-39	40-49	50-59	60-69	70及以上
总计	**30478**	**573**	**998**	**1529**	**555**	**4665**	**4323**	**3433**	**2853**	**2893**	**8656**
党的机关、国家机关、群众团体和社会组织、企事业单位负责人	482	6	15	15	9	42	60	44	53	39	199
专业技术人员	886	13	25	25	13	122	118	74	82	85	328
办事人员和有关人员	395	8	5	12	5	52	56	41	53	48	115
社会生产服务和生活服务人员	5909	103	195	269	92	821	789	665	553	557	1866
农、林、牧、渔业生产及辅助人员	14967	243	464	844	321	2383	2172	1760	1420	1435	3924
生产制造及有关人员	7831	199	295	363	116	1244	1125	848	691	727	2222
不便分类的其他从业人员	7						2	1	1	2	2

11-13 各地区按住房来源分的同时拥有厨房和厕所的家庭户户数比重

单位：%

地 区	合 计	购买新建商品房	购 买二手房	购买原公有住房	购买经济适用房、两限房	自建住房	租赁廉租房、公租房	租 赁其他住房	其 他
全 省	**82.64**	**99.55**	**96.79**	**98.79**	**99.32**	**81.79**	**77.98**	**67.31**	**77.74**
福州市	88.73	99.61	98.27	99.43	99.47	84.58	76.63	82.31	91.00
福州市(不含平潭)	89.55	99.60	98.88	99.43	99.47	86.00	76.17	82.51	90.58
平潭	75.85	100.00	78.73	100.00		69.36	86.78	73.02	95.04
厦门市	86.15	99.81	99.08	99.20	99.29	82.22	85.78	79.58	89.63
莆田市	79.63	99.31	96.92	100.00	98.50	80.05	62.57	59.04	79.60
三明市	84.97	99.75	95.66	99.37	99.57	82.07	62.40	67.32	77.77
泉州市	78.58	98.91	98.83	95.49	99.17	84.52	77.12	43.06	80.06
漳州市	82.20	99.66	96.30	96.48	99.44	82.26	61.37	59.54	72.18
南平市	78.50	99.84	90.71	98.13	98.82	73.18	76.50	62.23	75.63
龙岩市	81.19	100.00	96.77	97.97	100.00	80.29	92.71	66.97	49.68
宁德市	79.11	99.44	93.83	99.03	100.00	78.98	64.88	71.89	37.72

11-13a 各地区按住房来源分的同时拥有厨房和厕所的家庭户户数比重(城市)

单位：%

地 区	合 计	购买新建商品房	购 买二手房	购买原公有住房	购买经济适用房、两限房	自建住房	租赁廉租房、公租房	租 赁其他住房	其 他
全 省	**87.68**	**99.74**	**99.22**	**99.34**	**99.57**	**89.78**	**80.32**	**71.59**	**93.85**
福州市	93.91	99.59	99.25	99.46	100.00	92.91	72.25	83.19	98.10
厦门市	87.30	99.80	99.33	99.48	99.29	85.79	87.33	79.60	90.89
莆田市	85.13	99.83	98.07	100.00	99.11	89.74	60.79	65.17	90.25
三明市	95.37	100.00	100.00	100.00	100.00	96.12	47.38	86.31	93.73
泉州市	72.96	99.77	99.57	96.08	100.00	85.98	76.27	43.13	89.43
漳州市	90.62	99.78	100.00	99.21	99.20	95.01	71.51	65.38	95.94
南平市	90.48	99.93	99.12	99.14	100.00	88.89	97.38	61.11	86.66
龙岩市	92.86	100.00	100.00	100.00	100.00	94.37	100.00	79.99	71.81
宁德市	91.66	99.62	97.09	98.86		92.85	90.47	77.03	82.33

11-13b　各地区按住房来源分的同时拥有厨房和厕所的家庭户户数比重(镇)

单位：%

地　区	合　计	购买新建商品房	购　买二手房	购买原公有住房	购买经济适用房、两限房	自建住房	租赁廉租房、公租房	租　赁其他住房	其　他
全　省	**85.43**	**99.23**	**96.11**	**97.16**	**99.15**	**87.74**	**78.08**	**60.00**	**71.32**
福州市	93.86	99.73	99.70	98.96	97.75	94.49	90.55	81.44	83.59
福州市(不含平潭)	95.19	99.65	99.65	98.96	97.75	96.44	90.45	82.73	85.10
平潭	84.68	100.00	100.00			78.04	100.00	73.91	50.00
厦门市	83.66	100.00	100.00	85.71		81.83	73.08	81.35	60.00
莆田市	72.28	100.00	100.00	100.00	100.00	72.46	70.91	39.27	64.41
三明市	88.45	99.56	97.45	97.76	99.40	91.32	95.36	55.57	80.48
泉州市	83.41	97.80	98.10		98.57	88.70	79.38	48.64	79.51
漳州市	84.59	99.56	96.49	93.87	100.00	87.74	46.17	56.76	57.92
南平市	84.34	99.80	84.95	97.80	100.00	83.84	60.95	74.65	78.75
龙岩市	82.68	100.00	94.59	90.44	100.00	83.29	91.82	55.69	56.91
宁德市	87.68	99.79	95.76	100.00		90.31	81.37	70.02	64.37

11-13c　各地区按住房来源分的同时拥有厨房和厕所的家庭户户数比重(乡村)

单位：%

地　区	合　计	购买新建商品房	购　买二手房	购买原公有住房	购买经济适用房、两限房	自建住房	租赁廉租房、公租房	租　赁其他住房	其　他
全　省	**76.06**	**96.34**	**69.14**	**65.70**	**95.92**	**77.57**	**63.29**	**41.76**	**49.52**
福州市	78.27	100.00	69.02	100.00	100.00	78.68	63.80	69.30	75.40
福州市(不含平潭)	79.29	100.00	83.56		100.00	80.09	54.63	69.64	64.34
平潭	69.93		25.00	100.00		65.61	85.71	50.00	96.70
厦门市	77.72	100.00				78.84	35.72	71.58	37.40
莆田市	78.98	66.01	77.22	100.00	48.05	79.60	75.25	44.93	51.42
三明市	76.91	100.00	72.46	58.58	100.00	77.73	56.80	51.43	44.69
泉州市	78.77	100.00	100.00	79.06		81.65	51.13	25.85	43.54
漳州市	77.68	100.00	59.63	25.75	100.00	78.25	81.48	50.72	29.87
南平市	67.27	98.05	66.78	70.60	66.67	68.11	74.41	27.50	58.81
龙岩市	75.67	100.00	85.84	74.64	100.00	77.63	100.00	42.57	39.39
宁德市	69.28	89.92	62.84		100.00	72.47	43.86	49.84	17.29

11-14 各地区按拥有家用汽车情况分的家庭户户数

单位：户

地　区	合　计	100万元以上	50万-100万元	30万-50万元	20万-30万元	10万-20万元	10万元以下	没有汽车
全　省	**119839**	**170**	**510**	**1205**	**3163**	**11795**	**8280**	**94716**
福州市	23724	30	102	272	767	2417	1223	18914
福州市(不含平潭)	22293	26	92	257	704	2381	1209	17624
平潭	1431	4	10	15	63	36	14	1290
厦门市	13481	30	130	269	636	2197	982	9236
莆田市	8108	15	30	68	243	690	349	6713
三明市	8270	4	13	40	119	599	639	6857
泉州市	24038	61	146	333	711	2761	1950	18075
漳州市	15224	7	35	90	259	1354	1176	12303
南平市	8946	7	19	53	136	506	524	7700
龙岩市	8757	12	18	43	185	916	1186	6397
宁德市	9292	4	17	36	105	357	250	8522

11-14a 各地区按拥有家用汽车情况分的家庭户户数(城市)

单位：户

地　区	合　计	100万元以上	50万-100万元	30万-50万元	20万-30万元	10万-20万元	10万元以下	没有汽车
全　省	**43219**	**82**	**286**	**752**	**1789**	**6270**	**3036**	**31004**
福州市	11329	20	52	187	471	1705	807	8087
厦门市	11503	28	123	257	590	1859	810	7836
莆田市	2688	5	15	28	115	326	135	2065
三明市	1800	1	4	16	47	192	131	1408
泉州市	7116	19	57	165	317	1114	466	4978
漳州市	2346		7	22	57	308	199	1753
南平市	2771	4	11	28	71	246	125	2286
龙岩市	1773	5	7	31	71	346	280	1033
宁德市	1892	1	9	19	50	174	82	1557

11-14b 各地区按拥有家用汽车情况分的家庭户户数(镇)

单位：户

地　　区	合　计	100万元以　上	50万-100万元	30万-50万元	20万-30万元	10万-20万元	10万元以　下	没有汽车
全　省	**30552**	**36**	**99**	**221**	**703**	**2619**	**2034**	**24841**
福州市	4548	7	24	49	151	327	162	3827
福州市(不含平潭)	3973	5	18	38	109	300	155	3347
平潭	574	2	6	11	42	28	7	479
厦门市	574	2	2	2	10	71	47	441
莆田市	1685	1	5	16	49	119	58	1438
三明市	2901	1	4	17	54	232	194	2400
泉州市	7943	14	36	66	190	879	661	6098
漳州市	5574	4	16	44	127	521	460	4401
南平市	2118	2	1	14	36	99	107	1859
龙岩市	2550	2	3	7	48	265	280	1944
宁德市	2661	3	7	6	38	107	65	2434

11-14c 各地区按拥有家用汽车情况分的家庭户户数(乡村)

单位：户

地　　区	合　计	100万元以　上	50万-100万元	30万-50万元	20万-30万元	10万-20万元	10万元以　下	没有汽车
全　省	**46068**	**52**	**125**	**232**	**672**	**2906**	**3210**	**38870**
福州市	7848	3	26	36	145	385	254	6999
福州市(不含平潭)	6991	1	22	32	124	376	247	6189
平潭	857	1	4	4	21	8	7	810
厦门市	1404		6	10	36	267	126	959
莆田市	3735	9	10	25	79	246	156	3210
三明市	3569	2	4	7	18	175	314	3049
泉州市	8979	28	54	103	205	768	823	6998
漳州市	7304	3	11	24	76	525	517	6148
南平市	4057	2	6	11	30	160	293	3555
龙岩市	4434	5	8	5	66	305	626	3420
宁德市	4739		1	11	17	75	102	4532

12 迁移和户口登记地

12-1 全省按现住地、户口登记地、性别分的户口登记地在外乡镇街道的人口

单位：人

现住地	户口登记地					
	合计			省内		
				省内		
	合计	男	女	合计	男	女
全省	**139041**	**75221**	**63821**	**88928**	**45647**	**43281**
福州市	27811	14584	13227	19303	9548	9755
福州市(不含平潭)	26873	14136	12737	18456	9156	9300
平潭	938	448	490	847	392	455
厦门市	27136	15121	12016	16146	8759	7387
莆田市	7008	3868	3140	4425	2250	2175
三明市	6398	3294	3104	5430	2765	2665
泉州市	36512	20166	16346	15329	7801	7528
漳州市	11504	6322	5182	8786	4614	4172
南平市	6589	3434	3155	5764	2935	2829
龙岩市	7349	3733	3616	6261	3117	3144
宁德市	8734	4700	4034	7483	3857	3626

12-1 续表

单位：人

现住地	户口登记地								
	省内						省外		
	市区内人户分离			省内-市区内人户分离					
	合计	男	女	合计	男	女	合计	男	女
全省	**15104**	**6879**	**8225**	**73824**	**38768**	**35056**	**50114**	**29574**	**20539**
福州市	5704	2629	3075	13599	6918	6681	8508	5036	3472
福州市(不含平潭)	5704	2629	3075	12752	6526	6226	8417	4980	3437
平潭				847	392	455	91	56	35
厦门市	3081	1538	1543	13066	7222	5844	10990	6361	4629
莆田市	901	396	505	3524	1854	1670	2583	1618	965
三明市	404	183	221	5025	2581	2444	969	529	440
泉州市	1585	667	917	13745	7134	6611	21183	12365	8818
漳州市	1323	515	808	7464	4100	3364	2717	1707	1010
南平市	437	207	230	5327	2728	2598	825	499	326
龙岩市	917	432	485	5344	2685	2659	1089	616	472
宁德市	752	311	441	6731	3546	3185	1250	843	408

12-2 全省按户口登记地年龄、性别分的户口登记地在外乡镇街道的人口

单位：人

年龄	户口登记地											
	合计			省内						省外		
				省内			其中：市区内人户分离					
	合计	男	女	小计	男	女	小计	男	女	小计	男	女
总计	**139041**	**75221**	**63821**	**88928**	**45647**	**43281**	**15104**	**6879**	**8225**	**50114**	**29574**	**20539**
0-4	**7018**	**3891**	**3127**	**4944**	**2740**	**2204**	**1310**	**715**	**594**	**2074**	**1151**	**923**
0	500	274	227	334	179	155	113	56	57	166	94	72
1	1476	846	631	1053	609	444	278	174	104	423	237	186
2	1651	880	771	1173	613	560	289	141	147	478	266	211
3	1844	1056	788	1289	740	549	333	190	143	556	316	239
4	1547	836	711	1095	599	496	297	154	143	452	237	215
5-9	**6139**	**3361**	**2778**	**4245**	**2306**	**1939**	**1018**	**576**	**442**	**1894**	**1055**	**839**
5	1267	690	577	857	467	390	213	127	86	409	223	187
6	1294	738	556	887	500	387	199	109	90	407	238	169
7	1246	682	564	902	481	421	227	121	105	344	201	143
8	1231	654	577	837	432	404	198	111	87	394	222	173
9	1101	596	505	763	425	337	182	108	75	338	171	168
10-14	**4978**	**2714**	**2265**	**3533**	**1924**	**1609**	**903**	**511**	**392**	**1446**	**790**	**656**
10	1114	619	496	802	430	371	198	116	81	313	189	124
11	1079	569	510	753	408	345	201	113	88	326	161	165
12	869	485	384	639	351	288	170	92	78	229	133	96
13	912	513	399	622	338	283	161	90	71	290	175	115
14	1004	528	476	717	396	321	172	99	74	287	132	155
15-19	**11546**	**6589**	**4957**	**7968**	**4555**	**3413**	**1487**	**756**	**731**	**3578**	**2034**	**1544**
15	1445	804	642	1090	611	479	139	67	72	355	193	162
16	2592	1437	1156	1974	1095	879	417	215	202	618	342	276
17	2996	1682	1313	2238	1273	964	478	248	230	758	409	349
18	2319	1473	845	1418	918	500	229	128	101	901	555	345
19	2194	1193	1001	1248	657	590	224	98	126	946	536	410
20-24	**16469**	**9243**	**7226**	**10069**	**5104**	**4965**	**1073**	**431**	**643**	**6400**	**4139**	**2261**
20	3642	2068	1575	2200	1106	1094	384	120	264	1443	962	481
21	3039	1712	1327	1776	867	909	176	65	111	1263	845	418
22	2944	1686	1257	1783	949	834	183	90	93	1161	737	424
23	3271	1859	1412	1946	996	950	174	85	88	1324	862	462
24	3573	1918	1655	2365	1186	1179	156	70	86	1208	732	477
25-29	**21336**	**10981**	**10355**	**13440**	**6338**	**7102**	**1255**	**445**	**810**	**7896**	**4643**	**3253**
25	4965	2653	2312	3243	1586	1657	241	93	148	1722	1066	655
26	4596	2346	2250	3029	1403	1626	274	94	180	1567	944	623
27	4116	2101	2016	2577	1204	1374	257	95	162	1539	897	642
28	4054	2013	2040	2411	1077	1333	251	88	163	1643	936	707
29	3605	1868	1737	2179	1068	1111	232	75	158	1426	800	626

12-2 续表 1 单位：人

年龄	户口登记地											
	合计			省内						省外		
				省内			其中：市区内人户分离					
	合计	男	女	小计	男	女	小计	男	女	小计	男	女
30-34	**15060**	**7837**	**7223**	**9310**	**4494**	**4816**	**1309**	**440**	**869**	**5750**	**3343**	**2407**
30	3282	1707	1574	2014	980	1034	264	93	171	1268	728	541
31	3097	1605	1492	1917	932	984	253	88	165	1181	673	508
32	2982	1553	1429	1888	936	951	248	81	167	1094	617	477
33	3181	1639	1542	1966	898	1068	324	111	213	1215	741	474
34	2518	1333	1186	1527	747	779	221	68	153	992	585	406
35-39	**13018**	**6988**	**6030**	**7718**	**3918**	**3800**	**1088**	**440**	**649**	**5300**	**3070**	**2230**
35	2206	1152	1054	1270	622	649	160	57	103	935	530	405
36	2629	1417	1212	1497	755	742	218	90	128	1132	661	470
37	2604	1396	1208	1584	812	773	251	101	149	1020	584	435
38	2633	1420	1213	1629	826	803	226	86	140	1004	594	409
39	2946	1603	1343	1736	904	833	234	106	128	1210	700	510
40-44	**13737**	**7584**	**6153**	**7602**	**4016**	**3586**	**1110**	**478**	**632**	**6136**	**3568**	**2568**
40	2717	1470	1247	1532	802	730	226	93	133	1186	668	517
41	2889	1577	1311	1572	817	756	210	73	137	1316	761	556
42	2889	1661	1228	1557	858	699	226	108	118	1332	803	529
43	2591	1437	1154	1447	754	693	224	96	128	1144	683	461
44	2651	1439	1213	1494	785	708	224	108	116	1158	653	504
45-49	**11071**	**6121**	**4950**	**6027**	**3166**	**2861**	**982**	**458**	**524**	**5044**	**2955**	**2089**
45	2577	1411	1167	1337	676	661	229	101	128	1240	735	505
46	2237	1225	1012	1270	687	582	206	101	105	967	538	429
47	2390	1355	1034	1318	711	607	203	104	99	1071	644	427
48	1848	1011	837	1019	523	495	158	68	90	829	488	341
49	2020	1119	901	1083	569	514	187	85	101	936	550	387
50-54	**7020**	**3917**	**3103**	**4424**	**2307**	**2117**	**899**	**406**	**493**	**2596**	**1611**	**986**
50	1746	986	760	1054	566	488	178	92	87	692	420	272
51	1633	925	708	962	505	457	199	90	108	671	420	251
52	1818	992	826	1151	580	571	237	101	136	667	412	255
53	1213	686	527	843	450	393	179	81	98	370	236	134
54	610	328	282	415	206	208	106	42	64	196	122	74
55-59	**3970**	**2172**	**1797**	**2976**	**1533**	**1443**	**726**	**335**	**392**	**994**	**640**	**354**
55	755	425	330	564	302	263	149	78	71	191	123	68
56	685	386	299	520	283	237	129	67	62	165	103	62
57	862	470	392	660	333	328	154	75	80	202	138	64
58	953	528	425	689	350	338	158	63	95	265	178	87
59	714	362	352	543	265	278	136	53	83	171	98	74
60-64	**3129**	**1572**	**1557**	**2536**	**1206**	**1329**	**651**	**285**	**366**	**593**	**366**	**227**
60	729	366	363	583	275	308	153	68	85	147	91	55
61	725	371	354	565	275	290	133	57	76	160	95	64
62	658	329	329	533	248	285	128	52	76	126	82	44
63	590	296	294	498	241	257	136	60	76	92	55	37
64	426	210	216	357	168	189	101	47	54	69	42	27

12-2 续表 2　　　　单位：人

年 龄	户口登记地											
	合 计			省 内						省 外		
				省 内			其中：市区内人户分离					
	合计	男	女	小计	男	女	小计	男	女	小计	男	女
65-69	**1902**	**991**	**911**	**1674**	**862**	**812**	**515**	**249**	**266**	**228**	**129**	**98**
65	441	228	213	384	189	194	104	47	57	57	39	18
66	455	231	223	385	193	192	129	57	72	70	38	32
67	348	176	172	308	156	152	99	51	47	40	20	20
68	340	188	152	307	171	136	91	48	43	33	17	17
69	318	168	150	291	153	139	92	46	46	27	15	11
70-74	**1084**	**573**	**511**	**983**	**524**	**459**	**309**	**142**	**166**	**101**	**49**	**52**
70	262	128	134	236	117	119	64	31	32	26	11	14
71	271	145	126	246	133	114	90	36	53	25	13	12
72	202	105	97	184	96	88	64	29	35	18	9	9
73	183	102	81	164	92	72	44	20	24	19	10	9
74	165	92	73	152	86	66	47	25	22	13	6	7
75-79	**764**	**378**	**386**	**708**	**357**	**352**	**240**	**117**	**123**	**56**	**21**	**34**
75	141	70	71	127	68	59	43	23	20	14	2	12
76	179	87	92	165	80	86	59	30	29	14	8	6
77	173	96	78	161	91	70	53	23	30	12	5	7
78	133	57	76	127	54	73	30	13	17	6	4	3
79	137	68	70	128	65	63	55	26	28	9	3	6
80-84	**436**	**194**	**242**	**419**	**187**	**232**	**133**	**64**	**69**	**17**	**7**	**10**
80	126	58	68	122	58	63	43	23	21	5		5
81	77	36	41	76	35	41	28	12	16	1	1	1
82	93	42	51	86	40	46	31	16	14	7	2	4
83	80	39	41	77	37	40	18	9	9	3	2	1
84	59	19	41	57	17	41	12	4	8	2	2	
85-89	**263**	**84**	**179**	**256**	**80**	**177**	**76**	**26**	**49**	**6**	**4**	**3**
85	83	28	55	80	25	55	23	8	15	3	3	
86	40	21	20	40	21	20	13	6	7			
87	64	20	45	64	20	45	20	8	12			
88	41	9	32	39	8	31	11	4	7	2	1	1
89	34	6	28	32	6	26	9	1	8	2		2
90-94	**80**	**28**	**52**	**77**	**28**	**49**	**15**	**5**	**10**	**3**		**3**
90	21	10	10	20	10	10	5	3	2	1		1
91	24	5	19	24	5	19	5	1	3			
92	8	3	5	8	3	5	2		2			
93	17	2	15	15	2	13	2		2	2		2
94	10	8	3	10	8	3	2	1	1			
95-99	**20**	**3**	**17**	**18**	**2**	**16**	**4**		**4**	**1**	**1**	**1**
95	3		3	3		3	1		1			
96	4	3	1	3	2	1				1	1	1
97	11		11	11		11	1		1			
98												
99	1		1	1		1	1		1			
100及以上	**1**		**1**	**1**		**1**						

12-3 全省按现住地、性别分的户口登记地在外省的人口

单位：人

现住地	户口登记地								
	合计			北京			天津		
	合计	男	女	小计	男	女	小计	男	女
全省	**50114**	**29574**	**20539**	**77**	**51**	**26**	**52**	**34**	**18**
福州市	8508	5036	3472	3	3		8	2	6
福州市(不含平潭)	8417	4980	3437	3	3		8	2	6
平潭	91	56	35						
厦门市	10990	6361	4629	19	12	8	24	17	7
莆田市	2583	1618	965	32	20	12	4	4	1
三明市	969	529	440	3	1	3	2	2	
泉州市	21183	12365	8818	6	5		8	6	2
漳州市	2717	1707	1010	2	2				
南平市	825	499	326	2	1	1	3	2	
龙岩市	1089	616	472	5	4		1	1	
宁德市	1250	843	408	5	3	2	2		2

12-3 续表 1

单位：人

现住地	户口登记地								
	河北			山西			内蒙古		
	小计	男	女	小计	男	女	小计	男	女
全省	**243**	**165**	**78**	**220**	**153**	**67**	**67**	**46**	**21**
福州市	39	25	14	33	19	13	9	6	2
福州市(不含平潭)	39	25	14	33	19	13	9	6	2
平潭									
厦门市	101	76	25	125	84	41	30	19	11
莆田市	33	21	12	12	8	4	1		1
三明市	4	2	2	1	1				
泉州市	21	14	7	16	11	5	1		1
漳州市	19	14	5	22	22		21	16	6
南平市	7	6	1	4	4		2	2	
龙岩市	7	3	3	2	1	1	1		1
宁德市	12	4	8	5	2	2	3	3	

12-3 续表 2

单位：人

现住地	户口登记地								
	辽宁			吉林			黑龙江		
	小计	男	女	小计	男	女	小计	男	女
全省	**218**	**113**	**104**	**187**	**105**	**82**	**377**	**195**	**182**
福州市	37	19	18	26	20	6	57	30	26
福州市(不含平潭)	37	19	18	26	20	6	56	30	26
平潭							1	1	
厦门市	101	54	47	100	52	48	185	84	101
莆田市	11	6	5	5	3	2	14	7	8
三明市	6	4	2	2	1	1	2	1	1
泉州市	24	13	11	30	15	15	71	45	26
漳州市	28	11	17	4	3	1	33	21	13
南平市	6	6	1	7	5	2	6	5	2
龙岩市				4	1	4	6	1	5
宁德市	3	1	3	9	5	3	4	2	1

12-3 续表 3

单位：人

现住地	户口登记地								
	上海			江苏			浙江		
	小计	男	女	小计	男	女	小计	男	女
全省	**177**	**110**	**66**	**595**	**395**	**200**	**912**	**513**	**399**
福州市	46	29	17	113	88	25	168	84	84
福州市(不含平潭)	46	29	17	113	88	25	165	81	84
平潭							3	3	
厦门市	26	18	9	196	131	65	149	88	61
莆田市	21	14	7	53	26	27	36	25	11
三明市	18	10	8	25	15	9	78	42	36
泉州市	6	6		80	48	32	151	83	69
漳州市	4	2	2	21	14	7	59	45	15
南平市	34	19	15	26	20	6	108	59	49
龙岩市	4	1	3	26	16	10	39	19	21
宁德市	18	12	6	55	37	18	123	69	54

12-3 续表 4

单位：人

现住地	户口登记地											
	安徽			福建			江西			山东		
	小计	男	女	小计	男	女	小计	男	女	小计	男	女
全省	**3040**	**1767**	**1273**				**10180**	**5978**	**4202**	**713**	**525**	**189**
福州市	308	175	132				1549	920	629	121	83	38
福州市(不含平潭)	302	172	130				1546	919	627	118	81	37
平潭	6	3	2				4	1	2	3	2	1
厦门市	793	469	324				2556	1475	1081	181	127	54
莆田市	76	45	31				265	169	95	40	26	14
三明市	76	35	41				271	139	132	16	9	6
泉州市	1456	833	623				4609	2661	1948	283	233	50
漳州市	218	131	86				360	249	112	35	23	12
南平市	44	32	12				200	121	79	5	2	3
龙岩市	29	20	9				220	122	97	7	4	3
宁德市	40	26	14				151	122	29	25	17	8

12-3 续表 5

单位：人

现住地	户口登记地											
	河南			湖北			湖南			广东		
	小计	男	女	小计	男	女	小计	男	女	小计	男	女
全省	**3203**	**1999**	**1204**	**3245**	**1895**	**1350**	**2807**	**1693**	**1115**	**1085**	**656**	**429**
福州市	526	347	179	554	309	245	491	291	200	166	125	41
福州市(不含平潭)	507	335	172	554	309	245	491	291	200	161	122	39
平潭	18	12	7							6	3	2
厦门市	1098	619	479	688	399	288	602	332	270	227	142	85
莆田市	157	115	41	282	167	115	106	69	36	94	52	42
三明市	37	26	12	46	27	18	39	23	15	68	39	29
泉州市	873	532	341	1347	759	588	1287	811	477	232	136	96
漳州市	335	234	101	138	93	45	114	62	51	86	43	42
南平市	14	10	4	24	15	9	37	23	15	45	26	20
龙岩市	32	21	12	31	21	10	51	19	31	124	68	56
宁德市	131	96	34	136	105	31	80	62	19	42	26	17

12-3 续表 6

单位：人

现住地	户口登记地											
	广西			海南			重庆			四川		
	小计	男	女	小计	男	女	小计	男	女	小计	男	女
全省	**877**	**515**	**361**	**188**	**106**	**82**	**4457**	**2496**	**1962**	**7426**	**4230**	**3196**
福州市	151	98	54	19	10	9	607	329	279	2300	1349	951
福州市(不含平潭)	151	98	54	19	10	9	606	329	278	2270	1329	940
平潭							1		1	31	20	11
厦门市	216	127	89	45	29	16	484	279	205	1319	724	595
莆田市	24	16	8				259	171	88	333	210	123
三明市	17	13	3	5	3	3	48	28	20	110	57	53
泉州市	292	162	131	83	48	35	2631	1448	1183	2717	1525	1192
漳州市	74	37	37	5	3	2	261	144	117	249	133	116
南平市	11	5	6	4	3	1	35	20	15	89	53	36
龙岩市	38	19	19	5		5	88	53	35	200	119	81
宁德市	53	40	13	22	9	13	45	24	20	110	62	48

12-3 续表 7

单位：人

现住地	户口登记地											
	贵州			云南			西藏			陕西		
	小计	男	女	小计	男	女	小计	男	女	小计	男	女
全省	**6811**	**4041**	**2770**	**1962**	**1175**	**786**	**10**	**3**	**7**	**598**	**380**	**218**
福州市	640	360	280	395	229	166				101	57	43
福州市(不含平潭)	621	349	272	394	228	166				100	57	42
平潭	19	11	8	1	1					1		1
厦门市	1112	649	463	236	140	96	7	2	5	165	104	61
莆田市	331	215	116	294	165	129				87	59	28
三明市	66	39	27	18	8	10				8	2	6
泉州市	3924	2331	1592	840	527	313				150	90	60
漳州市	481	300	181	94	62	32	1		1	18	11	8
南平市	63	33	30	28	11	17				12	8	3
龙岩市	112	69	43	18	10	8				11	6	4
宁德市	84	45	39	39	24	15	2	1	1	47	42	5

12-3 续表 8

单位：人

现住地	户口登记地											
	甘肃			青海			宁夏			新疆		
	小计	男	女	小计	男	女	小计	男	女	小计	男	女
全省	**242**	**149**	**93**	**26**	**12**	**14**	**31**	**21**	**10**	**87**	**52**	**35**
福州市	30	20	9	1	1	1				10	8	3
福州市(不含平潭)	30	20	9	1	1	1				10	8	3
平潭												
厦门市	122	58	63	18	11	6	28	20	8	38	23	15
莆田市	8	3	5							6	2	3
三明市	1	1		1		1	1		1	2	1	1
泉州市	31	19	12	6		6	2		2	5	2	3
漳州市	32	32								1		1
南平市	9	9	1									
龙岩市	3	2	1							24	16	8
宁德市	5	4	2							1		1

12-4 全省按现住地、离开户口登记地时间分的户口登记地在外乡镇街道的人口

单位：人

现住地	离开户口登记地时间							
	合计							
	合计	半年至一年	一年至二年	二年至三年	三年至四年	四年至五年	五年至十年	十年以上
全省	**139041**	**11869**	**19407**	**16890**	**11750**	**14009**	**31117**	**33999**
福州市	27811	2348	3968	2884	2159	3182	6695	6575
福州市(不含平潭)	26873	2236	3882	2795	2093	3082	6409	6377
平潭	938	113	86	89	66	100	286	198
厦门市	27136	2050	3758	3000	2592	2757	6127	6852
莆田市	7008	788	1376	1415	715	633	1264	817
三明市	6398	734	711	719	529	685	1282	1738
泉州市	36512	3280	4500	4756	2979	3809	7509	9680
漳州市	11504	1003	2341	1529	901	1007	2631	2092
南平市	6589	569	721	725	574	539	1671	1789
龙岩市	7349	516	810	840	671	696	1826	1990
宁德市	8734	580	1222	1022	631	699	2112	2468

12-4 续表 1

单位：人

现住地	离开户口登记地时间							
	省内							
	小计	半年至一年	一年至二年	二年至三年	三年至四年	四年至五年	五年至十年	十年以上
全省	**88928**	**6561**	**12597**	**11321**	**7500**	**8289**	**20367**	**22293**
福州市	19303	1350	2538	1961	1444	1994	4922	5095
福州市(不含平潭)	18456	1276	2465	1882	1382	1902	4648	4900
平潭	847	74	72	79	62	92	274	194
厦门市	16146	1048	2269	1736	1619	1634	3746	4094
莆田市	4425	440	905	947	464	287	744	638
三明市	5430	580	628	607	477	595	1098	1444
泉州市	15329	1123	2074	2561	1227	1370	2875	4100
漳州市	8786	689	1848	1230	672	735	2147	1465
南平市	5764	450	646	627	501	475	1487	1578
龙岩市	6261	431	697	730	581	612	1557	1652
宁德市	7483	450	993	922	514	587	1791	2227

12-4 续表 2

单位：人

现住地	离开户口登记地时间							
	省外							
	小计	半年至一年	一年至二年	二年至三年	三年至四年	四年至五年	五年至十年	十年以上
全省	**50114**	**5308**	**6810**	**5569**	**4250**	**5720**	**10751**	**11706**
福州市	8508	998	1430	923	715	1189	1773	1480
福州市(不含平潭)	8417	959	1417	913	711	1180	1761	1476
平潭	91	39	14	10	4	8	12	4
厦门市	10990	1003	1489	1264	973	1123	2381	2758
莆田市	2583	348	471	468	251	346	520	179
三明市	969	154	83	112	52	90	185	294
泉州市	21183	2157	2426	2195	1752	2439	4633	5580
漳州市	2717	314	493	299	229	272	484	626
南平市	825	119	75	98	73	65	184	210
龙岩市	1089	85	114	110	89	83	269	338
宁德市	1250	130	229	100	117	112	321	241

12-5 全省按户口登记地、受教育程度、性别分的户口登记地在外乡镇街道的人口

单位：人

受教育程度	户口登记地					
	合 计			省 内		
				省 内		
	合计	男	女	小计	男	女
总 计	**130756**	**70640**	**60116**	**83126**	**42439**	**40687**
未上过学	4197	993	3205	2977	647	2330
小 学	26477	12585	13892	15215	6749	8466
初 中	46706	26912	19794	23804	12790	11014
普通高中	18225	11291	6933	12412	7572	4840
中 职	8946	4525	4421	7108	3481	3626
大学专科	11099	5323	5777	9339	4292	5047
大学本科	14330	8563	5767	11613	6540	5073
研 究 生	776	448	327	659	368	291

12-5 续表

单位：人

受教育程度	户口登记地					
	省 内			省 外		
	其中：市区内人户分离					
	小计	男	女	小计	男	女
总 计	**13581**	**6036**	**7545**	**47630**	**28201**	**19429**
未上过学	317	65	251	1220	346	874
小 学	2169	945	1224	11262	5836	5426
初 中	2596	1099	1497	22902	14121	8780
普通高中	2594	1297	1296	5813	3719	2094
中 职	1048	427	621	1838	1044	795
大学专科	2064	801	1262	1760	1030	730
大学本科	2494	1238	1256	2717	2023	694
研 究 生	300	164	137	117	81	36

12-6 全省分年龄、性别、迁移原因的户口登记地在外乡镇街道的人口

单位：人

年 龄	合 计			工作就业			学习培训		
	合计	男	女	小计	男	女	小计	男	女
总 计	**139041**	**75221**	**63821**	**71321**	**43978**	**27344**	**16478**	**9433**	**7045**
0-4	**7018**	**3891**	**3127**						
0	500	274	227						
1	1476	846	631						
2	1651	880	771						
3	1844	1056	788						
4	1547	836	711						
5-9	**6139**	**3361**	**2778**				**1044**	**575**	**470**
5	1267	690	577						
6	1294	738	556				228	130	99
7	1246	682	564				271	146	125
8	1231	654	577				287	161	126
9	1101	596	505				257	138	119
10-14	**4978**	**2714**	**2265**				**1350**	**756**	**594**
10	1114	619	496				256	134	122
11	1079	569	510				283	157	127
12	869	485	384				207	117	90
13	912	513	399				252	145	108
14	1004	528	476				351	203	148
15-19	**11546**	**6589**	**4957**	**2058**	**1324**	**734**	**7519**	**4205**	**3314**
15	1445	804	642	39	20	19	942	533	410
16	2592	1437	1156	200	139	61	1924	1048	876
17	2996	1682	1313	401	268	133	2153	1187	966
18	2319	1473	845	670	454	215	1282	808	474
19	2194	1193	1001	747	442	305	1217	629	588
20-24	**16469**	**9243**	**7226**	**9057**	**5263**	**3794**	**5223**	**3147**	**2076**
20	3642	2068	1575	1350	840	511	1955	1059	896
21	3039	1712	1327	1418	802	616	1291	789	501
22	2944	1686	1257	1593	880	713	940	640	300
23	3271	1859	1412	2152	1277	875	613	400	213
24	3573	1918	1655	2543	1464	1079	424	258	166
25-29	**21336**	**10981**	**10355**	**15744**	**9235**	**6508**	**955**	**518**	**437**
25	4965	2653	2312	3693	2205	1487	350	185	165
26	4596	2346	2250	3403	1960	1443	238	124	114
27	4116	2101	2016	3029	1766	1263	163	96	68
28	4054	2013	2040	2990	1724	1265	118	64	54
29	3605	1868	1737	2629	1579	1050	86	49	37

12-6 续表 1

单位：人

年龄	随同迁移			房屋拆迁			改善住房		
	小计	男	女	小计	男	女	小计	男	女
总计	**28013**	**11688**	**16324**	**1471**	**813**	**657**	**8461**	**4967**	**3493**
0-4	**6022**	**3328**	**2694**	**28**	**14**	**14**	**67**	**43**	**24**
0	443	243	201	2	1	1	6	3	2
1	1280	742	538	13	7	6	11	8	4
2	1444	771	672	8	3	5	13	9	4
3	1570	891	679	4	3	1	20	12	8
4	1285	681	604	2	1	1	17	10	6
5-9	**4522**	**2482**	**2040**	**20**	**10**	**10**	**79**	**40**	**39**
5	1045	572	472	3	1	2	11	3	9
6	963	553	409	3	1	2	13	9	4
7	880	492	389	6	4	2	25	11	13
8	854	443	411	5	2	3	17	9	7
9	781	422	359	3	2	1	14	8	6
10-14	**3273**	**1768**	**1505**	**45**	**25**	**20**	**92**	**43**	**49**
10	779	437	342	10	5	5	18	9	9
11	713	375	339	5	2	3	22	10	12
12	597	330	267	4	4		13	7	7
13	595	333	262	17	9	8	22	12	11
14	588	293	296	11	6	5	16	6	10
15-19	**1762**	**972**	**790**	**31**	**12**	**19**	**49**	**29**	**20**
15	423	231	191	8	2	6	14	9	6
16	433	232	201	3	1	2	8	4	4
17	405	211	194	7	1	7	12	6	5
18	332	193	139	8	6	2	7	4	2
19	169	104	65	5	2	3	8	6	3
20-24	**1318**	**609**	**709**	**43**	**21**	**22**	**162**	**101**	**61**
20	226	131	95	7	2	4	26	14	12
21	209	87	122	7	6	1	24	16	8
22	261	128	133	9	3	6	26	17	9
23	296	132	164	11	5	6	36	24	11
24	326	131	195	11	5	5	51	30	21
25-29	**1858**	**574**	**1284**	**87**	**52**	**34**	**522**	**314**	**209**
25	420	154	266	13	5	8	74	48	27
26	386	132	254	13	8	5	116	71	45
27	357	100	257	29	22	8	87	57	30
28	373	98	275	23	11	12	103	57	46
29	322	89	233	9	6	2	143	81	61

12-6 续表 2

单位：人

年 龄	寄挂户口			婚姻嫁娶			为子女就学			其 他		
	小计	男	女	小计	男	女	小计	男	女	小计	男	女
总 计	**522**	**276**	**246**	**4947**	**529**	**4418**	**2281**	**873**	**1408**	**5548**	**2663**	**2885**
0-4	**62**	**41**	**22**							**839**	**465**	**374**
0	6	2	4							44	25	19
1	9	6	3							163	83	80
2	13	9	4							173	86	86
3	22	15	7							228	135	93
4	12	8	4							232	136	96
5-9	**33**	**15**	**18**							**441**	**239**	**202**
5	4	1	3							204	113	91
6	6	2	3							81	43	38
7	2	1	1							63	29	34
8	12	6	6							57	34	24
9	10	5	5							36	21	15
10-14	**32**	**19**	**13**							**187**	**103**	**84**
10	9	6	3							44	28	16
11	4	2	2							51	23	28
12	6	4	1							42	23	20
13	6	4	2							20	11	9
14	8	2	6							30	18	11
15-19	**9**	**4**	**6**	**35**		**35**				**84**	**44**	**39**
15	4	1	2							15	7	8
16	3	1	2	3		3				19	13	7
17				3		3				14	9	6
18	1	1	1	5		5				14	6	8
19	2	1	1	25		25				21	10	11
20-24	**12**	**7**	**4**	**467**	**12**	**454**	**13**		**13**	**175**	**82**	**93**
20	3	3		42		42				33	19	14
21				62		62				28	12	16
22	1		1	76	3	72	2		2	36	14	22
23	2	1	1	123	3	120	4		4	34	15	19
24	6	3	3	164	6	158	6		6	44	22	22
25-29	**68**	**22**	**46**	**1568**	**87**	**1481**	**171**	**39**	**132**	**364**	**141**	**224**
25	18	7	11	295	10	286	21	4	18	81	35	46
26	14	2	12	322	14	308	27	4	23	78	32	46
27	10	3	7	346	23	323	37	9	28	58	25	33
28	16	5	11	315	20	295	40	14	26	77	20	57
29	10	5	5	289	20	270	46	8	38	71	29	41

12-6 续表 3

单位：人

年龄	合计			工作就业			学习培训		
	合计	男	女	小计	男	女	小计	男	女
30-34	**15060**	**7837**	**7223**	**10607**	**6482**	**4125**	**259**	**157**	**102**
30	3282	1707	1574	2362	1432	929	86	53	33
31	3097	1605	1492	2248	1335	913	60	39	21
32	2982	1553	1429	2069	1281	787	55	33	22
33	3181	1639	1542	2170	1340	830	34	16	18
34	2518	1333	1186	1759	1094	666	26	17	8
35-39	**13018**	**6988**	**6030**	**9114**	**5642**	**3472**	**67**	**43**	**24**
35	2206	1152	1054	1570	942	628	15	10	5
36	2629	1417	1212	1880	1153	727	13	9	3
37	2604	1396	1208	1815	1120	695	14	9	5
38	2633	1420	1213	1795	1147	648	14	8	6
39	2946	1603	1343	2055	1280	775	10	6	4
40-44	**13737**	**7584**	**6153**	**9733**	**6065**	**3668**	**24**	**12**	**12**
40	2717	1470	1247	1900	1178	722	9	5	4
41	2889	1577	1311	2039	1283	756	4	2	2
42	2889	1661	1228	2093	1336	757	7	5	3
43	2591	1437	1154	1852	1159	693	2		2
44	2651	1439	1213	1850	1110	740	2	2	1
45-49	**11071**	**6121**	**4950**	**7731**	**4839**	**2892**	**19**	**10**	**9**
45	2577	1411	1167	1829	1134	695	10	5	5
46	2237	1225	1012	1563	945	619	5	2	3
47	2390	1355	1034	1658	1069	588			
48	1848	1011	837	1262	793	469	3	2	1
49	2020	1119	901	1419	898	521	2	2	
50-54	**7020**	**3917**	**3103**	**4147**	**2805**	**1342**	**6**	**3**	**3**
50	1746	986	760	1093	722	371	1		1
51	1633	925	708	1010	684	326	3	2	1
52	1818	992	826	1070	711	359	2	1	2
53	1213	686	527	661	469	192			
54	610	328	282	313	219	94			
55-59	**3970**	**2172**	**1797**	**1707**	**1256**	**452**	**4**	**1**	**3**
55	755	425	330	338	249	89	1		1
56	685	386	299	302	218	83	1		1
57	862	470	392	355	267	88			
58	953	528	425	433	319	114			
59	714	362	352	280	202	78	1	1	
60-64	**3129**	**1572**	**1557**	**875**	**638**	**237**	**4**	**3**	**1**
60	729	366	363	224	160	65			
61	725	371	354	210	155	55	2		1
62	658	329	329	188	133	54	1	1	
63	590	296	294	148	112	36	2	2	
64	426	210	216	104	77	27			
65及以上	**4549**	**2250**	**2298**	**549**	**429**	**120**	**4**	**3**	**2**

12-6 续表 4

单位：人

年 龄	随同迁移			房屋拆迁			改善住房		
	小计	男	女	小计	男	女	小计	男	女
30-34	**1398**	**308**	**1090**	**75**	**45**	**30**	**813**	**437**	**376**
30	303	73	230	13	8	4	134	75	59
31	260	61	199	11	5	5	163	91	72
32	268	52	216	15	9	6	166	91	75
33	329	77	251	25	15	10	191	95	96
34	239	45	194	13	8	5	160	85	75
35-39	**1132**	**192**	**940**	**134**	**69**	**65**	**987**	**569**	**418**
35	190	40	150	15	8	7	146	81	65
36	218	43	175	26	14	11	193	116	78
37	224	43	181	29	15	14	208	118	90
38	254	28	226	36	19	17	202	116	87
39	246	39	207	28	13	15	238	139	99
40-44	**1227**	**156**	**1070**	**139**	**75**	**64**	**1279**	**759**	**520**
40	249	30	219	31	15	15	248	144	104
41	262	28	233	27	17	10	234	133	101
42	232	36	196	30	18	12	248	155	93
43	242	27	215	23	13	10	253	149	104
44	243	35	208	29	12	17	296	177	119
45-49	**1020**	**106**	**914**	**178**	**96**	**83**	**1232**	**739**	**493**
45	234	22	212	42	19	23	257	152	105
46	195	24	171	36	25	11	244	149	94
47	217	26	191	38	20	19	296	181	115
48	175	15	160	31	15	16	209	125	84
49	199	19	180	31	17	14	227	132	95
50-54	**982**	**150**	**833**	**169**	**91**	**78**	**1033**	**621**	**412**
50	223	28	195	38	20	17	235	149	85
51	209	30	179	38	26	13	211	130	80
52	243	39	204	40	20	21	288	162	126
53	195	32	163	32	16	16	201	124	76
54	112	20	91	20	9	11	99	55	44
55-59	**868**	**189**	**679**	**116**	**71**	**45**	**715**	**425**	**290**
55	135	26	109	23	16	7	165	102	63
56	135	24	111	19	13	6	135	86	49
57	194	46	148	28	14	14	155	83	72
58	213	51	163	24	14	10	141	86	55
59	191	43	148	22	14	8	119	67	52
60-64	**957**	**251**	**705**	**127**	**73**	**55**	**570**	**336**	**234**
60	222	52	169	30	18	12	137	86	50
61	218	54	164	30	14	15	119	74	45
62	197	54	143	24	16	9	126	69	56
63	174	47	127	26	17	9	109	60	50
64	146	44	102	18	8	9	79	47	32
65及以上	**1675**	**603**	**1072**	**277**	**160**	**118**	**860**	**512**	**348**

12-6 续表 5

单位：人

年龄	寄挂户口			婚姻嫁娶			为子女就学			其他		
	小计	男	女	小计	男	女	小计	男	女	小计	男	女
30-34	**56**	**26**	**31**	**1151**	**123**	**1029**	**377**	**105**	**272**	**322**	**153**	**169**
30	14	6	8	267	20	247	47	9	38	58	31	26
31	10	5	6	220	25	195	66	15	50	61	29	32
32	8	3	5	243	28	215	81	23	57	79	34	45
33	16	8	9	250	32	218	98	30	69	69	26	42
34	8	5	3	172	18	154	86	28	58	56	33	23
35-39	**48**	**28**	**20**	**633**	**94**	**539**	**586**	**209**	**378**	**316**	**141**	**175**
35	6	3	3	129	15	114	84	28	57	51	26	25
36	9	4	5	130	18	112	94	27	68	67	33	33
37	10	6	4	133	30	103	117	34	83	54	21	33
38	12	8	3	119	21	99	135	47	88	65	26	39
39	11	7	5	123	11	112	156	74	82	79	35	44
40-44	**40**	**22**	**18**	**416**	**64**	**352**	**534**	**249**	**285**	**344**	**181**	**163**
40	8	4	4	90	14	76	121	48	72	63	32	31
41	10	4	6	105	11	94	134	64	70	75	37	39
42	10	9	1	90	12	78	110	52	58	69	39	30
43	9	3	6	60	13	47	89	41	48	61	32	29
44	3	2	1	71	14	58	81	44	36	76	41	34
45-49	**31**	**20**	**11**	**274**	**45**	**229**	**220**	**104**	**116**	**365**	**162**	**202**
45	9	5	4	65	12	52	51	26	26	80	36	44
46	7	4	3	64	16	48	47	27	21	74	34	41
47	7	4	2	58	5	53	43	19	23	73	30	43
48	4	4		51	8	43	45	18	27	68	31	37
49	3	1	2	36	3	33	33	15	19	69	32	38
50-54	**21**	**11**	**9**	**171**	**31**	**140**	**107**	**47**	**59**	**385**	**159**	**226**
50	6	1	4	45	8	37	25	13	12	81	45	36
51	1		1	49	8	41	40	15	25	72	28	43
52	6	3	3	34	4	31	21	9	12	113	45	67
53	6	6	1	30	8	22	14	5	8	74	25	49
54	1	1		13	3	9	7	5	2	46	16	30
55-59	**15**	**8**	**8**	**97**	**27**	**71**	**86**	**35**	**52**	**361**	**163**	**198**
55	4	4	1	17	3	14	17	6	11	56	19	36
56	4	1	3	20	8	12	11	5	6	58	31	27
57	1	1		25	7	18	20	8	11	84	44	41
58	6	3	3	19	2	16	23	10	13	94	44	50
59	1		1	16	6	11	16	5	11	69	25	44
60-64	**16**	**9**	**7**	**66**	**25**	**41**	**96**	**35**	**62**	**418**	**203**	**214**
60	1		1	13	6	7	24	7	17	79	37	42
61	5	5		14	6	8	20	9	11	107	54	54
62	6	2	3	8	2	6	15	5	11	94	46	47
63	5	2	3	19	7	12	26	9	17	80	41	40
64				11	3	8	11	5	5	57	25	32
65及以上	**78**	**46**	**32**	**69**	**23**	**46**	**90**	**50**	**40**	**947**	**426**	**521**

12-7　全省按现住地、性别、迁移原因分的户口登记地在本省其他乡镇街道人口

单位：人

现住地	合计			工作就业			学习培训		
	合计	男	女	小计	男	女	小计	男	女
全省	**88928**	**45647**	**43281**	**34628**	**20715**	**13913**	**13010**	**7234**	**5776**
福州市	19303	9548	9755	6879	4095	2784	1622	885	737
福州市(不含平潭)	18456	9156	9300	6783	4033	2750	1554	843	711
平潭	847	392	455	96	62	34	68	42	26
厦门市	16146	8759	7387	7652	4346	3306	3058	2044	1014
莆田市	4425	2250	2175	1730	1027	702	948	494	455
三明市	5430	2765	2665	2041	1242	799	364	202	161
泉州市	15329	7801	7528	7042	4091	2952	2312	1044	1267
漳州市	8786	4614	4172	2783	1659	1124	2712	1543	1168
南平市	5764	2935	2829	2045	1323	722	387	233	154
龙岩市	6261	3117	3144	2631	1686	945	506	131	374
宁德市	7483	3857	3626	1823	1245	579	1101	658	444

12-7　续表 1

单位：人

现住地	随同迁移			房屋拆迁			改善住房		
	小计	男	女	小计	男	女	小计	男	女
全省	**20311**	**8382**	**11929**	**1447**	**802**	**645**	**8331**	**4890**	**3442**
福州市	5041	2016	3025	643	337	306	2237	1367	870
福州市(不含平潭)	4735	1888	2847	631	333	298	2006	1237	769
平潭	307	128	178	12	4	8	231	130	101
厦门市	3233	1411	1822	131	70	62	847	458	389
莆田市	713	281	432	38	18	20	495	249	247
三明市	1472	606	866	50	29	20	556	347	209
泉州市	2868	1288	1581	180	97	83	1213	654	559
漳州市	1311	552	759	122	73	49	789	462	326
南平市	1515	580	935	63	39	24	683	397	286
龙岩市	1910	741	1169	166	102	64	406	265	141
宁德市	2247	907	1340	54	36	17	1105	691	415

12-7 续表 2

单位：人

现住地	寄挂户口			婚姻嫁娶			为子女就学			其他		
	小计	男	女	小计	男	女	小计	男	女	小计	男	女
全省	**486**	**255**	**231**	**4196**	**439**	**3757**	**2160**	**847**	**1313**	**4360**	**2084**	**2276**
福州市	99	58	41	1175	123	1052	341	113	228	1266	554	712
福州市(不含平潭)	98	58	40	1115	121	994	293	96	196	1242	547	695
平潭	1		1	60	2	58	48	17	32	24	7	17
厦门市	118	55	63	420	63	357	194	87	107	492	226	267
莆田市	17	5	12	168	29	139	120	45	75	196	102	94
三明市	11	5	6	246	12	234	286	127	159	405	195	210
泉州市	83	52	31	467	35	431	437	170	267	727	369	358
漳州市	70	32	38	575	88	487	123	48	76	301	155	145
南平市	31	13	18	306	30	276	303	119	184	431	201	229
龙岩市	32	18	14	298	27	271	118	42	76	194	104	90
宁德市	26	17	9	540	31	509	238	95	143	349	177	172

12-8 全省按现住地、性别、迁移原因分的户口登记地在外省人口

单位：人

现住地	合计			工作就业			学习培训		
	合计	男	女	小计	男	女	小计	男	女
全省	**50114**	**29574**	**20539**	**36694**	**23263**	**13431**	**3468**	**2198**	**1270**
福州市	8508	5036	3472	6589	4277	2313	255	130	126
福州市(不含平潭)	8417	4980	3437	6530	4234	2297	251	126	125
平潭	91	56	35	59	43	16	4	4	1
厦门市	10990	6361	4629	7335	4432	2903	1600	1088	512
莆田市	2583	1618	965	2118	1407	711	95	61	34
三明市	969	529	440	587	378	209	38	20	17
泉州市	21183	12365	8818	16280	10066	6213	966	465	500
漳州市	2717	1707	1010	1847	1257	591	294	258	36
南平市	825	499	326	432	291	141	108	98	10
龙岩市	1089	616	472	666	473	193	25	13	12
宁德市	1250	843	408	841	682	159	86	65	21

12-8 续表 1

单位：人

现住地	随同迁移			房屋拆迁			改善住房		
	小计	男	女	小计	男	女	小计	男	女
全 省	**7702**	**3307**	**4396**	**24**	**11**	**13**	**129**	**78**	**52**
福州市	1215	478	738	2		2	23	17	6
福州市(不含平潭)	1196	472	724	2		2	22	16	5
平潭	20	6	13				2	1	1
厦门市	1734	722	1012	2	1	1	38	22	16
莆田市	233	89	145				8	5	3
三明市	233	97	136	1		1	12	9	3
泉州市	3274	1537	1737	8	4	4	25	13	12
漳州市	425	165	259	4	1	3	2		2
南平市	128	58	70	1	1		8	3	5
龙岩市	308	109	199	1		1			
宁德市	153	52	101	5	4	1	14	9	5

12-8 续表 2

单位：人

现住地	寄挂户口			婚姻嫁娶			为子女就学			其 他		
	小计	男	女	小计	男	女	小计	男	女	小计	男	女
全 省	**36**	**21**	**15**	**751**	**91**	**661**	**121**	**26**	**95**	**1188**	**580**	**608**
福州市	5	2	3	183	21	161	15	1	14	220	110	110
福州市(不含平潭)	3	2	1	179	20	159	14	1	13	220	110	110
平潭	1		1	3	1	2	1		1	1	1	
厦门市	2	2	1	47	2	44	36	10	25	196	82	114
莆田市	2	2	1	38	11	27	8	1	7	81	43	37
三明市	1		1	54	4	50	5	1	4	40	20	20
泉州市	11	8	3	97	17	80	19	4	15	504	250	254
漳州市	4	1	3	104	14	90	5		5	32	11	21
南平市	3	2	1	63	5	58	16	6	10	67	34	32
龙岩市	7	4	3	50	10	40	9	2	7	23	6	16
宁德市	1	1	1	117	6	111	9	2	7	24	21	3

12-9 全省按现住地、户口登记地类型分的迁移人口

单位：人

现住地	合计				本县				本省其他县			
	合计	城市	镇	乡村	小计	城市	镇	乡村	小计	城市	镇	乡村
全省	**139041**	**26879**	**30644**	**81518**	**38429**	**10074**	**7013**	**21343**	**50498**	**11764**	**12201**	**26534**
福州市	27811	7213	5803	14795	6439	2447	1127	2864	12864	4012	2812	6041
福州市(不含平潭)	26873	7168	5704	14001	5655	2447	1047	2160	12801	3976	2807	6019
平潭	938	45	99	794	784		80	704	63	36	5	21
厦门市	27136	6597	6348	14190	1806	1550	28	227	14340	3452	3640	7247
莆田市	7008	1700	1186	4122	1682	533	243	906	2743	800	436	1507
三明市	6398	966	1316	4116	3325	349	544	2431	2105	425	527	1153
泉州市	36512	4314	8502	23696	6642	1716	1506	3420	8687	1399	2152	5137
漳州市	11504	1991	3226	6286	4135	826	1156	2153	4651	832	1495	2325
南平市	6589	1381	1096	4112	4551	844	633	3074	1213	301	279	633
龙岩市	7349	1146	1474	4729	3665	713	684	2268	2596	287	576	1733
宁德市	8734	1571	1693	5470	6185	1095	1091	4000	1298	257	283	758

12-9 续表 1

单位：人

现住地	省外							
	北京				天津			
	小计	城市	镇	乡村	小计	城市	镇	乡村
全省	**77**	**68**	**6**	**3**	**52**	**49**	**2**	**1**
福州市	3	3			8	8		
福州市(不含平潭)	3	3			8	8		
平潭								
厦门市	19	17	2		24	23		1
莆田市	32	28	3		4	4		
三明市	3	3			2	2		
泉州市	6	5			8	8		
漳州市	2	1		2				
南平市	2	1		1	3	3		
龙岩市	5	5			1	1		
宁德市	5	4		1	2		2	

12-9 续表 2

单位：人

现住地	省外							
	河北				山西			
	小计	城市	镇	乡村	小计	城市	镇	乡村
全　省	**243**	**89**	**62**	**92**	**220**	**72**	**64**	**84**
福州市	39	12	12	15	33	8	7	18
福州市(不含平潭)	39	12	12	15	33	8	7	18
平潭								
厦门市	101	28	28	45	125	50	28	46
莆田市	33	24	4	4	12	1	10	1
三明市	4		1	3	1	1	1	
泉州市	21	9	4	8	16	2	8	6
漳州市	19	5	6	8	22	8	6	9
南平市	7	4		3	4	1	1	2
龙岩市	7	3	2	1	2	1		1
宁德市	12	4	4	4	5		2	2

12-9 续表 3

单位：人

现住地	省外											
	内蒙古				辽宁				吉林			
	小计	城市	镇	乡村	小计	城市	镇	乡村	小计	城市	镇	乡村
全　省	**67**	**30**	**13**	**24**	**218**	**113**	**21**	**84**	**187**	**84**	**50**	**53**
福州市	9	5	3	1	37	18	6	12	26	4	10	13
福州市(不含平潭)	9	5	3	1	37	18	6	12	26	4	10	13
平潭												
厦门市	30	13	4	13	101	60	9	32	100	44	26	30
莆田市	1	1			11	7		4	5	1		4
三明市					6	6			2	2		
泉州市	1		1		24	14	1	9	30	12	14	4
漳州市	21	9	3	10	28		5	23	4	1	1	1
南平市	2	1	1		6	5		1	7	7		
龙岩市	1		1						4	4		
宁德市	3	3			3	3		1	9	8		1

12-9 续表 4

单位：人

现住地	省外											
	黑龙江				上海				江苏			
	小计	城市	镇	乡村	小计	城市	镇	乡村	小计	城市	镇	乡村
全省	**377**	**185**	**75**	**118**	**177**	**166**	**6**	**5**	**595**	**238**	**161**	**196**
福州市	57	34	10	13	46	44	2		113	35	14	65
福州市(不含平潭)	56	34	10	12	46	44	2		113	35	14	65
平潭	1			1								
厦门市	185	105	38	42	26	25	1	1	196	73	51	72
莆田市	14	11		4	21	21			53	26	26	1
三明市	2		1	1	18	14		4	25	18	5	1
泉州市	71	18	9	43	6	6			80	26	27	27
漳州市	33	12	13	8	4	4			21	9	6	5
南平市	6	5	1		34	32	1	1	26	8	5	13
龙岩市	6		2	4	4	4			26	17	4	5
宁德市	4		1	3	18	17	1		55	26	23	6

12-9 续表 5

单位：人

现住地	省外											
	浙江				安徽				福建			
	小计	城市	镇	乡村	小计	城市	镇	乡村	小计	城市	镇	乡村
全省	**912**	**224**	**260**	**428**	**3040**	**204**	**802**	**2034**				
福州市	168	46	31	91	308	13	92	203				
福州市(不含平潭)	165	44	30	91	302	13	92	197				
平潭	3	1	1		6			6				
厦门市	149	37	49	64	793	88	232	473				
莆田市	36	11	4	21	76	4	18	54				
三明市	78	18	36	24	76	10	30	35				
泉州市	151	19	45	88	1456	42	336	1078				
漳州市	59	19	21	19	218	28	64	126				
南平市	108	44	25	40	44	16	11	17				
龙岩市	39	14	9	16	29	1	7	21				
宁德市	123	16	40	67	40	4	11	26				

12-9　续表 6　　　　单位：人

现住地	省外											
	江西				山东				河南			
	小计	城市	镇	乡村	小计	城市	镇	乡村	小计	城市	镇	乡村
全　省	**10180**	**552**	**2694**	**6934**	**713**	**290**	**142**	**281**	**3203**	**313**	**732**	**2158**
福州市	1549	56	478	1014	121	30	27	64	526	55	105	366
福州市(不含平潭)	1546	56	478	1012	118	28	27	64	507	55	102	350
平潭	4	1		3	3	2			18		2	16
厦门市	2556	175	693	1689	181	41	49	91	1098	142	251	706
莆田市	265	39	59	167	40	3	11	26	157	13	16	128
三明市	271	21	51	199	16	1	8	7	37	7	14	17
泉州市	4609	211	1174	3224	283	193	28	62	873	53	244	577
漳州市	360	11	80	270	35	15	4	16	335	37	68	230
南平市	200	11	79	109	5	2	3		14	5	1	8
龙岩市	220	16	37	167	7	1	1	4	32	1	4	27
宁德市	151	12	44	95	25	4	11	10	131	1	30	100

12-9　续表 7　　　　单位：人

现住地	省外											
	湖北				湖南				广东			
	小计	城市	镇	乡村	小计	城市	镇	乡村	小计	城市	镇	乡村
全　省	**3245**	**464**	**726**	**2055**	**2807**	**208**	**580**	**2020**	**1085**	**465**	**234**	**386**
福州市	554	99	96	359	491	19	133	339	166	52	58	56
福州市(不含平潭)	554	99	96	359	491	19	133	339	161	50	56	55
平潭									6	2	3	1
厦门市	688	165	178	345	602	98	140	364	227	85	54	88
莆田市	282	17	52	213	106	9	22	74	94	74	13	7
三明市	46	13	7	25	39	11	4	23	68	43	13	12
泉州市	1347	105	318	924	1287	47	200	1040	232	74	55	103
漳州市	138	25	35	78	114	13	28	73	86	33	10	43
南平市	24	12	3	8	37	3	15	19	45	39	1	6
龙岩市	31	4	5	22	51		11	40	124	37	19	68
宁德市	136	23	33	80	80	8	26	47	42	28	10	4

12-9　续表 8　　　　单位：人

现住地	省外											
	广西				海南				重庆			
	小计	城市	镇	乡村	小计	城市	镇	乡村	小计	城市	镇	乡村
全　省	**877**	**83**	**173**	**621**	**188**	**54**	**37**	**97**	**4457**	**177**	**1067**	**3214**
福州市	151	15	28	108	19	5	6	8	607	37	130	440
福州市(不含平潭)	151	15	28	108	19	5	6	8	606	37	130	440
平潭									1		1	
厦门市	216	21	37	158	45	10	12	23	484	39	155	289
莆田市	24	5	3	15					259	10	87	162
三明市	17	2	9	6	5		5		48	5	11	31
泉州市	292	16	55	221	83	16	7	60	2631	58	600	1974
漳州市	74	12	13	49	5	2	3		261	4	33	224
南平市	11	1	1	9	4	2		2	35	13	3	19
龙岩市	38	4	8	26	5	5			88	6	36	46
宁德市	53	5	20	28	22	14	4	5	45	5	11	28

12-9　续表 9　　　　单位：人

现住地	省外											
	四川				贵州				云南			
	小计	城市	镇	乡村	小计	城市	镇	乡村	小计	城市	镇	乡村
全　省	**7426**	**276**	**1533**	**5616**	**6811**	**296**	**1420**	**5095**	**1962**	**106**	**322**	**1533**
福州市	2300	71	404	1825	640	29	112	499	395	16	55	324
福州市(不含平潭)	2270	70	399	1801	621	29	110	482	394	15	55	324
平潭	31	1	5	25	19		2	17	1	1		
厦门市	1319	49	305	964	1112	55	207	850	236	28	43	166
莆田市	333	20	54	260	331	23	54	254	294	3	35	256
三明市	110	5	30	74	66	3	7	56	18	1	3	13
泉州市	2717	84	638	1995	3924	122	900	2901	840	36	135	669
漳州市	249	24	37	188	481	35	90	355	94	12	39	43
南平市	89	4	16	70	63	9	10	45	28	4	6	17
龙岩市	200	2	33	166	112	17	26	68	18	1	3	14
宁德市	110	18	17	74	84	3	13	68	39	6	2	31

12-9 续表 10

单位：人

现住地	省外											
	西藏				陕西				甘肃			
	小计	城市	镇	乡村	小计	城市	镇	乡村	小计	城市	镇	乡村
全省	**10**	**2**	**4**	**4**	**598**	**81**	**188**	**329**	**242**	**78**	**44**	**119**
福州市					101	20	33	49	30	12	9	8
福州市(不含平潭)					100	20	32	49	30	12	9	8
平潭					1		1					
厦门市	7		3	4	165	29	58	79	122	46	21	54
莆田市					87	5	30	52	8	1	4	3
三明市					8	4	4		1	1		
泉州市					150	12	38	99	31	2	6	23
漳州市	1		1		18	2	5	11	32	14	4	15
南平市					12	3	2	7	9	1		8
龙岩市					11	1	5	5	3			3
宁德市	2	2			47	6	14	27	5			5

12-9 续表 11

单位：人

现住地	省外											
	青海				宁夏				新疆			
	小计	城市	镇	乡村	小计	城市	镇	乡村	小计	城市	镇	乡村
全省	**26**	**18**	**2**	**6**	**31**	**19**	**1**	**11**	**87**	**34**	**12**	**41**
福州市	1	1							10	7	2	1
福州市(不含平潭)	1	1							10	7	2	1
平潭												
厦门市	18	11	2	6	28	17	1	11	38	20	6	13
莆田市									6	5	1	
三明市	1	1			1		1		2	1	2	
泉州市	6	5	1		2	2			5	2		3
漳州市									1		1	
南平市												
龙岩市									24			24
宁德市									1			1

12-10 全省按现住地和一年前常住地分的人口

单位：人

地区	合计			现住房			本乡(镇、街道)其他调查小区			本县(市、区)其他乡(镇、街道)		
	合计	男	女	小计	男	女	小计	男	女	小计	男	女
全省	**430557**	**221225**	**209332**	**399722**	**204267**	**195455**	**5907**	**2886**	**3021**	**6043**	**3021**	**3023**
福州市	82408	41940	40468	76631	38910	37721	962	349	614	836	373	464
福州市(不含平潭)	77955	39768	38187	72325	36824	35501	938	339	599	808	359	449
平潭	4453	2172	2281	4306	2086	2220	24	10	14	28	13	15
厦门市	45655	24255	21400	39629	20903	18726	1235	640	595	855	456	399
莆田市	32023	16147	15877	30083	15045	15038	216	105	111	196	95	101
三明市	27253	13835	13417	25401	12837	12564	397	189	208	452	219	233
泉州市	98707	50987	47720	92907	47677	45230	1042	587	455	995	478	517
漳州市	56027	28801	27227	52651	26915	25736	741	353	388	708	438	270
南平市	28350	14361	13988	26352	13314	13038	554	292	261	698	349	349
龙岩市	28627	14402	14225	26532	13267	13265	440	232	208	678	340	338
宁德市	31506	16496	15010	29536	15400	14136	319	138	180	623	272	351

12-10 续表

单位：人

地区	本地(市)其他县(市、区)			本省其他地(市)			省外			港澳台或国外		
	小计	男	女	小计	男	女	小计	男	女	小计	男	女
全省	**4997**	**2685**	**2312**	**4796**	**2747**	**2048**	**6882**	**4366**	**2516**	**2211**	**1254**	**957**
福州市	1116	552	563	432	246	186	989	679	311	1441	832	609
福州市(不含平潭)	1098	544	554	420	237	183	955	655	300	1411	809	602
平潭	18	8	10	12	9	3	35	24	11	30	22	7
厦门市	1210	672	538	1167	664	503	1499	893	607	59	27	31
莆田市	350	191	158	228	137	91	651	407	244	299	167	133
三明市	205	102	103	312	195	118	372	233	139	113	61	53
泉州市	1223	685	538	659	393	266	1735	1077	659	145	90	55
漳州市	414	214	199	979	534	444	509	328	181	25	18	7
南平市	96	49	47	257	138	120	329	190	139	64	30	34
龙岩市	281	165	117	400	228	172	272	160	112	23	11	13
宁德市	103	54	49	360	213	147	525	399	125	41	19	22

12-11 全省按现住地和五年前常住地分的人口

单位：人

现住地	五年前常住地											
	合计	现住房	本县其他地区	本省其他县	省外							
					北京	天津	河北	山西	内蒙古	辽宁	吉林	黑龙江
全省	**404718**	**306241**	**40206**	**30781**	**264**	**85**	**236**	**222**	**79**	**181**	**121**	**215**
福州市	77987	61809	4468	6328	27	10	33	29	10	19	20	28
福州市(不含平潭)	73785	57997	4195	6291	26	10	33	29	10	19	20	27
平潭	4202	3812	272	37	1							1
厦门市	42920	22995	4714	8896	106	34	86	126	31	90	61	108
莆田市	30046	24147	2148	1833	29	8	26	6	1	7	3	9
三明市	25479	20812	3218	960	6	5	5	3		3	3	
泉州市	92859	67019	10605	5890	29	19	31	17	2	24	15	34
漳州市	52651	42665	4369	3869	15		25	28	20	23	2	20
南平市	26817	21751	3686	767	12	3	9	5	3	7	5	5
龙岩市	26393	21115	3254	1438	25	1	7	2	9	4	4	2
宁德市	29566	23929	3743	800	15	5	14	5	2	5	9	8

12-11 续表 1

单位：人

现住地	五年前常住地											
	省外											
	上海	江苏	浙江	安徽	福建	江西	山东	河南	湖北	湖南	广东	广西
全省	**476**	**667**	**977**	**1147**		**3943**	**620**	**1679**	**1384**	**1321**	**2377**	**485**
福州市	85	131	152	127		673	68	278	250	206	254	114
福州市(不含平潭)	85	131	152	123		672	66	267	250	206	250	113
平潭		1		4		1	1	12			5	1
厦门市	130	230	249	275		989	134	587	318	314	547	123
莆田市	25	41	30	56		190	43	100	153	68	118	7
三明市	11	18	61	15		37	3	21	29	21	41	13
泉州市	95	118	220	483		1732	289	395	424	542	696	134
漳州市	11	33	61	115		132	38	190	81	72	251	38
南平市	68	22	87	35		64	10	11	18	18	74	10
龙岩市	9	18	31	20		55	9	19	18	23	158	18
宁德市	41	55	86	22		70	25	79	94	58	237	28

12-11 续表 2 单位：人

现住地	五年前常住地											
	省外											港澳台或国外
	海南	重庆	四川	贵州	云南	西藏	陕西	甘肃	青海	宁夏	新疆	
全省	**212**	**1486**	**2599**	**3143**	**1254**	**18**	**376**	**208**	**25**	**22**	**76**	**1593**
福州市	20	202	877	350	275		67	32	5	4	6	1030
福州市(不含平潭)	20	202	860	337	275		67	32	5	4	6	1005
平潭			16	13								24
厦门市	50	192	453	545	185	8	122	103	13	18	33	54
莆田市	3	144	175	214	191		56	6	1		6	202
三明市	11	22	23	31	14		7	1	1			87
泉州市	87	777	840	1650	477	2	74	24	5		9	99
漳州市	9	107	115	244	49	1	11	31			8	18
南平市	3	6	22	35	17		3	4				57
龙岩市	4	17	48	30	21	4	2	3		1	12	13
宁德市	26	18	47	45	26	4	32	4	1		2	34

附录

国务院办公厅关于开展2015年全国1%人口抽样调查的通知

国办发〔2014〕33号

各省、自治区、直辖市人民政府，国务院各部委、各直属机构：

根据《全国人口普查条例》的规定，国务院决定于2015年开展全国1%人口抽样调查。现将有关事项通知如下：

一、调查目的

了解2010年以来我国人口在数量、素质、结构、分布以及居住等方面的变化情况，为制定国民经济和社会发展规划提供科学准确的统计信息支持。

二、对象和范围

在我国境内抽取约6万个调查小区，调查对象为小区内的全部人口（不包括港澳台居民和外国人），共约1400万人。

三、内容和时间

调查内容为人口和住户的基本情况，主要包括姓名、性别、年龄、民族、受教育程度、行业、职业、迁移流动、社会保障、婚姻、生育、死亡、住房情况等。调查时点为2015年11月1日零时。

四、组织和实施

按照“统一领导、分工协作、分级负责、共同参与”的原则，做好调查的组织和实施工作。

为加强领导和协调，由统计局会同有关部门成立2015年全国1%人口抽样调查工作协调小组（以下简称协调小组）。协调小组办公室设在统计局，负责调查的组织实施和日常工作，督促落实协调小组议定事项。发展改革部门负责做好调查方案与国民经济和社会发展总体规划及有关专项规划编制实施的衔接；公安部门负责提供各级户籍人口、流动人口等资料并协助做好现场登记；宣传部门负责做好新闻宣传，以及新闻媒体的组织协调。其他部门按照职能分工，认真做好相关工作。

县级以上地方各级人民政府要切实加强组织领导，建立相应机构，确保调查任务顺利完成。

五、经费保障

2015年全国1%人口抽样调查所需经费，按照分级负担原则，由中央和地方各级人民政府共同负担，并列入相应年度的财政预算，按时拨付、确保到位。

六、工作要求

坚持依法调查。要严格执行《中华人民共和国统计法》和《全国人口普查条例》的有关规定。调查取得的数据，严格限定用于调查目的，不得作为任何部门和单位对各级行政管理工作实施考核、奖惩的依据，不得作为对调查对象实施处罚的依据；各级调查机构及其工作人员，必须严格履行保密义务。

做好宣传引导。要通过报刊、广播、电视和网络等方式，广泛深入宣传调查的重要意义和工作要求，引导广大调查对象依法配合调查，如实申报调查项目，为调查工作顺利实施创造良好舆论环境。

附件：2015年全国1%人口抽样调查工作协调小组组成人员名单

国务院办公厅

2014年6月23日

（此件公开发布）

附件

2015年全国1%人口抽样调查工作协调小组组成人员名单

组　长：马建堂　　统计局局长

副组长：朱之鑫　　发展改革委副主任

　　　　黄　明　　公安部副部长

　　　　孙志刚　　卫生计生委副主任

成　员：蔡名照　　中央宣传部副部长、新闻办主任

　　　　鲁　昕　　教育部副部长

　　　　罗黎明　　国家民委副主任

　　　　宫蒲光　　民政部副部长

　　　　刘红薇　　财政部部长助理

　　　　杨志明　　人力资源社会保障部副部长

　　　　齐　骥　　住房城乡建设部副部长

　　　　孙鸿志　　工商总局副局长

　　　　田　进　　新闻出版广电总局副局长

　　　　张为民　　统计局副局长

协调小组办公室主任由统计局副局长张为民兼任。

福建省人民政府办公厅关于认真做好我省 2015 年全国 1%人口抽样调查的通知

闽政办［2014］154 号

各市、县（区）人民政府，平潭综合实验区管委会，省人民政府各部门、各直属机构：

为认真贯彻《国务院办公厅关于开展 2015 年全国 1%人口抽样调查的通知》（国办发〔2014〕33 号）精神，切实做好我省 2015 年全国 1%人口抽样调查工作，现将有关事项通知如下：

一、调查目的

通过调查，全面掌握 2010 年以来我省人口在数量、素质、结构、分布以及居住等方面的变化情况，客观反映城镇化水平与进程，进一步夯实统计基础，为制定国民经济和社会发展规划提供科学准确的统计信息支持。

二、调查对象、内容和时间

这次调查，国家在我省抽取 2100 个小区，涉及全省各市、县（区），调查对象为抽中小区内的全部人口（不包括港澳台居民和外国人），样本量约 52 万人。调查内容为人口和住户的基本情况，主要包括姓名、性别、年龄、民族、受教育程度、行业、职业、迁移流动、社会保障、婚姻、生育、死亡、住房情况、生育意愿等。调查的标准时点是 2015 年 11 月 1 日零时。

三、组织实施

调查工作按照“统一领导、分工协作、分级负责、共同参与”的原则组织和实施。为加强领导和协调，由省统计局会同有关部门成立福建省 2015 年全国 1%人口抽样调查工作协调小组。协调小组办公室设在省统计局，具体负责调查的组织实施和日常工作。各有关部门要按照职能分工，认真做好相关工作。各市、县（区）政府要建立相应的组织机构，抽中乡（镇、街道）要建立调查工作机构，确保本地区调查任务顺利完成。

四、经费保障

调查所需经费，按照分级负担原则，由中央、地方各级政府共同负担。各市、县（区）要按照厉行节约、勤俭办事的原则，充分利用现有设备资源，特别是要利用好开展第三次全国经济普查等项目时采购的 PDA 等设备，科学测算调查所需经费，并按规定列入相应年度财政预算，统筹安排、按时拨付、确保到位。

五、工作要求

（一）坚持依法调查。要严格执行《中华人民共和国统计法》和《全国人口普查条例》的有关规定。调查取得的数据，严格限定用于调查目的，不得作为任何部门和单位对各级行政管理工作实施考核、奖惩的依据，不得作为对调查对象实施处罚的依据。各级调查机构及其工作人员，要依法独立行使调查、报告、监督职权，严格履行保密义务。

（二）做好宣传引导。要充分利用报刊、广播、电视、网络、户外广告等媒体，采取群众喜闻乐见、灵活多样的方式，广泛深入宣传调查的重要意义和工作要求，引导广大调查对象依法配合调查，如实申报调查项目，为调查工作顺利实施创造良好舆论环境。

（三）确保数据质量。各地、各部门要围绕调查数据质量这一核心要求，扎实做好全过程质量管理控制工作。要结合当地实际，建立调查工作的岗位责任制度、质量控制制度、检查验收制度。要准确指导填报，加强审核把关，严格检查验收，切实提高源头数据质量，确保调查数据塌实可靠。

附件：福建省 2015 年全国 1%人口抽样调查工作协调小组组成人员名单

福建省人民政府办公厅

2014 年 12 月 4 日

附件：

福建省 2015 年全国 1%人口抽样调查工作协调小组组成人员名单

组　长：孙希有　省统计局局长
副组长：叶飞文　省发改委副主任
　　　　张洪德　省公安厅副厅长
　　　　陈晓春　省卫计委副主任
成　员：张　萍　省委宣传部副部长
　　　　曾能建　省教育厅副厅长
　　　　兰秀珍　省民族宗教厅副厅长
　　　　罗万荷　省民政厅副厅长
　　　　孙婷婷　省财政厅副厅长
　　　　黄正风　省人社厅副厅长
　　　　王　海　省住建厅副厅长
　　　　黄培惠　省工商局副局长
　　　　胡永新　省新闻出版广电局副局长
　　　　雷志亮　省统计局副局长

协调小组办公室主任由雷志亮兼任。

2015年全国1%人口抽样调查方案

根据《国务院办公厅关于开展2015年全国1%人口抽样调查的通知》（国办发〔2014〕33号）和《全国人口普查条例》（中华人民共和国国务院令第576号），制定2015年全国1%人口抽样调查方案。

一、调查目的和组织实施

（一）2015年全国1%人口抽样调查的目的是了解2010年以来我国人口在数量、素质、结构、分布以及居住等方面的变化情况，为制定国民经济和社会发展规划提供科学准确的统计信息支持。

（二）调查工作按照“统一领导、分工协作、分级负责、共同参与”的原则组织实施。

国家和县以上地方各级人民政府成立2015年全国1%人口抽样调查工作领导机构及其办公室，被抽中的乡、镇和街道办事处成立1%人口抽样调查办公室，领导和组织实施全国和本地区的1%人口抽样调查工作。

2015年全国1%人口抽样调查领导机构各成员单位要按照各自职能分工，认真做好相关工作。

（三）2015年全国1%人口抽样调查所需经费，按照分级负担原则，由中央和地方各级人民政府共同负担，并列入相应年度的财政预算，按时拨付、确保到位。

（四）各级调查机构及其工作人员要坚持依法调查。严格执行《中华人民共和国统计法》和《全国人口普查条例》的有关规定。调查取得的数据，严格限定用于调查目的，不得作为任何部门和单位对各级行政管理工作实施考核、奖惩的依据，不得作为对调查对象实施处罚的依据。

（五）各级宣传部门和调查机构应采取多种方式，积极做好1%人口抽样调查的宣传工作，为1%人口抽样调查工作的开展营造良好的社会氛围。

（六）各级1%人口抽样调查领导机构对本行政区域的调查数据质量负责，确保调查数据真实、准确、完整、及时。

二、调查标准时点、对象、内容和方式

（七）调查的标准时点为2015年11月1日零时。

（八）调查对象为抽中调查小区内的全部人口（不包括港澳台居民和外国人）。

应在抽中调查小区内登记的人包括：2015年10月31日晚居住在本调查小区的人；户口在本调查小区，2015年10月31日晚未居住在本调查小区的人。

中国人民解放军现役军人由军队领导机关统一进行调查。

（九）调查内容主要包括姓名、性别、年龄、民族、受教育程度、行业、职业、迁移流动、社会保障、婚姻、生育、死亡、住房情况等。

（十）调查以户为单位进行登记，户分为家庭户和集体户。

（十一）调查采用调查员手持电子终端设备（PDA）入户登记与互联网自主填报相结合的方式。

住户可以选择由调查员手持电子终端设备（PDA）入户登记的方式，也可以选择在互联网上填写调查表直接上报的方式。

（十二）调查表分为《2015年全国1%人口抽样调查表》、《2015年全国1%人口抽样调查死亡人口调查表》。

三、抽样方法、调查小区划分和绘图

（十三）全国调查的样本量约占全国总人口的1%左右。调查以全国为总体，各地级市为子总体，采取分层、二阶段、概率比例、整群抽样方法，其中群即最终样本单位为调查小区。

（十四）二阶段抽样的方法为：第一阶段抽取村级单位，第二阶段抽取调查小区。在第一阶段抽样时，抽取方法为分层、概率比例抽样。

样本的抽取由全国1%人口抽样调查办公室负责实施。

（十五）调查小区的划分、编码和绘图。2015年全国1%人口抽样调查小区规模划分原则为80个住房单元，常住人口大约250人左右。在划分调查小区的同时，绘制抽中村级单位内调查小区分布图、并给调查小区升序编码，绘制抽中调查小区内所有建筑物的分布图。

四、调查的宣传、试点和物资准备

（十六）各级宣传部门和调查机构要组织协调新闻媒体，通过报刊、广播、电视、互联网、新媒体和户外广告等多种渠道，宣传调查的重大意义、政策规定和工作要求，积极营造良好的调查氛围。

（十七）全国1%人口抽样调查办公室负责组织国家级试点。省级1%人口抽样调查办公室负责组织本地区的试点。

（十八）调查所需的物资由各级1%人口抽样调查办公室根据所承担的工作任务负责准备。

五、调查指导员和调查员的借调、招聘和培训

（十九）每个调查小区至少配备一名调查员，每个被抽中的乡、镇、街道至少配备一名调查指导员。

（二十）调查指导员和调查员应当由具有初中以上文化水平、身体健康、经培训能够使用手持电子终端设备（PDA），工作认真负责、能够胜任调查工作的人员担任。

（二十一）调查指导员和调查员的借调、招聘工作由县级1%人口抽样调查领导机构负责。

（二十二）调查指导员和调查员可以从党政机关、社会团体、企业事业单位借调，也可以从村民委员会、居民委员会或者社会招聘。

（二十三）培训工作分级进行。全国1%人口抽样调查办公室负责对省级1%人口抽样调查办公室的业务骨干进行培训；省级1%人口抽样调查办公室负责对市、县级1%人口抽样调查办公室的业务骨干进行培训；市、县级1%人口抽样调查办公室共同负责培训调查指导员和调查员。

培训工作应于2015年10月15日前完成。

六、调查摸底、登记

（二十四）调查登记以前，调查员和调查指导员要对调查小区的人口状况进行摸底工作，明确调查登记的范围、绘制调查小区图、编制调查小区户主姓名底册。

摸底工作应于2015年10月31日前完成。

（二十五）现场登记工作从2015年11月1日开始，采用调查员手持PDA入户询问、现场填报，或由住户通过互联网自主填报的方式进行。

对完成PDA登记的住户，调查指导员应及时组织调查员进行复查，经核实无误后上报。

选择互联网填报的住户应于2015年11月7日前完成调查表的填写和提交。对在规定时间内没有完成的住户，调查员将再次入户使用PDA进行登记。

全部登记工作应于11月15日前完成。

七、事后质量抽查

（二十六）登记工作完成后进行事后质量抽查。全国1%人口抽样调查办公室负责事后质量抽查样本的抽取，省级1%人口抽样调查办公室负责事后质量抽查工作的组织实施。

（二十七）事后质量抽查工作应于2015年11月25日以前完成。

（二十八）事后质量抽查结果只作为评价全国调查数据质量的依据。

八、调查数据的汇总、发布和管理

（二十九）登记工作结束后，县级1%人口抽样调查办公室负责组织调查表的行业和职业编码。编码前应对编码人员进行严格培训。

编码工作应于2015年11月20日以前完成。

（三十）调查数据的处理工作由1%人口抽样调查办公室负责。汇总程序由全国1%人口抽样调查办公室统 下发。

（三十一）国家统计局和全国1%人口抽样调查办公室对数据进行审核后发布主要数据公报。各省、自治区、直辖市的主要数据应于国家公报发布之后发布。

（三十二）调查的原始数据由全国和省级1%人口抽样调查办公室负责管理。

九、其他

（三十三）调查工作全部结束后，各级1%人口抽样调查办公室要对这次调查工作进行全面的总结，并报同级人民政府和上级调查领导机构。

（三十四）交通极为不便的地区，需采用其他登记时间和方法的，须报请全国1%人口抽样调查工作协调小组批准。

（三十五）全国1%人口抽样调查办公室根据本方案制定各项工作实施细则和有关技术文件。

（三十六）本方案由全国1%人口抽样调查办公室负责解释。

2015年全国1%人口抽样调查表

表　　号：R 5 0 1 表
制定机关：国 家 统 计 局
文　　号：国统字（2015）50号
有效期至：2015 年12 月

一、住户项目

问题1 您家现住房的详细地址？____________________

问题2 您家2014年11月1日至2015年10月31日期间的人口变化情况？

出生人口______人

死亡人口______人

问题3 您家的住户类别？

○ 家庭户

○ 集体户（转至个人项目）

问题4 您家的住房类型？

○ 普通住宅

○ 集体宿舍和工棚 (转至个人项目）

○ 工作地住宿 (转至个人项目）

○ 无住房 (转至个人项目）

问题5 您家住房的建筑面积？______平方米

问题6 您家的住房间数？______间

问题7 您家住房所在的建筑物一共有多少层？

○ 平房

○ 2-3层楼房

○ 4-6层楼房

○ 7-9层楼房

○ 10层以上楼房

问题8 您家住房的建成年代？

○ 1949年以前

○ 1949-1959年

○ 1960-1969年

○ 1970-1979年

○ 1980-1989年

○ 1990-1999年

○ 2000-2009年

○ 2010年以后

问题9 您家住房内有无厨房？

○ 独立使用

○ 与其他户合用

○ 无

问题10 您家住房内有无厕所？

○ 独立使用抽水/冲水式

○ 合用抽水/冲水式

○ 独立使用其他样式

○ 合用其他样式

○ 无

问题11 您家住房的来源？

○ 购买新建商品房

○ 购买二手房

○ 购买原公有住房

○ 购买经济适用房、两限房

○ 自建住房

○ 租赁廉租房、公租房

○ 租赁其他住房

○ 其他

问题12 您家拥有家用汽车的情况？

○ 拥有100万元以上的汽车

○ 拥有50-100万元的汽车

○ 拥有30-50万元的汽车

○ 拥有20-30万元的汽车

○ 拥有10-20万元的汽车

○ 拥有10万元以下的汽车

○ 没有汽车

二、个人项目

每个人都填报的项目（问题1—问题11）

问题1 姓名？

姓名_______

问题2 与户主关系?

○ 户主

○ 配偶

○ 子女

○ 父母

○ 岳父母或公婆

○ 祖父母

○ 媳婿

○ 孙子女

○ 兄弟姐妹

○ 其他

问题3 性别?

○ 男

○ 女

问题4 出生年月?

出生年_______

出生月_______

问题5 民族?

_______族

问题6 户口登记地址?

○ 户口登记地址与本户现住房地址相同

○ 户口登记地址与本户现住房地址不同（请填报户口登记地址）（跳至问题8）

_____省(区、市)

_____市（地）

_____县（市、区）

_____乡（镇、街道）

_____村（居）委会

○ 户口待定（跳至问题11）

问题7 调查时点居住地址?

○ 现住房

○ 其他地区（请填报具体地址）

_____省（区、市）

_____市（地）

_____县（市、区）

（跳至问题9）

问题8 在本市居住时间?

○ 不满半年

○ 半年至一年

○ 一至二年

○ 二至三年

○ 三至四年

○ 四至五年

○ 五至十年

○ 十年以上

问题9 离开户口登记地的时间？

○ 没有离开户口登记地（跳至问题11）

○ 不满半年

○ 半年至一年

○ 一至二年

○ 二至三年

○ 三至四年

○ 四至五年

○ 五至十年

○ 十年以上

问题10 离开户口登记地的原因？

○ 工作就业

○ 学习培训

○ 随同迁移

○ 房屋拆迁

○ 改善住房

○ 寄挂户口

○ 婚姻嫁娶

○ 为子女就学

○ 其他

问题11 是否有农村土地承包权？

○ 有

○ 无

1周岁及以上的人填报的项目（问题12）

问题12 一年前常住地？

○ 现住房

○ 其他地区（请填报具体地址）

_____省（区、市）

_____市（地）

_____县（市、区）

_____乡（镇、街道）

_____村（居）委会

5周岁及以上的人填报的项目（问题13）

问题13 五年前常住地？

○ 现住房

○ 其他地区（请填报具体地址）

_____省（区、市）

_____市（地）

_____县（市、区）

6周岁及以上的人填报的项目（问题14—问题16）

问题14 是否识字？

○ 是

○ 否

问题15 受教育程度？

○ 未上过学（跳至问题17）

○ 小学

○ 初中

○ 普通高中

○ 中职

○ 大学专科

○ 大学本科

○ 研究生

问题16 学业完成情况？

○ 在校

○ 毕业

○ 肄业

○ 辍学

○ 其他

15周岁及以上的人填报的项目（问题17—问题27）

问题17 上周工作情况？

○ 在工作

○ 在职休假、在职学习培训、临时停工或季节性歇业

○ 未做任何工作（跳至问题22）

问题18 行业？

单位详细名称：_______

单位的主要产品或主要业务：_______

问题19 职业？

本人从事的具体工作：_______

（设区的地级市和直辖市以外的人跳至问题25）

问题20 工作地点？

○ 现住房所在的街道（乡、镇）

○ 本市其他街道（乡、镇）（请填报具体地址）

_____区（县）

_____街道（乡、镇）

○ 本市以外

问题21 前往工作地所乘主要交通工具及所需时间？

○ 步行

○ 自行车

○ 电动车

○ 摩托车

○ 小轿车

○ 公共汽车

○ 轨道交通

○ 其他

时间：_______分钟

（跳至问题25）

问题22 未工作原因？

○ 在校学习（跳至问题25）

○ 丧失工作能力（跳至问题25）

○ 毕业后未工作

○ 因单位原因失去工作

○ 因本人原因失去工作

○ 承包土地被征用

○ 离退休

○ 料理家务

○ 其他

问题23 三个月内是否找过工作？

○ 在职业介绍机构求职

○ 委托亲友找工作

○ 应答或刊登广告

○ 参加招聘会

○ 为自己经营作准备

○ 其他

○ 未找过工作

问题24 如果有合适的工作，能否在两周内开始工作？

○ 能

○ 不能

问题25 参加社会养老保险的情况？

○ 城镇职工基本养老保险

○ 城镇（乡）居民社会养老保险

○ 新型农村社会养老保险

○ 机关事业单位养老保险

○ 未参加以上四种社会养老保险

问题26 参加社会医疗保险的情况？

○ 职工基本医疗保险

○ 城镇（乡）居民基本医疗保险

○ 新型农村合作医疗

○ 公费医疗

○ 未参加以上四种基本医疗保险

问题27 婚姻状况？

○ 未婚（跳至问题31）

○ 有配偶

○ 离婚（跳至问题29）

○ 丧偶（跳至问题29）

15-50周岁的妇女填报的项目（问题28—问题30）

问题28 夫妇为独生子女情况？

○ 双独

○ 单独，女方为独生子女

○ 单独，男方为独生子女

○ 均非独生子女

问题29 生育子女数？

○ 未生育（结束）

○ 有生育（请填报生育的子女数）

生过几个孩子：

男_______人

女______人

其中现在存活几个孩子：

男______人

女______人

问题30 过去一年（2014年11月1日至2015年10月31日期间）的生育情况？

○ 未生育（结束）

○ 有生育（请填报生育时间和孩子的性别）

生育时间是：

____月

婴儿性别是：

○ 男

○ 女

如果一年内有两次生育或生育多胞胎的，请填报其他孩子的生育时间和性别。

60周岁及以上的人填报的项目（问题31—问题32）

问题31 主要生活来源？

○ 劳动收入

○ 离退休金养老金

○ 最低生活保障金

○ 财产性收入

○ 家庭其他成员供养

○ 其他

问题32 身体健康状况？

○ 健康

○ 基本健康

○ 不健康，但生活能自理

○ 生活不能自理

2015年全国1%人口抽样调查死亡人口调查表

(2014.11.01-2015.10.31死亡的人口登记)

表　　号：R 5 0 2 表
制定机关：国 家 统 计 局
文　　号：国统字（2015）50号
有效期至：2015 年12 月

每个死亡人口都登记的项目（问题1—问题5）

问题1 姓名？

姓名_______

问题2 性别？

○ 男

○ 女

问题3 出生年月？

出生年_______

出生月_______

问题4 死亡时间？

死亡月_______

问题5 民族？

_______族

死亡时满6周岁的人登记的项目（问题6）

问题6 受教育程度？

○ 未上过学

○ 小学

○ 初中

○ 普通高中

○ 中职

○ 大学专科

○ 大学本科

○ 研究生

死亡时满15周岁的人登记的项目（问题7）

问题7 婚姻状况？

○ 未婚

○ 有配偶

○ 离婚

○ 丧偶

2015年全国1%人口抽样调查表填写说明

一、调查表的种类

2015年全国1%人口抽样调查的表式分为:《2015年全国1%人口抽样调查表》(以下简称调查表)和《2015年全国1%人口抽样调查死亡人口调查表》(以下简称死亡表)两种表。

二、标准时点

2015年全国1%人口抽样调查的标准时点为：2015年11月1日零时。调查员在掌握调查标准时点时，应该注意以下两点：

(一)2015年11月1日零时以后出生的人不登记；2015年11月1日零时以后死亡的人仍要登记调查表。

(二) 2015年11月1日零时以后发生迁移的人，仍在原住地登记。

三、调查登记对象

(一) 调查表的登记对象

登记对象为调查小区内的全部人口。即2015年10月31日晚住本调查小区的人口和户口登记在本调查小区但2015年10月31日晚未住本调查小区人口。分为两种情况：

1. 2015年10月31日晚住在本调查小区的人，不管其户口登记在何处。

2. 户口登记在本调查小区，但2015年10月31日晚未住本调查小区的人，无论其外出时间长短、外出原因如何，均调查登记。

为便于理解登记对象，并考虑到调查中可能遇到的特殊情况，调查员在入户登记时可采取以下方式询问住户：

本次调查应在您家登记的人包括：

• 2015年10月31日晚住在您家里的人，但不包括由于临时出差、探亲或旅游等2015年10月31日晚暂住在您家的人。

• 户口登记在您家现住房地址的人。

• 经常居住在您家，由于临时出差、探亲、旅游或值夜班等2015年10月31日晚未住在您家的人。

• 幼儿园全托孩子、小学和初中住校生。

不包括：

• 现役军人和武警。

• 港澳台居民和外国人。

• 2015年11月1日零时以后出生的人。

（二）死亡表的登记对象

死亡表的登记对象是在2014年11月1日至2015年10月31日这12月中本调查小区的死亡人口。

四、调查表的填写方法

（一）调查表以户为单位进行登记，采用调查员手持PDA入户询问、现场填报，或由住户通过互联网自主填报的登记方式。

（二）调查表填写按户记录、人记录的顺序进行。先填写户记录，再逐人填写人记录。填写按人登记的项目时，表内第一人应填户主，然后填户主的配偶和其他亲属。

（三）调查员每填完一户，应即刻进行审核,将通过审核的信息，向申报人当面宣读，核对无误后，由申报人在PDA中手写签字确认。

（四）调查表每户最多可以填写45人。对于超过45人的大集体户，可酌情分成若干集体户填写。

（五）有标准答案的项目，根据实际情况填报，并且每个问题只能选择一个标准答案。户口登记地址、调查时点居住地址、一年前常住地、五年前常住地和工作地点等项目可根据行政区划地址列表栏进行选择。没有标准答案的项目，用文字或阿拉伯数字据情填写。

填写文字的项目，包括您家现住房的详细地址、姓名、行业和职业。其中，姓名不能填写非汉字字符。

（六）如果填写错误或发生逻辑关系异常，PDA程序或互联网填报程序会给出审核提示。若为强制性审核错误，请根据提示信息对错误项目进行修改；若为确认性审核提示，可根据提示信息对异常项目进行确认，若情况属实，可忽略该条确认性审核提示。

五、调查表的指标解释

（一）按户填报的项目

问题1 您家现住房的详细地址—您家现住房是指调查时被登记人居住的房屋，详细地址请填写到门牌号。

问题2 您家2014年11月1日至2015年10月31日期间的人口变化情况—填写本户在2014年11月1日至2015年10月31日期间出生和死亡的人数。若本户在此期间没有出生和死亡人口，请填写“0”。

特别注意不要漏掉出生时有某种生命现象（如在胎儿脱离母体时，有呼吸或心跳，脐带搏动、随意肌收缩等），不久即死亡的婴儿，既要填写出生数，也要填写死亡数。

问题3 您家的住户类别—按家庭户、集体户的类别填报。

家庭户：以家庭成员关系为主，居住一处共同生活的人口，作为一个家庭户。单身居住独自生活的，也作为一个家庭户。

集体户：相互之间没有家庭成员关系，集体居住共同生活的人口作为一个集体户。填报此项的人，不再填报后面的户记录项目。

这里的住户类别与户口本上的“户别”无关，集体户口未必是集体户，应以实际居住情况为准。

问题4 您家的住房类型—按居住的住房类型填报。

普通住宅：指人工建造的，有墙、顶、门、窗等结构，具有独立入口，专门供人居住的房屋或场所。

如公寓、四合院、筒子楼等传统意义上的住宅。

集体宿舍和工棚：指厂区内、工地上临时或永久搭建供雇工住宿用的住房。

工作地住宿：指餐馆、发廊、商铺、办公楼等可供人居住的工作场所。

无住房：指居无定所的户（如流动人口中那些睡在桥下、公园、车站或睡在运载货物、商品车辆上的人等）。

本题填报“普通住宅”以外答案的，不再填报后面的户记录项目。

问题5 您家住房的建筑面积—住房的建筑面积按住房的外墙计算。

建筑面积应填报1-999之间的整数，不为整数时四舍五入。

若只知道使用面积的，可用使用面积乘以1.33，换算成建筑面积。

合住在同一所住房里的住户，其建筑面积为各户所独立使用的房间面积加上公共使用面积（包括厨房、厕所、门厅、阳台等）的一部分：两户合住的，各按二分之一计算；三户合住的各按三分之一计算；四户及以上合住的依此类推。

在租借的房屋居住的户，按现住房的实际情况填写住房建筑面积。

问题6 您家的住房间数—指您家现住房中除厨房、厕所、过道和厅以外的自然间数（包括扩建的房间）。填报范围是1-99。

合住同一所住房的住户，在填写住房间数时，填写您家独立使用的房间数。

在租借的房屋居住的户，按现住房的实际情况填写住房间数。

问题7 您家住房所在的建筑物一共有多少层—指住房所属建筑物的层数。

层数是指房屋的自然层数，一般按室内地坪以上计算。

采光窗在室外地坪以上的半地下室，其室内层高在2.20m以上（不含2.20m）的，计算自然层数；假层、附层（夹层）、插层、阁楼（暗楼）、装饰性塔楼，以及突出屋面的楼梯间、水箱间不计层数。

问题8 您家住房的建成年代—指住房所属建筑的建成时间。

住房翻修过的，按翻修时的年份填报；住房经过改建的，如改建面积大于原面积的，建成时间填报改建时的时间；如改建面积小于原面积的，建成时间填报原住房的建成时间。

问题9 您家住房内有无厨房—厨房是指专供做饭使用，不论是否装有上下水道及固定灶具的房间。

在过道、客堂等处烧饭的和在庭院、路边搭建的、低矮的临时简陋设施中做饭的都不算有厨房。

问题10 您家住房内有无厕所—厕所是指住房内的正式厕所（可以是抽水或冲水式的，也可以是其他形式的），露天的简易厕所不算有厕所。

问题11 您家住房的来源—指获取住房的几种情况。

购买新建商品房：指个人从房地产开发部门以市场价购买的房屋，享有对房屋的全部产权。

购买二手房：指购买那些进入房屋市场进行交易，第二次及以上进行产权登记的房屋，包括二手商品房、允许上市交易的已售公房、经济适用房。

购买原公有住房：指个人以成本价或优惠价购买的企事业单位原作为福利分配给本单位职工的住房，享有对房屋的全部产权或部分产权。

购买经济适用房、两限房：指购买政府为中低收入住房困难家庭所提供的保障性住房，包括经济适用房、两限房、安居工程住房和集资合作建设住房。

自建住房：指城镇或农村中个人自筹资金建造的住房，其产权属于个人所有。

租赁廉租房、公租房：指政府以租金补贴或实物配租的方式，向符合城镇居民最低生活保障标准且住房困难的家庭提供社会保障性质的住房。

租赁其他住房：指本户住房是向私人、单位或房地产开发部门租借，并按市场价格交纳房租的。

其他：指不属于以上几种房屋产权性质的填报此项。

问题12 您家拥有家用汽车的情况—家用汽车是指供家庭生活使用的汽车。

如果有多辆家用汽车，则按照多辆汽车的价值总和进行填写。汽车价值请按购买时的价格计算。

注意，每个选项的区间范围包含下限，不包含上限，如10-20万元，应为小于20万元且大于等于10万元的区间范围。

（二）按人填报的项目

每个人都填报的项目（问题1—问题11）

问题1 姓名—填写被登记人的正式姓名。没有正式姓名的可填小名或某某氏，但不能填笔名、代号等。婴儿未起名的，可填“未取名”。

问题2 与户主关系—指被登记人与本户户主的关系。根据申报人的回答据情填报。申报人不是户主的，在填写本户家庭成员时，应注意填写每个家庭成员与户主的关系，而不应填写成与申报人的关系。例如，某一户的申报人张顺来，该户户主是张顺来的爸爸张长远，张顺来在填报他的弟弟张顺强时，与户主关系应选择与户主张长远的关系，即子女，而不是选择与申报人张顺来的关系即兄弟姐妹。

设有十个标准答案：

户主：按家庭日常生活习惯确定户主。

配偶：指户主的妻子或丈夫。

子女：指户主的子女。

父母：指户主的父母或继父母、养父母。

岳父母或公婆：指户主配偶的父母或继父母、养父母。

祖父母：指户主或配偶的祖父母、外祖父母、曾祖父母、外曾祖父母。

媳婿：指户主子女的配偶。

孙子女：指户主的孙子女、外孙子女、孙媳婿、外孙媳婿、重孙子女、重孙媳婿、重外孙子女、重外孙媳婿。

兄弟姐妹：指户主及其配偶的兄弟姐妹以及他们的配偶。

其他：指本户除以上九种人以外的成员。

如果户主的配偶也在本户登记，应登记为第二人，填报“配偶”；然后再登记该户的其他成员。如果户主没有配偶，或户主配偶不在本户登记，第二人也可登记本户其他成员。

在登记集体户时，第一人登记为户主，本户其他成员与户主关系一律登记为其他。

问题3 性别—指被登记人的性别。

问题4 出生年月—指被登记人的出生年、月，在年月列表栏中选择。

出生年月按公历填写，只知道农历的，要换算成公历。按照一般的规律，农历的月份与公历的月份相差一个月左右，换算时农历的月份加1即可作为公历的月份，但要注意农历的12月应当是公历下一年的1月。

问题5 民族—指被登记人的民族成份，在民族列表栏中选择。

外国人加入中国籍，其民族和我国的某一民族相同的，就填某一民族；没有相同民族的，按外国人加入中国籍填写，简填“入籍”。

问题6 户口登记地址—指被登记人居民户口簿上的登记住址。

若户口登记地址与本户现住房地址不同，请依据居民户口簿据实填报户口登记地址。对于农村地区，户口登记在本村委会或村民小组的，视为户口登记地址与本户现住房地址相同。

户口登记地址需填报到村（居）委会一级，可在行政区划地址列表中选择。填报完五级户口登记地址后，直接跳至问题8。

户口待定是指在任何地方都没有登记常住户口的人。包括手持户口迁移证、出生证、退伍证、释放证等情况的人。选择“户口待定”项的人直接跳至问题11。

问题7 调查时点居住地址—指被登记人2015年10月31日晚居住在何处。

经常居住在现住房，由于临时出差、探亲、旅游或值夜班等2015年10月31日晚未住此处的人，也应选择现住房。

选择其他地区的，可在行政区划地址列表中选择具体居住地址。居住在港澳台或国外的，也应在地址列表中选择。

填完本题，直接跳至问题9。

问题8 在本市居住时间—指到调查标准时点为止，被登记人在本市的累计居住时间。

本市是指本地级市或直辖市的全部行政区域，包括区、县和县级市。若曾离开过本市半年以上，应从最近一次来本市的时间算起。

本题仅要求设区地级市中的跨市外来人口或直辖市中的跨省外来人口填报。

半年至一年是指半年以上（含半年），但不满一年。一至二年是指一年以上（含一年），但不满二年。其余依此类推。

问题9 离开户口登记地的时间—指到调查标准时点为止，被登记人离开户口登记地的时间。

没有离开户口登记地是指户口登记地址与本户现住房地址相同、调查时点居住在现住房。填报此项的人直接跳至问题11。

如果常年外出的人由于农忙或节假日等原因偶尔回家的，还应该从第一次离开户口登记地的时间开始计算。如果回家半年以上后再外出的，才能按再外出的时间算起。

半年至一年是指半年以上（含半年），但不满一年。一至二年是指一年以上（含一年），但不满二年。其余依此类推。

问题10 离开户口登记地的原因—指被登记人居住地与户口登记地不一致的原因。

凡具有两种以上原因的，按其主要的原因选择一个答案。被登记人有过多次迁移的，应填报其离开户口登记地时的原因，而不应填报到现住地的原因。

工作就业：指十五周岁及以上因务工经商、工作招聘、调动、入伍等工作原因离开户口登记地的人。

学习培训：指六周岁及以上因考入各级各类学校或参加本地各单位举办的各种学习班、培训班，而离开户口登记地的人。

随同迁移：指随同家人而离开户口登记地的人。

房屋拆迁：指因房屋拆迁、改造而离开户口登记地的人。

改善住房：指因改善住房条件及环境而离开户口登记地的人。

寄挂户口：指户口登记地与居住地不一致，但户口落在集体户或落在与其无直接亲戚关系的家庭户中的人，以及没有在户口登记地居住、只在户口登记地落户口的人。

婚姻嫁娶：指十五周岁及以上因结婚而离开户口登记地的人。

为子女就学：指为方便子女就学而离开户口登记地的人。

其他：指除上述以外的其他原因。

问题11 是否有农村土地承包权—指被登记人户口所在的家庭是否有农村土地承包权。

户口所在家庭应以被登记人的户口簿为准，单独一个户口簿的，按本人情况填报。拥有农村土地承包权是指被登记人户口登记地在农村地区或以前的农村地区，其本人或户口所在家庭曾经是农业户口，目前本人或户口所在家庭拥有农村土地承包权。

拥有农村土地承包权的人或家庭，目前可能实际经营承包地，也可能因各种原因不再经营承包地。以转包、转让、出租、入股、托管等方式出让了所承包土地经营权的也视为拥有农村土地承包权。

1周岁及以上（2014年10月31日以前出生）的人填报的项目（问题12）

问题12 一年前常住地—填写被登记人在调查标准时点的一年前，即2014年11月1日零时的常住地。

填报“其他地区”的，请填报具体地址。具体地址需填报到村（居）委会一级，可在行政区划地址列表中选择。

一年前居住在我国大陆以外地方的，可在地址栏中选择“香港”、“澳门”、“台湾”或“国外”。

5周岁及以上（2010年10月31日以前出生）的人填报的项目（问题13）

问题13 五年前常住地—填写被登记人在调查标准时点的五年前，即2010年11月1日零时的常住地。

填报“其他地区”的，请填报具体地址。具体地址需填报到县（市、区）一级，可在行政区划地址列表中选择。

五年前居住在我国大陆以外地方的，可在地址栏中选择“香港”、“澳门”、“台湾”或“国外”。

6周岁及以上（2009年10月31日以前出生）的人填报的项目（问题14—问题16）

问题14 是否识字—指被登记人是否达到国家规定的脱盲标准（城市居民和乡、镇企业职工识字2000个，乡村居民识字1500个）。

登记时可询问，日常生活中是否能读懂简单的书信或书写简短的句子。如果能阅读通俗书报、能写便条就认为具有识字能力。

小学在校学生无论几年级，都应选择“是”。

问题15 受教育程度—指按照国家教育体制，被登记人接受教育的最高学历。通过自学或成人学历教育经国家统一考试合格的，分别归入相应的受教育程度。

在问题14填报了“否”的人，只能选择本项目标准答案“未上过学”或“小学”。

未上过学：指从未接受过国家或其他办学机构实施的各级各类学校教育的人。包括参加过各种扫盲班或成人识字班学习，且以后再没有接受过各级各类学校教育的人。

小学：指接受的最高一级教育为小学，无论其是否在校、毕业、肄业或辍学的人。

初中：指接受的最高一级教育为初中，无论其是否在校、毕业、肄业或辍学的人。相当于初中程度的技工学校，也填报此标准答案。

普通高中：指接受的最高一级教育为普通高中，无论其是否在校、毕业、肄业或辍学的人。

中职：指接受的最高一级教育为中等职业学校，包括职业高中、中等专业学校和技工学校，无论其是否在校、毕业、肄业或辍学。

大学专科：指接受的最高一级教育为大学专科。在普通高等学校学习大学专科的，无论其是否在校、毕业、肄业或辍学的人，都填报此标准答案。

凡在国家授权承认学历的广播电视大学、职工大学、高等院校举办的函授大学、夜大学和其他形式的大学，按教育部颁布的大学专科教学大纲进行授课的，其毕业生填报此标准答案；其肄业生、在校生按原有受教育程度填报。

通过自学，经国家统一举办的自学考试合格，并取得大学专科毕业证书的，也填报此标准答案。

大学本科：指接受的最高一级教育为大学本科。在普通高等学校学习大学本科的，无论其是否在校、毕业、肄业或辍学，均填报此标准答案。

凡在国家授权承认学历的广播电视大学、职工大学、高等院校举办的函授大学、夜大学和其他形式的大学，按教育部颁布的大学本科教学大纲进行授课的，其毕业生填报此标准答案；其肄业生、在校生按原有受教育程度填报。

通过自学和进修大学课程，经考试合格，并取得大学本科毕业证书的，也填报此标准答案。

研究生：指接受的最高一级教育为硕士、博士研究生，无论其是否在校、毕业、肄业或辍学，均填报此标准答案。

在职接受研究生教育的，其毕业生填报此标准答案；肄业生和在校生按原有受教育程度填报。

凡是没有按教育部的教学大纲培训或只学单科的人，不能填报“大学专科”、“大学本科”或“研究生”，一律按原有受教育程度填报。

填报选项“未上过学”的人，直接跳至问题17。

问题16 学业完成情况—具有小学以上受教育程度的人填报此题。

在校：指正在接受各级各类学校教育并有学籍的人。

毕业：指已修完全部课程，并经过考试鉴定合格者。

肄业：指修完全部课程,但考试不及格或因种种原因未取得毕业资格的人。

辍学：指未能修完所规定的全部课程,中途退学的人。

其他：指私塾、自学等其他方式获得某种文化程度的人。

15周岁及以上（2000年10月31日以前出生）的人填报的项目（问题17—问题27）

问题17 上周工作情况—指被登记人在10月25—31日期间，即调查标准时点前一周，是否为取得收入而工作了1小时以上。

这里所说的工作是指为获取工资、实物报酬或经营收入而实际从事的各种生产、经营和服务性活动。义务劳动和公益性劳动都不是以取得收入为目的的，所以不属于这里所说的工作。

为取得收入而工作，是强调工作的目的性。只要是目的在于取得收入的工作，无论实际是否取得了收入，都应属于这里所说的工作。

对于平时主要在家做家务，有时也从事一些临时性工作（如干农活、销售商品）的人，只要在10月25—31日期间，工作时间达到一个小时，就算进行了工作。

在工作：指在10月25—31日期间，为取得收入而做过固定的、临时的或兼职的工作，并且工作时间达到了一小时。有正式学籍的在校学生利用课余或假期以及正式办理离休、退休手续的人为取得收入而从事了工作，也填报此项。

家庭成员在自家经营的摊位、商店、门市部、工厂劳动，即使没有任何收入，也应视作为取得收入而工作。

在职休假、在职学习培训、临时停工或季节性歇业：

休假是指在10月25—31日期间，因各种原因休假未工作(包括正常的年休假、疗养假及空勤人员、船员、火车乘务人员的轮休假等)以及各种原因的请假未工作(包括病假、工伤假、产假、事假、婚丧假、探亲假等)。个人档案、人事关系已在某单位，但因各种原因本人尚未到新单位报到上班，如军人转业或工作调动等，可视为休假。

在职学习培训是指有工作单位，在10月25—31日期间正参加脱产学习或培训。

临时停工是指在10月25—31日期间，由于机械或电力故障、原料或燃料短缺、天气灾害或其他灾害等原因引起的暂时未工作。

季节性歇业指从事季节性工作，在10月25—31日期间，正值歇业。

承包土地的农民，如果从事农活或其他工作的时间超过一个小时，则填报“在工作”；如果外出打工，但在10月25—31日期间，未从事任何工作，则填报“未做任何工作”；如果在10月25—31日期间，没有外出打工，且未干任何农活或从事其他任何有收入的工作，则填报本项。

未做任何工作：指没有工作单位，且在10月25—31日期间未从事过任何临时性工作的人，填报此项。对于未与原单位解除劳动关系，在原单位已无工作岗位的下岗、内退人员，在10月25—31日期间未从事任何工作的，也填报此项。填报此标准答案的人，直接跳至问题22。

问题18 行业—行业是根据被登记人的工作单位或其本人的经济活动的同一性进行分类，不是按其所属的行政管理系统来分的。

填写行业时应注意以下几种情况：

1.有工作单位的，既要填写单位名称，也要填写单位的主要产品或从事的主要业务。

单位名称要填写全称，并要具体到分厂或车间，不能笼统地只填写总厂名称。

单位的主要产品或从事的主要业务也要详细填写，如“生产服装”或“服装批发”、“服装零售”，不能简写为“服装”。

保密单位，填写其公开使用的名称和公开的主要产品或从事的主要业务。

2.没有工作单位的，有招牌的要在单位名称处按招牌填写，如“××鞋铺”，并在主要产品或从事的主要业务处填写具体的产品或业务，如“做鞋”或“修鞋”。没有招牌的，应在主要产品或从事的主要业务处填写其所从事的具体业务。

工作变动频繁的人，要按在10月25—31日期间所从事的主要工作填写。

务农人员不能笼统地填写“农业”，要根据其具体的农业生产活动或农户具体从事的主要业务填写。如种粮食、养猪等。

3.如果在10月25—31日期间在一个以上单位工作的，按工作时间最长的单位填写。不能确定时间长短的，可按经济收入较多的填写。

4.遇到申报人对本人或本户其他成员的行业不清楚时，不要急于登记，经询问查明后再填报。

问题19 职业—职业是按被登记人所从事的具体工作性质的同一性进行分类的。所谓“同一性”，是指不论其所在工作单位是什么经济类型，不论用工形式是固定工还是临时工，也不论其隶属于哪个行业，凡是从事同一性质工作的人都划分为同一类。

填写职业时应注意以下几种情况：

1.应填写被登记人所从事的主要工作，填写职业要具体、详细。不能笼统地填写“工人”、“杂工”等，而应具体填写其实际工作种类，如“铸轧工”、“采煤工”等；机关工作人员不能笼统填写“干部”，应详细填写其工作性质和种类，如：“打字员”、“统计工作者”；专业技术人员，不能笼统地填写“研究员”、“工程师”等，而应把他们研究或从事的专业和学科也填上，如“通信工程技术员”等。

2.具有各类专业技术职务的人员，同时担任行政负责人的，按行政职务填写其职业；同时担任党和行政职务的领导干部，应按主要职务填写其职业。

3.工种尚未确定，暂时又无具体工作的，要填写“工种未定”。

4.工作变动频繁的人，填写具体所做的工作时要按在10月25—31日期间所从事的主要工作填写。

5.如果在10月25—31日期间同时从事一种以上工作的，按所从事时间最长的工作填写；不能确定时间长短的，可按经济收入较多的工作填写。在同一工作场所，从事一种以上职业的，按技术性较高的工作填写。

6.遇到申报人对本人或本户其他成员的职业不清楚时，不要急于登记，经询问查明后再填写。

设区的地级市和直辖市以外的人填完此题，直接跳至问题25。

问题20 工作地点—指被登记人10月25-31日期间所从事主要工作的具体地点。

选择“本市其他街道（乡、镇）”的请填报具体地址，要求填到街道、乡、镇一级，可在行政区划地址列表中选择。

本题仅要求设区的地级市或直辖市的人填报。

问题21 前往工作地所乘主要交通工具及所需时间—指被登记人从家到工作地点经常乘坐的交通工具及单程花费的平均时间。

若前往工作地乘坐多种交通工具的，请选择乘坐距离最长的一种。

前往工作地所需时间的填报范围是0-300。超过300分钟的，请直接填报为300。

本题仅要求设区的地级市或直辖市的人填报。

填完此题的人，直接跳至问题25。

问题22 未工作原因—指被登记人在10月25—31日期间没有工作的主要原因。

在校学习：即在校学生，指在各级教育主管部门承认的各级各类学校学习，并有正式学籍的人员。不包括有工作单位，脱产学习的人员。填报此项的人，直接跳至问题25。

丧失工作能力：指经专门机构鉴定或虽未鉴定但本人或其法定监护人认为，其因生理或心理疾患已丧失了从事劳动的能力。包括年老体弱生活不能自理的人员，但不包括离休、退休人员，这些人不论是身体残疾还是年老体弱生活不能自理，均填报“离退休”。填报此项的人，直接跳至问题25。

毕业后未工作：指从学校毕业后从未工作过的人。

因单位原因失去工作：指用人单位或雇主提出与劳动者本人中断劳动关系而失去原工作的人。包括被原单位或雇主辞退、除名、开除的人，劳动合同到期后单位或雇主不同意续签劳动合同的人，因单位破产而失去工作的人，单位要求其“内退”的人，以及仍与原工作单位保留劳动关系的下岗人员。

因本人原因失去工作：指本人因各种原因提出与单位中断劳动关系而失去原工作的人。包括辞职的人、劳动合同到期后本人不同意与单位续签劳动合同的人，以及本人提出要求而 “内退”的人。

承包土地被征用：指本人承包或转包、租用他人的土地被有关部门和单位依据土地征用制度规定征作公益性用地或经营性用地，而失去工作。受雇在别人承包的土地上工作，因土地被征用而失去工作的人，不填报此项，而应填报“因单位原因失去原工作”。

离退休：指已正式办理离休、退休手续，定期领取离退休生活费，且未从事任何有收入劳动的人。单位“内退”人员，由于没有正式办理离、退休手续，不能作为离、退休人员，故不填报此项，而应据情填报本项中的“因单位原因失去工作”或“因本人原因失去工作”。

料理家务：指主要在自己家里从事家务劳动，且没有劳动收入的人。离、退休人员从事家务劳动的不填此项，而填“离退休”。为自家经营的摊位、商店、门市部、工厂工作的人，农村中既料理家务又务农或从事家庭副业的人，在别人家干家务活的临时工或小时工，均属于有工作的人，不填报此项。

对于料理家务的人要从严掌握，年龄男在五十岁以下，女在四十五岁以下者如申报为料理家务，应仔细询问，认真核对。

其他：指除以上几种情况之外的其他未工作的原因。

问题23 三个月内是否找过工作—被登记人如果已在职业介绍机构登记，无论是否又采取了其他方式，均填报“在职业介绍机构求职”，采用多种方式寻找工作但未在职业介绍机构登记的，只填一种本人认为最主要的方式。

在职业介绍机构求职：指通过劳动保障部门和其他政府部门以及私人开办的职业介绍机构登记找工作。

委托亲友找工作：指通过亲戚朋友向有关单位推荐找工作，这种委托可以是口头的。

应答或刊登广告：指通过应答各种媒体(电视、报纸、网络等) 或其他渠道的招聘广告或在各种媒体上刊登求职广告寻找工作。

参加招聘会：指通过参加各种形式的招聘会找工作。

为自己经营作准备：指正在为自己开公司和做生意做准备。

其他：指以上未涉及的找工作方式，如查看报刊、广告栏或店头的招聘广告，去自发的劳务市场等活等。

未找过工作：没有采取任何找工作的行动。

问题24 如果有合适的工作，能否在两周内开始工作—被登记人根据自己目前所处的客观条件去判断，如果有就业机会是否能在两周内开始工作。这里不考虑具体是什么工作。这里的两周指的是调查时点的前一周和后一周，即10月25日—11月7日期间。

能：指被登记人目前没有不能脱身的事，如必须在家照顾家人或上学读书等，而且也没有妨碍工作的伤病，能够在两周内开始工作。

不能：指被登记人有事或有病，即使有适合的工作在两周内也不能开始工作。

此项一般情况下都应填报“能”，只有当被登记人因还有不能脱身的事务或有妨碍工作的伤病等而不能工作时，才可填报“不能”。为自己经营作准备的，均应视作能够工作。

问题25 参加社会养老保险的情况—指调查标准时点被登记人参加社会养老保险的情况。

城镇职工基本养老保险：指由政府推行的、面向城镇职工的养老保险制度。

城镇（乡）居民社会养老保险：指由政府推行的、面向城乡居民的养老保险制度。

新型农村社会养老保险：简称“新农保”，指由政府推行的、面向农村居民的养老保险制度。

机关事业单位养老保险：指国家机关或事业单位人员等能享受养老保障的情况。

问题26 参加社会医疗保险的情况—指调查标准时点被登记人参加社会医疗保险的情况。

职工基本医疗保险：指由政府推行的、面向企业职工的医疗保险制度。

城镇（乡）居民基本医疗保险：指由政府推行的、面向城镇居民的医疗保险制度。部分地区推行的、统一面向城乡居民的基本医疗保险制度，也归为此类。

新型农村合作医疗：简称“新农合”，指由政府推行的、面向农村居民的合作医疗制度。

公费医疗：指面向部分国家公职人员的医疗保险制度。

问题27 婚姻状况—指被登记人在调查标准时点的实际婚姻状况。

未婚：指从未结过婚的人。填报此项的人，直接跳至问题31。

有配偶：指有配偶，处于婚姻中的人。

离婚：指曾经结过婚，但到调查标准时点已办理了离婚手续且没有再婚，或正在办理离婚手续的人。填报此项的人，直接跳至问题29。

丧偶：指配偶已去世，且到调查标准时点没有再婚的人。填报此项的人，直接跳至问题29。

这里的婚姻是指事实婚姻，不是单指法律意义上的婚姻，对不到法定结婚年龄，或未办理结婚手续而实际结婚、同居的人，应根据其在调查标准时点的实际情况，依照申报人的申报填报。

15-50周岁（1964年11月1日-2000年10月31日出生）的妇女填报的项目（问题28—问题30）

问题28 夫妇为独生子女情况—指被登记人与其配偶是否为独生子女。

双独：指夫妇双方均为独生子女。

单独，女方为独生子女：指夫妇双方中，女方为独生子女，男方不是独生子女。

单独，男方为独生子女：指夫妇双方中，男方为独生子女，女方不是独生子女。

均非独生子女：指夫妇双方均不是独生子女。

问题29 生育子女数—指截止到调查标准时点，15至50周岁妇女生育子女数。

填报“未生育”的，本人调查项目到此结束。

填报“有生育”的，还要填写生过的孩子数和存活的孩子数。

生过几个孩子填写妇女生育的活产男孩和女孩数，包括产后不久就死亡的婴儿。胎儿脱离母体时（不管孕期长短），凡有过呼吸或心跳、脐带搏动、随意肌收缩等生命现象的，都视为“活产”。这里所说的“子女”是指该妇女的亲生子女，不包括丈夫前妻的子女和领养的子女，但鉴于有些家庭不愿公开领养关系,可尊重填报人的意愿，按亲生子女填报。

其中现在存活的孩子数填报活产子女中仍然存活的男孩和女孩数。包括与父母住在一起的孩子，也包括没有与父母住在一起的孩子。到调查标准时点已死亡的孩子不包括在内。无存活子女的填写“0”。

问题30 过去一年（2014年11月1日至2015年10月31日期间）的生育情况—此题登记调查标准时点前12个月以内15-50周岁妇女是否有过生育。

填报“未生育”的，本人调查项目到此结束。

填报“有生育”的，还要填写生育孩子的月份和所生孩子的性别。

如果一年内有两次生育或生育多胞胎的，请填报其他孩子的生育时间和性别。最多可以填报三个孩子，第四个及以上的孩子可忽略不计。

60周岁以上（1955年10月31日以前出生）的人填报的项目（问题31—问题32）

问题31 主要生活来源—指被登记人主要依靠什么生活。

如果被登记人同时有几种生活来源，选择其认为最主要的一项填报，当被登记人难以确定时，按收入最高的填报。

劳动收入：指主要依靠劳动报酬、经营利润或家庭收益（包括现金和实物收入）生活。

离退休金养老金：指办理了离休、退休或退职手续，主要依靠从原工作单位或社会保险经办机构领取的离退休金（包括退职费）生活。

最低生活保障金：指建立最低生活保障制度的地区，家庭人均收入低于当地规定的最低生活保障线，主要依靠从政府有关部门或集体领取最低生活保障金生活的人，以及依靠民政部门发放的烈军属、五保户、残疾人等的生活抚恤金等生活。

财产性收入：指以资金储蓄、借贷入股以及财产运营、房屋租赁等所取得的利息、股息、红利、租金等收入。

家庭其他成员供养：指主要依靠家庭其他成员或亲属的供养和资助生活。

其他：指依靠以上几种情况之外的其他收入生活。

问题32 身体健康状况—指被登记人根据自身健康状况对过去一个月能否保证正常生活做出的自我判断。

健康：指过去一个月健康状况良好，完全可以保证日常的生活。

基本健康：指过去一个月健康状况一般，可以保证日常的生活。

不健康，但生活能自理：指过去一个月健康状况不是太好，但可以基本保证正常的生活。

生活不能自理：指过去一个月健康状况较差，不能照顾自己日常的生活起居，如吃饭、穿衣、自行走动等。

六、死亡表的指标解释

凡在调查表户记录“问题2 您家2014年11月1日至2015年10月31日期间的人口变化情况”登记了死亡人口的户，还要登记死亡人口的具体情况。

采用互联网调查的户，如果有死亡人口，也由住户通过互联网自主申报。

死亡表共有七个项目：

问题1 姓名—填写死亡人口的姓名。

问题2 性别—填写死亡人口的性别。

问题3 出生年月—填写死亡人口出生时的年份和月份。

问题4 死亡时间—填写死亡人口死亡时的月份。

问题5 民族—填写死亡人口的民族成份。具体填写要求与调查表按人填报的项目问题5相同。

问题6 受教育程度—填写死亡人口死亡时的受教育程度。具体填写要求与调查表按人填报的项目问题15相同。

问题7 婚姻状况—填写死亡人口死亡时的婚姻状况。具体填写要求与调查表按人填报的项目问题27相同。

为了保证死亡人口的登记质量，调查员在入户登记时应该特别注意以下几点：

1.登记死亡人口时，一般以死亡人口死亡前的经常居住地为其登记地，而不以死亡发生时的地点（如医院等）为登记地。

2.本户常住人口中有死亡的，不论其与该户有无亲属关系，都应该作为该户的死亡人口予以登记。

3.对于无法确定死亡人口经常居住地，或调查登记时与死亡人口的经常居住地联系不上的，如孤寡老人、流动人口死亡的，一律在死亡发生地登记。

福建省2015年1%人口抽样调查主要数据公报[1]

福建省统计局
2016年5月6日

根据《全国人口普查条例》《国务院办公厅关于开展2015年全国1%人口抽样调查的通知》及《福建省人民政府办公厅关于认真做好我省2015年全国1%人口抽样调查的通知》，我省以2015年11月1日零时为标准时点进行了1%人口抽样调查[2]。这次调查以全省为总体，以设区市为子总体，采取分层、二阶段、概率比例、整群抽样方法，最终样本量为52万人，占全省总人口的1.37%，并首次采用调查员手持电子终端设备入户填报和住户网络自主填报相结合的方式登记数据。在中共福建省委、福建省人民政府的正确领导下，在地方各级人民政府的精心组织和调查对象的支持配合下，经过广大调查工作人员的艰苦努力，目前已基本完成各项调查任务。现将根据这次调查推算的人口主要数据公布如下：

一、总人口

2015年11月1日零时，全省常住人口（未含金门、马祖等岛屿人口，下同）为3834万人。同第六次人口普查2010年11月1日零时的3689万人相比，五年共增加145万人，增长3.93%，年平均增长率为0.77%。

二、家庭户人口

全省共有家庭户[3]1178万户，家庭户人口为3665万人，平均每个家庭户的人口为3.11人，比2010年第六次人口普查的2.98人增加0.13人。

三、性别构成

全省常住人口中，男性人口为1948万人，占50.8%；女性人口为1886万人，占49.2%。总人口性别比（以女性为100，男性对女性的比例）由2010年第六次人口普查的106.0下降为103.3。

四、年龄构成

全省常住人口中，0-14岁人口为621万人，占16.2%；15-64岁人口为2887万人，占75.3%；65岁及以上人口为326万人，占8.5%。同2010年第六次人口普查相比，0-14岁人口的比重上升0.7个百分点，15-64岁人口的比重下降1.3个百分点， 65岁及以上人口的比重上升0.6个百分点。

五、民族构成

全省常住人口中，汉族人口为3742万人，占97.6%；各少数民族人口为92万人，占2.4%。同2010年第六次人口普查相比，汉族人口增加133万人，增长3.69%；各少数民族人口增加12万人，增长15.00%。

六、各种受教育程度人口

全省常住人口中，具有大学（指大专以上）教育程度人口为376万人；具有高中（含中专）教育程度人口为575万人；具有初中教育程度人口为1484万人；具有小学教育程度人口为1051万人（以上各种受教育程度的人包括各类学校的毕业生、肄业生和在校生）。

同2010年第六次人口普查相比，每10万人中具有大学教育程度人口由8361人上升为9807人；具有高中教育程度人口由13876人上升为14997人；具有初中教育程度人口由37886人上升为38706人；具有小学教育程度人口由29801人下降为27413人。

七、城乡人口

全省常住人口中，居住在城镇的人口[4]为2395万人，占62.5%；居住在乡村的人口为1439万人，占37.5%。同2010年第六次人口普查相比，城镇人口增加289万人，乡村人口减少144万人，城镇人口比重上升5.4个百分点。

八、人口流动

全省常住人口中，居住地与户口登记地所在的乡镇街道不一致且离开户口登记地半年以上人口为1265万人，其中市辖区内人户分离人口[5]为99万人。同2010年第六次人口普查相比，居住地与户口登记地所在的乡镇街道不一致且离开户口登记地半年以上人口增加158万人，增长14.27%。

九、人口地区分布

全省常住人口的地区分布如下：

地　　区	人口数（万人）	比重（%）	
		2015年	2010年
全　省	**3834**	**100.0**	**100.0**
福州市(含平潭)	749	19.5	19.3
福州(不含平潭)	706	18.4	18.3
平潭	43	1.1	1.0
厦门市	385	10.0	9.6
莆田市	287	7.5	7.5
三明市	253	6.6	6.8
泉州市	850	22.2	22.0
漳州市	499	13.0	13.0
南平市	264	6.9	7.2
龙岩市	260	6.8	6.9
宁德市	287	7.5	7.7

注释：

[1]本公报中数据均为根据调查结果的推算数。

[2]调查对象是指调查标准时点在中华人民共和国境内抽中调查小区内的全部人口（不包括港澳台居民和外国人）。

[3]家庭户是指以家庭成员关系为主、居住一处共同生活的人组成的户。

[4]城乡人口是指居住在我国境内城镇、乡村地域上的人口，城镇、乡村是按2008年国家统计局《统计上划分城乡的规定》划分的。

[5]市辖区内人户分离的人口是指一个直辖市或地级市所辖的区内和区与区之间，居住地和户口登记地不在同一乡镇街道的人口。